ANDREAS VON METTENHEIM

Paul Freiherr von Eltz-Rübenach

Zeitgeschichtliche Forschungen

Band 65

Paul Freiherr von Eltz-Rübenach

Technokrat, Katholik und Politiker
im Kabinett Hitlers

Von

Andreas von Mettenheim

Duncker & Humblot · Berlin

Bibliografische Information der Deutschen Nationalbibliothek

Die Deutsche Nationalbibliothek verzeichnet diese Publikation in
der Deutschen Nationalbibliografie; detaillierte bibliografische Daten
sind im Internet über http://dnb.d-nb.de abrufbar.

Umschlag: Paul Freiherr von Eltz-Rübenach
(Nachlass Eltz)

Alle Rechte vorbehalten
© 2023 Duncker & Humblot GmbH, Berlin
Satz: L101 Mediengestaltung, Fürstenwalde
Druck: CPI Books GmbH, Leck
Printed in Germany

ISSN 1438-2326
ISBN 978-3-428-18797-3 (Print)
ISBN 978-3-428-58797-1 (E-Book)

Gedruckt auf alterungsbeständigem (säurefreiem) Papier
entsprechend ISO 9706

Internet: http://www.duncker-humblot.de

Und was die Nation angeht, so ist offenkundig, dass jede Generation, indem sie in ein geschichtliches Kontinuum hineingeboren wird, genauso an den Sünden der Väter trägt, wie sie mit den Taten ihrer Vorfahren gesegnet ist.

Hannah Arendt (1965)

Vorwort

Die politische Karriere des heute weitgehend vergessenen Paul Freiherr von Eltz-Rübenach ist in ihrer Widersprüchlichkeit und ihren Brüchen teils exemplarisch, teils einzigartig für die konservative Elite und ihre Reaktion auf die Versuchungen des Nationalsozialismus. Das hat mich veranlasst, sie aufzuschreiben. Ich musste mich dabei in einen Menschen hineindenken, dessen religiöses, moralisches, politisches und gesellschaftliches Bezugssystem naturgemäß nicht das meine ist.

Über den Reichsminister sind bisher nur zwei Aufsätze erschienen. Die frühe Darstellung von Jürgen Huck hat Quellenwert, weil der Verfasser in den späten 50er Jahren noch ausführlich mit der Witwe des früheren Ministers sprechen konnte. Der dreißig Jahre später erschienene Aufsatz von Heinrich Küppers hat dann erstmals eine Einordnung des frommen Katholiken in das politisch-ideologische Umfeld vorgenommen. Beide Texte waren mir Ansporn, noch weiter zu forschen. Die Quellenlage ist bedauerlicherweise jenseits der erhaltenen amtlichen Unterlagen insbesondere zu den Jahren 33/34 lückenhaft. Umso wichtiger war es mir, Person und politische Funktion in den politischen Gesamtzusammenhang zu stellen.

Bei der Beschreibung der beiden großen Räderwerke Eisenbahn und Post habe ich darauf verzichtet, das Rad neu zu erfinden und mich in breitem Umfang auf die grundlegenden Arbeiten von Alfred Gottwaldt und, was die Post angeht, auf die Monografie von Wolfgang Lotz gestützt. Eine eigene Bewertung verkehrspolitischer Fragen oder eine Erörterung der Rolle religiöser Bildungseinrichtungen im säkularen Staat ist nicht meine Absicht. Für die Lebensbeschreibung der Person stecken beide genannten Themenbereiche vor allem die konkreten Felder ab, auf denen sich die Auseinandersetzungen des Paul von Eltz mit den schlimmsten Jahren deutscher Geschichte abgespielt haben.

Ohne die Gelehrsamkeit vieler, die ich hier nicht nennen kann, wäre dieses Buch nicht entstanden. Mein persönlicher Dank geht an Lothar Graf Hoensbroech, Dr. Susanne Kill, Thomas von Kempis, Dr. Wolfgang Schultheiss, Dr. Gerd Westdickenberg und an den unermüdlichen Freund Dr. Rüdiger von Voss. Alle haben mir geholfen, aber selbstverständlich tragen sie für das Ergebnis keine Verantwortung. Verbunden bin ich außer den genutzten Archiven und Bibliotheken auch der Sütterlin-Stube Hamburg e. V., deren ehrenamtliche Mitarbeiter und Mitarbeiterinnen mir das sinnentnehmende Lesen handschriftlicher Dokumente erleichtert haben.

Ich widme das Buch meiner Frau, die neun Jahre nach dem Tod ihres Großvaters Paul von Eltz das Licht der Welt erblickt hat und mich geduldig bei meinen Bemühungen, zu einem gerechten Urteil zu kommen, begleitet hat.

Berlin, im November 2022 *Andreas von Mettenheim*

Inhalt

A.	**Tradition und Moderne**	13
	I. Jugend und erste Berufserfahrungen	15
	II. Im Krieg	21
	III. Prägungen	24
B.	**Verreichlichung und Reparationen**	33
C.	**Politik und Religion in der Republik**	38
	I. Das Zentrum und die Rechtskatholiken	38
	II. Die Deutschnationale Volkspartei	42
	III. Die NSDAP	45
D.	**Einer der Barone im Kabinett**	48
	I. Regierungsbildung	50
	II. Regierungsarbeit	57
	III. Zwei Reichstagswahlen	62
	IV. Das Ende der Regierung Papen	67
	V. Die Regierung Schleicher	73
E.	**Der Übergang in die Hitlerzeit**	77
	I. Das Kabinett Hitler	77
	II. Scheitern und Verantwortung	88
F.	**Der Doppelminister**	92
	I. Ministerium und Reichsbahngesellschaft	92
	II. Julius Dorpmüller	96
	III. Die Gleichschaltung des Verwaltungsrats	100
	IV. Schiene und Straße	108
	V. Dual Use	118
	VI. Binnen- und Seeschifffahrt	123
	VII. Der Reichspostminister	125
G.	**Gleichschaltung und Rassendiskriminierung als Tagesgeschäft**	133
	I. Personalfragen	133
	II. Auftragsvergabe, Kunden und Nutzer	141
	III. Der Minister als Vorgesetzter	144
H.	**Politische Freundschaften**	146
	I. Der Ingenieur als Politiker	146
	II. Der Minister, Hitler und die Partei	151

I. Mord im Ministerium 156
    I.   Die Tat 156
    II. Eltz, Klausener und die Kirche 165

J. Der Katholik Eltz im Dritten Reich 172
    I.   Anpassung und Widerstehen 173
    II. Reichskonkordat und Brückenbau 178
    III. Interventionen 184

K. Ein Privatissimum mit Hitler und die Folgen 190
    I.   Die Jugenderziehung 190
    II. Die einheitliche Verkehrspolitik 194
    III. Bemühungen 197

L. Entscheidungen 205
    I.   Eltz starke Stunde 205
    II. Wirkungen 213
    III. Die Wege trennen sich 215

M. Der Bürger von Linz 219
    I.   Der kleine Kirchenkampf 220
    II. Ausklang 226

N. Unter dem Strich 231

Literaturverzeichnis 239
Abbildungsnachweis 247
Personenregister 248

Abkürzungsverzeichnis

AA	Auswärtiges Amt
a. D.	Außer Dienst
ADGB	Allgemeiner Deutscher Gewerkschaftsbund
AdR	Akten der Reichskanzlei
AKD	Arbeitsgemeinschaft katholischer Deutscher
BArch	Bundesarchiv
BBG	Reichsgesetz zur Wiederherstellung des Berufsbeamtentums
BDM	Bund Deutscher Mädchen
BVP	Bayrische Volkspartei
CDU	Christlich Demokratische Union
CVP	Christliche Volkspartei
DAB	Diözesanarchiv Berlin
DAF	Deutsche Arbeitsfront
DAG	Deutsche Adelsgenossenschaft
DAT	Deutsch-Atlantische Telegraphengesellschaft
DDP	Deutsche Demokratische Partei
EA	Eltz-Archiv (Archiv Haus Rankenberg, Herren von Kempis, Nachlass Paul Frhr. v. Eltz-Rübenach).
ew.	ehrwürdig
Dienatag	Dienst nationaler Tageszeitungen
DNVP	Deutschnationale Volkspartei
DRG	Deutsche Reichsbahngesellschaft
DRK	Deutsches Rotes Kreuz
DVZ	Deutsche Verkehrszeitung
GTB	Goebbels-Tagebücher
HJ	Hitlerjugend
IMT	Internationales Militärtribunal (Nürnberg)
KA	Katholische Aktion
KPD	Kommunistische Partei Deutschlands
KZ	Konzentrationslager
NSBO	Nationalsozialistische Betriebsorganisation
NSDAP	Nationalsozialistische Partei Deutschlands
NSKK	Nationalsozialistisches Kraftfahrerkorps

OPD	Oberpostdirektion
PA AA	Politisches Archiv des Auswärtigen Amts
Pg.	Parteigenosse
RA	Rechtsanwalt
RDA	Reichsverband der deutschen Automobilindustrie
RLB	Reichslandbund
RM	Reichsmark
RPD	Reichspostdirektion
RVM	Reichsverkehrsministerium
SA	Sturmabteilung
SD	Sicherheitsdienst
SPD	Sozialdemokratische Partei Deutschlands
SS	Schutzstaffel
VDEV	Verein deutscher Eisenbahnverwaltungen
VfZ	Vierteljahreshefte für Zeitgeschichte
WaKo	Ständige internationale Waffenstillstandskommission

A. Tradition und Moderne

Peter Paul Raimund Maria Joseph Hubert Freiherr und Edler Herr von und zu Eltz-Rübenach, der ein gutes halbes Jahrhundert später Reichspost- und Verkehrsminister bei Adolf Hitler werden sollte, bevor er sich nach vier Jahren im Streit von ihm trennte, wurde am 9. Februar 1875 auf Schloss Wahn bei Köln geboren.

Ein Tableau: Die Taufe in der Kapelle des spätbarocken Landschlosses[1] war ein Spiegelbild der alten und weitverzweigten Familie. Als Anwesende bei dem Taufgottesdienst dürfen wir uns vorstellen den Vater, Freiherrn Kuno von Eltz, Majoratsherr auf Wahn und k.u.k. Rittmeister a.D.; die Mutter des Täuflings, Hugoline, geb. Gräfin und Edle Herrin von und zu Eltz gen. Faustin von Stromberg; Freiherr Friedrich von Eltz, der den Paten, Graf Peter Paul Pejascevic von Verőcze, ein Nachkomme aus der Familie der aus Vukovar stammenden Mutter der Gräfin zu Eltz, vertrat; die Patin Gräfin Sophia zu Eltz aus Eltville, eine Schwester der Mutter; des Weiteren den dreizehnjährigen Halbbruder des Täuflings, Klemens, die fünfjährige Schwester Lidwine, den dreijährigen Bruder Hugo, den Geistlichen und weitere Personen, die sich der geschichtlichen Überlieferung entzogen haben.

Im Geburtsjahr des jungen Freiherrn sorgten noch Petroleumlampen für Licht in den Stuben der Gutshäuser und Pferdefuhrwerke transportierten Güter und Menschen, aber der Verbrennungsmotor wurde im selben Jahr erfunden. In Gotha wurde die Sozialistische Arbeiterpartei Deutschlands gegründet und der junge Freiherr alsbald in das den gleichen Namen tragende Adelsverzeichnis eingetragen. Wenn man von „alten" Familien spricht und deshalb unberücksichtigt lässt, dass eigentlich alle Familien per definitionem gleich „alt" sind, dann handelt es sich bei der Familie von Eltz um eine besonders alte Familie, weil sie sich urkundlich ab dem 12. Jahrhundert nachweisen lässt. Ihr Name leitet sich von der Burg Eltz her, die wiederum nach dem kleinen Flüsschen Elzbach benannt ist. Der Wasserlauf zwängt sich durch das steile Tal, in dem sich die Burg auf einem Felskegel erhebt, bevor er sich dann in die Mosel ergießt. Das Bauwerk befindet sich seit nunmehr 33 Generationen in Familienbesitz. Das heute weltberühmte Kulturdenkmal und die einmalige Touristenattraktion – eine Zeit lang für jeden, der es wollte

---

[1] Schloss Wahn ist auch heute noch im Eigentum der Familie, verpachtet an die Universität Köln.

Abb. 1: Burg Eltz, Plakat der Reichsbahnzentrale für
den Deutschen Reiseverkehr, 1925.

und konnte, griffbereit auf dem 500-D-Mark-Schein zu betrachten – ist von dem Kunsthistoriker Georg Dehio einmal als die „Burg schlechthin" bezeichnet worden, weil sie „durch die Einsamkeit und Schönheit der Lage der Phantasie wunderbar entgegenkommt".[2]

Die Geschichte der Familie, die eine bemerkenswerte Zahl weltlicher und kirchlicher Würdenträger hervorgebracht hat, soll hier nicht nacherzählt werden. Nur der Systematik halber sei darauf hingewiesen, dass „Eltz-Rübenach" einen der drei ursprünglich auf der Burg lebenden Familienzweige bezeichnet, deren Wohnsitze baulich durch drei Abschnitte auf der Burg, die sogenannten „Häuser", und emblematisch durch die dazugehörenden Wappen unterschieden werden konnten. Neben den „Eltz vom silbernen Löwen" und dem Rübenacher Haus, zu dem Paul Eltz gehört, gibt es noch die Linie vom „goldenen Löwen" derer von Eltz- Kempenich[3] und die ausgestorbene Linie

---

[2] Zit. nach *Ritzenhofen*, S. 26.
[3] Vollständig: von Eltz-Kempenich gen. Faust von Stromberg.

mit den Büffelhörnern im Wappen und dem Rodendorfer Haus. Die Zusatznamen beziehen sich auf zumeist landwirtschaftlich genutzte Besitzungen an anderer Stelle in der weiteren und näheren Umgebung. Oft handelte es sich hierbei auch um den tatsächlichen Wohnsitz der Familien, denn die Burg selbst war schon seit langem als Residenz unpraktisch geworden. Sie gehört heute ungeteilt dem Stamm Eltz-Kempenich. Zur weiteren Verwirrung mag die Tatsache beitragen, dass ein Eltz-Kempenich von Kaiser Karl dem VI. (1685–1740) in den Grafenstand erhoben wurde und es deshalb gleichzeitig Freiherrn und Grafen in der Familie gibt. Karl der VI. tat noch ein übriges und vermittelte jenem Eltz den Kauf der Herrschaft Vukovar in Slawonien (Kroatien), gelegen an der Mündung des Flüsschens Vuka in die Donau. Die Eltz-Kempenich, die in Eltville am Rhein ansässig waren, verlegten im 18. Jahrhundert sogar ihren Hauptsitz nach Vukovar, bis sie aufgrund der gegen die Personen deutscher Volkszugehörigkeit zum Ende des 2. Weltkriegs eingeleiteten Maßnahmen enteignet und von dort vertrieben wurden. Im Herbst 1991 wurde dort eine der Hauptschlachten im Kroatienkrieg geschlagen mit hohen Verlusten auf kroatischer wie auf serbischer Seite. Das Schloss wurde stark beschädigt.[4] Paul hat nie auf der Burg Eltz gelebt und auch nicht in Vukovar. Er hat es aber, so wie die meisten Mitglieder der Familie, besucht und mag an dessen sorgenfreierem und leichtherzigerem Leben geschnuppert haben. Die ganze Familiengeschichte hat er als Mitglied einer generationenverbindenden Geschlechterkette unweigerlich mit sich herumgetragen, was ihm ohne sein Zutun das Gefühl vermittelt haben muss, schon etwas zu sein, bevor man etwas wird.

I. Jugend und erste Berufserfahrungen

Die Eltz aus Rübenach waren nicht besonders wohlhabend. Erst durch die Heirat von Pauls Großvater Clemens mit Josefa Freiin von Heeremann-Zuydtwyck, der das Schloss und die Besitzungen Wahn gehörten, hob sich Status und Vermögen dieses Zweiges beträchtlich. Pauls Vater Kuno (1832–1889) war in erster Ehe mit Franziska Geyr von Schweppenburg verheiratet, die im Alter von 25 Jahren starb. Er heiratete in zweiter Ehe Hugoline Gräfin zu Eltz(-Kempenich), also aus dem anderen Zweig der Familie. Es muss eine sehr glückliche Ehe gewesen sein. Vater Kuno starb früh. Paul war da 14 Jahre alt. Der Junge hat seinen Vater als aufrechten und offenen Charakter sehr geschätzt. Fortan stand der Knabe unter der Obhut seiner gesellschaftlich quirligen und charakterstarken Mutter Hugoline. Paul hatte fünf Geschwister. Drei ältere: Den Halbbruder Klemens, der Chef des Hauses, das einzige Kind aus der ersten Ehe seines Vaters, die Schwester Lidwine und

---

[4] Heute weitgehend restauriert und ein Museum.

den Bruder Hugo, der nach dem Abitur in die österreichische Armee eintrat und ein recht erfolgreicher Amateur-Rennreiter wurde, was man damals „Herrenreiter" nannte. Er verstarb früh. Der jüngere Bruder Kuno wurde ebenso wie Paul Ingenieur. Der Jüngste in der Reihe, Max, wurde Offizier und heiratete in Landbesitz ein. Paul erhielt zunächst eine Erziehung durch Hauslehrer, Gouvernanten und geistliches Personal.[5] Danach trat er in die 8. Klasse („Untertertia") der rheinischen Ritterakademie Bedburg (Kreis Bergheim) ein. Er war nach der Eingangsprüfung zum Verdruss der Familie, die „mauvaise volonté" (so die Mutter, eine große Freundin französischer Einsprengsel) seitens der Direktion vermutete, eine Klasse niedriger eingestuft worden als erwartet. Schon einige Wochen später musste Paul der Ritterakademie allerdings ohnehin den Rücken kehren, weil er sich einen Streich erlaubt hatte. Er hatte „ein höchst ungezogenes Plakat" (so die Mutter) an die Tür des Direktors geheftet und war von Kameraden verraten worden. Die Mutter hat das als ärgerlich bezeichnet, „besonders da er immer Primus war". Sie schrieb ihrer Schwester: „Mein einziger Trost ist, dass die dortige sehr strenge Zucht und Aneiferung zur Frömmigkeit gerade für Pauls sehr leichtfertigen Charakter hoffentlich gute Früchte trägt."[6] Der Junge wechselte auf das Gymnasium in dem zwischen Bonn und Köln rechtsrheinisch gelegenen Siegburg. Sein Bruder Kuno hat Paul als einen ruhigen und gründlichen, aber auch fröhlichen Jungen geschildert, der „alles andere als ein Philister" gewesen sei und bestätigt, dass das Lernen seinem Bruder leicht gefallen sei. In seiner Freizeit spielte Paul Tennis, lief Schlittschuh und ging auf die Jagd. 1894 folgte das Abitur. Danach gab es keine Italienreise, keine *Grand Tour*, dafür aber, welch eine Alternative, eine Lehrstelle als „Eleve" in der Eisenbahnwerkstatt Saarbrücken. Der junge Paul studierte dann Maschinenbau an der Technischen Hochschule Aachen und später in Berlin-Charlottenburg. Die Semesterferien wurden wiederum für die praktische Ausbildung in der „Königlichen Eisenbahn-Haupt-Reparaturwerkstatt" in Krefeld-Oppum verwendet.

„Eisenbahn", das war im Deutschland der damaligen Zeit eine Erfolgsgeschichte. Durch den Wirtschaftsaufschwung mit steigenden Bevölkerungszahlen setzte um die Wende vom 19. zum 20. Jahrhundert ein starkes Städtewachstum ein, das eine wesentlich stärkere Nutzung der Stadt- und Vorortbahnen zur Folge hatte. Allein Berlin verzeichnete täglich eine Million Fahrgäste. Die Bahn veränderte den Alltag der Menschen, sie erweiterte den Lebensraum vieler und befeuerte Zukunftsoptimismus und Fortschrittsglauben, mit nichts weniger verbunden als der Hoffnung auf eine neue Welt des Friedens und der Freiheit. Schon Mitte des 19. Jahrhunderts hatte Friedrich

---

[5] Dazu näher *Huck*, S. 30.
[6] Brief an ihre Schwester Sophie, Taufpatin von Paul, im Juni 1888.

List, der Liberale und der Vorkämpfer für den Deutschen Zollverein, die Eisenbahnen als die „eigentlichen Volkswohlfahrts- und Bildungsmaschinen, die den Interessen der gesamten Menschheit dienlich seien", bezeichnet.[7] Bahnhöfe wurden „Kathedralen des Fortschritts" genannt und von Claude Monet in gewaltige malerische Impressionen übersetzt. Bereits damals wurde aber schon vor den Gefahren und Umwertungen einer beschleunigten Lebensweise gewarnt.[8] Das Interesse an der Eisenbahn durchdrang alle Volksschichten. An den Traum (fast) jeden (männlichen) Kindes, einmal Lokomotivführer zu werden, erinnert sich sogar noch die heute lebende ältere Generation. 1891 präsentierte die Firma Märklin die erste auf Schienen laufende Modelleisenbahn. Ob dem damals 16jährigen Paul eine solche geschenkt wurde, ist unbekannt. Überliefert ist aber, dass schon der Junge darauf bestand, bei Eisenbahnfahrten in das Führerhaus der Lokomotive mitgenommen zu werden. Der Beruf muss ihm schon früh sehr am Herzen gelegen haben und er ist sicher selbst darauf gekommen, denn die Annahme ist nicht abwegig, dass die Begeisterung des jungen Eltz für die Eisenbahn und die entsprechende Berufswahl von vielen seines Milieus und in seiner Familie als unstandesgemäß betrachtet worden ist. Im Verein katholischer Edelleute, dem sein älterer Bruder Klemens angehörte, wurde noch lange die Fiktion aufrecht erhalten, dass die nachgeborenen Söhne von den Familienoberhäuptern zu versorgen seien. Nach dem 1. Weltkrieg setzte sich allerdings angesichts des sozialen Niedergangs von Teilen des Adels immer mehr die Erkenntnis durch, auch die Nachgeborenen seien nun gezwungen, Berufe zu erlernen. Der Vorsitzende des Vereins stellte damals fest, dass der Verein nun nichts mehr dagegen einwende, dass seine Mitglieder „Kaufleute, Ingenieure oder was weiß ich werden, wenn sie nur echte katholische Edelleute von Gesinnung blieben".[9] Das war 1922. Wie viel schwerer müssen ganz generell solche Vorbehalte noch um die damalige Jahrhundertwende gewogen haben! Wenn man einmal von den klassischen Überlebensoptionen nachgeborener Söhne absieht (Militär, Kloster oder Heirat mit einer grundbesitzenden oder sonst wohlhabenden Frau), musste man einen Brotberuf ergreifen. Auch Paul war als ein „Nachgeborener" nach dem Familienfideikommisssystem von der Übernahme oder dem Erbe des Familienvermögens ebenso wie alle anderen nachgeborenen Geschwister ausgeschlossen. Das nannte man damals einen „weichenden Erben". Paul von Eltz war zwar nicht völlig mittellos, andererseits aber auch nicht vermögend, was ihn nach seinem Rücktritt als Minister im Jahr 1937 noch in Schwierigkeiten bringen sollte.

---

[7] Zit. nach *Gall*, S. 17.
[8] Vgl. *Gall*, S. 16 ff.
[9] Franz von Galen, zit. nach *Conrad*, S. 99.

Wenn man in Studium und Berufswahl prägende und identitätsstiftende Elemente im Leben eines Menschen finden will, ist man hier doch ein wenig verblüfft. Eltz würde der Eisenbahn sein Leben lang aufs Engste verbunden bleiben. Aber auch die andere Lebenswelt mit ihren Landgütern, ihrer agrarischen und aristokratischen Anmutung, den weitgehend homogenen gesellschaftlichen Beziehungen, sollte er dabei nicht aufgeben. Sie blieb für ihn gesellschaftlich dominierend, was ihm einmal auch Kritik aus dem politischen Raum eingetragen hat. Paul steht hier also gleichzeitig vor uns als Kind seiner Klasse und als Kind seiner Zeit. Der Weg zu einem modernen jungen Mann war ihm nicht von Anfang an verschlossen. Tradition und Moderne haben ihn gleichzeitig geprägt. Während seines Studiums in Aachen war der junge Eltz in das renommierte Studentencorps „Delta" eingetreten. Ein Atelierphoto zeigt ihn in „vollem Wichs". Eigentlich war katholischen Gläubigen das obligatorische Fechten, die sog. „Bestimmungsmensur" verboten. Sie wurde in der katholischen Kirche als sittlich verwerflich abgelehnt. Um die Jahrhundertwende bröckelte die Front aber ab und insbesondere Adlige und rechtsnationale katholische Kreise begnügten sich mit der Erklärung, dass das Verbot der Kirche kein Dogma, sondern lediglich eine Disziplinarvorschrift sei.[10] Eltz jedenfalls setzte sich darüber hinweg. Sein Corpsbruder Julius Dorpmüller, der andere Eisenbahner in dieser Geschichte, dem wir noch wiederholt begegnen werden, hat sich an Eltz als den lustigsten Studenten, „zu jedem Streich aufgelegt und jeder Lebensfreude zugetan", erinnert.[11] Viele Jahre später erklärte Paul Eltz seinen Austritt aus der Studentenverbindung. Im Jahr 1924 war ihm ein Sohn geboren worden. Als Familienvater glaubte er, den ihn nun anscheinend doch quälenden, auf religiösen Überzeugungen beruhenden Gewissenskonflikt wegen seiner Mitgliedschaft in einer schlagenden Verbindung nicht weiter vor sich herschieben zu können. Seinem Austritt waren im Übrigen Auseinandersetzungen vorausgegangen wegen des in den zwanziger Jahren eingeführten Duzens unter den Corpsbrüdern und wegen der rüden Form, in der ein offensichtlich verzweifelter Schatzmeister ausstehende Beiträge angemahnt hatte.[12]

1899/1900 folgte für Paul der obligatorische Dienst als „Einjährig-Freiwilliger" im renommierten Garde-Schützen-Bataillon in Groß-Lichterfelde (Berlin). Mit der ersten Hauptprüfung für das Maschinenbaufach im Dezember 1902 endete die Studentenzeit.[13] Paul von Eltz war jetzt 27 Jahre alt.

Hand in Hand mit der im letzten Viertel des 19. Jahrhunderts immer schneller wachsenden Industrialisierung vollzog sich eine gewaltige Auswei-

---

[10] *Conrad*, S. 106 f.
[11] So *Krosigk*, Staatsbankrott, S. 11.
[12] Schreiben Eltz an Petersen o.D, EA 9.
[13] Note „gut", EA 45.

tung des Verkehrswesens. Um die Jahrhundertwende hatten die deutschen Eisenbahnen mit rund 50.000 km das größte Streckennetz in Europa und waren der bei weitem größte zivile Arbeitgeber in Deutschland. Sie bestimmten und beherrschten fast die gesamte wirtschaftliche Infrastruktur des Reiches. Allein in dem kurzen Zeitraum von der Jahrhundertwende bis 1913 verdoppelte sich die Zahl der Personenkilometer noch einmal.[14] Der junge Ingenieur wurde zum „Regierungsbauführer des Maschinenbaufachs" ernannt und setzte die praktische Ausbildung fort, die unter anderem darin bestand, drei Monate lang einen Lokomotivfahrdienst abzuleisten, wo wir uns den eher feingliedrigen Freiherrn an der Steuerung einer Dampflokomotive vorstellen dürfen. Als häusliche Probearbeit für die Regierungsbaumeisterprüfung reichte Eltz den Entwurf einer „Lokomotiv-Reparatur-Werkstätte" ein, die vom Verein deutscher Maschinen-Ingenieure mit der goldenen Beuth-Gedenkmünze prämiert wurde. 1905 wurde er zum Regierungsbaumeister ernannt und an die Eisenbahndirektion Hannover versetzt. Dort blieb er bis 1909, allerdings mit einer interessanten Unterbrechung. Im Oktober 1906 reiste er, nachdem er einen sechsmonatigen Sonderurlaub beantragt hatte, auf dem Dampfer „Kronprinz Wilhelm" über den Atlantik, um bei einer amerikanischen Eisenbahngesellschaft, der *Michigan Central* (Detroit), bei der sein jüngerer Bruder Kuno tätig war, ein Praktikum zu absolvieren. Er kehrte im März des Folgejahrs nach Deutschland zurück. Seine dabei und bei einem späteren Aufenthalt in den USA gewonnenen Erfahrungen mit rein privatwirtschaftlich organisierten Eisenbahnen haben auf ihn aber offensichtlich keine nachhaltige Wirkung ausgeübt. Für ihn blieb die Eisenbahn immer eine staatliche Veranstaltung. 1909 wurde er nach Berlin in das preußische Eisenbahn-Zentralamt versetzt, wo er sich unter anderem sehr erfolgreich um die Erhöhung der Reisegeschwindigkeit der Züge kümmerte. In dem Sinne konservativ, dass er in die Zivilisationskritik der Altkonservativen eingestimmt hätte, wonach „jede Beschleunigung ein Stück Seele kostet"[15], kann er also nicht gewesen sein.

Als Auszeichnung ist zu würdigen, dass er ab Mai 1911 dem kaiserlichen Generalkonsulat in New York als technischer Sachverständiger zugeteilt wurde.[16] Die USA waren damals die führende Nation im Eisenbahnbau, der bei der Entwicklung des dortigen Kapitalmarkts eine herausragende Rolle spielte. Der Ingenieur berichtete fleißig. Aus dieser Zeit liegen umfassende eisenbahntechnische Aufzeichnungen vor. Sie zeigen, dass die ihm übertragene

---

14 Vgl. *Gall*, S. 37, 39.
15 Ewald von Kleist-Schmenzin, zit. nach *Klausa*, Ein konservativer Fels, S. 7.
16 Gesamtentschädigung 20.000 Mark jährlich, wovon nahezu alles bestritten werden musste, auch Reise- und Umzugskosten, doppelte Mietzahlungen und sonstiger Aufwand, nicht jedoch die Anschaffung einer Schreibmaschine, deren Kosten gesondert erstattet wurden, PA AA 13 477.

Tätigkeit für einen jungen Eisenbahner, der Lust hatte, über den Tellerrand zu blicken, eine faszinierende und motivierende Aufgabe war. Umfangreiche Ausarbeitungen zu Themen wie beispielsweise der „Entwicklung der Personenbahnhöfe in der Stadt New York", zu dem „Personenverkehr in den neuen Hauptbahnhöfen der Pennsylvania und der New York Central-Bahn", oder der „Elektrisierung des Eisenbahnwesens in den USA" befinden sich in den Akten.[17] Die Berichterstattung aus New York hat dazu beigetragen, dass in Deutschland zunächst mit der Elektrifizierung der Berliner Stadtbahn begonnen wurde und später das amerikanische System bei den Überlandbahnen umfassend eingeführt wurde. Andere Berichte befassten sich mit amerikanischen Luftdruckbremsen, die längere Züge als in Deutschland ermöglichten. Die Berichte führten später zur Einführung dieser Bremsen bei deutschen Güterzügen, was vorher viele Fachleute für unmöglich gehalten hatten. Seine Berichterstattung fand den Beifall seiner Vorgesetzten in Berlin.[18] Eltz war nicht sehr gesellig. Im Vordergrund stand die berufliche Tätigkeit. Er verkehrte in New York nur in wenigen Familien im „Deutschen Verein". Im deutsch-amerikanischen Reitclub ritt er morgens aus.

Bei Kriegsausbruch sollte Eltz nach Deutschland zurückkehren. Dies misslang jedoch zunächst gründlich. Die unter niederländischer Flagge am 15. August 1914 in New York in See stechende MS „Potsdam" wurde von britischen Seestreitkräften aufgebracht und der junge Eltz wurde in einem Kriegsgefangenenlager im britischen Dorchester interniert. Die Familie blieb zunächst ohne Nachricht. Seine Schwester Lidwine hat sich über das Auswärtige Amt um Auskunft und Kontakt bemüht und dabei auch erwähnt, Eltz habe zurückkehren wollen, weil er seiner Wehrpflicht genügen wolle. Ihr ist im September mitgeteilt worden, dass man sich bemühen werde, Eltz in die schwebenden Verhandlungen über einen Gefangenenaustausch einzubeziehen.[19] Die Verhandlungen über die Freilassung erwiesen sich aus verschiedenen Gründen als schwierig, vor allem wohl deshalb, weil Eltz, ebenso wie zwei andere deutsche ebenfalls sistierte Passagiere, Reserveoffizier war.[20] Eltz wurde erst im Oktober in die Heimat entlassen[21] und konnte seine Tätigkeit in seinem alten Arbeitsbereich „Bremswesen" des Eisenbahn-Zentralamtes wieder aufnehmen.

---

[17] EA 47 bis 50.
[18] Umfangreiches Material in EA 47–49.
[19] Schreiben AA vom 5.10.1914, PA AA R 140611.
[20] Schwierige Kommunikation der Reichsbehörden mit den Briten über amerikanische Auslandsvertretungen, unterschiedliche völkerrechtliche Ansichten hinsichtlich von Personen im „wehrfähigen Alter", Unklarheit über den Status von den einer Auslandsvertretung zugeordneten Nichtdiplomaten, Garantie der Gegenseitigkeit, unterschiedliche Behandlung durch lokale Behörden, vgl. insgesamt dazu PA AA R 140611.
[21] Ebda.

II. Im Krieg

1915 wurde Paul von Eltz zum Feldeisenbahnwesen eingezogen. Nach Inspektionen in Belgien kam er 1916 in das mit den Mittelmächten verbündete Bulgarien, dessen Eisenbahn im militärischen Sinne größeren Anforderungen nicht gewachsen war.[22] In der Hauptstadt Sofia bestand seine Aufgabe als technischer Berater darin, durch technische und logistische Unterstützung diesem Zustand so weit wie möglich abzuhelfen. Obwohl dies nur in bescheidenem Maße gelingen konnte, wurde Eltz aufgrund seiner allseits anerkannten großen Leistungsfähigkeit nicht nur zum Hauptmann befördert, sondern auch sonst reichlich mit Vorgesetztenlob und Kriegsdekorationen ausgezeichnet.[23]

Der Herbst 1918 war eine Zeitenwende. Im Landheer, in der Marine und in den großen Städten brachen Aufstände aus, die immer radikaler wurden. In den Kriegshäfen machte sich die allgemeine Unzufriedenheit hungernder Menschen in Aufständen Luft. Der Kaiser floh nach Holland. In Berlin legte Reichskanzler Prinz Max von Baden am 9. November die Regierungsgewalt in die Hände des Sozialdemokraten Friedrich Ebert. Die Vorgängerregierung hatte das Waffenstillstandsgesuch Anfang Oktober eingereicht. Der Waffenstillstand wurde aber erst am 11. November 1918 zwischen dem Deutschen Reich und den beiden Westmächten Frankreich und Großbritannien in dem berühmten Eisenbahn-Salonwagen in einer Waldlichtung bei Compiègne, etwas nördlich von Paris geschlossen. Der belgische Kurort Spa, bis dato Sitz der (deutschen) Obersten Heeresleitung, wurde Hauptsitz der „ständigen internationalen Waffenstillstandskommission" (WaKo). Eine der Schwerpunktaufgaben der Kommission war die Bestimmung der Abgabefristen und Mengen von deutschem Heeresgerät. Dazu wurde speziell die „Unterkommission für Transportwesen" gegründet. Hier wurde Eltz, nachdem er in ähnlicher Funktion zuvor in Polen gearbeitet hatte, nun eingesetzt. Die WaKo forderte von Deutschland die Ablieferung von 5.000 Lokomotiven und 150.000 Wagen. Als er im Juli 1919 endgültig aus dem Bereich Feldeisenbahnwesen der Obersten Heeresleitung ausschied, bekam er von seinem Vorgesetzten eine hervorragende Beurteilung, die auch darauf abhob, dass Hauptmann Eltz aufgrund seiner außergewöhnlichen Urteilsfähigkeit in den letzten Monaten seiner Tätigkeit zu besonderen Aufträgen herangezogen wurde, „die weit über den eigentlichen Rahmen seines Arbeitsgebiets hinausgingen[24]". Was verbarg sich hinter dieser etwas rätselhaften Formulierung?

---

[22] Vgl. *Rohde*, S. 124 f.
[23] Eisernes Kreuz 1. und 2. Klasse, Ritterkreuz des kaiserlich-österreichischen Franz-Josef-Ordens, bayrischer Militärverdienstorden, andere Kriegsauszeichnungen, Ehrensäbel mit Signatur Hindenburg, EA 37.
[24] EA 45.

Im Dezember 1918 hatte ein amerikanischer Offizier, Arthur Latham Conger, Kontakt zu dem Chef der 3. Armee, die in Bingen stationiert war, aufgenommen. Conger selbst leitete das „Vorgeschobene Große Hauptquartier" der Amerikaner in Trier und war zugleich Chef der politischen Abteilung im amerikanischen Großen Hautquartier im französischen Chaumont. Er verfügte über unmittelbaren Zugang zu dem Oberbefehlshaber der „American Expeditionary Forces in Europe", General John Pershing. Als General Wilhelm Groener, der als Nachfolger von Erich Ludendorff Generalquartiermeister geworden war, im Dezember 1918 von diesem Kontakt erfuhr, entschied er, diese Beziehung, die, wie er in seinen Erinnerungen schrieb, von dem Amerikaner in der „liebenswürdigsten und taktvollsten Weise" angeknüpft worden waren, nicht abreißen zu lassen.[25] Die Waffenstillstandsverhandlungen mit Franzosen und Briten waren bisher zäh verlaufen. Bei einem Treffen der alliierten Kriegskoalition im November war es der amerikanischen Seite nicht gelungen, Franzosen und Briten vollständig auf das 14-Punkte-Programm von Präsident Wilson – ein Frieden der Gerechtigkeit auf der Grundlage des Selbstbestimmungsrechts der Völker – festzulegen. Stattdessen wurden die Bedingungen für das Deutsche Reich verschärft. Die deutsche Oberste Heeresleitung hatte infolgedessen ein Interesse daran, mit ihrem amerikanischen, möglicherweise im Vergleich zu den anderen Siegermächten kompromissbereiteren Gegenüber einen Gesprächskanal von Militär zu Militär aufzubauen. Eltz wurde damit beauftragt, den in Bingen angeknüpften Kontakt fortzuentwickeln und herauszufinden, ob Conger ein verlässlicher Mann war und wie weit sein Einfluss reichen mochte. Mit Conger hatte Eltz einen Gesprächspartner, der zu dem Typ des Generalstabsoffiziers mit weiten geistigen Interessen gehörte. Der Oberst sprach fließend deutsch und war äußerst deutschfreundlich. Die Sache war rangmäßig nicht völlig symmetrisch, Eltz hatte den Rang eines Hauptmanns, aber die Oberste Heeresleitung war der Auffassung, dass Eltz mit seiner New Yorker Erfahrung und seiner „Weltgewandtheit", so General Groener in seinen Erinnerungen[26], dafür besonders geeignet war. Höchstwahrscheinlich kannte Groener als früherer Chef des Feldeisenbahnwesens Eltz schon vorher aus dienstlichem Zusammenhang. In der Sache ging es zunächst um Garantien für den Weiterbestand eines festgefügten und ausgebildeten deutschen Volksheeres auf der Grundlage der allgemeinen Wehrpflicht. Man brauche eine starke Armee, so das deutsche Argument, um gegen den (bevorstehenden) Kampf gegen den Bolschewismus gewappnet zu sein. Eltz wurde hierzu von der Obersten Heeresleitung regelmäßig mit Positionspapieren, damals Denkschriften genannt, ausgestattet. Der anfangs von Eltz auf der Grundlage des Groenerschen Stra-

---

[25] *Groener*, S. 484.
[26] *Groener*, S. 486.

tegiepapiers vorgebrachte Vorschlag, amerikanische Truppen durch Deutschland nach dem Osten zu leiten, stieß allerdings schnell auf Ablehnung der amerikanischen Seite.[27] Conger, dessen Engagement für den unterlegenen Kriegsgegner als vorbehaltlos galt, war gezwungen, die Erwartungen der deutschen Seite zu dämpfen. Von den Ende Januar 1919 geführten Verhandlungen in Trier nahm Eltz folgenden Eindruck mit: „Trotz der mir wohlbekannten Gastlichkeit der Amerikaner konnte ich mich des Eindrucks des armen Teufels nicht erwehren, den man besonders gut behandelt, weil man ihm zwar wohl will, im übrigen aber nicht viel helfen kann."[28] Von den finanziellen und militärischen Machtmitteln Amerikas, die europäischen Bundesgenossen zu einem Frieden nach Wilsonschen Gesichtspunkten zu zwingen, von denen Conger anfangs gesprochen hatte, war keine Rede mehr. Der amerikanische Oberst ließ aber immerhin durchblicken, dass es für die deutsche Seite möglich sei, erneute Verschärfungen der Waffenstillstandsbedingungen abzulehnen.[29] Eltz glaubte an Congers guten Willen, wohl aber weniger an seinen tatsächlichen Einfluss auf die amerikanische Position: „Conger ... ist ausgesprochen deutschfreundlich ... das fasse ich bei der Beurteilung seiner Stellung im amerikanischen Großen Hauptquartier eher als schwachen Punkt auf."[30] Mitte März unternahm Conger eine Deutschlandreise und sprach mit General Groener. An der Unterredung nahmen auch Eltz als Dolmetscher, und Major Kurt v. Schleicher teil, der Mann, der später einmal Reichskanzler eines Kabinetts werden sollte, dem auch Eltz angehören würde. Am 7. Mai waren der deutschen Seite die Friedensbedingungen übergeben worden. Conger legte bei seinen Gesprächen in Berlin im gleichen Monat mit hochrangigen politischen Vertretern[31], großen Wert auf den „unverbindlichen und privaten Charakter" der Unterredungen mit denen er zunächst auf offene Ohren gestoßen war. Dies wich jedoch bald einer kritischeren Haltung, als sich zeigte, dass die von Conger fast in einer Art Geheimdiplomatie auch durch einen besonderen Mittelsmann betriebenen Bemühungen nicht durch entsprechende Entscheidungen der amerikanischen Regierung unterstützt wurden.[32] Als immer klarer wurde, dass es für die deutsche Seite in Paris nicht wirklich etwas zu verhandeln gab und die Rolle Congers zunehmend darin zu bestehen schien, das Deutsche Reich von der Notwendig-

---

[27] Vermerke Eltz vom 30.12.1918 und 30.1.1919, EA 38.
[28] Siehe Vermerk vom 30.1.1919, EA 38.
[29] *Groener*, S. 488 f.
[30] Aufzeichnung Eltz vom 20.2.1919, EA 38.
[31] Außenminister Graf Brockdorff-Rantzau, vormaliger deutscher Botschafter in Washington, Graf Bernstorff und der Leiter der deutschen Waffenstillstandskommission, Matthias Erzberger.
[32] *Epstein*, S. 426 ff.

keit der Annahme der Friedensbedingungen zu überzeugen, wurden die Kontakte auf deutscher Seite Ende Mai als nicht mehr sachdienlich beendet.

Der deutsch-amerikanische Gedankenaustausch erschien aus damaliger Sicht dennoch den Versuch wert. Immerhin hat General Groener den Ertrag aus den Kontakten mit Conger als einen der Gründe genannt, die ihn bewogen haben, sich für die Annahme des Vertrags von Versailles einzusetzen.[33] Mitte 1919 war es nicht Hindenburg, sondern Groener, der in dieser Frage für das Heer sprach.[34] Rückblickend ist festzuhalten, dass in Deutschlands politisch isolierter Lage die Heeresleitung offensichtlich dazu neigte, die Bedeutung eines direkten Gedankenaustausches mit einem hohen Offizier aus dem Stab der amerikanischen Heeresleitung zu überschätzen und den Vertretern des amerikanischen Heeres bei den Friedensverhandlungen einen Einfluss zuzuschreiben, den sie nicht besaßen.[35] Die Erfahrungen von Eltz in dem, was der Theologe Ernst Troeltsch das „Traumland der Waffenstillstandszeit"[36] genannt hat, mögen bei ihm eine Verstetigung der Vorbehalte gegen die europäischen Siegermächte und später gegen „Versailles" bewirkt haben. Auf internationalem Parkett ist Eltz ab jetzt nicht mehr anzutreffen. Die Gelegenheit, seine Beziehungen zu Groener zu festigen, dürfte aber zum weiteren befriedigenden Verlauf seiner Karriere beigetragen haben.

III. Prägungen

Seine Witwe hat nach dem Zweiten Weltkrieg in einer Eloge auf ihren Mann, in dem sie seinen ruhigen Verstand, sein empfindsames Gewissen und seine tiefe Religiosität in Erinnerung rufen wollte, festgehalten, er sei „ohne Ehrgeiz und Geltungstrieb" gewesen.[37] Eine kleine Anekdote bestätigt dies allem Anschein nach: Der Reichstagsabgeordnete Kurt Frhr. von Lersner hatte Paul von Eltz im Jahr 1920 dem damaligen Außenminister Walter Simons für den Posten des Botschafters in Washington empfohlen.[38] Eltz muss Lersner im Rahmen der Waffenstillstandsverhandlungen kennengelernt haben. Der junge Diplomat hatte von November 1918 bis April 1919 als einer der Vertreter des Auswärtigen Amts der deutschen Delegation zur Aushandlung des Waffenstillstandes in Spa angehört. Der energische und couragierte Lersner spielte dort eine gemessen an seinem Rang herausgehobene Rolle.[39]

---

33 *Groener*, S. 499.
34 Einleitung Hiller v. Gaertringen, in: *Groener*, S. 13.
35 Vgl insgesamt *Epstein*, S. 412 ff.
36 Zit. nach *Hauser*, S. 15.
37 Schreiben Marion v. Eltz an Kempner vom 8.7.1946, EA 57.
38 Schreiben Lersner an Groener vom 26.10.1920, EA 38.
39 Vgl. *Mühleisen*, S. 63 ff.

Fraglich ist, ob der unabgesprochene Freundschaftsdienst Lersners überhaupt Aussicht auf Erfolg hätte haben können. Gewiss, es war eine Zeit der personellen Umbrüche. Aber der eigenwillige und ehrgeizige Lersner hatte Anfang 1920 selbst als Diplomat „geschmissen", weil ihm sein Wunsch auf die Entsendung als Botschafter nach Paris abgeschlagen worden war. Es mag sein, dass er sich bei Reichsaußenminister Simons Chancen für seine Petition zugunsten von Eltz ausgerechnet hat, weil sich Eltz und Simons aus der Zeit als Simons als Generalkommissar stellvertretender Leiter der WaKo war, gekannt und auch geschätzt haben werden. Als Lersner General Groener, der inzwischen Reichsverkehrsminister geworden war, von seinem, möglicherweise nur mündlichen Vorstoß bei Simons berichtete und Eltz eine Kopie zusandte, schrieb Eltz zurück:

> „Ich sank vom Stuhle, regte mich aber nach einiger Zeit wieder ab, und zwar in der sicheren Erwartung, dass der Außenminister ihre Anregung nicht befolgen und mir dadurch der schwere Gewissenskonflikt erspart wird, ob ein verantwortlich denkender Mensch ein verantwortungsreiches Amt übernehmen darf, für das er weder Vorbildung noch Talentierung besitzt ... Ich kenne meine Limiten, sie begrenzen leider ein recht schmales Befähigungsgebiet."[40]

Gespreizte auf Wirkung zielende, geheuchelte Bescheidenheit oder Selbstzurücksetzung wird man hier nicht vermuten dürfen. Jedenfalls wurde aus der Sache nichts. Eltz war, wie sich die Familie erinnert, ein introvertierter Mann und sehr kontrolliert. Er fuhr niemals aus der Haut, allenfalls wenn ihm eines seiner Kinder auf den Schuh trat, ein von ihm fast schon geheiligtes modisches Akzessoire, von dessen budapester, handgenähter Art er 80 Stück in seinem Kleiderschrank vorrätig gehalten haben soll. Überhaupt legte er auf elegante Kleidung großen Wert. Später stach er im Kreis von Partei- oder Wehrmachtsuniformierten immer als sorgfältig gekleideter Zivilist hervor. Der unbeschwerte junge Mann, der er einmal gewesen war, wich später einer sehr ernsten Persönlichkeit. Dies hat sich bereits in seiner veränderten Haltung gegenüber dem studentischen Verbindungswesen manifestiert. Der scharfsinnige Beobachter und Kollege in den Kabinetten Papen, Schleicher und Hitler, Lutz Graf Schwerin von Krosigk, hat es zusammenfassend auf den Punkt gebracht: „Bei Paul von Eltz brach nur selten ein Anflug des Jugendübermuts wie ein Sonnenstrahl durch die Wolken der Gesetztheit und Frömmigkeit, die sein Alter kennzeichneten, durch."[41] Vielleicht hat sich bestätigt, was der britische Autor Anthony Powell in seinem Jahrhundertwerk „Tanz zur Musik der Zeit" einmal von Menschen gesagt hat, die vor und nach dem Großen Krieg geprägt worden sind: Die meisten von ihnen seien melancholisch, „vielleicht wegen der Anstrengung, gleichzeitig in zwei ver-

---

[40] Schreiben Eltz an Lersner vom 28.10.1920, EA 38.
[41] *Krosigk*, Staatsbankrott, S. 112.

schiedenen geschichtlichen Perioden zu leben".[42] Persönliche Enttäuschungen, darunter eine noch vor dem Weltkrieg unter verletzenden Umständen geplatzte Verlobung, mögen dazu beigetragen haben, dass Eltz spät heiratete. Als dies am 20. Oktober 1921, in Berlin in der Hedwigskirche geschah, war er 46 Jahre alt, seine Ehefrau Marion von Hutier war 18 Jahre jünger. Sie war die Tochter des früheren Infanteriegenerals Oskar von Hutier, der sich als Militärstratege im Ersten Weltkrieg einen Namen gemacht hatte. Aus der Sicht der Familie von Eltz war sie vielleicht sogar ein bisschen „unter Stande", wie man damals oft dachte, ohne es offen, jedenfalls nicht oft, auszusprechen. In der Ehe übernahm der Mann die Rolle des liebevollen und tröstenden Elternteils. Eltz war ein Familienmensch, gleichzeitig aber für die kleineren Kinder der „Abwesende" und sein Arbeitszimmer für die Kinder gesperrt, was allerdings für einen Politiker, zumal in der damaligen Zeit, nicht weiter erstaunlich war. Marion von Eltz war eine durchsetzungs- und willensstarke Frau, die in der Ehe das Familienleben, bisweilen mit strenger Hand, organisierte und den Motor des gesellschaftlichen Betriebs energisch am Laufen halten sollte. Belegt ist, dass ihr Ehemann, bereits als Reichsminister installiert, einen (völlig unzuständigen und überhaupt nicht protokollerfahrenen) Leiter einer Fachabteilung seines Ministeriums um Hilfe bitten musste, weil er Zweifel an der richtigen Tischordnung für ein von ihm zu gebendes Mittagessen mit „Diplomaten und Angehörigen ehemaliger regierender Fürstenhäuser" hatte. Seine Frau, die diese Fragen zu regeln gewöhnt war, befand sich auf Reisen.[43] Das Ehepaar sollte 6 Kinder bekommen, wobei das jüngste, die nach ihrer Großmutter benannte Tochter Hugoline, erst ein Jahr vor Eltzens Rückzug aus der Politik (1937) das Licht der Welt erblickte, da ging Eltz bereits in das 62. Lebensjahr.

Die Persönlichkeitsprägung des Freiherrn von Eltz verlief im Wesentlichen in dem magischen Dreieck, gebildet aus Adel, katholischem Glauben und Eisenbahn. Einer seiner Schwiegersöhne, Lothar Graf Hoensbroech, hat ihn dezidiert als einen Menschen bezeichnet, der nicht in die Gruppe des damaligen grundbesitzenden Adels einzuordnen war[44], ein Ratschlag, der im Folgenden in Rechnung zu stellen ist, aber nicht durchweg zur Anwendung kommen kann. Man kommt kaum darum herum, die individuelle Persönlichkeit mit aller Vorsicht in das Milieu zurückzustellen, in das sie gehört, um sie voll zu verstehen. Wenn man von den gesellschaftlichen Umwälzungen nach dem Weltkrieg berichtet, so ist oft von der „Fallhöhe", die den Adel mit dem Ende des Kaiserreichs und der militärischen Niederlage ereilt hat, die Rede. Nun galt das zuvörderst für die ostelbischen Grundbesitzer, denen

---

[42] Welt des Wechsels, S. 167.
[43] Aussage *Brandenburg*, S. 3.
[44] Schreiben Hoensbroech an Küppers vom 11.7.1993.

III. Prägungen

sozusagen wörtlich der Boden unter den Füßen weggezogen wurde. Die Aristokratie im Westen und besonders solche Menschen, die ohne allzu schwerwiegende soziale Brüche in gefestigten, grundbesitzunabhängigen Arbeitsverhältnissen lebten wie der Eisenbahner Eltz, waren weniger betroffen. Die vereinsinternen Kontroversen des Rheinisch-Westfälischen Vereins Katholischer Edelleute spiegelten wie in einem Brennglas die damaligen gesellschaftlichen und politischen Debatten dieser Schicht. Die von Horst Conrad detailliert geschilderten zum Teil erbittert geführten Diskussionen lesen sich wie ein aus heutiger Sicht schwer verdauliches Konzentrat mehrheitlich rechtskonservativer und reaktionärer Anschauungen.[45] Freilich gab es auch demokratietolerante Gegenstimmen. Doch der Abwehrkampf gegen die Novemberrevolution bestimmte die Ansichten der Mehrheit im Verein, sodass noch im Jahre 1928 der inzwischen kritischer gewordene Vereinsvorsitzende Franz von Galen von einer regelrechten Revolutionspsychose sprach. Im Laufe der Zeit stärker politisiert und in erregten Flügelkämpfen zerstritten, war der traditionsreiche Verein des öfteren von Spaltung bedroht. Neben einigen, nicht nur taktisch motivierten Anhängern der parlamentarischen Demokratie fanden sich dort alle Spielarten von Monarchisten, Befürwortern eines autoritären Ständestaates und Feinde der Zentrumspartei, Hohenzollerntreue wie Preußengegner, sowie in verschiedener Dosierung später Freunde wie entschiedene Gegner des völkischen Gedankens. Das sei hier kurz referiert, weil der Verein recht genau das gesellschaftliche Milieu von Eltz abbildete, obwohl Eltz selbst dem Verein nicht angehört hat. Er war Mitglied in der Deutschen Adelsgenossenschaft (DAG), deren Mitgliederkreis sich mit den Vereinen Katholischer Edelleute teilweise überschnitt und in dem ähnliche Debatten geführt wurden. Die DAG war aber interkonfessionell orientiert und es entwickelte sich auch eine antikatholische Linie mit völkischen Tendenzen.[46] Dass Eltz Monarchist war, lag auf der Hand. Seine Nähe zu dem ihn sehr schätzenden Weltkriegsgeneral Groener, der von den Hohenzollern strikt abgelehnt wurde und der dann auch als Verkehrsminister sein oberster Dienstherr war, spricht zumindest dafür, dass er in der Frage nach der Person nicht festgelegt war. Der Schwiegersohn Graf Hoensbroech schrieb: „Ohne es zu wissen, schätze ich, dass es vielen Gleichgesinnten wie meinem Schwiegervater sehr recht gewesen wäre, wenn sich eine konstitutionelle Monarchie, doch nicht unbedingt mit einem Hohenzollern, hätte errichten lassen."[47] Es ist aber letztlich auch unerheblich, weil Eltz später seinen eigenen Weg zu Hitler finden sollte und damit andere Optionen autoritärer Herrschaft in den Hintergrund traten. Das hinderte ihn nicht daran, mit

---

[45] *Conrad*, S. 91 ff.
[46] Vgl. *Conrad*, S. 105 f.
[47] Brief Hoensbroech an Küppers vom 11.7.1993.

dem Kronprinzen Wilhelm routinemäßig inhaltsfreie Glückwunschkarten auszutauschen.[48]

Eltz war überzeugter Katholik und ist am besten mit den Worten, die Papen für sich selbst in Anspruch genommen haben soll, beschrieben: Er war ein Träger „aus adliger Tradition geborener, selbstverständlichen Kirchlichkeit".[49] Einmal hat er die Bemerkung fallen lassen, er sei kein „Fachmann in religiösen Fragen".[50]

Der Münchner Bischof Kardinal von Faulhaber hat in seiner Niederschrift über ein längeres, kirchenpolitisches Gespräch mit Eltz im Herbst 1936 fast erschrocken vermerkt: „Küsst die Hand!"[51] Die Überraschung mag sich freilich auch darauf bezogen haben, dass ein Minister aus dem Kabinett Adolf Hitlers seine Aufwartung gemacht hatte. Eltz ist im Schrifttum und von Zeitgenossen zu den *Integralen* gerechnet worden.[52] Der heute sicher nicht mehr überall spontan verstandene Begriff bezeichnet Katholiken, die in allen sozialen und politischen Belangen für Papsttreue und katholische Rechtgläubigkeit eintreten als Gegenstück zum Reformkatholizismus, der eine Aussöhnung der katholischen Kirche mit der modernen Staatlichkeit anstrebte. Andererseits bezeichnet die Definition aber auch einfach Katholiken, die auf der engen Verbindung sowohl des politischen als auch des sozioökonomischen Lebensbereichs mit der religiös-moralischen Grundlage der katholischen Lehre beharren. Dass Paul von Eltz diesem Bild damals entsprochen hat, wird vor allem für die Weimarer Zeit noch zugetroffen haben, aber für die späteren Lebensjahre des Freiherrn ist diese Einordnung in Frage zu stellen. Eltz sollte sich zu dem (nationalsozialistischen) „positiven Christentum" bekennen, in seinen Kontroversen mit Hitler auch immer nur von *den* Kirchen und nicht der katholischen sprechen und auch in Glaubensdingen einen engen Gedankenaustausch mit einem der Bekennenden Kirche nahestehenden Protestanten haben. Für das Verständnis des Folgenden genügt zunächst einmal die Feststellung, dass Paul von Eltz ein besonders frommer Katholik war.

Die Fülle von ähnlich klingenden, sich im Teilnehmerkreis teilweise überschneidenden Gruppierungen, Gesprächskreisen und Gesinnungsnestern im konservativen Spektrum der Weimarer Republik kann den Chronisten zur Verzweiflung bringen.[53] Rechtskatholische Kreise, Anhänger des „Neuen

---

[48] 1938 bis 1942, EA 39, 44.
[49] Zit. nach *Möckelmann*, S. 291.
[50] Vermerk Faulhaber vom 13.12.1936, Volk, Akten Faulhaber, II, Dok. 587 (S. 237 ff.).
[51] Ebda.
[52] Vgl. *Hübner*, S. 697, Fn. 270, wenn auch nur „tendenziell"; siehe auch S. 167.
[53] Vgl. *Lob*, S. 115 ff.

III. Prägungen

Nationalismus" und Jungkonservative überschnitten sich.[54] Eltz ist gelegentlich den Letzteren zugerechnet worden[55]. Nähere Belege dafür finden sich wiederum nicht. Aber eines ist jedenfalls sicher: Man kannte sich. Eltz stand dem „Herrenclub" nahe.[56] Unter dem Gebot soziologischer Feindifferenzierung war der Herrenclub im Vergleich mit dem Verein katholischer Edelleute geradezu ein Hort der Modernität. Der Historiker Stephan Malinowski hat den Club als eine Konzentration ökonomischen, sozialen und kulturellen Kapitals, einem per Kooptation behutsam erweiterten Kreis handverlesener „Herren" aus Adel und Bürgertum bezeichnet, die politische Macht in fast allen strategischen Bereichen der Gesellschaft repräsentierten.[57] Er schreibt ihm auch die Beförderung des Aufbaus eines „neu komponierten, modernetauglichen Elitenreservoirs" zu.[58] Obwohl die Vereinigung nie viel mehr als 5.000 Mitglieder hatte, übte sie einen tiefen Einfluss auf das geistige Leben der deutschen Rechten aus. Ihre Zeitschrift „Der Ring" nahm bei der Diskussion von Themen wie Reichsreform, autoritärer Staat, Ständestaat oder Parlamentarismus eine führende Stellung im rechten Spektrum ein.[59] Der Einfluss des Herrenclubs auf das politische Geschehen in der Weimarer Republik in einem umfassenderen Sinne wird unterschiedlich beurteilt. Als Institution oder auch als Sprachrohr der Richtung der Jungkonservativen hat der Club keine nachhaltige Bedeutung für die Reichspolitik gewinnen können.[60] Das gilt auch für die Behauptung, der Deutsche Herrenclub sei im Jahr 1932 am Sturz Brünings oder an der Ernennung des neuen Reichskanzlers beteiligt gewesen.[61] Richtig ist, dass neben Papen mindestens die späteren Minister v. Gayl und v. Braun dem Club als reguläre Mitglieder angehört haben.[62] Das Clubmitglied Kurt Frhr. von Schröder, ein Bankier aus Köln, ist Papen auf seinem weiteren Weg zur Einbindung der Hitler-Partei außerordentlich behilflich gewesen, als er im Januar 1933 ein vertrauliches Gespräch zwischen Papen und Hitler in seiner Kölner Villa arrangierte. Den Kontakt zu Papen hatte ihm das Clubmitglied Lersner vermittelt. Eltz hat sicher von Papens

---

54 Vgl. *Feldbauer/Petzold*, S. 109 f.
55 *Lob*, S. 320, bezeichnet Eltz als „Mitglied der Jungkonservativen Vereinigung".
56 Vgl. *Lob*, S. 320 „Mitglied der Herrengesellschaft Mittelrhein im Ring" (ebenso *Schwierskott*, S. 271). Eingeladen am 8.12.1927, als Pater Albert Schmitt, ein unermüdlicher Netzwerker im rechtskatholischen Milieu, Ehrengast beim Herrenclub in Berlin war (*Lob*, S. 121).
57 *Malinowski*, Vom König zum Führer, S. 422 f.
58 *Malinowski*, Adel und Bürgertum, S. 204.
59 *Klemperer*, S. 133.
60 *Schoeps*, S. 138 ff.
61 Auch Krosigk, Schleicher und Neurath sind dem Club zugerechnet worden. Strikt dementiert von *Krosigk*, Staatsbankrott, S. 114, siehe auch S. 55, 77.
62 Vgl. *Feldbauer/Petzold*, S. 111.

weitgespannten Beziehungen, wie sie sich in der Zusammensetzung des Herrenclubs geradezu exemplarisch abbildeten, profitiert. Papen verkehrte keineswegs ausschließlich in Adelskreisen. Der Historiker Wolfram Pyta ist der Auffassung, dass kein anderer Politiker der Weimarer Republik stärker mit den so unterschiedlichen Lebenswelten des Militärs, der Landwirtschaft, und eben auch des Unternehmertums vernetzt war wie Papen.[63]

Franz von Papen hat Eltz in seinen Erinnerungen als Freund bezeichnet.[64] Worauf diese Freundschaft genau beruhte, ist nur noch ansatzweise zu klären. Eltz und Papen haben sich in New York kennengelernt. Wirklich befreundet können sie sich dort allerdings kaum haben, denn Papen residierte in Washington und Eltz in New York. Papen hatte seinen Dienst erst im Dezember 1913 in Washington angetreten. Schon im August 1914 war Eltz zu Schiff auf dem Heimweg. Ihre Aufgabengebiete korrelierten nur wenig. Der gemeinsame Aufenthalt in den Vereinigten Staaten von Amerika kann deshalb für sich genommen kaum substantiell freundschaftsstiftend gewesen sein. Papen hat ihn aber 1943 in seinem Kondolenzbrief an die Witwe Eltz ausdrücklich erwähnt.[65] Das ist insofern bemerkenswert, als die beiden Personen von 1932 bis mindestens 1934 gemeinsame politische Überzeugungen verbanden und auch von einer engen politischen Zusammenarbeit auszugehen ist. Es ist anzunehmen, dass Eltz und Papen ihre Bekanntschaft spätestens nach Ende des Krieges in Berlin oder auch im Rheinisch-Westfälischen erneuert haben. Das Diktum „Man kannte sich" galt ja besonders für den überschaubaren Kreis des grundbesitzenden rheinisch-westfälischen Adels. Im November 1933 feierte Vizekanzler v. Papen seinen Geburtstag im Kreise der Familie Eltz und mit den Kindern. Unübersehbar ist, dass bei Papen und Eltz grundverschiedene Charaktere aufeinandertrafen. Das Papen zugeschriebene, von formelhafter Liebenswürdigkeit geprägte fast karikaturhafte „Diplomatische" hatte auch letzterer, auch wenn vielleicht ein wenig gedämpft durch eine gewisse Sprödigkeit. Aber die Papen nach dem Urteil von Zeitzeugen kennzeichnende, auch seiner Spontaneität geschuldete Oberflächlichkeit und Kontaktfreude stehen ganz im Gegensatz zu dem introvertierten und problemorientierten Paul von Eltz. Wenn es richtig ist, dass man den Begriff der Freundschaft im politischen Bereich selbst in den wesentlich ruhigeren Zeiten unseres heutigen politischen Lebens nicht überstrapazieren sollte, dann muss man auch bei Eltz mit dem Wort „Freunde" vorsichtig sein. Paul war ein Einzelgänger. Er konnte in kleinen Dingen pedantisch, leicht verletzbar und nachtragend sein. Neben seinem bereits geschilderten Austritt aus dem Corps Delta gab es eine lächerliche und eines hohen Beamten eigentlich

---

[63] Vgl. *Pyta*, Grenzgänger, S. 307.
[64] *Papen*, Wahrheit, S. 192.
[65] Schreiben Papen an Marion v. Eltz vom 6.9.1943, EA 64.

unwürdige Auseinandersetzung mit einem Adelsgenossen, an der er freilich völlig schuldlos war, die ihn aber 1930 zum Austritt aus der DAG veranlasste.[66] Der Chronist notiert darüber hinaus einen beleidigten Briefwechsel des Reichsministers Eltz mit dem Deutschen Offiziersbund, weil sein Beitritt *vor* seiner offiziellen Zustimmung im Verein bekannt gemacht worden war.[67] Das waren allesamt Ereignisse, auf die näher einzugehen sich verbietet. Seine Familie hat es im Übrigen als ungewöhnlich vermerkt, dass er nicht, wie die meisten männlichen Familienmitglieder seiner Generation, dem Malteser-Orden beigetreten ist, was im katholischen grundbesitzenden Adel samt und sonders zum guten Ton gehörte. Aber zunächst bildeten Glaubensbruderschaft und Klassensolidarität, wirkmächtige und nicht zu unterschätzende Elixiere der menschlichen Beziehungen, zusammen mit der sich später herausbildenden politischen Aktionsgemeinschaft zwischen den beiden ähnlichen wie verschiedenen Personen ein solide erscheinendes Freundschaftsband. Es sollte erst im Laufe der Hitlerjahre, wie wir noch sehen werden, einer Entfremdung weichen.

Die Eisenbahn und die Gemeinschaft der Eisenbahner waren weitere Quellen, aus der sich die Weltsicht des Paul von Eltz speiste. Der Korpsgeist der Eisenbahner war damals ein machtvoller Ausdruck eines fast unvergleichlichen berufsständischen Zugehörigkeitsgefühls. Noch als Präsident der Reichsbahndirektion Karlsruhe rief er seinen Lokführern zu:

„Ich gehöre selbst zur Zunft der Maschinenleute, und habe vor nunmehr 27 Jahren bei den damaligen preußischen Staatsbahnen und später auch bei amerikanischen Eisenbahnen mit Kohlenschaufel und Ölkanne, mit Regulator und Steuerung hantiert. ... Mit der Zunft der Lokomotivführer fühle ich mich durch ein besonderes nahes, eisenbahnverwandtschaftliches Verhältnis verbunden."[68]

Man kann sich gut vorstellen, dass die Eisenbahnkultur Eltz auch in seinem politischen Denken stark geformt hat. Dazu gehörte das auf einer leistungsbezogenen Hierarchie aufbauende Prinzip der unbedingten Loyalität. In dem technischen Modell der Eisenbahn als einem minutengenau funktionierenden, geschmierten Räderwerk hatte die autoritäre und paternalistische Staatsidee ihr Vorbild in der Alltagswelt gefunden. Deshalb wäre es auch nicht richtig, den Freiherrn pauschal als Gegner der Moderne zu bezeichnen, denn die von ihm geliebte Eisenbahn hat dem studierten Maschinenbauer, der sein Handwerk im späten wilhelminischen Zeitalter gelernt hatte, ganz selbstverständlich die Faszination technischen Könnens und technischer Möglichkeiten vermittelt. Damit verbunden war aber auch das Ethos autori-

---

66 Schreiben Eltz an Graf Neipperg vom 7.2.1932, EA 52.
67 Schreiben Eltz an v. Werthern vom 29.3.1934, EA 24.
68 Rede anlässlich des Gesangswettstreits der Lokomotivführer, Frühjahr 1930, EA 51–16/23.

tärer Führung und unbedingter Einordnung. Gleichzeitig eröffnete sich dem Eisenbahningenieur die Erkenntnis der Zukunftsfähigkeit durch Technik. Bei einer Verbandstagung führte er aus, wir schreiben das Jahr 1931:

> „Die Zeiten, die hinter uns liegen, lassen sich nicht rekonstruieren. Nie werden sie in der alten Form neu entstehen. Wir befinden uns an der Schwelle einer neuen Periode, einer neuen Epoche, eines neuen Zeitalters, dass sich heute in Geburtswehen krümmt und windet, ohne dass man ahnen könnte, wie lange noch der Gärungsprozess die Menschen schütteln und rütteln wird bis er sich abgeklärt hat ... Die Technik ist berufen, auf die Entwicklung der künftigen Kultur einen überragenden Einfluss auszuüben ... Ihr Leitstern wird das ewige Vorwärts sein."[69]

Aber die technikgetriebene Modernität verband sich bei Eltz mit scharfen antiliberalen und reaktionären politischen Vorstellungen. Seine politischen Grundüberzeugungen hat er einmal ganz unverblümt und kompromisslos zum Ausdruck gebracht. Es handelt sich um eine private Äußerung im Kokon seiner aristokratischen Familie, eine Äußerung, die von den Zwängen eines irgendwie gearteten politischen Wohlverhaltens frei sein konnte und deshalb als authentisch gelten kann. In eine Hochzeitrede im Familienkreis im Jahr 1935 flocht der Freiherr, vielleicht sogar ein wenig ungewöhnlich bei einem solchen Anlass, eine historisch-politische Grundsatzerklärung ein. Den frisch Angetrauten, seiner Nichte Therese, ihrem Mann, und der ganzen Hochzeitsgesellschaft verkündete er:

> „Der letzte und tiefste Sinn dieser neuen Zeit ist die geistige Auseinandersetzung mit den Kräften, die die französische Revolution vorbereitet haben und dann auf ihrem faulen Boden üppig gewachsen sind, dem Rationalismus, Materialismus, Liberalismus und dem gedanklich auf ihm aufgebauten Marxismus (Anm. des Verf.: „Individualismus" im Konzept gestrichen), kurzum mit dem ganzen Spuk der sog. Aufklärung des 19. Jahrhunderts. Das Dritte Reich hat gegen diese Kräfte den Kampf aufgenommen."[70]

Deutlicher kann man den Gegensatz zu den Freiheitsidealen der Moderne nicht zum Ausdruck bringen.

---

[69] Rede vor dem technischen Ausschuss des VDEV, 10.6.1931, EA 51–16/24.
[70] 17.10.1935, EA 8–4/4.

B. Verreichlichung und Reparationen

Mit der Auflösung der Obersten Heeresleitung im Juli 1919 war Eltz als Hauptmann aus dem Heer ausgeschieden und in den zivilen Eisenbahndienst zurückgekehrt. Er durchlief verschiedene Positionen im Eisenbahnmaschinenamt und erneut im Eisenbahnzentralamt, was in ihm die Überzeugung reifen ließ, so seine eigenen Worte, „in irgendeiner Beamtenlaufbahn mit 45 Jahren ein alter Esel geworden zu sein".[71] Aber reine Routine war es wohl doch nicht, denn Ende 1920 ereilte ihn ein „gelinder Nervenzusammenbruch", von dem er sich über den Jahreswechsel bei seiner in Münster lebenden Mutter erholen musste.[72] Seiner Karriere tat das keinen Abbruch, denn im März 1921 wurde er zum Oberregierungsbaurat und 1923 zum Ministerialrat im Reichsverkehrsministerium befördert.[73] Da war er 47 Jahre alt.

In den ersten Jahren der Weimarer Republik durchlief die Bahn, wie sie Eltz aus Ausbildung, ersten Berufsjahren und Krieg gekannt hatte, zwei tiefgreifende, politisch brisante Veränderungsprozesse, die die Arbeit des Eisenbahners Eltz und seine politischen Vorstellungen prägen und weit über die Weimarer Jahre hinaus bestimmen sollten. Als er in den Krieg gezogen war, unterstanden die Bahnen noch der Länderhoheit. Schon während des Weltkriegs war aber deutlich geworden, dass die Eisenbahnverwaltungen zusammengelegt werden mussten. Die Weimarer Reichsverfassung bestimmte daher, dass die dem allgemeinen Verkehr dienenden Eisenbahnen in das Eigentum des Reiches zu übernehmen und als einheitliche Verkehrsgesellschaft zu verwalten seien. Die verschiedenen Staatsbahnen der Länder des untergegangenen Kaiserreichs wurden ab 1919 „verreichlicht", wie es im Eisenbahnerdeutsch hieß.[74] Die Zusammenlegung war eine sachliche Notwendigkeit. Es schwang aber noch etwas anderes mit. Der politische Hintersinn der damals tragenden politischen Kräfte war die Stärkung der Einheit der Nation, die Eindämmung hartnäckiger süddeutscher Partikularismen, insbesondere des bayrischen, aber sie war auch als Sperre gegen die preußische Hegemonie gedacht.[75] Die Verreichlichung hinterließ besonders bei den süddeutschen Ländern Wunden, die sich nur langsam schließen sollten. Das Ergebnis war

---

[71] Schreiben Eltz an Lersner vom 28.10.1920, EA 38.
[72] *Huck*, S. 37.
[73] EA 45.
[74] *Gall*, S. 9.
[75] Vgl. *Pohl/Kill*, S. 77 ff.

ein ständiges Aushandeln von Kompromissen zwischen Reichsbahn und Zentralgewalt auf der einen und den Ländern, die an ihren traditionellen Vorrechten festhalten wollten, auf der anderen Seite.[76] Eltz hat einmal von dem „hundertjährigen Kampf zwischen dem Gedanken einer das ganze Reichsgebiet umfassenden Verkehrshoheit und den eigenstaatlichen Bestrebungen der früheren Bundesstaaten und späteren Länder" gesprochen. Viel später sollte er auch hier Trost bei der „nationalsozialistischen Revolution von 1933" finden, die, wie er sich im Jahr 1937 ausgedrückt hat, „den Reichsgedanken auf allen Gebieten des völkischen Lebens zum Siege geführt" habe.[77] Da scheute er sich auch nicht in einer Rede in Gegenwart von Adolf Hitler es als einen „lichten Punkt in der Verfassung von Weimar" zu bezeichnen, dass sie, diesem Volksempfinden folgend, die Schaffung einer großen deutschen Reichsbahn vorsah. Aber radikal genug war ihm die Weimarer Lösung nicht, denn er schloss einschränkend an, dass „dem Werk von Weimar auch in diesem Punkt die Merkmale demokratisch-parlamentarisch-partikularistischer Kompromisslösung" angehaftet hätten.[78]

Die zweite, einschneidende Veränderung fiel auf das Jahr 1924. Ein unter Führung des amerikanischen Bankiers und späteren Vizepräsident der USA, Charles G. Dawes, entwickeltes völkerrechtliches Regelwerk hatte das Ziel, die gegen das Deutsche Reich gerichteten Forderungen auf Kriegsreparationen tatsächlich durchsetzbar zu machen, indem die jährlichen Zahlungen an die deutsche Wirtschaftskraft angepasst wurden. Die Belastungen für das deutsche Reich verringerten sich und die deutsche Wirtschaft erholte sich. Der „Dawes-Plan" war ein Beitrag zur politischen Stabilisierung der Weimarer Republik und einer der ersten außenpolitischen Erfolge Deutschlands nach dem Krieg. Der Reichsbahn wurde im System der von Deutschland zu leistenden Reparationen durch den Plan eine zentrale Rolle zugewiesen. Das komplizierte Regelwerk sah vor, die Bahn komplett an die Reparationsgläubiger zu verpfänden und der Bahn die Haftung für Reparationsschulden in Höhe von elf Milliarden Goldmark aufzubürden. Die Bahn wurde in eine Aktiengesellschaft umgewandelt („Deutsche Reichsbahngesellschaft" – DRG) und unter internationale Kontrolle gestellt. Die neue gesellschaftsrechtliche Konstruktion der Bahn war für die Riesenorganisation, die sich bisher nie wirklich als Privatunternehmen begriffen hatte, eine scharfe Zäsur. Man sprach damals von der Bahn *vor* und von der Bahn *nach* 1924. Mit der neuen Struktur sollte unternehmerisches Denken gefördert werden. Die deshalb gebotene Regierungsferne sollte nach dem Willen der Siegermächte

---

76 Im einzelnen *Mierzejewski*, Bd. I, S. 11 ff., 19 ff.
77 *Eltz*, Festschrift für Schacht, S. 3.
78 Rede anlässlich der Jahrhundertfeier der Deutschen Reichsbahn, 8.12.1935, Reichsbahn (35) S. 1275.

gleichzeitig die Gefahr eines neuen militärischen Konflikts verringern.[79] Innenpolitisch war das sehr umstritten. Sowohl die politische Rechte als auch die Kommunisten nutzten das Thema zur Agitation gegen die Weimarer Republik. Die Rechte kritisierte den Plan als Eingriff in die nationale Souveränität. Er wurde von ihr als sichtbares Zeichen der sog. „Erfüllungspolitik" scharf bekämpft. Hieran beteiligte sich nicht nur das selbstbewusste, sich als verschworene Gemeinschaft verstehende Eisenbahnermilieu, sondern auch der Ring-Kreis und der Herrenclub.[80] Aber Kritik kam auch von der extremen Linken. In der Reichstagsdebatte zur Annahme der Ausführungsgesetze bezeichnete ein KPD-Abgeordneter die Entwürfe als den „Sklavenpakt von London" und einer seiner Fraktionskollegen sprach von einer „völligen Umwandlung Deutschlands in eine Kolonie der Entente".[81] Am Ende konnten die Gesetze trotz knappster Mehrheiten den Reichstag passieren, weil eine Minderheit der Fraktion der deutschnationalen Volkspartei (DNVP) sich den Parteien der bürgerlichen Mitte und der SPD anschlossen. Der politische Tumult war die eine Sache, die andere die tatsächlichen finanziellen Auswirkungen des Dawes-Plan auf das Unternehmen „Reichsbahn". Sie sind immer auch ein beliebtes Argument im innenpolitischen Verteilungskampf gewesen. Bei der Eröffnung der verkehrswissenschaftlichen Woche am 23. Juni 1930 nutzte Eltz die Gelegenheit zu einem öffentlichen Hinweis auf die prekäre Lage der Bahn: „Wir stehen mitten in der ernstesten Krise."[82] Ob das Unternehmen Bahn damals wirklich finanziell ausgelaugt wurde, ist historisch umstritten gewesen. Neuere Untersuchungen zeichnen ein weniger düsteres Bild. Die ständigen Geldabflüsse durch die Reparationsleistungen (etwa 660 Millionen Reichsmark jährlich) haben die Reichsbahn zwar auf der Kostenseite belastet, hatten aber andererseits den heilsamen Effekt, die innerbetriebliche Effizienz zu erhöhen und Fehlallokationen zu vermeiden. Obendrein war die Reichsregierung aus beschäftigungspolitischen Gründen bereit, immer höhere Defizite zu akzeptieren, die der Bahn eine umfassende Modernisierung erlaubten.[83] Die Bahn sammelte während dieser Phase ihrer halbprivaten Verfassung stille Reserven an und baute ihre Strecken für höhere Lasten aus. Im Ergebnis war die Bahn zwischen 1923 und 1930 durchaus in der Lage, ihre Dawes-Anleihen zu bedienen.[84] Andererseits sorgte der damit einhergehende Personalabbau wegen der großen Bedeutung der Eisenbahn als Arbeitgeber für erhebliche öffentliche Kritik.[85] Die teilweise „Privatisie-

---

[79] Vgl. *Mierzejewski*, Bd. 1, S. 120 f.
[80] *Schoeps*, S. 104 ff.
[81] Zit. nach *Kolb*, S. 114.
[82] EA 51–16/14.
[83] Vgl. *Kolb*, S. 121; *Mierzejewski*, Bd. 1, S. XII.
[84] *Mierzejewski*, Bd. 1, S. 264 ff.
[85] Vgl. *Kolb*, S. 127 f.

rung" der Bahn hatte erhebliche organisatorische Konsequenzen. Vorher hatte die Leitung beim jeweiligen Reichsverkehrsminister gelegen, die Bahn war das, was man damals ein Régie-Unternehmen nannte. Mit der Gründung der DRG ging die strategische Leitung von der Reichsregierung auf einen Verwaltungsrat über, dem keine Regierungsmitglieder oder Parlamentarier angehören durften. Der Kampf der Reichsregierung um mehr Einfluss auf die Bahn, vor allem das Ringen um eine Vertretung der Reichsregierung im Verwaltungsrat, der von den Reparationsgläubigern konsequent verweigert wurde, sollte sich bis in die 30er Jahre hinziehen und das Verhältnis Bahn – Reichsregierung nachhaltig belasten.[86]

Das Jahr 1924 bildete auch für den Eisenbahnbeamten Eltz persönlich und für seine Familie eine Zäsur Ein gutes Jahr nach seiner letzten Beförderung wurde er zum Präsidenten der Reichsbahndirektion Karlsruhe ernannt, ein wahrer Karriereschub. Der Beginn in Karlsruhe verlief nicht völlig störungsfrei. Die Versetzung wurde vor Ort zunächst negativ aufgenommen, weil Eltz einem Kandidaten aus Baden, einer Person, die „in der heimischen Erde wurzelte", wie die Süddeutsche Zeitung in Stuttgart monierte, vorgezogen worden war. Obendrein wurde ihm in der Presse nicht nur unzutreffenderweise unterstellt, ein „Zentrumsmann" zu sein, sondern auch noch das Ehrenamt eines „päpstlichen Kammerherrn" angedichtet.[87] Im Tagesgeschäft musste sich Eltz für die immer noch regional umstrittene und mit zahlreichen Detailproblemen behaftete Verreichlichung der Bahn einsetzen. Mit einem der konzeptionellen Architekten der Reichsbahn, dem zur Zeit der Verreichlichung als Staatssekretär in Berlin amtierenden Karl Stieler, vormals Präsident der Generaldirektion der Württembergischen Staatsbahnen, verband ihn eine langjährige Freundschaft. Es steht außer Frage, dass Eltz, dem die Eisenbahn wichtiger war als der Föderalismus und das deutsche Reich wichtiger als die Länder, von Anfang an grundsätzlich einen zentralstaatlichen Standpunkt vertreten hat. Eine große Rolle dürften dabei seine in den Vorjahren gemachten praktischen Erfahrungen im Kampf mit den Ländern gespielt haben, die bestrebt waren, so viel wie möglich an Ländereinfluss auf die Reichsbahn zu retten und damit eine ständige Quelle des Missvergnügens für die Reichsregierung und die Reichsbahn waren.[88] Trotz seiner von ihm als Beamter geforderten Zurückhaltung musste ihn das in Konflikte mit der badischen Regierung bringen. Die Tatsache, dass Baden 1928 einen Sitz im Verwaltungsrat der DRG klageweise erzwingen wollte und einige andere

---

[86] *Mierzejewski*, Bd. 1, S. 125 ff.
[87] Süddeutsche Zeitung Stuttgart vom 22. Juli 1924, EA 45, möglicherweise eine Verwechslung mit Papen.
[88] Insbesondere der bayrische Partikularismus, hierzu im einzelnen *Mierzejewski*, Bd. 1, S. 26 ff.; siehe auch S. 101.

B. Verreichlichung und Reparationen

Länder dem Schritt folgten[89], zeigt, dass Eltz in Karlsruhe nicht nur mit eisenbahntechnischen Fragen befasst war. Das mag auch der Hintergrund für die geharnischte Kritik gewesen sein, die der badische Zentrumspolitiker Heinrich Köhler, ein Gegner der Verreichlichung der Bahn, an Eltz geübt hat. Köhler hat die Nominierung des rheinischen Adligen in das Karlsruher Amt als „Reinfall" bezeichnet und sich bitter über ihn beklagt:

> „Eltz von Rübenach, der sich als Katholik und Zentrumsmann empfahl und deshalb von uns genommen wurde, dann aber sich die Fronleichnamsprozession vom Fenster seiner Wohnung aus ansah, in keiner politischen Versammlung oder Kundgebung zu sehen war, und in den langen Jahren seiner Anwesenheit in Karlsruhe nicht ein einziges Mal ein Mitglied der badischen Regierung zu sich gesellschaftlich einlud, sondern nur in einem hermetisch abgeschlossenen Adelskreis verkehrte."[90]

Eltz hat sich als Beamter den politischen Verhältnissen loyal gebeugt, pragmatisch der Republik gedient und diese in seiner Eigenschaft als „Beamter" nicht aktiv bekämpft. Soweit er sie abgelehnt hat, ist dieser Vorbehalt erst wieder zum Leben erweckt worden, als er durch den Eintritt in die politische Sphäre im engeren Sinn hierzu geradezu aufgefordert wurde. Die knapp 8 Jahre in Karlsruhe waren alles in allem eine Zeit, in der Eltz seiner Aufgabe in hohem Maße gewachsen war, seine ausgleichende charakterliche Disposition zum Tragen bringen konnte und insgesamt eine gute Figur gemacht hat. Noch 1957 schrieben die Badischen Neuesten Nachrichten:

> „Und man muss noch einen Mann erlebt haben, der in die Würde dieser Straße wie hineingeboren war, den letzten Präsidenten der Reichsbahndirektion vor 1933, Freiherr Paul von Eltz-Rübenach. Seine Dienstwohnung lag im Südflügel des Direktionsgebäudes, ein Heim für gelehrte Freundschaft, Mittelpunkt einer erlesenen Gesellschaft. Geleitet von der bezaubernsten Gastgeberin und First Lady (sic!) Karlsruhes, der Freifrau Marion von Eltz-Rübenach, geb. von Hutier. 1933 zog diese Familie von der Karlsruher Lammstraße in die Berliner Wilhelmstraße."[91]

Sein guter Ruf sollte später, als es darum ging den süddeutschen Ländern den sog. „Preußenschlag"[92] zu erklären, noch einmal nutzbar gemacht werden und für kurze Zeit Geltung beanspruchen. Die glaubhaften Hinweise darauf, dass er sich in seiner Karlsruher Zeit persönlich und dienstlich am glücklichsten gefühlt habe[93], mag der vermutlich beschaulichen beruflichen Situation ebenso geschuldet sein wie dem sich in den späten Jahren dynamisch entwickelnden, gleichwohl etwas viktorianisch angehauchten Familienlebens. Die Zahl seiner Kinder stieg in der Karlsruher Zeit von zwei auf fünf.

---

[89] *Mierzejewski*, Bd. 1, S. 132 f.
[90] *Köhler*, S. 104.
[91] Badische Neueste Nachrichten vom 21.9.1957, EA 51.
[92] Siehe S. 60 ff.
[93] *Huck*, S. 41.

C. Politik und Religion in der Republik

Bisher haben wir Paul Eltz vor allem als einen zurückhaltenden, loyalen Beamten kennengelernt, der bei der Eisenbahn eine ordentliche Karriere machen und seinen beruflichen Lebenstraum verwirklichen konnte. Aber spätestens in den frühen zwanziger Jahren begann die Suche nach einer politischen Heimat.

I. Das Zentrum und die Rechtskatholiken

Dabei denkt man bei dem Katholiken Eltz zuerst einmal an die Zentrumspartei. Aus der Kaiserzeit herübergewachsen, war das „Zentrum" die natürliche Heimstatt für die sich weiterhin als Minderheit begreifenden katholischen Mitbürger, sozusagen der politische Arm des Katholikentums und damit auch für Eltz als gläubiges Glied der Kirche nach dem Krieg das geziemende politische Auffangbecken. Dies mag heute nur noch schwer verständlich sein, weil die Religion heute auf weite Strecken kein zwingender Anknüpfungspunkt für politische Gemeinschaft mehr ist. Aber nach dem Weltkrieg spielte das noch eine große Rolle. Vor dem ersten Weltkrieg war die Partei noch eine Abwehrbewegung einer bedrängten Minderheit gewesen. Der häufig verwendete, oft auch als Kampfbegriff genutzte Begriff „politischer Katholizismus" bezog sich damals nahezu ausschließlich auf die Zentrumspartei. Ihre komplizierte, sich in vielen Wendungen abzeichnende Entwicklung in der Weimarer Republik kann hier nicht nachgezeichnet werden. Wegen ihres sozial weitgefächerter Wählerstamms ist sie gelegentlich als die erste deutsche Volkspartei bezeichnet worden.[94] Mit stabilen 10–12 % der Wählerstimmen zusammen mit dem bayrischen Dauerpartner, der Bayrischen Volkspartei (BVP), entwickelte sie sich zu einem soliden Mehrheitsbeschaffer und wurde zu einem zentralen politischen Akteur in der Weimarer Zeit. Bis zum Sturz des Reichskanzlers und Parteivorsitzenden Heinrich Brüning im Jahr 1932 war sie nahezu lückenlos an den Weimarer Regierungen beteiligt und stellte, Papen nicht eingerechnet, allein vier Regierungschefs. Dabei entwickelte sich das Zentrum zunehmend zu einer bürgerrechtlich orientierten Partei, die die Ausweitung der politischen und gesellschaftlichen Beteiligung breiter katholischer Bevölkerungsschichten mit demokratischen Mitteln anstrebte. Gleichzeitig sah sie sich selbst auch als ein Korrektiv, das in der Lage war,

---

[94] Vgl. *Blaschke*, S. 48.

I. Das Zentrum und die Rechtskatholiken

mit Blick auf die Kräfte links von der Mitte „Schlimmeres zu verhindern". Der Erfolg hatte aber seinen Preis. Die Partei stand immer vor dem Dilemma, zwei in der Praxis widersprechenden Prinzipien gleichzeitig gerecht zu werden: Ihrer Treue zur religiös-weltanschaulichen Fundierung im katholischen Glauben einerseits und andererseits der sich aus ihrer Regierungsverantwortung ergebenden Notwendigkeit, inhaltliche Kompromisse mit anderen politischen Kräften zu schließen. Besonders deutlich wurde das bei zwei politischen Fragen, die den Katholiken besonders am Herzen lagen: Dem uneingeschränkten Eintreten für die Bekenntnisschule und dem Kampf für den Abschluss eines Reichskonkordats mit dem Vatikan, das die politisch strittigen Punkte zwischen (katholischer) Kirche und Staat abschließend regeln sollte. Beide Ziele vertrugen sich schlecht mit den Auffassungen ihrer bevorzugten Koalitionspartner, der SPD und der Deutschen Demokratische Partei (DDP). Diese konnten die Bekenntnisschule aus weltanschaulichen Gründen nicht akzeptieren und dem Konkordatsgedanken standen sie deshalb kritisch gegenüber, weil eine Regelung des Verhältnisses Staat – Kirche nach laizistischem Verständnis ausschließlich innenpolitischen Regeln zu folgen hatte und nicht Gegenstand einer völkerrechtlich bindenden Abmachung sein durfte.

Bereits zu Beginn der Weimarer Republik begann daher eine Minderheit im Zentrum gegen den Mehrheitskurs zu opponieren. Zunächst geschah das innerhalb der Partei. Es entwickelte sich der sogenannte Rechtskatholizismus als eine in ihrer Gesamtheit nicht immer scharf unterscheidbare politische Strömung.[95] Zu ihr bekannten sich Katholiken, die nach dem Krieg die nationalistische Rechte der Weimarer Republik als ihren natürlichen Verbündeten betrachtete und Liberalismus und Demokratie als mit den Prinzipien des katholischen Glaubens unvereinbar strikt ablehnte. Die Anerkennung der Volkssouveränität durch die vom Zentrum mit verabschiedete Weimarer Verfassung stand für sie im offenen Widerspruch zur Lehre der Kirche. Das Trauma der November-Revolution war besonders auf dem rechten Flügel des Zentrums, im katholischen Milieu jenseits der Parteigrenzen und in der Kirche vielfach noch nicht überwunden. Sinnfälliges Beispiel hierfür ist eine weit beachtete, Staub aufwirbelnde Rede von Michael Kardinal von Faulhaber beim Katholikentag in München im Jahr 1922. Der Kirchenfürst hatte die deutsche „Novemberrevolution" als „Meineid und Hochverrat" bezeichnet und damit im Zentrum eine erbitterte Kontroverse ausgelöst. So richteten die Rechtskatholiken sich konsequent gegen die politische Öffnung des Zen-

---

[95] Die Beschreibung der rechtskatholischen Bewegung folgt im Wesentlichen *Christoph Hübners* grundlegender Darstellung „Die Rechtskatholiken, die Zentrumspartei und die katholische Kirche in Deutschland bis zum Reichskonkordat von 1933".

trums und dessen interkonfessionelle Ansätze. Sie beharrten auf der engen Verbindung von politischen und sozialpolitischen Positionen mit den religiös-moralischen Grundlagen der katholischen Religion. Dabei beklagten sie die Vereinnahmung des niederen Klerus für die politischen Ziele der Zentrumspartei, die sog. Kaplanokratie, und wandten sich entschieden gegen den Anspruch der Zentrumspartei, die einzige legitime Vertreterin der politischen Interessen der katholischen Kirche zu sein. Die rechtskatholische Strömung stützte sich auf einen sehr begrenzten Ausschnitt der akademischen und aristokratischen Oberschicht der deutschen Katholiken. Es handelte sich vorwiegend um Menschen, denen vormals die Einordnung in die sozialkonservativen und protestantisch geprägten Führungsschichten des Kaiserreiches oder auch die Eingliederung in die bürgerliche Gesellschaft und ihrer Eliten am besten gelungen war. Sozial und beruflich rekrutierte sie sich aus der Akademikerschaft, dem grundbesitzenden Adel, dem Unternehmertum und dem Offiziersstand. In der latenten Kontroverse zwischen Rechtskatholiken und Zentrum übte besonders der rechte Flügel des rheinisch-westfälischen Adels einen immer stärkeren Druck aus. Im Kern ging es um die taktische Frage, ob der katholische Adel seine Ziele als innerparteiliche Opposition oder demonstrativ außerhalb des Zentrums verfolgen sollte. Interessanterweise hat Papen, der einzige adlige rheinisch-westfälische Katholik, der über ein parlamentarisches Mandat verfügte, über einen längeren Zeitraum für eine Zusammenarbeit im Zentrum votiert. Er und der zeitweise Vorsitzende des rheinisch-westfälischen Vereins katholischer Edelleute, Franz von Galen, sprachen sich im Verein aus taktischen Gründen für ein Verbleiben ihrer politisch organisierten Mitglieder in der Zentrumspartei aus, um einen weiteren „Linksrutsch" der Partei aufzuhalten.[96] Papen vertrat diese Position in exponierter Stellung in der preußischen Landtagsfraktion des Zentrums und isolierte sich deshalb im Verein nahezu völlig. Zu einer geschlossenen politischen Form ist der Rechtskatholizismus nie gelangt und das ist vielleicht einer der Gründe, warum er als politische Strömung in der Geschichtsschreibung etwas vernachlässigt worden ist.[97] Ihm wurden neben den genannten Persönlichkeiten und ihrem führenden konzeptionellen Kopf, dem Historiker Martin Spahn, die Benediktineräbte Albert Schmitt in Grüssau und Ildefons Herwegen in Maria Laach zugerechnet. Des weiteren konnten Brüder im Geiste, etwa Jungkonservative, Vertreter des neuen Nationalismus oder Verfechter der (christlichen) Reichsidee gelten. Er konnte interkonfessionelle Kräfte umfassen, die klassischen Nationalkatholiken bis hin zu den Integra-

---

[96] *Conrad*, S. 121 f.

[97] Autoren, die sich näher mit dem Rechtskatholizismus befassen, beklagen sich darüber, die recht überschaubare wissenschaftliche Beschäftigung mit der Thematik des Rechtskatholizismus marginalisiere dessen Bedeutung für den gesamten deutschen Katholizismus, vgl. *Hübner*, S. 11; *Clemens*, S. 3 f.

len.⁹⁸ Es ist deshalb immer eine Vereinfachung, wenn man von *dem* Rechtskatholizismus spricht, aber als Oberbegriff der katholisch-autoritär inspirierten Gegnerschaft zu dem sich immer stärker bürgerrechtlich orientierenden Zentrum mag er für das Verständnis der komplizierten politisch-religiösen Landschaft in der Weimarer Republik Orientierung bieten. Politisch wirkungslos blieben die Rechtskatholiken nicht. Sie förderten durch ihre zentrumsfeindliche und hochemotionale Agitation, sowie ihr enormes publizistisches Engagement Rechtstendenzen innerhalb des katholischen Milieus stark. Auch wenn die Bischöfe alles in allem dem Zentrum treu blieben und sich durch den Rechtskatholizismus nicht gegen das Zentrum in Stellung bringen ließen, war der innenpolitische Einfluss, oder besser gesagt, das Störpotential der Rechtskatholiken zeitweise erheblich. Es erscheint daher gerechtfertigt, den Rechtskatholiken, und ihren Vorläufern, den Staats- und Nationalkatholiken, mehr als ein „Fußnotendasein" in der einschlägigen Literatur zuzugestehen.⁹⁹

Dass Eltz sich aufgrund innerer Überzeugung, unterfüttert durch Herkunft und Tradition hier wiederfand, ist wenig erstaunlich. Die Wurzeln der rechtskatholischen Bewegung reichen in das monarchistische Vorkriegsdeutschland zurück. Als der Weltkrieg ausbrach war Paul ein erwachsener Mensch und hatte prägende Jugend- und erste Berufsjahre schon hinter sich. Seine Generation wurde geprägt durch die Bejahung der Hohenzollernmonarchie. Dies galt auch für Teile des katholischen Adels, nachdem die konfessionsausgleichende Politik des Kaisers zu Beginn des neuen Jahrhunderts zu der sog. „wilhelminischen Wende" geführt hatte. Sie bewirkte, dass die auf katholischer Seite verwurzelten Vorbehalte gegenüber dem protestantischen Kaisertum abgebaut werden konnten. Die „Hof- und Staatskatholiken" der 1870iger Jahre wurden zu „Nationalkatholiken". 1908 war die „Deutsche Vereinigung" gegründet worden, die den rechtskatholischen Bestrebungen einen organisatorischen Rahmen geben sollte. Einer der Gründerväter war der Porzellanfabrikant René von Boch-Galhau, der spätere Schwiegervater von Franz von Papen. Erster Vorsitzender wurde damals Wilhelm Graf Hoensbroech, aus dessen weitläufiger Verwandtschaft später einmal ein Schwiegersohn von Paul von Eltz hervorgehen sollte. Auch Franz von Papen hatte sich schon vor dem Weltkrieg in der Vereinigung engagiert.¹⁰⁰ Wenn man die Zugehörigkeit von Eltz zu dieser besonderen Ausprägung der katholischen Politikwelt klar erkennt, fällt es leichter, seine spätere politische Entwicklung einzuordnen und besser zu verstehen. Ob Eltz anfangs noch Mitglied im Zentrum war, ist nicht mehr zu ermitteln, aber, wie sich aus dem

---

⁹⁸ Vgl. *Hübner*, S. 799 f.
⁹⁹ *Gründer*, S. 155.
¹⁰⁰ *Hübner*, S. 406.

Folgenden ergibt, plausibel. Er war aller Wahrscheinlichkeit schon dabei, als sich 1920 *innerhalb* des Zentrums ein katholisch-konservativer Block bildete, der über eine gewisse politische Basis im Rheinland verfügte. Der Zentrumspolitiker und Chronist der Zentrumspartei, Karl Bachem, hat die Initiatoren dieser Richtung als Personen bezeichnet, denen „die demokratische Richtung ebenso zuwider war wie der interkonfessionelle Charakter des Zentrums".[101] Auf maßgebliche Initiative des rheinisch-westfälischen Adelsgenossen Hermann Frhr. von Lüninck trat die Gruppierung bei den Reichstagswahlen im April 1920 als eine vom Zentrum zu unterscheidende eigene Partei unter der Bezeichnung „Christliche Volkspartei" auf.[102] Eltz hat dort in Gremien mitgewirkt.[103] Der aus dem Stand gegründeten Partei gelang mit 65.000 Stimmen nur ein Achtungserfolg. Aber auch das Zentrum, das gegenüber den Wahlen im Januar 1919 immerhin fast 2% der Stimmen verloren hatte, ging aus dieser im Gesamtinteresse des politischen Katholizismus schädlichen Konfrontation geschwächt hervor.[104] Die Wahlen hatten gezeigt, dass die rechtskatholische Strömung zu klein war, um einen nachhaltigen eigenen Auftritt auf der politischen Bühne zu realisieren. Sie war deshalb immer darauf angewiesen, sich ein neues politisches Flussbett zu suchen.

II. Die Deutschnationale Volkspartei

Die CVP überlebte nicht. Viele Parteigänger der CVP schlossen sich bereits im Herbst 1920 der Deutschnationalen Volkspartei (DNVP) an, die kurz zuvor einen „Reichsausschuss der Katholiken in der DNVP" gegründet hatte.[105] Auch das Zentrum wurde von einer Austrittswelle erfasst. Der rechtskatholische Vordenker Martin Spahn wechselte 1921 zur DNVP. Aber auch diese Parteiwechsler blieben ein kleiner Kreis, der sich aus dem beschriebenen rechtskatholischen Milieu rekrutierte.[106] Wann genau Eltz nach dem Scheitern der CVP persönlich politische Konsequenzen gezogen hat, ist nicht mehr zu ermitteln. Eine Rückkehr zum Zentrum war nach Lage der Dinge ausgeschlossen. Jedenfalls ist er irgendwann, wie andere konservative Katho-

---

[101] *Bachem*, Bd. 8, S. 269.

[102] Vgl. *Hübner*, S. 206f. Nicht zu verwechseln mit dem 1920 im Zentrum lebhaft diskutierten Plan, das Zentrum in „Christliche Volkspartei" umzutaufen, um es für protestantische Wähler akzeptabler zu machen. Gelegentlich wurde dem Zentrum der Begriff „Christliche Volkspartei" zugesetzt, aber bald davon wieder Abstand genommen, vgl. *Bachem*, Bd. 8, S. 268f.

[103] *Hübner*, S. 207.

[104] Vgl. *Hübner*, S. 210ff.

[105] Dazu im Einzelnen, *Jones*, Catholics, S. 226ff.; *Hübner*, S. 220ff.

[106] Vgl. *Ritter*, S. 385.

liken auch, in die DNVP eingetreten[107]. Die Parteiwechsler verbanden damit die Hoffnung, die aus ihrer Sicht in der Zentrumspartei verloren gegangenen christlich-konservativen und nationalen Grundsätze zu stärken. Des Weiteren betrachteten sie die parteipolitische Zusammenarbeit mit den Protestanten im Sinne eines einigenden Nationalismus als wichtigen Schritt zur Beilegung religionspolitischer Konflikte. Damit wurde die vormals an die katholische Klientelpolitik gerichtete Forderung, sich konfessionell zu öffnen, umgekehrt und richtete sich nun an die protestantische Seite. Die DNVP berührte in Weimar vor dem Auftreten der NSDAP zwar den rechten Rand, umfasste aber ein breites politisches Spektrum. Die Partei, die ihr politisches Hoch im krisenhaften Beginn der jungen Republik erlebte, war anfangs ein Auffangbecken für die Anhänger der Vorkriegsparteien konservativer Schattierung, für Deutsch- und Freikonservative, Völkische, Christlich-Soziale und auch für einige Nationalliberale. Neben der Landwirtschaft sah auch ein erheblicher und einflussreicher Teil der Industrie seine Interessen in der DNVP vertreten. Sehr ausgeprägt war die Verbindung zur protestantischen Kirche, zur Staatsbürokratie und zum Militär. Mit ihrer scharf antisozialistischen und extrem revisionistischen Ausrichtung war sie immer auch ein Sammelbecken der erklärten Gegner der Republik. Von dem Zustrom der Katholiken profitierte die Partei. Zeitweise gehörten dem Reichstag 10 katholische deutschnationale Abgeordnete an. Auch Nachfahren alter Zentrumsabgeordneter wandten sich der DNVP zu. Die Gruppe der Parteiwechsler geriet daraufhin mit ihrer alten Partei in schwere Auseinandersetzungen. Kritiker aus dem Zentrum bezeichneten sie als sozialreaktionär und kritisierten den von der anderen Seite erhobenen Anspruch, die Rechte und Freiheiten der katholischen Kirche stärker zu schützen, als Vorwand.[108] Während die Rechtskatholiken dem Zentrum den „Verstoß gegen konservativ-christliche Grundsätze, eine mangelnde nationale Haltung und die Aufnahmebereitschaft für westliche Ideen" vorwarfen und die Vereinbarkeit von Nationalismus und Katholizismus betonten, beschuldigte die Zentrumspartei die Rechtskatholiken der Missachtung katholischer Interessen und der einseitigen Ausrichtung auf die Prinzipien des Nationalismus.

Spätestens seit diesen Auseinandersetzungen stand Paul von Eltz der Zentrumspartei in erbitterter und nachhaltiger Gegnerschaft gegenüber. Eine Begebenheit, über die Heinrich Brüning in seinen Erinnerungen berichtet hat, zeigt das exemplarisch. Es ging um die Wahlkampagne im April 1932. Sie sollte in Karlsruhe beginnen. Eltz war zu dem Zeitpunkt noch Präsident der Reichsbahndirektion Karlsruhe. Brüning schrieb: „Der Auftakt war günstig,

---

[107] *Hübner*, S. 697, Fn. 270.
[108] Vgl. *Reiß*, S. 31 f.

aber es gab auch Unerfreuliches."[109] Eltz habe ihm Extrazüge für seine Versammlungen verweigert, zwei Tage später aber für die Hitlerversammlungen bewilligt. Als Brüning das festhielt, mag ihm seine Verbitterung über seinen kurz nach dieser Episode erfolgten Sturz die Feder geführt haben. Wie auch immer es sich damit in diesem Einzelfall tatsächlich verhalten hat, jedenfalls hat der Historiker Rudolf Morsey die damalige politische Stimmung zwischen den beiden Lagern mit den Worten „Elementare Empörung und verbissene Wut" beschrieben.[110] In einer Ministerbesprechung im Jahr 1932 sprach der sonst eher wortkarge und gemessen auftretende Eltz, von dem weiterbestehenden „Hass", mit dem das Zentrum Papen verfolge.[111] Erstaunlicherweise wurde Eltz, obwohl seine Distanz zum politischen Katholizismus mit den Händen zu greifen war, noch bis tief in das Dritte Reich als „verkappter Zentrumsmann" bezeichnet.[112] Dies ist allerdings der für ein Freund-Feind-Denken der damaligen Zeit typischen Vergröberung geschuldet. Aber Eltz hat das als schweren Vorwurf empfunden und sich dagegen, noch im Ruhestand, als es schon lange keine Zentrumspartei mehr gab, empört zur Wehr gesetzt.

Eltz war zeitweise Mitglied im Landeskatholikenausschuss der DNVP.[113] Aufgabe der Ausschüsse war vor allem die Vertretung der konfessionellen Belange innerhalb der Partei, aber ebenso sollte die Konfrontation mit dem Zentrum organisiert und Wähler zur DNVP herübergezogen werden. Der Ehrgeiz der Rechtskatholiken, zu einer kräftigen überkonfessionellen rechtsgerichteten Einigung innerhalb der DNVP zu kommen, wurde enttäuscht. Sie hatten die Rechnung ohne den Wirt gemacht. Die DNVP blieb sozial und regional protestantisch geprägt. Die katholischen Untergruppierungen blieben letztlich wirkungslos, auch weil die Amtskirche sich mit dem „Linkstrend" des Zentrums weitgehend abgefunden hatte und dem Katholikenausschuss der DNVP die Unterstützung versagte.[114] Die Bruchstellen traten offen zu Tage, als es im Frühsommer 1929 um den Abschluss des Konkordats zwischen dem Vatikan und Preußen ging, eines der heikelsten Probleme, das es für die Gemeinschaft von Katholiken und Protestanten in der DNVP gab. Aus nationalpolitischen, religiösen und konfessionspolitischen Gründen wurde das Konkordatsprojekt von der Mehrheit in der DNVP abgelehnt. Dies stieß auf den beharrlichen Widerstand ihrer rechtskatholischen Abgeordne-

---

[109] *Brüning*, S. 536.
[110] *Morsey*, Untergang, S. 46.
[111] Ministerbesprechung am 25.11.1932, AdR, Papen, Bd. 2, Dok. 232.
[112] Schreiben Eltz an Lammers vom 23.3.1940, R II/1146a, Bl. 29; ähnlich *Meissner*, S. 260; Schreiben Eltz-Niershoff an Ortsgruppenleiter Schmitz 15.3.1939, EA 15, wobei es um die Äußerung eines Stoßtruppredners der Reichspropagandaleitung der NSDAP am 8.3.1939 ging.
[113] *Hübner*, S. 697.
[114] Vgl. *Jones*, Catholics, S. 236f.

ten. Der neue Parteivorsitzende Alfred Hugenberg verordnete daraufhin Fraktionszwang, um seine rechtskatholischen Abgeordneten auf Linie zu bringen. Den katholischen Abgeordneten wurde untersagt, *für* das Konkordat zwischen Preußen und der katholischen Kirche einzutreten. Das führte zu einem Entrüstungssturm vieler deutschnationaler Katholiken und schließlich zur Spaltung des Katholikenausschusses.[115] Eltz hat die Partei 1929 verlassen.[116] Seine politischen Wanderungen vom Zentrum zur CVP, von der CVP zur DNVP und von dort in eine ungewisse politische Zukunft hat er im Übrigen weitgehend mit integral orientierten Gesinnungsgenossen unternommen.[117] Eltz hatte nun zum zweiten Mal einer politischen Formation Adieu gesagt, wie er ja überhaupt mit der Einordnung in Organisationen immer wieder seine liebe Not hatte. Ende der zwanziger Jahre sah sich der rheinische Freiherr erneut einer politischen Heimat beraubt, weil er an seiner religiösen Haltung ebenso festhalten wollte wie an seinen antirepublikanischen Überzeugungen. Zwar hatten einige der bedeutenderen Abtrünnigen den Versuch unternommen, mit der „Volkskonservativen Vereinigung"[118] eine in Maßen republikfreundlichere politische Gruppierung zu gründen. Diese blieb aber erfolglos. Ihr gehörte auch der letzte Reichsverkehrsminister in der Regierung Brüning und damit der unmittelbare Vorgänger von Eltz als Minister, Gottfried Treviranus, an,

III. Die NSDAP

War der Nationalsozialismus für den katholischen Eisenbahndirektor schon in dem Augenblick eine Option? Völlig aus der Luft gegriffen ist diese Frage nicht, denn die NSDAP ging in jenen Jahren mit der Religion nach außen behutsam um. Die wichtigsten antikatholischen Elemente aus der NSDAP waren durch Hitler seit 1925/26 neutralisiert worden.[119] Die Partei selbst warb für ein „positives Christentum" ohne konfessionelle Bindung. Dass eine Massenpartei im Deutschland der Zwanziger Jahre nach der Konfessionszugehörigkeit ihrer Mitglieder eine „christliche" Partei war, und mehr als zwei Drittel ihrer Mitglieder einer der christlichen Kirchen angehörten, ist zunächst einmal nur eine Korrelation. Bemerkenswert ist aber, dass sich oft religiöse Empfindung und „nationale Revolution" bei vielen Christen sehnsuchtsvoll miteinander verbanden.[120] Allerdings hatte es die NSDAP bei

---

[115] Vgl. *Gründer*, S. 146 ff.
[116] *Hübner*, S. 697, Fn. 270.
[117] Vgl. *Hübner*, S. 798 f.
[118] Später: Volkskonservative Partei
[119] Vgl. *Hübner*, S. 810.
[120] Vgl. *Gailus* S. 15 f.

den Katholiken schwerer als bei den Protestanten. Die katholische Amtskirche distanzierte sich deutlicher von der erstarkenden nationalsozialistischen Bewegung. Der Episkopat verbot seinen Gläubigen, sich in der NSDAP zu engagieren, und untersagte es Verbänden der NS-Bewegung, bei kirchlichen Prozessionen mitzumarschieren. Sämtliche Diözesen im Deutschen Reich sahen sich 1932 veranlasst, die Zugehörigkeit zur NSDAP für unvereinbar mit dem christlichen Glauben zu erklären. Und auch der katholische Normalbürger erwies sich als resistenter gegenüber dem Nationalsozialismus als der evangelische. Im überwiegend katholischen Rheinland, der Heimat von Paul v. Eltz, und in Bayern erreichte die NSDAP kaum mehr als 20% der abgegebenen Stimmen gegenüber teilweise mehr als 60% in evangelisch dominierten Regionen. Die konsequente und hierarchisch durchgesetzte Haltung der „Amtskirche" gegen die NSDAP und die geschilderten Wahlergebnisse bedeuteten aber nicht, dass es in der katholischen Bevölkerung eine einheitliche Haltung in politischen Fragen gab oder dass diese etwa für immer stabil bleiben würde. Im Rechtskatholizismus gab es in den letzten Jahren von Weimar Kräfte, die eine Annäherung an die nationalsozialistische Bewegung befürworteten. Der gemeinsame Nenner vieler, wenn auch nicht aller katholischer Konservativer dieser Provenienz war das Bestreben, den Weimarer Staat zu überwinden und ihn durch ein autoritäres System zu ersetzen. Irgendwo hier ist auch Eltz zu verorten. Die politische Agitation der rechtskatholischen Welt, mit der Eltz so eng verbunden war, hat ihren Beitrag zur Aushöhlung der Weimarer Republik geleistet.[121] Es war dem Rechtskatholizismus über einen längeren Zeitraum gelungen, trotz seines begrenzten Wählerpotentials eine nur schwer quantitativ zu bestimmende Wählerwanderung katholischer Glaubensgenossen weg von Zentrum oder DNVP zur NSDAP hin zu bewirken. Horst Gründer, der sich intensiv mit den Rechtskatholiken auseinander gesetzt hat, ist zu dem Ergebnis gekommen, dass ein beachtlicher Teil der katholischen Wählerschaft zur NSDAP gewandert sein muss.[122] Auch wenn verlässliche Daten hierüber fehlen, ist es wenigstens plausibel, dass schon bei den Reichstagswahlen im September 1930 der NSDAP mehr katholische Wähler zugetrieben werden konnten als je zuvor.[123] In den katholischen Hochburgen des Westens, Köln-Aachen oder etwa Koblenz-Trier musste das Zentrum Rückschläge hinnehmen. Christoph Hübner führt dies auf die „jahrelange Vorarbeit der älteren Rechtskatholiken bei

---

[121] Vgl. *Blaschke*, S. 45.

[122] „Geht man davon aus, dass nur noch etwas mehr als ein Drittel der nominellen Katholiken das Zentrum wählte, – das waren allerdings immer noch zwei Drittel der bekenntnistreuen Katholiken – die restlichen Stimmen in erster Linie den beiden Linksparteien zufielen, so bleibt dennoch ein beachtlicher prozentualer Rest, der den Nazis zugute gekommen sein muss", *Gründer*, S. 155.

[123] *Hübner*, S. 575 ff., 810; *Repgen*, Katholizismus, S. 20 f.

der katholischen Bevölkerung mit ihrer Kritik am angeblich illegitimen Verhalten des Zentrums" zurück.[124] Auch der Wahlerfolg der Nazis bei den Reichstagswahlen im Juni 1932 beruhte zu einem Teil auf den Stimmen einer neuen katholischen Wählerschaft, die damit die Frage der Vereinbarkeit von christlicher Religion und nationalsozialistischer Weltanschauung für sich an der Wahlurne pragmatisch gelöst hatte. Der Rechtskatholizismus hat das Zentrum als demokratische Partei geschwächt, ohne es jemals als eigenständige politische Kraft ersetzen zu können. Der Kirchenhistoriker Hubert Wolf weist dieser politischen Strömung daher eine maßgebliche Schuld am Scheitern der ersten deutschen Republik zu.[125]

Als im Frühjahr 1932 der neue Minister Eltz bei seinem Eintritt in das Kabinett Papen als „parteilos" bezeichnet wurde, war das zwar formal korrekt. Aber der „unpolitische Fachmann" brachte – eingebettet in ein politischsoziales Milieu – in die Kabinettsarbeit die festen, in seinem politischen Vorleben gewonnenen und erprobten Überzeugungen mit ein. Ob er wirklich „kein Politiker war und es auch nie sein wollte", wie sein Schwiegersohn einmal schrieb[126], ist eine verbreitete, aber durch eine genaue Beobachtung der weiteren Entwicklung zu widerlegende These.

---

[124] *Hübner*, S. 810.
[125] *Wolf*, Rezension, S. 303; ähnlich *Blaschke*, S. 45.
[126] Schreiben Hoensbroech an Küppers vom 13.9.1991.

D. Einer der Barone im Kabinett

Als der Eisenbahndirektionspräsident Eltz im Juni 1932 zum Reichspost- und Verkehrsminister ernannt wurde und damit zum ersten Mal in seinem Leben eine hohe politische Ebene betrat, geriet er in eine politische Situation, die ihm trotz aller bisher schon gewonnenen Weimarer Erfahrungen verwirrend und explosiv erschienen sein muss. Es war zwar nicht die Komprimierung einer Fülle von Geschehnissen in einer „Weltstunde", wie sich Stefan Zweig einmal ausgedrückt hat, aber es sollten bis zur Ernennung Hitlers zum Reichskanzler im Januar 1933 gerade mal 9 Monate vergehen, die die Welt verändern sollten. Für viele Jahre ein letztes Mal wurden Handlungsspielräume ausgelotet, Alternativen erwogen, aber auch Chancen, mit denen das Unheil hätte abgewendet oder wenigstens durch ein anderes oder wenigstens milderes hätte ersetzt werden können, verspielt. Golo Mann hat in seinen „Erinnerungen und Gedanken" geschrieben: „Ein ärger von der Politik beherrschtes und behextes Jahr als anno domini 1932 hat Deutschland nie erlebt, nie vorher und auch nie nachher; keines auch, in dem die Dinge so auf des Messers Schneide standen, kein so schicksalschwangeres, derart jedoch, dass die Entscheidung bis zuletzt offen blieb".[127] Alle Zäsuren der Geschichte haben ihre Vorgeschichte. Schon bevor Franz von Papen Reichskanzler wurde, war einiges verspielt worden, aber während und selbst nach seiner Amtszeit gab es Optionen. In der üblichen Rückschau erscheinen die Vorgänge im Frühjahr 1932 als der Beginn eines politischen Prozesses, der mit der Ernennung von Hitler zum Reichskanzler seinen logischen Schlusspunkt fand. In Wirklichkeit begann er früher und kam auch erst später zu voller Wirkung. Mit der ersten deutschen Republik verbindet sich neben einigen hoffnungsvollen, inzwischen aus der historischen Gedächtnis fast getilgten Jahren, heute vor allem die Erinnerung an gewaltsame Umsturzversuche, Geldentwertung, Massenarbeitslosigkeit und politischen Radikalismus.

Nur wenige Tag bevor Eltz aus der Hand Hindenburgs seine Ernennungsurkunde entgegengenommen hatte, hatte am Sonntag, dem 29.5.1932, Reichspräsident Hindenburg Reichskanzler Heinrich Brüning zu sich bitten lassen. In einem Vieraugengespräch eröffnete er dem Reichskanzler kurz und wie ein Berater nach Brünings Bericht vermerkte, „kaltschnäuzig", dass „die Regierung, weil sie zu unpopulär ist, „von mir nicht mehr die Erlaubnis erhält, neue Notverordnungen zu erlassen und nicht das Recht hat, Personal-

---

[127] *Golo Mann*, Erinnerungen, S. 442.

veränderungen vorzunehmen."[128] Damit wurde der Regierung angesichts der unsicheren Mehrheitsverhältnisse im Reichstag im wahrsten Sinne des Wortes die Existenzgrundlage genommen. Einen Tag später erklärte Brüning Hindenburg den Rücktritt seines Kabinetts. Das Gespräch dauerte nur wenige Minuten. Brüning, der integre, aber glücklose Leiter eines ohne echte Parlamentsmehrheit regierenden „Präsidialkabinetts" hatte die Unterstützung des über sein Wohl und Wehe entscheidenden Staatspräsidenten Hindenburg spätestens im Frühjahr 1932 verloren. Die Gründe sind vielfältig, jedenfalls schwebte Hindenburg jetzt ein reines Rechtskabinett ohne jegliche Beteiligung der SPD vor, eine „nationale Konzentration" wie es bald heißen sollte. Damit wollte Hindenburg dem Stimmungsumschwung der Wähler nach rechts entgegenkommen. Die SPD war zwar zwei Jahre zuvor aus den letzten Reichstagswahlen (1930) noch als stärkste Partei hervorgegangen, hatte aber inzwischen nicht nur selbst Stimmen verloren, sondern obendrein noch ihre liberalen Partner, die DDP und die Deutsche Volkspartei (DVP), beide zu Splitterparteien herabgesunken waren. Das Zentrum war stabil geblieben, verfügte aber seit dem Bruch mit der SPD nicht mehr über einen politisch gewichtigen Koalitionspartner. Die Sozialdemokraten mussten zudem, selbst wenn sie bereit gewesen wären, Brüning weiter zu „tolerieren", mit heftigen Widerständen in den eigenen Reihen rechnen. Die Unfähigkeit der beiden Flügelgruppen der sog. Großen Koalition (SPD und Zentrum) Kompromisse zu schließen, hatte schon 1930 zu dem ersten sog. Präsidialkabinett Brünings geführt und damit den Weg von der parlamentarischen Demokratie zum Einparteienstaat eröffnet. Der Lähmung der Mitte stand die Dynamik der Nationalsozialistischen Arbeiterpartei (NSDAP) gegenüber, die trotz aller Schwankungen und Rückschläge den Trend auf ihrer Seite hatte. Die Wählerwanderung von Liberalen und Konservativen zur NSDAP war bereits massiv im Gange. Die Partei Hitlers konnte zwischen September 1930 und Juli 1932 ihre Stimmenzahl verdoppeln. Die parlamentarische Demokratie hatte nur noch wenige engagierte Befürworter. Die Mehrheit der Deutschen hatte sich, was in den folgenden Wahlen noch deutlicher werden sollte, gegen Weimar entschieden. Damit gewannen auch Überlegungen und Aktionen, die darauf abzielten, eine politische Lösung jenseits der parlamentarischen Spielregeln zu suchen, an Gewicht. Die jetzt im Mai 1932 bevorstehende Regierungsbildung war die Verwirklichung dieser Bestrebungen.

---

[128] *Winkler*, Weimar, S. 470 f.

I. Regierungsbildung

Der Plan für eine „überparteiliche" Regierung, die ja schon seit längerem diskutierte „nationale Konzentration"[129], konnte schnell in die Wege geleitet werden. Denn bereits am Nachmittag des 30. Mai, dem Tag, an dem Brüning vormittags aus dem Amt entlassen worden war, hatte Hindenburg in einem Gespräch mit Hitler und Göring die Absprache über eine neue Regierung festgeklopft. Hitler hatte für die „ersprießliche Zusammenarbeit einer von dem Herrn Reichspräsidenten gebildeten neuen Regierung" zwei Bedingungen gestellt, nämlich, so die Aktennotiz des Leiters des Präsidentenbüros, Staatssekretär Otto Meissner, die Neuwahl des Reichstags, welche der Volksstimmung entspräche, und zweitens die alsbaldige Aufhebung des SA-Verbots. Dieser Pakt war nicht mit heißer Nadel genäht worden. Bereits im April hatte die Reichswehrführung um General Kurt von Schleicher, der damals Chef des Ministeramts im Reichswehrministerium war, in Geheimverhandlungen mit Hitler die mit dem Reichspräsidenten abgesprochenen Bedingungen festgelegt. Von da an kann man in freier Anlehnung an die Regeln des klassischen Theaters fast von einer Einheit von Ort, Zeit und Handlung sprechen. Schleicher und Hindenburg einigten sich auf Papen als neuen Reichskanzler. Bereits 10 Tage vor seiner Inthronisierung war sein Name gefallen. Wenig später kursierten im politischen Berlin Gerüchte über die Zusammensetzung des Kabinetts. Josef Goebbels notierte: „Kanzler v. Papen, Außen Neurath. Dann noch eine Reihe unbekannterer Namen. Hauptsache der Reichstag wird aufgelöst."[130] Papen selbst, nach eigenem Bekunden zu dem Zeitpunkt noch ahnungslos, will erst am 28. Mai von Schleicher in dessen Berliner Büro auf die Kanzlerschaft angesprochen worden sein.[131] Das war aber nachdem ihn Schleicher am 26. Mai auf seinem saarländischen Gut angerufen und ihn gebeten hatte, umgehend nach Berlin zu kommen.[132]

Papen, der Berufsoffizier mit einer beachtlichen, aber nicht immer skandalfreien Karriere, war durch seine Heirat mit Martha von Boch-Galhau, einer der Erbinnen der Keramikdynastie Villeroy & Boch, wirtschaftlich unabhängig geworden. Ab 1921 ließ sich der Westfale zweimal für das Zentrum in den preußischen Landtag wählen, dem er ab 1930 bis zu seiner Ernennung zum Reichskanzler als Nachrücker ein drittes Mal angehörte. Dass zwischen ihm und dem republikanisch-demokratisch ausgerichteten Flügel der Zen-

---

[129] Der Ausdruck wird oft sowohl für die Kabinette Papen als auch für das erste Kabinett Hitler verwendet. Zur Vermeidung von Missverständnissen verwende ich den Begriff ausschließlich für die Kabinette Papen.
[130] GTB am 25.5.1932, 2/II, S. 289.
[131] *Papen*, Wahrheit, S. 182.
[132] *Vogelsang*, S. 70.

trumspartei starke Spannungen bestanden, ist hier schon mehrfach angeklungen. Als Rechtskatholik erschien er dabei mit Blick auf eine Sammlung der Rechtskräfte durchaus als der Repräsentant einer geeigneten Schnittmenge. Im Zentrum war er immer gegen eine Koalition mit den Sozialdemokraten gewesen. Schon bei der Reichspräsidentenwahl 1925 hatte er sich für Hindenburg und gegen seinen Parteifreund, den Vorsitzenden der Zentrumspartei, Wilhelm Marx, ausgesprochen. Trotz seiner starken Vernetzung in den traditionellen Eliten hatte Papen bis dahin nicht zu den tonangebenden Politikern der Weimarer Republik gehört. Er sah sein fundamental christlich-konservatives Verständnis von Staat und Gesellschaft in hohem Maße durch die neue Zeit bedroht. Demokratisierung, Säkularisierung, die Ausbreitung des Marxismus, die Emanzipation von Frauen und von Juden sowie der Sieg des wirtschaftlichen Egoismus waren für ihn Symptome des moralischen und geistigen Verfalls, der Deutschland mit dem Aufstieg wirtschaftsliberaler Ideen in der Mitte des 19. Jahrhunderts erfasst hatte.[133] Da gab es also ein breites Feld gemeinsamer Überzeugungen mit seinem Freund Eltz, selbstverständlich unter Einschluss der Religion, die auch bei Papen eine ganz konkrete Triebfeder seines politischen Handelns war. Rainer Orth hat Papen als einen von tiefer Religiosität geprägten (trotz seiner verbindlichen Umgangsformen) ein in „seinen politisch-sozialen Anschauungen nicht zu erschütternden religiösen Doktrinär" bezeichnet, dessen zur Schau getragener Katholizismus nicht lediglich zur Erreichung seiner politischen Ziele gedient habe.[134]

Am Abend des 31. Mai erhielt Papen von Hindenburg offiziell den Auftrag zur Bildung des „Kabinetts der nationalen Konzentration". Unter selbstbewusster und tatkräftiger Schirmherrschaft von Staatspräsident Hindenburg wurde Kurt von Schleicher, der „Mann im Hintergrund", zum Architekten der Regierung Papen und zu der sie besonders prägenden Persönlichkeit. Als Vertrauensmann des Reichspräsidenten war er im Frühjahr 1930 maßgeblich am Sturz der Regierung Müller und an der Errichtung der beiden Folgekabinette unter Heinrich Brüning (März 1930) beteiligt gewesen. Papen selbst, eigentlich wegen seiner Eitelkeit und seines Geltungsbedürfnisses bekannt, hat in seinen Erinnerungen freimütig berichtet, dass es für die Kabinettsbildung nach Schleichers „weitgehenden Sondierungen" seinerseits nur mehr der „Billigung" bedurfte.[135] Überhaupt geeignete Personen zu finden, die bereit sein würden, einem Kabinett von sichtlich begrenzten Überlebenschancen und offenkundig minimalem politischem Rückhalt beizutreten, war keine einfache Aufgabe. Die Kabinettsbildung gelang trotzdem zügig, wenn auch nicht so schnell, wie Papen nach dem Krieg behauptet hat, als er schrieb

---

[133] *Jones*, Papen, S. 217.
[134] *Orth*, S. 83; etwas abgeschwächt auch *Möckelmann*, S. 290.
[135] *Papen*, Wahrheit, S. 192.

„seit der kaiserlichen Zeit hatte keine Regierung so schnell gebildet werden können".[136]

Aber nicht bei allen Ministern ist die Federführung Schleichers offensichtlich gewesen. Eine Rolle spielte hierbei der Umstand, dass Hindenburg mit seiner Autorität als Feldmarschall dafür sorgen musste, dass niemand der von Schleicher in die Wahl genommen wurde und nicht schon frühzeitig vorher abgewunken hatte, etwa auf die Idee kommen würde, das Himmelfahrtskommando abzulehnen.[137]

Papen hat sich später darauf berufen, trotz großer eigener Bedenken erst durch den Appell von Hindenburg an das vaterländische Pflichtgefühl und den Hinweis auf Gehorsam und Patriotismus überzeugt worden zu sein.[138] Auch der als Innenminister vorgesehene, zunächst skeptische Wilhelm Frhr. von Gayl, erinnerte sich, dass der Feldmarschall seine Hände auf seine Schultern gelegt habe und mit bewegter Stimme gesagt habe: „Ich habe keinen anderen. Sie werden doch ihren alten Oberbefehlshaber nicht im Stich lassen!"[139] Frhr. v. Gayl stammte aus der ostpreußischen Verwaltung, nahm 1919 für Ostpreußen an den Verhandlungen zum Friedensvertrag von Versailles teil und war bei der Volksabstimmung 1920 Reichskommissar im Abstimmungsgebiet Allenstein. Aus der gemeinsamen Zeit beim Oberkommando Ost verband ihn eine besondere militärische Beziehung mit dem Generalfeldmarschall. Er genoss das Vertrauen Hindenburgs.[140] Vor seiner Ernennung hatte er eine der großen Siedlungsgesellschaften geleitet. Ihm lag eine Revision der Weimarer Verfassung nach deutschnationalem Muster ganz besonders am Herzen.[141] Konstantin Freiherr von Neurath, ein Berufsdiplomat, musste, wenn auch widerstrebend, für den Posten des Außenministers seine ihm teure Position als Botschafter in London aufgeben. Der erst 44jährige neue Finanzminister Lutz Graf Schwerin von Krosigk kam aus dem Reichsfinanzministerium, in dem er schnell Karriere gemacht hatte. Seit 1929 leitete er die Haushaltsabteilung und übernahm 1931 zusätzlich die Leitung der Reparationsabteilung. Magnus Freiherr von Braun wurde als Reichsminister für Ernährung und Landwirtschaft sowie als Reichskommissar für die Osthilfe berufen. Braun hatte wegen seiner Beteiligung am Kapp-

---

[136] *Papen*, Wahrheit, S. 193; im Einzelnen *Trumpp*, S. 68 ff.

[137] Es ist kolportiert worden, dass der Reichspräsident im Falle Neurath zum Mittel der Erpressung greifen musste: Wenn Neurath nicht zusage, könne er nicht mehr mit seinem Verbleib auf dem Londoner Posten, den er erst vor kurzem angetreten hatte, rechnen, so *Pyta*, Hindenburg, S. 708; anders *Lüdicke* S. 214.

[138] *Papen*, Scheitern, S. 202.

[139] *Schwerin*, S. 85.

[140] *Schwerin*, S. 79 f.

[141] Vgl. *Schwerin*, S. 132 ff.

Putsch im März 1920 aus dem Staatsdienst ausscheiden müssen. Er war fachlich durch seine Aktivitäten in landwirtschaftlichen Verbänden ausgewiesen. Auf Braun war der Präsident des mächtigen Reichslandbundes (RLB) zugekommen: „In Übereinstimmung mit Herrn von Papen wünsche der Reichslandbund ihn als Landwirtschaftsminister."[142] Deshalb ist unwahrscheinlich, dass Schleicher von sich aus Braun ausgesucht hatte, denn die Beziehungen zwischen Schleicher und dem RLB waren nicht ungetrübt. Er musste ihn, vermutlich auf Initiative von Hindenburg, „schlucken". Justizminister Franz Gürtner, in katholischer konservativer Tradition in ein autoritäres Elternhaus geboren, Jurist und Staatsanwalt, war seit 1922 als Vertreter der deutschnationalen Bayrischen Mittelpartei bayerischer Justizminister. Wirtschaftsminister Hermann Warmbold war ein akademisch ausgewiesener Spezialist der landwirtschaftlichen Betriebslehre und hatte in der Weimarer Zeit verschiedene Vorstandsposten in der Industrie innegehabt. Als Arbeitsminister im Kabinett Papen war eigentlich der Oberbürgermeister von Leipzig, Carl Goerdeler, ins Auge gefasst worden, der sich aber nicht überreden ließ. Es wurde Hugo Schäffer, vormals Präsident des Reichsversicherungsamtes und früher einmal Finanzdirektor bei Krupp.

Abb. 2: Kabinett Papen Juni 1932. Vorne: Gürtner, v. Eltz, v. Braun, v. Neurath, v. Papen, Wambold (v. l. n. r.).

---

[142] *Braun*, S. 208.

Wenn Schleichers Handschrift groß über dem Kabinett Papen prangte, so scheint das im Falle Eltz nicht der Fall gewesen zu sein. Die Betrauung des Reichsbahndirektionspräsidenten mit dem Ministeramt ging auf Papen persönlich zurück. Noch am 1. Juni galt das Verkehrsressort in Teilen der Presse als „offen". Papen hätte gern den Postminister der letzten fünf Jahre, Georg Schätzel, als neuen Doppelminister übernommen. Da dessen Partei, die BVP, diesem aber eine Teilnahme an dem Papenkabinett untersagte, übernahm, so Papen, „mein persönlicher Freund, Freiherr von Eltz, die Ministerien".[143] Aber auch das ist noch nicht die ganze Geschichte. Eltz Vorgänger als Verkehrsminister, Gottfried Reinhold Treviranus, hat in seinen im Exil geschriebenen Erinnerungen über den Besuch von Eltz zur Vorbereitung der Übergabe der Amtsgeschäfte berichtet. Eltz habe zunächst den Wunsch Papens weitergegeben, er (Treviranus) möge im Amt bleiben, wie es der Generaldirektor der DRG, Dorpmüller, und die Industrieverbände befürwortet hätten. Er (Eltz) würde sich dann mit dem Amt des Postministers begnügen. Treviranus lehnte ab und bezeichnete Eltz als „ehrlichen Makler", mit dem er auch später noch in Tuchfühlung geblieben sei: „Ich bedauerte den aufrechten Katholiken, dass er erst mit der Zurückweisung des Goldenen Parteiabzeichens 1937 sich absetzen konnte aus der Kameradschaftsfürsorge für die Eisenbahner im schweren Gewissenskonflikt jener Jahre."[144] Eltz hat etwas später vor dem erlauchten Gremium des Verwaltungsrats der DRG Stellung bezogen: „Die Übernahme der beiden Ministerien hat für mich ein Opfer bedeutet. Ich habe mich erst entschließen können, dieses Opfer auf mich zu nehmen, als man mir von höchster Stelle – durch den Herrn Reichskanzler – bedeutet hat, dass es die Pflicht eines alten Beamten sei zu kommen, wenn man ihn ruft ...".[145] Auch wenn man dahinter eine routinemäßige captatio benevolentiae vermuten könnte, so wird es im damaligen Augenblick schon der tatsächlichen Gemütsverfassung des frisch ernannten Ministers entsprochen haben. Pflichterfüllung war ein mächtiger, in seinen Bedeutungsschattierungen freilich zu hinterfragender Topos der Zeit. Motivation und Aufbruchsstimmung sahen anders aus. Die demonstrative Bescheidenheit, die Eltz in diesem Augenblick an den Tag legte, entsprach seiner Erziehung und seinem Charakter. Sie spricht deutlich dafür, dass seine Berufung nicht das Ergebnis einer geplanten politischen Karrierestrategie gewesen ist. Eltz ist mit der psychologischen Hypothek, zweite Wahl zu sein, in die Regierungsarbeit eingestiegen. Das sollte er aber überwinden, denn später würde er beträchtliche Anstrengungen unternehmen, sich weitere Machträume zu erkämpfen. Trotz dieses etwas holprigen Starts kam Finanzminister Krosigk zu

---

[143] *Papen*, Wahrheit, S. 192.
[144] *Treviranus*, S. 333 f.
[145] Rede auf der 50. Sitzung des Verwaltungsrats der Deutschen Reichsbahngesellschaft, kurz nach Übernahme des Amtes, EA 55–21/24.

dem Urteil, dass „zu den Ministern, die das Papen-Kabinett uneingeschränkt für eine ideale Lösung hielten, wegen seiner besonderen Freundschaft mit Papen auch der Verkehrsminister, der Freiherr von Eltz, gehörte".[146]

Dass die Ministerrunde sich im Wesentlichen als einen Kreis Gleichgesinnter betrachtete, lag klar zu Tage. Braun hat darüber berichtet, dass man schon bei der Vereidigung empfunden habe, dass sich der Reichspräsident in der Gesellschaft seiner neuen Kabinettsmitglieder wohl und zufrieden fühlte. Braun: „Nun ließ sich wirklich nicht leugnen, dass das Milieu, aus dem die meisten von uns stammten, recht homogen war. Papen, Eltz und ich gehörten Potsdamer Garderegimentern an."[147] Gayl und Braun waren weitläufig miteinander verwandt.[148] Braun hat in seinen Erinnerungen auch davon berichtet, Papen habe ihm das Amt mit dem Lockruf „Kabinett der Gentlemen" angetragen.[149] Nicht ganz in dieses Bild passte Franz Gürtner. Der Biograph Gürtners schreibt dem Sohn eines Lokführers eine „Antipathie gegen Adelscliquen" und seine Ablehnung des Gedankenguts des Berliner Herrenclubs hervor, die ihn auch dazu bewogen hätten, gegen den „Neuen Staat" im Sinne Papens Stellung zu nehmen.[150] Auch wenn man das mit den „Baronen" als eine Art frühes *framing* ansehen kann, so ist die etwas pauschale Schlussfolgerung nicht völlig von der Hand zu weisen, dass der mit dem Ende des Weltkriegs politisch in die Isolierung gedrängte Adel nichts dagegen hatte, seine alte politische Rolle noch einmal zu spielen. Papen hat versucht, das in seinen Erinnerungen zu entkräften. Die Überzahl der Aristokraten im Kabinett sei ein Zufallsergebnis gewesen, weil viele Ministerkandidaten angesichts der angespannten politischen Situation eine Beteiligung abgelehnt hätten. In der Tat gab es immerhin einige bürgerliche Persönlichkeiten, die bei der Suche nach geeignetem Ministermaterial vergeblich angesprochen worden waren.[151] Nur am Rande sei vermerkt, dass die meisten Minister *keine* Grundbesitzer waren. Der einzige „echte" Junker, da Krosigk gerade noch als „Westelbier" durchgehen konnte, war der schlesische Rittergutsbesitzer Magnus von Braun. Von Gayl kam zwar auch aus Ostpreussen, war aber „landlos" und Schleicher konnte man in gewisser Weise ja sogar als einen Gegenspieler der Plutokratie bezeichnen. Der Westfale Papen, der Anhaltiner Krosigk, der Württemberger Neurath, der Bayer Gürtner, der Niedersachse Warmbold, der Franke Schäffer und der auch phonetisch einschlägig

---

146 *Krosigk*, Memoiren, S. 140.
147 *Braun*, S. 228, der hier irrte. Eltz diente im Garde-Schützen-Bataillon in Groß-Lichterfelde.
148 *Braun*, S. 237.
149 *Braun*, S. 208.
150 *Reitter*, S. 20 f., S. 117, Fn. 21.
151 Außer den bereits genannten Treviranus, Schätzel und Goerdeler auch Hermann Dietrich, Kurt Schmitt, Rudolf Nadolny.

ausgewiesene waschechte Rheinländer Eltz kamen allesamt aus dem Westen. Die Feststellung, die Ministerrunde sei durch ein Übergewicht ostelbischer Rittergutsbesitz und der damit verbundenen militärischen Führungsschicht[152] gekennzeichnet, oder alle seien Freunde Hindenburgs gewesen, wie es beispielsweise der damalige französische Botschafter in Berlin, André François-Poncet unterstellt[153], und wie es oft reproduziert wurde, ist deshalb etwas ungenau. Aber ein Übergewicht der traditionellen Eliten ist unbestreitbar. Berücksichtigt man die damals immer noch virulente konfessionelle Spaltung Deutschlands, erscheint die relativ hohe Zahl der Katholiken im Kabinett bemerkenswert. Mit Papen, Eltz und Gürtner konnte sich die Katholikengruppe in der Ministerrunde mit den früheren Weimarer Regierungen unter Zentrumsbeteiligung zahlenmäßig durchaus messen. Es hat deshalb vereinzelt die Vermutung gegeben, dass Schleicher bewusst für einen gewichtigen Katholikenanteil im Kabinett gesorgt habe, um die Verunsicherung der Zentrumsanhänger, die ihre Partei nach 13 Jahren der Regierungsbeteiligung plötzlich aus dem Amt gedrängt sahen, möglichst gering zu halten.[154] Aber selbst wenn das wirklich die Absicht gewesen sein sollte, es blieb politisch folgenlos.

Die Ministerrunde ist oft als „Beamtenkabinett" oder als ein Kabinett von „Fachleuten" bezeichnet worden. Diesen Punkt hat Schleicher, wenn man Papens Erinnerung in dem Punkt Glauben schenken darf, dem Staatspräsidenten schmackhaft gemacht: „Ich habe Hindenburg gegenüber den Standpunkt vertreten, es sei richtig, aufzulösen, wenn er sich entschließen wolle, mit der bisherigen Parteiwirtschaft zu brechen und für eine Weile mit Fachleuten zu regieren ... Unser Volk ist so müde der politischen Treibereien. Es wird Hindenburg dankbar sein für jede praktische Maßnahme, die es aus der wirtschaftlichen Not und den täglichen Straßenkämpfen herausführt."[155] Kein einziges Kabinettsmitglied war Reichstagsabgeordneter und kein einziges Kabinettsmitglied wurde von einer der politischen Parteien vorgeschlagen. Sämtliche Minister, die politischen Parteien angehörten, lösten ihre Mitgliedschaft auf: v. Gayl, Gürtner und v. Braun traten aus der DNVP aus. Eltz hatte ja seine Bindung an die DNVP schon früher gelöst. Mit der Ausnahme von Warmbold hatte auch keiner der Minister zuvor einem anderen Reichskabinett angehört. Mit ihm war die Industrie in der neuen Regierung nur schwach, der gewerbliche Mittelstand und die Arbeitnehmerschaft überhaupt nicht

---

[152] Vgl. *Winkler*, Weimar, S. 480.

[153] *François-Poncet*, S. 50. Jedenfalls verband Schleicher, Gayl und Neurath ein persönliches Verhältnis mit Hindenburg. Im Falle des Freiherrn v. Gayl mag das sogar für seine Nominierung ausschlaggebend gewesen sein.

[154] Vgl. *Hübner*, S. 697.

[155] *Papen*, Wahrheit, S. 185.

vertreten. Natürlich erwies sich die „Unabhängigkeit" eines Fachmanns mehr als eine Machtlosigkeit gegenüber den nicht nur unterschwellig gerade in einem Fachkabinett fortwirkenden politischen Kräften. In einem tieferen Sinn war es eben doch, um Papens Formulierung einmal auf seine eigene Mannschaft anzuwenden, eine „Parteiwirtschaft", auch wenn sie nicht durch entsprechende Mitgliedsausweise dokumentiert werden konnte, sondern sich mehrheitlich ganz zwanglos aus Herkunft, Tradition und Interessenlage ergab. Sollte der Nimbus der „Fachleute" überhaupt jemals glaubwürdig unterlegt worden sein, dann sicher wegen Persönlichkeiten wie Eltz. Mit seiner technokratischen Vita, seiner fachlichen Expertise und seines von vornehmer Zurückhaltung geprägten Auftretens auch in politischen Kernfragen und seiner scheinbaren Selbstbeschränkung auf sein Fachgebiet war er geradezu das Musterexemplar eines Experten und damit einer der Leuchttürme des Vertrauens im „Beamtenkabinett". Aber dieser Eindruck beruhte, wie noch zu zeigen sein wird, teilweise auf einer Täuschung.

In der Öffentlichkeit hatte die Regierungsmannschaft keinen guten Start. Der sozialdemokratische „Vorwärts" konnte mit seiner Schlagzeile „Kabinett der Barone" der kurzen, aber von vielem im Verlauf der Ereignisse als fatal empfundenen Epoche, oder besser Episode, einen durch die Tatsachen weitgehend gedeckten, einprägsamen Stempel aufdrücken.[156] Die Ministerrunde ist von Anfang an auf scharfe öffentliche Kritik gestoßen. Die demokratischen Parteien musste sie als „brüske Provokation" (Karl Dietrich Bracher) empfinden.[157] Botschafter François-Poncet, berichtete, dass man über den Kanzler und seine „Statisten aus einer vergangenen Zeit" lacht.[158] Gegen die einzelnen Mitglieder des Kabinetts, eigentlich ja allesamt unbeschriebene Blätter, hatte allerdings selbst die demokratische Presse nichts einzuwenden.[159]

II. Regierungsarbeit

Die neue Regierung sollte parteiunabhängig sein, sich aber gleichzeitig im Reichstag um die Unterstützung vom Zentrum bis zur NSDAP bemühen. Beides blieb schon im Zuge der Regierungsbildung erfolglos. Papen scheiterte damit, sich mit seiner Zentrumspartei zu versöhnen. Am Abend des 31. Mai musste Papen Hindenburg deshalb eröffnen, dass er außerstande sei, in die parlamentarische Unterstützung seiner Regierung die Stimmen des

---

[156] Nach Angaben des ehemaligen Papen-Mitarbeiters v. Tschirschky wurde der Name von Goebbels erfunden, *Tschirschky*, S. 81.
[157] *Bracher*, Auflösung, S. 534.
[158] *François-Poncet*, S. 51.
[159] *Schwerin*, S. 88.

Zentrums einzubringen. Der Parteivorsitzende, Prälat Ludwig Kaas, hatte ihm vorher deutlich gemacht, dass die Kanzlerschaft Papens vom Zentrum als „Verrat" betrachtet würde. Papen versprach, sich der Partei zu beugen, ließ sich aber von Hindenburg umstimmen. Am Tag vor seiner Ernennung zum Reichskanzler trat er aus dem Zentrum aus. Ebenso wenig gelang es, die NSDAP auf Loyalität gegenüber der Regierung zu verpflichten. Die Nationalsozialisten hatten sich mit der Aussage, sie würden die Regierung Papen nach ihren Taten beurteilen[160], eine Hintertür offen gehalten. Hitler zog bald das der Regierung Papen als Gegenleistung zur Aufhebung des SA-Verbots gegebene vage Versprechen, diese parlamentarisch zu dulden, zurück. Die skeptische Haltung der NSDAP schlug bald wieder in Feindseligkeit um. Das Risiko der von Hindenburg gewährten Vorschussleistung hatte sich verwirklicht. Damit hing das Wohl und Wehe der Regierung Papen in erheblichem Maße vom Reichspräsidenten ab, der mit dem Notverordnungsrecht gemäß Artikel 48 der Weimarer Reichsverfassung ein scharfes Schwert in der Hand hielt. Schon unter Reichspräsident Ebert war die Bestimmung zu einem Instrument der beschleunigten Gesetzgebung geworden. Seit der Ernennung Brünings zum Reichskanzler im März 1930, der schon damals keine parlamentarische Mehrheit hatte, wurde seine Anwendung zu einem Dauerzustand, an den man sich schnell gewöhnen konnte, ohne sich darauf verlassen zu können. Die Voraussetzungen für eine konstruktive Regierungsarbeit waren mithin von Anfang an denkbar schlecht. Die neue Regierung ging als Präsidialkabinett ohne jegliche Parteibindung, einer fehlenden parlamentarischen Basis, fehlendem Vertrauen in der Bevölkerung und großer Abhängigkeit von dem Staatspräsidenten mit schweren Defiziten ins Rennen.

Das Kabinett Papen war die erste lupenreine Rechtsregierung seit Gründung der Weimarer Republik. Hinter ihr stand der Wille breiter konservativ-deutschnationaler Kreise und der mit ihnen verbundenen Interessen in Industrie und Großgrundbesitz, die Krise der parlamentarischen Demokratie zu nutzen, um zu einer dauerhaften Veränderung der staatlichen Ordnung und zu einer Abwicklung des Weimarer Systems zu gelangen. Unter dem Dach der „nationalen Konzentration" fanden Ideen monarchistischer Restauration, einer befristeten „Bereinigungsdiktatur" oder auch eines irgendwie autoritär-ständestaatlich organisierten „Neuen Staats" Unterschlupf. Den revisionären Ideen, die einen „Neuen Staat" – das *Grand Design* von Papen und Gayl – schaffen wollten, wird auch Eltz angehangen haben.[161] Schleicher hat sich hingegen einmal in einem Gespräch mit dem Fraktionsvorsitzenden der SPD, Rudolf Breitscheid, von dem „Verfassungsgequatsche", das er Gayl anlastete

---

[160] *Meissner*, S. 226.
[161] *Krosigk*, Staatsbankrott, S. 138.

und als „überflüssig und gefährlich" bezeichnete, distanziert.[162] Andere Kabinettsmitglieder sahen ihre Aufgabe eher als treuhänderische Lotsen im Sturm. In der innenpolitischen Situation sollte für die Entwicklung von langfristigen Plänen oder die Realisierung von Visionen aber am Ende kein Platz bleiben. Man gab der Regierung meist nur eine begrenzte Lebensdauer und fuhr auf Sicht. Im Sommer 1932 hat sicher niemand, die unmittelbar Beteiligten eingeschlossen, vorausgesehen, dass immerhin vier Kabinettsmitglieder noch mehrere Regierungswechsel unbeschadet bis tief in das Dritte Reich hinein, überstehen würden, ja eines, der Finanzminister Krosigk, bis zum bitteren Ende desselben.

Dem Krisenmanagement im Sinne des Hinwirkens auf eine innenpolitische Atempause und wirtschaftliche Gesundung waren bereits durch die für den 31. Juli angesetzten Neuwahlen zur Illusion geworden. Drei Tage nach der Regierungsbildung, am 4. Juni, hatte Hindenburg die Verordnung über die sofortige Auflösung des Reichstags unterzeichnet und damit die Hitler gegebene Zusage honoriert. Damit blieben dem Kabinett der Barone knapp sieben Wochen, um politisch zu gestalten. In der zweiten Kabinettssitzung der gerade neu gebildeten Regierung hatte General Schleicher den Rat gegeben, in der Regierungserklärung müsse betont werden, dass die Regierung so arbeiten wolle, als ob kein Wahlkampf bevorstehe, das Kabinett wolle nur nach seinen Leistungen beurteilt werden.[163] Das ließ sich nach Lage der Dinge nur schwer umsetzen und fand auch keinen Niederschlag in der Regierungserklärung. Am Tage der Ankündigung von Neuwahlen hatte Papen, da der Reichstag aufgelöst war, seine Regierungserklärung nicht im Parlament, sondern über den Rundfunk abgegeben. Der „moralischen Zermürbung des deutschen Volkes, verschärft durch den unseligen gemeinschaftsfeindlichen Klassenkampf und vergrößert durch den Kulturbolschewismus" stellte er die „unveränderlichen Grundsätze der christlichen Weltanschauung" entgegen. Er versprach, dass die Regierung, unabhängig von Parteien, den „Kampf für die seelische und wirtschaftliche Gesundung der Nation, für die Wiedergeburt des neuen Deutschland" führen werde.[164] Was Papen damit meinte, ohne es klar zum Ausdruck zu bringen, war eine Verfassung mit einem starken Präsidenten und einem Zweikammersystem mit abgestuftem Wahlrecht. Der Vorwärts betrachtete die Regierungserklärung als eine „einzige Klassenkampferklärung von oben" und meinte, die Regierung, „die diese Erklärung erlassen habe, sei eine Regierung nach Hitlers Herzen". Ebenso unerbittlich fiel das Urteil des kosmopolitischen Literaten Harry Graf Kessler aus, der in seinem Tagebuch notierte, dass diese Regierungserklärung ein „miserabel

---
162 *Winkler*, Weimar, S. 547.
163 Ministerbesprechung am 3.6.1932, AdR, Papen, Bd. 1, Dok. Nr. 5.2.
164 *Winkler*, Weimar, S. 481.

stilisierter Extrakt finsterster Reaktion" sei, gegen das die Erklärungen der kaiserlichen Regierungen „wie hellste Aufklärung" wirken würden.[165]

Im Juli 1932 hatte Reichskanzler von Papen bei der Konferenz von Lausanne einen außenpolitischen Erfolg verbuchen können. Auf der Grundlage der von der Regierung Brüning geleisteten Vorarbeit wurde faktisch eine abschließende Regelung der Deutschland seit einem Jahrzehnt mehr politisch-psychologisch als finanziell belastenden Reparationsfrage erzielt. Die prinzipielle Beendigung der deutschen Zahlungen an die Sieger des Weltkriegs und die Festlegung einer Restschuld von drei Mrd. Goldmark, die zur Gesichtswahrung Frankreichs vereinbart wurde, hätte in Deutschland mit einem Aufatmen quittiert werden können. Aber selbst Papen sah sich veranlasst, das Ergebnis regierungsintern als „vom innenpolitischen Standpunkt aus betrachtet etwas dürftig" zu bezeichnen.[166]

Innenpolitisch wurden drei folgenschwere innenpolitische Entscheidungen getroffen: Entsprechend der den Nazis bereits vor der Regierungsbildung gemachten Zusage wurde am 16. Juni das SA-Verbot aufgehoben und für Juli wurden Wahlen anberaumt. Am 20. Juli 1932 wurde die preußische Regierung entmachtet. Mit einer Notverordnung gemäß Art 48 der Weimarer Reichsverfassung wurde Reichskanzler von Papen an diesem Tag mit weitreichenden Vollmachten zum Reichskommissar in Preußen bestellt. Der preußische Ministerpräsident Otto Braun und sein Innenminister Carl Severing, beide SPD, wurden ihrer Ämter enthoben. Neun Tage vorher, am 11. Juli, hatte das Kabinett geschlossen für dieses im Wesentlichen von Innenministers v. Gayl konzipierte[167], allgemein als „Preußenschlag" in die Geschichte eingegangene Vorgehen gestimmt. Eltz war sehr einverstanden und gab im Kabinett seine Überzeugung zu Protokoll, dass „in Preußen Ordnung geschaffen werden müsse". Er verlieh dieser mit der Bekundung Nachdruck, er habe von einer kürzlich stattgefundenen Besprechung von Sozialdemokraten und Kommunisten gehört mit dem Thema „Antifaschismus".[168] Den äußeren Anlass für die Aktion lieferte der sog. „Altonaer Blutsonntag" am 17. Juli 1932. Nachdem in Hamburg zwei SA-Leute erschossen worden waren, kam es bei einem Großeinsatz der preußischen Polizei zu 16 Toten. Die preußische Regierung, die nach Landtagswahlen im April die Mehrheit verloren hatte und deshalb nur noch geschäftsführend im Amt war, hat sich gegen die Amtsenthebung nicht sofort gewehrt. Selbst von „rechts" wurde verwundert bemerkt, dass der ungewöhnliche Eingriff in die Eigenstaatlich-

---

[165] *Kessler*, S. 670.
[166] Ministerbesprechung vom 11.7.1932, AdR, Papen, Dok. 56.
[167] Vgl. *Schwerin*, S. 116 ff.
[168] Ministerbesprechung vom 11.7.1932, AdR, Papen, Bd. 1, Dok. 57; *Trumpp*, S. 223.

keit des wichtigsten der deutschen Länder ohne größeren Widerstand seitens der preußischen Regierung und der hinter ihr stehenden Parteien erfolgte und dass insbesondere die Gewerkschaften sich widerstandslos fügten.[169] Goebbels notierte: „Die Roten haben ihre große Stunde verpasst. Die kommt nie wieder."[170] Innenminister v. Gayl sah als spiritus rector des Preußenschlags wenig später den „Höhepunkt der Autorität der Reichsregierung" erreicht, infolge des „energischen Durchgreifens in Preußen und infolge der damals vor Hitler herrschenden Angst".[171] Er hat es später bilanzierend als großen Aktivposten gewertet, dass „die Ohnmacht des Reiches gegenüber der Preußenregierung" beseitigt werden konnte. Ohne „tiefgreifende Erschütterungen" sei der Weg zur Unterdrückung des Kommunismus frei und der Bürgerkrieg verhindert worden.[172] Zugleich begann das, was der Historiker Heinrich August Winkler die „große Säuberung" genannt hat.[173] Sie richtete sich gegen preußische Beamte mit „republikanischer" Gesinnung. Viele Staatsdiener wurden in den einstweiligen Ruhestand versetzt, auf unbedeutendere Posten abgeschoben oder entlassen. Hier war in Ansätzen schon zu erkennen, was im Dritten Reich unter dem Euphemismus „Wiederherstellung des Berufsbeamtentums" vollendet und um eine dezidiert antisemitische Stoßrichtung erweitert werden sollte. Der „Preußenschlag" gilt als schwere Hypothek der Regierung Papen. Die Ereignisse des 20. Juli 1932 haben den Konservatismus in Deutschland auf lange Dauer diskreditiert. Der nationalsozialistischen Bewegung wurden, so selbst nach rückblickender Einschätzung von Otto Meissner, dem treuen Diener von Ebert, Hindenburg und Hitler, Schrittmacherdienste geleistet.[174] Die föderale Verfassung wurde geschwächt und die spätere Zentralisierung des Reiches erleichtert.

Um Sorgen süddeutscher Landesregierungen zu dämpfen, wurden Emissäre der Reichsregierung nach München, Stuttgart und Karlsruhe geschickt. Sie sollten Befürchtungen zerstreuen, es sei an eine Beseitigung des Föderalismus gedacht. Die Mission bei der badischen Landesregierung wurde Eltz übertragen, der unter strikter Diskretion über die bevorstehende Aktion schon am Vortag unterrichtet und gebeten worden war, sofort abzureisen, um am 20. Juli, 10 Uhr vormittags, an seinem früheren Dienstort, den er erst vor zwei Monaten verlassen hatte, die badische Staatsregierung in Karlsruhe umfassend über die Gründe der Reichsregierung unterrichten zu können. Der badische Staatspräsident, der Zentrumspolitiker Josef Schmitt, hat das Ge-

---

169 *Meissner*, S. 230.
170 *Goebbels*, Kaiserhof, S. 131.
171 Ministerbesprechung am 9.11.1932, AdR, Papen, Bd. 2, Dok. 200.
172 Aufzeichnung Gayl o.D., zit. nach *Trumpp*, S. 218.
173 *Winkler*, Weimar, S. 503.
174 *Meissner*, S. 231.

spräch aufnotiert: Der Reichsverkehrsminister habe zur Begründung des Vorgehens der Reichsregierung dargelegt, dass die preußische Polizei versagt habe, namentlich am vergangenen Sonntag in Altona, wo, trotz vorausgegangener Warnung der Reichsregierung, insbesondere seitens des Auswärtigen Amts, es möglich gewesen sei, dass auswärtige Kommunisten in Altona eindringen und sich dort betätigen konnten. Zudem hätten höhere preußische Beamte mit radikalen Kräften in einer Weise Verbindung aufgenommen, die gegen das Wohl des Reiches verstoße. Es sei außerdem festgestellt worden, dass eine enge Verbindung zwischen den Kommunisten und der Eisernen Front bestehe. Der Reichskanzler und der Reichspräsident legten besonderen Wert darauf, dies durch besonders bestellte Herren den drei süddeutschen Ländern bekanntzugeben und zu betonen, dass an eine Ausdehnung der gegen Preußen ergriffenen Maßnahmen auf Süddeutschland nicht gedacht sei. Der badische Staatspräsident seinerseits betonte, „dass die süddeutschen Regierungen so wie bisher auch künftig gegenseitig in Fühlung treten würden, dass jedoch hierin keinerlei Spitze gegen das Reich und dessen Regierung gesehen werden dürfe. Der Reichsverkehrsminister habe mit Bezug auf letztere Bemerkung erklärt, dass sowohl Reichspräsident wie Reichskanzler in der Fühlungnahme der süddeutschen Länder unter sich eine durchaus korrekte und sich nicht gegen das Reich richtende Betätigung sähen."[175] Wie sich Eltz dabei gefühlt hat, wissen wir nicht. Die wenig später erfolgende völlige Abschaffung der Länderhoheit hat bei dem ja schon früher als Zentralisten ausgewiesenen Eltz unverhohlene Zustimmung gefunden. Er sollte später den Historiker Heinrich von Treitschke zitieren, der einmal von der „verlogenen Niedertracht der Kleinstaaterei" gesprochen hatte.[176] Der Bericht fährt dann fort: „Der Staatspräsident habe diese Mitteilungen des Reichsverkehrsministers, Freiherrn v. Eltz, entgegengenommen und dem Herrn Reichsverkehrsminister für diese Form der Mitteilung gedankt." Die Sorgen der Länder waren aber erheblich. In den Tagen nach dem Preußenschlag stellten sich alle süddeutschen Länder auf die Seite Preußens.

III. Zwei Reichstagswahlen

Am 31. Juli fanden die Reichstagswahlen statt. Der Wahlkampf war der gewalttätigste, den die Republik je erlebt hatte. Dies war nicht zuletzt auf die Aufhebung des Uniformtrageverbots und die Wiederzulassung von SA und SS zurückzuführen. Vielerorts, besonders aber im rheinisch-westfälischen Industriegebiet und in Berlin, kam es zu Zusammenstößen und Schießereien.

---

[175] Sitzungsniederschrift vom 20.7.1932, zit. nach AdR, Papen, Bd. 1, Dok. 73.
[176] Rede anlässlich der Jahrhundertfeier der Deutschen Reichsbahn, 8.12.1935, Reichsbahn (35), S. 1275.

Bevorzugte Angriffsziele waren die Versammlungskneipen der jeweiligen Gegenseite, in denen die „Saalschlachten" geschlagen wurden. Innerhalb eines Monats gab es in Deutschland 99 Tote und 1125 Verletzte bei Auseinandersetzungen vorwiegend zwischen Nationalsozialisten und Kommunisten. Die Wahlen fielen eindeutig gegen die Regierung, aber ebenso klar gegen die Weimarer Republik aus: Bei hoher Wahlbeteiligung wurde die NSDAP mit 37,4% der Stimmen erstmals stärkste Partei in Deutschland (+19,1%). Auch die Kommunisten legten zu, wenn auch bei weitem nicht so stark (+14,3%). Diese beiden extremen Parteien hatten nun zusammen eine Mehrheit. Selbst eine noch so komplette Koalition aller bürgerlichen Parteien hätte keine Regierungsmehrheit mehr bilden können. Da Nazis und Kommunisten sich niemals verbünden würden (auch wenn diese Gefahr im rechtsnationalen Milieu gelegentlich beschworen wurde) war der Reichstag endgültig nicht mehr handlungsfähig. So wurde in der Zeit zwischen Juni 1932 und Januar 1933 zwar auch in der Sache regiert und verwaltet, aber ein Großteil der politischen Energie der Regierungsmannschaft floss in die Suche nach wirksamen Strategien, in einem aufgeheizten innenpolitischen Klima politisch zu überleben. Da es immer unwahrscheinlicher wurde, eine breite Koalition der Verfassungsparteien einschließlich der nicht-nationalsozialistischen Rechten zu bilden, stellte sich immer dringender die Frage nach einer Regierungsbeteiligung der Nazis als stärkste einzelne politische Partei. Alternativen wurden diskutiert, hin- und her gewendet, verworfen und wieder aufgenommen. Man konnte den Kampf gegen die NSDAP eröffnen, dabei die Stimmen und das politische Gewicht der NSDAP im Reichstag ignorieren und mit allen Mitteln „durchregieren", bis sich Erfolge zeigen würden, die einen Schwenk in der Mehrheitsmeinung mit sich brächten, so in etwa die Vorstellung eines „Kampfkabinetts". Man konnte aber auch die NSDAP in die Regierung hinein nehmen, und sie dabei abnützen, Hitler im Kabinett einrahmen oder ihn zum Regierungschef einer breiten rechten Sammlungsbewegung machen. Man konnte ihn vielleicht auch durch das Staatsoberhaupt und die Reichswehr unter Kontrolle halten, alles Varianten einer Zähmungsstrategie mit einem Schuss „Annäherung durch Wandel".

Im Kabinett sind zur Grobunterscheidung Krosigk, Neurath, Braun und Gürtner als Befürworter der Hereinnahme der Nazis in die Regierungsverantwortung identifiziert worden. Wie weit Eltz mit Papen in Sachen „Kampfkabinett" gegangen wäre, ist hypothetisch, weil die Ereignisse und auch Papen selbst darüber am Ende hinweggegangen sind. Eltz hat sich in dieser Phase jedenfalls nicht offen auf die Seite der Hitler-Befürworter geschlagen. Mit rechts und links hatte das nichts zu tun. Denn Innenminster v. Gayl opponierte scharf gegen die NSDAP und bejahte fast bedingungslos die Präsidiallösung und den offenen Kampf mit den Flügelparteien. Er war der im Kabinett am stärksten von der NSDAP angegriffene Minister gewesen.[177] Gayl glaubte zunächst auch noch an die Möglichkeit und Notwendigkeit der Dauer des Kabinetts Papen. Ihm am nächsten soll Eltz gestanden haben.[178] Anfang August meldete Hitler im Namen seiner fast 14 Millionen Wähler seinen Führungsanspruch in einem Präsidialkabinett an. Eine mögliche Koalition zwischen seiner NSDAP, dem Zentrum und der BVP („schwarz-braun") lehnte er kategorisch ab. Es wäre ein (parlamentarisch kontrolliertes) Koalitionskabinett geworden, er aber wolle ein Präsidialkabinett mit besonderen Vollmachten, ohne die er die „geplanten Reformen", wie er sich ausdrückte, nicht durchführen könne. Das lehnte Hindenburg seinerseits in brüsker Form ab, da er die Nazis nicht als ausschlaggebende Träger der Regierungsgewalt haben wollte. Schleicher und Papen erwogen die Dinge, machten Avancen, zogen zurück. Am 10. August kam es im Kabinett zu einer kontroversen Generalaussprache, in der Papen dafür plädierte, die „Rechtsbewegung an den Staat heranzuziehen". Er wurde von Krosigk unterstützt. Der Finanzminister hielt den Eintritt der Nationalsozialisten in die Reichsregierung für weniger gefährlich als das Fortbestehen des ungewissen Schwebezustandes. Wenn man sich frage, ob man den Bürgerkrieg besser vermeide durch das Hineinziehen der Nationalsozialisten oder durch deren Ausschaltung mit Fortbestand der SS- und SA-Formationen, so müsse er sagen, dass er es für richtiger halte, den „Wilddieb zum Förster zu machen". Schärfster Gegner dieses klaren Plädoyers für die Hereinnahme der Nationalsozialisten in die Regierung war erwartungsgemäß Gayl. Der Innenminister hielt dagegen: „Wenn man es ablehne, die Nationalsozialisten in die Reichsregierung hereinzunehmen, werde das jetzige Kabinett einen Kampf auf Leben und Tod zu führen haben. Letzten Endes bedeute dies eine Revolution von oben. Das Kabinett werde durchzuhalten haben, bis sich die Leistung durchgesetzt habe." Justizminister Gürtner wandte ein, dass ein solcher Weg ohne Bruch der Verfassung nicht gegangen werden könne.[179] Man vertagte sich. Am 13. August gab es dann ein Spitzengespräch bei Hindenburg, an dem Papen, sowie Meissner und von nationalsozialistischer Seite Hitler, der Fraktionsvorsitzende der NSDAP, Wilhelm Frick und der SA-Chef Ernst Röhm teilnahmen. Hitler forderte erneut die „Staatsführung in vollem Umfang". Er scheiterte aber am Widerstand Hindenburgs, der seine Ablehnung mit einer scharf formulierten Presseerklärung bekanntgeben ließ.[180]

Die erste Reichstagssitzung nach der Wahl am 30. August 1932 symbolisierte exemplarisch die Antagonismen der Stunde. Während die Kommunis-

---

[177] Vgl. *Schwerin*, S. 147.
[178] *Krosigk*, Staatsbankrott, S. 111 f.
[179] Ministerbesprechung vom 10.8.1932, AdR, Papen, Bd. 1, Dok. 99.
[180] Vermerk Meissner vom 13.8.1932., zit. nach AdR, Papen, Bd. 1, Dok. 101.

tin Clara Zetkin als Alterspräsidentin den Reichstag eröffnete und dabei dem Wunsch Ausdruck gab, sie hoffe noch zu erleben, in gleicher Funktion den ersten Rätekongress Sowjetdeutschlands zu eröffnen, trafen sich zur gleichen Zeit die Vertreter der Regierungsmacht in Gestalt von Reichskanzler von Papen, Reichswehrminister von Schleicher und Innenminister von Gayl auf Hindenburgs Gut Neudeck in Ostpreußen, um den „alten Herrn" von der Notwendigkeit eines Staatsstreichs zu überzeugen. Das Argument, vier Wahlen im Kalenderjahr 1932[181] begründeten den Staatsnotstand, schien Hindenburg auch zunächst einzuleuchten. Er entschied sich für den Vorschlag, den Reichstag erneut aufzulösen und dann die Neuwahlen über die verfassungsmäßig zulässige Frist von 60 Tagen hinaus aufzuschieben. Am 12. September trat der Reichstag dann zu seiner zweiten Sitzung zusammen. Diesmal wurde die Auflösung des Reichstags, die in der Weimarer Republik mittlerweile zu einem Routinevorgang geworden war, mühsam. Hermann Göring, der neue Parlamentspräsident, wollte zur Abstimmung über einen Misstrauensantrag der Kommunisten schreiten und ignorierte bewusst die Wortmeldung von Papen. Daraufhin trat Papen nach vorn und legte die rote Mappe mit der Auflösungsverfügung von Hindenburg auf das Pult des Parlamentspräsidenten. Damit wurde die trotzdem durchgeführte folgende Abstimmung, die dem Kabinett der Barone eine verheerende Niederlage bescherte, ungültig. Die Entscheidung, Neuwahlen *sine die* aufzuschieben, war indes auf Regierungsseite noch nicht getroffen worden. Sie wurde weiterhin kontrovers diskutiert. In der Ministerbesprechung am 14. September votierte Reichsverkehrsminister Eltz mit Nachdruck für fristgerechte Neuwahlen. Er erinnerte daran, dass das oberste Ziel der Reichsregierung eine umfassende Verfassungsreform sei. Dass aber die Verfassungsreform bis zum November nicht durchgeführt werden könne, stehe wohl fest. Die verfügbare Zeit sei zu kurz. Darum werde man in der jetzigen Lage an Neuwahlen binnen 60 Tagen wohl nicht vorbeikommen. Nach diesen Wahlen aber werde der Zeitpunkt gekommen sein, den Reichstag nochmals aufzulösen und dann mit den Verfassungsreformen durchzugreifen.[182] Der von Eltz verfolgte „legalistische" Kurs setzte sich am Schluss durch. Das Kabinett beschloss wenige Tage später einstimmig, dem Reichspräsidenten den 6. November, den verfassungsmäßig letztmöglichen Termin, als Tag für die Neuwahlen vorzuschlagen.[183] Eltz hat sich in diesem Augenblick gegen einen kaum verdeckten Verfassungsbruch gestellt, aber im gleichen Atemzug an der Umformung der Republik in einen autoritären Staat festgehalten.

---

181 Zwei Durchgänge der Reichspräsidentenwahl, preußische Landtagswahlen, Reichstagswahlen im Juli.
182 Ministerbesprechung vom 14.9.1932, AdR, Papen, Bd. 2, Dok. 141.
183 Ministerbesprechung vom 17.9.1932, AdR, Papen, Bd. 2, Dok. 146.

Unterdessen hatte sich nun auch das Zentrum verstärkt um eine Koalition mit der NSDAP bemüht. Entsprechende Verhandlungen wurden durch die Auflösung des Parlaments abrupt beendet. Es setzte auch eine verstärkte innerparteiliche Diskussion ein, bei der einige Vertreter die blinde Daueropposition gegen Papen für falsch und gefährlich hielten. Zu ihnen gehörten westfälische Adlige wie der Landtagsabgeordnete Franz Graf von Galen und Rudolf Freiherr von Twickel, Vertreter aus Handel und Industrie, aber auch der prominenteste rheinische Zentrumspolitiker, Konrad Adenauer.[184] Zu einer echten Spaltung des Zentrums, die sich zugunsten der Papenschen Rechtsbewegung hätte auswirken können, kam es aber nicht. Es gelang Papen lediglich, einige rechtsstehende Katholiken in sein Lager zu ziehen.[185] Im Verein katholischer Edelleute hatte die Ernennung des Mitglieds Franz von Papen zum Reichskanzler am 1. Juni 1932 ohnehin keine Begeisterung ausgelöst. Hermann Frhr. von Lüninck, einer der Hardliner bei den Rechtskatholiken, hatte das Angebot des Reichskanzlers, in sein Kabinett der Barone einzutreten, bereits vorher rundweg abgelehnt. Er hatte sich bereits damals die Ernennung Hitlers zum Reichskanzler gewünscht.[186] Offen wandten sich nun junge Adelige gegen Franz von Papen mit dem Argument, man könne einen solchen Standesgenossen nicht als Reichskanzler dulden, der einer Partei angehöre, die den Untergang des Bismarckreiches mit verschuldet habe. Später, am 17. November 1932, wurde der Rücktritt Papens zum Teil mit Erleichterung aufgenommen.[187] Auch Versuche von Papen, den politisch taktierenden Adenauer im August 1932 durch Entsendung seines Vertrauten, Frhr. von Lersner, in dessen Urlaubsdomizil in der Schweiz auf seine Seite zu ziehen, scheiterten.[188] In diesem Sinne sind wohl auch Äußerungen von Adenauer in einem Briefwechsel mit der papenergebenen Gräfin Fürstenberg-Herdringen nach dem Krieg zu verstehen, in der Adenauer mit seinem kritischen Urteil über Papen und dessen Standesgenossen nicht hinter dem Berg gehalten hat.[189]

---

[184] Vgl. *Morsey*, Untergang, S. 67; ähnlich *Schwarz*, S. 336.
[185] *Morsey*, Untergang, S. 49.
[186] Vgl. *Conrad*, S. 141 f.
[187] Ebda.
[188] *Henning Köhler*, S. 266 f.; *Schwarz*, S. 336 f.
[189] „Ich benutze diese Gelegenheit, um Ihnen zu sagen, wie tief empört ich – der ich den Wert der Tradition kenne und schätze – über die Haltung des größten Teils Ihrer Standesgenossen während der nationalsozialistischen Zeit bin; sie sind unter Verleugnung ihrer Tradition aus einer völlig unbegründeten Abneigung gegen eine wirkliche Demokratie einem verbrecherischen Abenteurer nachgelaufen und haben dadurch vor Gott eine schwere Schuld auf sich geladen". Schreiben vom 22.10.1946, Rhöndorfer Ausgabe, Briefe 1945–1947.

Bei den Wahlen am 6. November 1932 verlor die NSDAP 2 Millionen Stimmen und 34 Mandate (33,1%), Goebbels bekannte sich zu einer „schweren Schlappe".[190] Auch die SPD verlor Stimmen (20,4%) ebenso wie die beiden katholischen Parteien, Zentrum und BVP. Die Gegnerschaft zu Papen hatte ihnen nichts gebracht. Gewinner waren die Deutschnationalen und die Kommunisten. Die Partei Hugenbergs, die DNVP, legte zu (8,9%) und die KPD kletterte auf 16,9%. Der Wahlausgang war trotz eines Achtungserfolgs für die amtierende Regierung, der man den Stimmenzuwachs der DNVP zurechnete und ihrer Wirtschaftspolitik zuschrieb, unbefriedigend. 90% der Wähler hatten gegen die „Barone" gestimmt. Aber für Hindenburg war das kein Grund, Papen als Reichskanzler fallen zu lassen. Innenminister Gayl plädierte am 9. November im Kabinett für eine Tolerierung des Reichskabinetts durch die Parteien. Sei dieses Ziel nicht zu erreichen, dann seien die Konsequenzen klar. Es tauche dann der Gedanke einer neuen Reichstagsauflösung auf und damit die Situation eines staatsrechtlichen Notstandes. Für gewisse Zeit werde sich die Diktatur dann nicht vermeiden lassen. Auch Schleicher erwärmte sich für den Staatsnotstand. Der Post- und Verkehrsminister befürwortete weiterhin eine reine Präsidialregierung: Die Wirtschaft werde dann am stärksten erschüttert, wenn das Kabinett zurücktrete oder eine derartige Umbildung erfahre, dass das ursprüngliche Gesicht nicht gewahrt bleibe. Koalitionsideen erteilte er eine Absage: In Süddeutschland herrsche die Ansicht, der Vorschlag des Prälaten Kaas sei realisierbar, es sollten drei, vier oder fünf vernünftige Politiker aus den verschiedenen Parteien sich zusammenfinden. Was solle aber dann geschehen, wenn die Parteien ein fertiges Kabinett vorschlügen?[191] Krosigk und andere redeten weiterhin einer Einbeziehung der NSDAP in die Regierung das Wort. Papen nahm von der Idee zurückzutreten zunächst Abstand. Die Entscheidung wurde aufgeschoben.[192]

IV. Das Ende der Regierung Papen

Sondierungen von Papen blieben erfolglos. NSDAP und SPD hatten Gespräche von von vornehrein abgelehnt. Papen ersuchte gut eine Woche später um seinen Rücktritt. Er selbst und seine Kabinettskollegen waren zu der Auffassung gelangt, dass die „nationale Konzentration" gescheitert war. Hindenburg nahm den Rücktritt an, bat aber die Regierung, geschäftsführend im Amt zu bleiben. Der Reichspräsident führte kurz danach mehrere Gespräche mit Hitler, die aber erneut an Hitlers erwarteten Forderungen und an

---

[190] GTB 7.11.1932, 2/III, S. 53.
[191] Ministerbesprechung vom 9.11.1932, AdR, Papen, Bd. 2, Dok. 200.
[192] Ebda.

Hindenburgs erwartetem Widerstand scheiterten. Eltz blieb fest an der Seite von Papen: Nach seiner festen Überzeugung müsse der Reichskanzler „mit seinem Idealismus und mit seiner Tatkraft" dem Reichskabinett erhalten bleiben.[193] Er vertrat damit konsequent die damalige Auffassung Hindenburgs. Aber Krosigk vermerkte in seinem Tagebuch: „Alle waren der Ansicht, dass wir schwersten Entscheidungen entgegengingen."[194] Papen erinnert sich, dass seine „persönlichen Freunde", Eltz und Gürtner, ihm von möglichen Einwänden gegen ein weiteres Kabinett Papen berichtet hätten und es für zweifelhaft hielten, dass alle Kabinettsmitglieder geschlossen einem weiteren Kabinett Papen angehören wollten. Sie hätten ihm eine sofortige Klärung der Lage empfohlen.[195] Hindenburg sprach mit Papen und Schleicher. Dabei setzte sich, wohl eher auf Druck von Hindenburg, die Auffassung durch, dass beide Politiker nicht damit rechnen konnten, von einer Reichstagsmehrheit toleriert zu werden und deshalb eine Ersetzung Papens durch Schleicher keine wesentliche Verbesserung der Lage darstellen würde. Der Reichspräsident entschied daher, Papen erneut mit der Regierungsbildung zu betrauen und sicherte ihm gleichzeitig seine Unterstützung unter Nutzung seiner präsidialen Rechte zu. Damit schien der Weg zu einem „Kampfkabinett" geebnet. Man schrieb den 1. Dezember 1932. Die Sitzung des nunmehr nur noch geschäftsführenden Kabinetts am nächsten Tag wurde dramatisch. Papen teilte seinen Ministern mit, dass Hindenburg ihn mit der Bildung einer neuen Regierung beauftragt habe und verteidigte seine Idee eines „Kampfkabinetts". Dann kam er auf das zu sprechen, was Eltz und Gürtner ihm gesteckt hatten: Die beiden Kollegen hätten ihm von sehr schwerwiegenden Einwänden berichtet, die Herr von Schleicher einer Anzahl von Kollegen gegenüber geäußert habe.[196] Hieraus entstand eine spannungsgeladene, hochnotpeinliche Diskussion, in der eine Fronde, bestehend aus Bracht[197] und Krosigk, schließlich auch Popitz[198], Warmbold, v. Braun und v. Neurath, gegen den Reichskanzler aufbegehrte. Der Reichsfinanzminister hat das in seinem Tagebuch festgehalten:

„Meissner erklärte, der Reichspräsident sei in einem seelischen Zustand, der einen Aufschub nicht mehr zulasse, das vertrüge im übrigen auch seine Autorität nicht mehr. Der Kanzler sagte, dass der Reichspräsident ihn mit der Bildung des Kabinetts betraut habe und bat die Minister um Äußerung zu der gesamten Lage. Als

---

[193] Ministerbesprechung vom 25.11.1932, AdR, Papen, Bd. 2, Dok. 232.
[194] Tagebuch Krosigk vom 27.11.1932, zit. nach AdR, Papen, Bd. 2, Dok. 232.
[195] *Papen*, Wahrheit, S. 246.
[196] *Papen*, Wahrheit, S. 247.
[197] Franz Bracht, seit 27.7.1932 stellvertretender Reichskommissar für Preußen.
[198] Johannes Popitz, seit 1.11.1932 Reichsminister ohne Geschäftsbereich und kommissarischer Leiter des preußischen Finanzministeriums.

IV. Das Ende der Regierung Papen

zunächst alle schwiegen, gab ich Neurath ein Zeichen mit den Augen, er müsse jetzt sprechen.

Er (Neurath) sagte dann in seiner schweren, stockenden Art ein paar Worte, dass er gegen die Möglichkeiten eines zweiten Kabinetts Papen sehr skeptisch eingestellt sei, dass er daher vor der erneuten Betrauung Papens warnen müsse. Als sich danach niemand meldete, ergriff ich das Wort und führte aus, dass die Darlegungen Schleichers über seine politischen Verhandlungen bestätigten, was ich in den letzten Tagen Papen wiederholt gesagt hätte; ich könne allerdings Schleicher darin nicht beistimmen, dass man noch das Ergebnis der Besprechungen mit Strasser abwarten solle. Wir würden von den Nazis nur weiter hingehalten, auf ein günstiges Ergebnis rechnete ich nicht, aber gerade deswegen müsste ich mich gegen eine Ernennung Papens aussprechen. Ich legte dann nochmals alle bekannten Argumente dar und bat Papen, den Reichspräsidenten von dieser Anschauung, die meinem Wissen nach die meisten, wenn nicht alle Kabinettsmitglieder teilten, in Kenntnis zu setzen. Papen, dem man die starke innere Erregung anmerkte, fragte nun, ob irgend jemand im Kabinett anderer Ansicht sei. Es meldete sich nur Eltz, der ausführte, dass er nicht daran glaube, dass durch einen Ersatz Papens durch Schleicher irgend etwas gewonnen würde, dass im Interesse der Autorität des Reichspräsidenten wie des Kabinetts die Ernennung Papens das Beste sei, und dass auch prominente Führer der Wirtschaft das zum Ausdruck gebracht hätten. Dem widersprach Warmbold, der vor allem die Notwendigkeit politischer Ruhe für die Wirtschaftsbelebung hervorhob, und Popitz, der sich gegen die Ernennung Papens vom Standpunkt der Verhältnisse in Preußen und der äußerst gefährlichen Lage der Kommunalfinanzen aussprach."[199]

Es hätte eigentlich nicht viel mehr bedurft, um Papen, dem man ja nach den Erfahrungen der letzten Tage nicht vorwerfen konnte, dass er an seinem Amt um jeden Preis geklebt hätte, umzustimmen. Aber auf eine entsprechende Frage von Justizminister Gürtner ließ Schleicher Oberstleutnant Eugen Ott kommen, der von einem im Ministerium vor kurzem abgehaltenen Planspiel berichtete. Danach sei ein Generalstreik in der Form passiven Widerstands nur schwer zu bekämpfen, die dann darniederliegende Lebensmittelversorgung sei mit Gewalt kaum in Gang zu bringen, allesamt mit Waffengewalt nicht zu bekämpfende Schwierigkeiten. Vor allem werde die Gegenseite mit dem Argument arbeiten, dass der Einsatz bewaffneter Kräfte nicht für Ruhe und Ordnung, sondern „im Interesse einer Oberschicht gegen das ganze Volk" erfolge.[200] Dass Papens Diktaturplan nicht nur einer parlamentarischen, sondern auch so gut wie jeder gesellschaftlichen Basis entbehrte und damit die Aussicht auf eine die existenzielle Not der Bevölkerung überwindende Wiederbelebung der Wirtschaft und die Lösung des brennenden Arbeitslosenproblems illusorisch machen würde, war der überwiegenden Zahl der Minister des Kabinetts Papen auch ohne den von Schleicher einge-

---

[199] Tagebuch Krosigk vom 4.12.1932, zit. nach AdR, Papen, Bd. 2, Dok. 239b.
[200] Zit. nach *Vogelsang*, S. 88.

fädelten sicherheitspolitischen Nachhilfeunterricht klar. Auch Gayl, der Staatsnotstandsplänen prinzipiell nicht abgeneigt war und eigentlich ein Mann Papens war, hatte sich der Mehrheit angeschlossen. Damit blieb Eltz der letzte vorbehaltlose Parteigänger Papens. In der Aufzeichnung von Krosigk geht es dann weiter:

> „Dann baten Popitz und ich Neurath, Papen nochmals zu sagen, er müsse von sich aus den Reichspräsidenten bitten, von seiner Berufung Abstand zu nehmen. Neurath tat es im Hinausgehen; wir blieben im Kabinettszimmer und besprachen, ob es nicht doch richtig sei, dass Neurath als der Älteste des Kabinetts gleich selbst zum Präsidenten gehen sollte."

Das Kabinett tagte im Erweiterungsbau der alten Reichskanzlei, dem Palais Schulenburg in der Wilhelmstr. 77. Der Reichspräsident residierte in der Reichskanzlei, weil das Reichspräsidentenpalais renoviert wurde. Der Weg von Regierungschef zum Reichspräsidenten war kurz. Papen ging selbst zu Hindenburg. Als dieser erfuhr, was sich gerade im Kabinett zugetragen hatte, gab er seinen Widerstand gegen Schleicher auf. Der alte Reichspräsident entließ den ihm freundschaftlich verbundenen Papen mit dem Ausdruck großen Bedauerns und mit der Bemerkung „er sei zu alt um am Ende seines Lebens einen Bürgerkrieg verantworten zu können".[201] Die Minister hatten inzwischen im Kaminzimmer gewartet. Krosigk:

> „Als Papen nach einigen Minuten zurückkam und in großer Bewegung sagte, der alte Herr sei doch ein ganz großer Mann, nun solle aber auch Schleicher sofort hingehen, damit der alte Herr von der Qual des Wartens und der Ungewissheit erlöst würde. Schleicher zierte sich etwas, nach einer halben Stunde war er Kanzler."

Hindenburg hat seinen „Kameraden" Papen nur ungern ziehen lassen. Papen konnte aber seine Dienstwohnung im Erweiterungsbau der alten Reichskanzlei behalten und behielt auf diese Weise leichten Zugang zu dem alternden Reichspräsidenten und dessen Umgebung. Der zwar sozial aber weniger politisch homogenen Regierungsmannschaft hat Papen nur ein halbes Jahr vorgestanden. Er hat dort nach Auffassung seiner politischen Freunde ein schwankendes, aber, aus heutiger Sicht überraschend, kein schlechtes Bild abgegeben. Er galt als agiler Moderator. Das Urteil seiner politischen Kampfgefährten über ihn als Charakter fiel erstaunlich gefühlig, was die Führungsfähigkeit und politische Kohärenz betraf, hingegen eher mäßig aus. Wirklich „beschämend", so das Gesamturteil von Rudolf Morsey[202], wurde es im einhelligen Historikerurteil erst später. Der prägnant und präzise formulierende Krosigk erinnerte an seinen „Charme, der selten ohne Wirkung blieb, Gewandtheit bei Verhandlungen, eine Rednergabe, die ihm auf Konferenzen allgemeine Aufmerksamkeit sicherte, und bedingungslosen Schneid. Der

---

[201] *Papen*, Wahrheit, S. 250.
[202] *Morsey*, Papen, S. 75.

IV. Das Ende der Regierung Papen

Düsseldorfer Ulan nahm Schwierigkeiten und Gefahren eher zu leicht als zu schwer. Er freute sich, über Hindernisse zu gehen, auch oder gerade, wenn sie „klobig" waren ... „Wirkungen voraus zu berechnen, lag ihm nicht."[203] Magnus v. Braun stand nach dem Krieg, als das Unheil, dass Papen mit zu verantworten hatte, nicht mehr zu leugnen war, zu seinem Urteil: „Während seiner Kanzlerzeit hat keiner seiner Minister, auch nicht der kluge und kritische Gayl, jemals die Reinheit seiner Motive, seinen glühenden Patriotismus und seinen Opferwillen angezweifelt".[204] Auch der als Papenkritiker ausgewiesene Botschafter André François-Poncet hat ihm in seiner dienstlichen Berichterstattung zugestanden, er habe die deutschen Interessen in bemerkenswerter Weise vorangetrieben. Das hätte das nationalistische, reaktionäre und monarchistische Deutschland anerkennen müssen. Die deutsch-französischen Beziehungen habe er dagegen nicht verbessert, obwohl er ohne Zweifel ein ehrlicher Anhänger einer deutsch-französischen Verständigung gewesen sei.[205]

Betrachtet man die Gesamtdauer der Regierungen Papen von Juni 1932 bis zum November desselben Jahres, insgesamt also ein halbes Jahr, unterbrochen von zwei Reichstagswahlen und ab November 1932 nur noch geschäftsführend, so stellt sich die Frage, ob es überhaupt sinnvoll ist, eine Bilanz ihrer Arbeit zu ziehen. Die Regierung nahm trotz widriger Umstände einiges in Angriff, sie fühlte sich unter Druck, den Mangel ihrer demokratischen Legitimation durch die erwähnten „positiven Leistungen" zu kompensieren. Religionspolitische Fragen spielten in der kurzen Zeit der Kabinette Papen/Schleicher deshalb auch kaum eine Rolle. Die Wirtschafts- und Sozialpolitik stand vor gigantischen Aufgaben. 1932 lag das deutsche Volkseinkommen um knapp die Hälfte unter dem Stand des Jahres 1928. Ende des Jahres gab es offiziell 5,7 Millionen Arbeitslose, in Wirklichkeit waren es wahrscheinlich drei Millionen mehr. Papen hatte auf Kontinuität gesetzt und angekündigt, eine Reihe der bereits von der Regierung Brüning geplanten Notmaßnahmen zu erlassen. Am 14. Juni verfügte die Regierung eine Kürzung der Arbeitslosenunterstützung, der Sozialversicherung und und der Renten, Maßnahmen, die zum Teil noch drastischer waren als das, was Brüning vorgehabt hatte. Gleichzeitig wurde aber eine innovative Konjunkturpolitik mittels eines Systems von Steuergutscheinen aufgelegt. Das Ansehen der Regierung in Wirtschaftskreisen stieg, allerdings nur dort. Dazu hatte freilich auch der bereits erwähnte Sozialabbau in Form der „Lockerung der Tariffesseln" beigetragen. Der bescheidene Erfolg der Regierung Papen und der sie unterstützenden Parteien bei den Novemberwahlen kann denn auch als

---

[203] *Krosigk*, Staatsbankrott, S. 111.
[204] *Braun*, S. 230.
[205] Zit. nach *Schäfer*, S. 142.

Erfolgsindikator von Papens, eigentlich Krosigks, aktiver Konjunkturpolitik gedeutet werden. Die Regierung Papen hat sich bemüht, auf den von Brüning markierten „100 Metern vor dem Ziel" ein kleines Stück weiter zu kommen, aber am Ende war das Kabinett der Barone gescheitert. Sowohl der Versuch, die Hitler-Bewegung in ein autoritäres Regierungssystem einzubinden, als auch die Lösung der wirtschaftlichen und sozialen Probleme mit einem Beitrag zu einer politischen Stabilisierung zu verbinden, waren erfolglos geblieben. Viele Fehlentwicklungen in den letzten Monaten vor der Machtergreifung waren allerdings schon spätestens seit dem Regierungsantritt Brünings im Jahr 1930 angelegt. Ob Eltz, der als einziger im Kabinett offen für Papen eingetreten war, mit seinem Plädoyer für eine Fortsetzung der Regierung Papen einen Freundschaftsdienst ableistete oder ob es nur auf die Abneigung, die Eltz offenbar gegen Schleicher hegte, zurückzuführen war, ist schwer zu entscheiden: Vielleicht von allem etwas oder es dominierte einfach der Wunsch nach Kontinuität.

Der Reichspost- und Verkehrsminister hatte im Kabinett Papen im Hintergrund gestanden. Wenn sich Papen und Schleicher auf einen Kurs geeinigt hatten, waren die politischen Einflussmöglichkeiten anderer Kollegen im Kabinett sehr begrenzt. Fachminister wurden damals oft als „Beamte" bezeichnet, was ihre nur eingeschränkte Gestaltungsmacht nicht völlig unzutreffend beschreibt. Der Minister in einem Präsidialkabinett galt als übergeordneter Verwaltungsbeamter, der nur das zu tun hatte, wozu ihn seine Laufbahn prädestinierte. Aber auch eine Nebenrolle ist eine Rolle. Bei dem von Eltz ausdrücklich befürworteten und, wie anzunehmen ist, seiner inneren Überzeugung entsprechenden Preußenschlag, aber auch bei fast allen anderen Maßnahmen der Regierung stand Eltz der Einstimmigkeit von Kabinettsbeschlüssen nicht im Wege. Wenn er sich an der allgemeinpolitischen Diskussion beteiligt hat, hat er im Einzelfall klare Kante gezeigt. Eltz verfolgte oft einen legalistischen Kurs. Besonders augenfällig war das geworden als. es im Kabinett am 7.6.1932 darum gegangen war, den Parteien Sendezeit für Wahlkampfwerbung zur Verfügung zu stellen. Der Postminister hatte Bedenken gegen die (von den übrigen Ministern geforderte) Ausschließung der Kommunisten geäußert: Unter der Voraussetzung, dass die Reden vom Manuskript wörtlich abgelesen werden, solle man auch den Kommunisten Sendezeit zur Verfügung stellen. Andernfalls sollten die Redner unterbrochen werden. Eltz wurde überstimmt. Die Kommunisten blieben im Gegensatz zur NSDAP ausgeschlossen.[206] Bei der Verhinderung eines verfassungswidrigen Aufschubs von Wahlen hat er sich durchgesetzt. In der Kanzlerfrage wiederum blieb sein Eintreten für den Freund Papen ohne Erfolg. Da durfte man von einem Post- und Verkehrsminister auch nicht zu viel erwarten, aber es

---

[206] AdR, Papen, Bd. 1, Dok. 13.

wird doch deutlich, dass er sich entgegen einem weit verbreiteten Urteil[207] mit seiner Rolle als Fachminister nicht immer zufrieden gegeben hat. Bei seinen konservativen Mitstreitern genoss der Minister hohes Ansehen. Als „Gentleman vom Scheitel bis zur Sohle, ein prächtiger Kerl, den wir alle besonders gern hatten", hat ihn sein Kabinettskollege Magnus von Braun charakterisiert.[208] Aber in dem Begriff „Gentleman" als eines aufgrund seiner Geburt, seiner Bildung und seines Anstands sozial herausgehobenen Mannes, schwang nach damaligem Verständnis auch so etwas wie geschmeidige Liebenswürdigkeit und ein ausgleichenden Wesen mit. Für Eltz hat das sicher im Umgang im kleinen Kreis und im persönlichen Verhältnis zu den ihm anvertrauten Mitarbeitern gegolten. Gleichzeitig gab es aber so etwas wie soziale Distanz, von Zeitgenossen bisweilen entsprechend kommentiert und Abgrenzungen, mit denen er sich seiner Identität zu versichern suchte. Er war ein introvertierter Einzelgänger, ein sehr verschlossener Mensch und daran sollte sich auch in der heraufziehenden Diktatur nichts wesentlich ändern.

V. Die Regierung Schleicher

Heute wissen wir, dass im Dezember 1932 dem Kabinett Schleicher eine fast nur nach Wochen zu bemessende Lebenszeit beschieden war. Die damaligen Zeitgenossen mochten dem Experiment Schleicher aber durchaus noch Chancen einräumen. Eine parlamentarische Mehrheit für ein von ihm geführtes Kabinett war zwar nicht in Sicht, aber immerhin beabsichtigte Schleicher, eine sehr viel breitere politische Basis zu bedienen als Papen dies konnte und wollte. Bis in die Arbeiterschaft hinein galt der General deshalb als das kleinere Übel. Am 3. Dezember 1932 wurde die Regierung Schleicher vereidigt. Als sich das Kabinett Schleicher in unmittelbarem Anschluss an die letzte, nur der Verabschiedung dienenden Sitzung des Kabinetts Papen zum ersten Mal versammelte, verließen außer dem bisherigen Kanzler neben Reichsarbeitsminister Hugo Schäffer, der durch den Präsidenten der deutschen Arbeitsverwaltung, Friedrich Syrup, ersetzt wurde, auch der Innenminister Freiherr v.Gayl den Raum. Gayl hat einmal von seinem schicklichen Abgang oder dem „gemeinsamen Untergang mit Papen" gesprochen.[209] Der treibende und kritische Geist hinter Papen,[210] und eigentlich ein Befürworter der Staatsnotstandspläne, hielt Papen für überfordert.[211] Eine gewisse Animosität

---
[207] Vgl. Minuth in AdR, Papen, Bd. 1, Einleitung, I. Kabinettsbildung.
[208] *Braun*, S. 243.
[209] Zit. nach *Schwerin*, S. 105.
[210] *Bracher*, Machtergreifung, S. 486, Fn. 98.
[211] *Pyta*, S. 763; Aufzeichnung Gayl o.D. zit. nach *Trumpp*, S. 217f.

gegen Schleicher, dessen Taktieren ihm unheimlich war, hatte offensichtlich ihre Ursache in früheren Begegnungen mit dem General.[212] „Ihm fehlte die einheitliche Linie, er wechselte zu oft das Pferd", so Gayl einmal.[213] Freiherr v. Gayl wurde abgelöst durch den Juristen Franz Bracht, der sich Erfahrungen in kommunalen Spitzenämtern und in preußischen Ministerialdiensten erworben hatte. Bei der Umsetzung des Preussenschlags hatte er eine Schlüsselposition eingenommen. Auf ihn als Stellvertreter Papens im Amt des Reichskommissars für Preußen und als kommissarischer Leiter des Preußischen Innenministeriums hatten sich nach dem Preußenschlag Erbitterung und Erregung der republikanischen Kräfte konzentriert. Im Übrigen blieb das Kabinett unverändert. Das galt auch für das Amt des Reichswehrministers, das der neue Reichskanzler zusätzlich behielt.

In der Presse waren vereinzelt Zweifel an dem Verbleib von Eltz in der Ministerrunde laut geworden.[214] Die erneute Berufung von Eltz in das Ministeramt, dem letzten und konsequentesten Parteigänger Papens, war deshalb eine Überraschung. Eltz hat, im Gegensatz zu Gayl, nicht den „gemeinsamen Untergang" mit Papen gesucht. Man wird das nur so deuten können, dass er sich der Sache weiterhin verpflichtet fühlte und dass von Schleichers Seite fachlichen Erwägungen im Hinblick auf die Aufrechterhaltung einer gewissen Kontinuität des Regierungshandelns der Vorzug gegeben wurde. Obwohl auch weiterhin reichlich blaues Blut in den Adern des Kabinetts Schleicher floss, verschwand mit dem Dezember 1932 das „Kabinett der Barone" als Etikett spurlos von der Bildfläche, weil der prototypische „Baron" von Papen es nicht mehr leitete und es nicht mehr mit der von Schleicher beabsichtigten sozialpolitischen Neupositionierung im Einklang stand. In der im Rundfunk übertragenen Programmrede des neuen Kanzlers lag der Akzent auf Arbeitsbeschaffungs- und Sozialmaßnahmen und Schleicher kokettierte mit dem ihm zugeschriebenen Begriff des „sozialen Generals". Gerade ein Präsidialkabinett benötige den Rückhalt und Widerhall im Volk, so führte er aus. Wille und Mut zum Regieren allein genügten nicht, so in Anspielung auf seinen Vorgänger, es müsse auch Verständnis für das Empfinden des Volkes und das Erkennen des psychologischen Moments dazukommen.

In den kurzen Zeitraum der Existenz des Kabinetts Schleicher fiel ein bemerkenswerter, wenn auch kurzlebiger außenpolitischer Erfolg. Auf der Genfer Abrüstungskonferenz einigten sich im Dezember 1932 die früheren Kriegsgegner auf den Grundsatz der Gleichberechtigung im Rahmen eines Systems, das allen Nationen Sicherheit gewährleisten sollte. Sie erfüllten damit eine wichtige Forderung der deutschen Seite. Diese kehrte daraufhin

---

[212] Vgl. *Schwerin*, S. 101 ff.
[213] *Braun*, S. 259.
[214] Reichsbote vom 3.12.1932.

wieder an den Konferenztisch zurück. Nach dem erfolgreichen Abschluss der Konferenz von Lausanne zur Reparationenfrage im Juli des Jahres war dies der zweite außenpolitische Erfolg einer durch zwei Neuwahlen unterbrochenen Regierungsarbeit. Im Oktober 1935 wurde allerdings entschieden, die Abrüstungskonferenz angesichts der Aufrüstung der deutschen Wehrmacht nicht fortzusetzen.

Jetzt konzentrierte sich die ganze Energie der Regierung Schleicher noch stärker als vorher auf die Klärung und Stabilisierung der innenpolitischen Verhältnisse. Gut waren die Voraussetzungen dafür nicht. Schleicher wurde von der politischen Mitte wohlwollend aufgenommen, von der Rechten kritisch gesehen und von der NSDAP strikt abgelehnt. Schleichers bereits vorgestellte neue Strategie hieß „Querfront". Sein Ziel bestand darin, eine neue politische Lösung auf breiterer gesellschaftlicher Basis zu finden. Der neue Reichskanzler wollte ein politisches Bündnis schmieden, an dem auch Gewerkschaften und Industrie teilnehmen sollten. NSDAP, rechtsgerichtete Sozialdemokraten, der Allgemeine Deutsche Gewerkschaftsbund (ADGB) und das Zentrum sollten in Zusammenarbeit mit der Reichswehr eingebunden werden. Es wiederholte sich aber das alte Spiel: Hitler war dafür nicht zu haben. Schleicher versuchte dann den willigen Reichsorganisationsleiter der NSDAP, Gregor Strasser, als Vertreter des linken Flügels der Partei in die Regierungsverantwortung einzubinden, indem er ihm das Amt des Vizekanzlers anbot. Auch das scheiterte am Widerstand Hitlers, der die darin liegende Spaltungsgefahr erkannt hatte. Strasser war in der NSDAP schnell abgemeldet, trat zurück und galt, wie Goebbels am 10. Dezember 1932 in seinem Tagebuch vermerkte, als „isoliert, toter Mann"[215]. Knappe anderthalb Jahre später, am 30.April 1934 war es dann soweit. Strasser wurde von Nazi-Schergen ermordet. Aber jetzt, Anfang 1933 wurde die Idee einer gewaltsamen Verhinderung der NSDAP, ähnlich dem von Papen erfolglos befürworteten Kampfkabinett, wiederbelebt. Schleicher griff auf das alte Rezept zurück, indem er ein Verbot der NSDAP erwog und beabsichtigte, die zu erwartende Gegenwehr der Nazis mit einem militärischen Ausnahmezustand zu bekämpfen. Er glaubte jetzt bei der Sozialdemokratie und den Gewerkschaften auf geringeren Widerstand zu stoßen. Da Hindenburg eine Kanzlerschaft Hitlers zu dem Zeitpunkt weiterhin ablehnte, lebte parallel dazu die Alternative eines „Kampfkabinetts Papen-Hugenberg" (ohne Hitler) wieder auf. Der bis hierher unversöhnliche und wenig kompromissbereite Vorsitzende der DNVP, der Pressezar Alfred Hugenberg, sollte der starke Partner von Papen für ein solches Unterfangen sein. Als das Kabinett am 16. Januar 1933 auf Hindenburg zutrat, um die Auflösung des Reichstags und den Aufschub von Neuwahlen bis zum Herbst 1933 zu erbitten, spielte der Reichs-

---

[215] GTB vom 10.12.1932, 2/III, S. 79.

präsident nicht mit. Er hatte sich davon überzeugen lassen, dass Hitler an der Spitze eines überwiegend konservativen Kabinetts eine sehr viel weniger gefährliche Lösung sei als alle Staatsnotstandspläne. Da Schleicher selbst die Hoffnung aufgegeben hatte, dass Hindenburg ihm die erbetenen Vollmachten erteilen würde, trat die Regierung am 28. Januar 1933 zurück. Hindenburg verabschiedete den General, indem er ihm den Dank des Vaterlandes aussprach und mit der eleganten Formulierung „jetzt wollen wir mal sehen, wie mit Gottes Hilfe der Hase weiterläuft" das Gespräch beendet haben soll.

E. Der Übergang in die Hitlerzeit

Eltz hatte an der letzten Kabinettsrunde der Regierung Schleicher aus gesundheitlichen Gründen nicht teilgenommen. Papen telefonierte aber noch am gleichen Abend mit ihm, wie auch mit Krosigk und Neurath, um sie zu bitten, bei einer Regierung unter Einschluss von Adolf Hitler mitzumachen. Alle Angefragten bejahten das und wiesen gleichzeitig die Option eines Kampfkabinetts Papen-Hugenberg ohne Hitler zurück. Als Papen am späten Abend dem Staatspräsidenten mitteilen konnte, dass bewährte konservative Politiker einem Kabinett Hitler das Gepräge geben würden, war der Reichspräsident beeindruckt. Hindenburg betrachtete, wie sein Biograph Wolfram Pyta schreibt, diese „unabhängigen Fachleute" als unbedingt erforderliche Komplettierung eines „Kabinetts der nationalen Einheit".[216] Der Hitler-Biograph Ian Kershaw sieht in diesem Vorgang ein entscheidendes Moment: „Der Bann war gebrochen".[217] Was auch immer den Reichspräsidenten sonst noch bewogen hat, und da gab es Vieles, auch für Hindenburg wenig Schmeichelhaftes, jedenfalls war Hindenburg nun bereit, seine Bedenken gegen ein Kabinett mit Hitler fallen zu lassen.[218] Mit den Verhandlungen betraute er Papen. Schon am nächsten Tag lag eine von Hindenburg genehmigte Ministerliste vor. Vorausgegangen war dem eine Serie von Verhandlungen, in denen es Papen dank einer „eifrigen und geschmeidigen"[219], aber zutiefst unredlichen Verhandlungstaktik gelungen war, die relevanten Akteure in ein Boot zu bekommen und insbesondere Hindenburg eine Regierungsbeteiligung der Nazis schmackhaft zu machen. Der Auftakt hierzu war das Treffen von Papen mit Hitler im Hause des Bankiers Kurt von Schröder Anfang Januar 1933, das, wie berichtet, auf eine Vermittlung in Herrenclubkreisen zustande gekommen war.

I. Das Kabinett Hitler

Am 30. Januar 1933 wurde Adolf Hitler von Reichspräsident Paul von Hindenburg in das Amt des Reichskanzlers berufen. Bezeichnend für die immer noch herrschende allgemeine Verwirrung war die Tatsache, dass die-

---
[216] *Pyta*, S. 779, 783.
[217] *Kershaw*, Bd. 1, S. 520.
[218] *Winkler*, S. 589; *Papen*, Wahrheit, S. 271.
[219] *Pyta*, S. 780.

jenigen Mitglieder des bisherigen Kabinetts Schleicher, die am Mittag des 30. Januar 1933 in das zur Vereidigung zusammengerufene Nachfolgekabinett eintreten sollten, noch auf dem Fußweg durch die verschneiten Ministergärten zur Reichskanzlei, der Übergangsresidenz des Reichspräsidenten von Hindenburg, nicht wussten, wer der neue Reichskanzler sein würde. So jedenfalls hat es der erneut als Finanzminister eingeplante Krosigk berichtet, woraus zu schließen ist, dass es, wenn es denn so war, ihm wie vermutlich ebenso wie den anderen kooptierten Konservativen gleichgültig gewesen sein muss, ob Hitler oder Papen die neue Regierung anführen würden. Die Würfel waren aber bereits in den Gesprächen am Vortag gefallen. Die Nationalsozialisten hatten sich mit der Hitler eigenen Beharrlichkeit unter Zuhilfenahme von Druck und Versprechungen durchgesetzt. Papen sollte Vizekanzler werden. Als die in der alten Reichskanzlei zusammengerufene Runde auf die Überreichung der Ernennungsurkunden wartete, kam es zu einer Verzögerung, weil Hitler Neuwahlen forderte. Der Wunsch Hitlers war Papen aus den Vorgesprächen vertraut, er hatte sie aber Hugenberg gegenüber verschwiegen. Der Vorschlag löste eine erregte Debatte aus, weil Hugenberg Neuwahlen kategorisch ablehnte. Papen hat die Szene in seinen Erinnerungen festgehalten:

„Hitler versicherte Hugenberg dann mit fast feierlicher Geste, die Wahl – wie immer sie ausgehen werde – würde keinerlei Einfluss auf die personelle Zusammensetzung der jetzt zu bildenden Regierung haben. Er, Hitler, werde sich niemals von den heutigem Mitarbeitern trennen. Dieses Argument war natürlich nicht überzeugend, aber Neurath, Schwerin Krosigk, Eltz und auch Seldte sahen keine Bedenken, dass wir uns in dieser völlig neuen Lage um ein Votum des Volkes bemühen sollten."[220]

Was Eltz betraf, irrte Papen und hat damit den Verkehrsminister, was dieses historische Detail betrifft, in ein schiefes Licht gerückt. Eltz war krank und nicht anwesend.[221] Das ist insofern der Rede wert, als das Zustandekommen einer Regierung Hitler in dem Augenblick auf des Messers Schneide stand. Der Zeithistoriker Karl Dietrich Bracher hat von „vielleicht Hitlers letzter Chance" gesprochen.[222] Nachdem Hugenberg sich der Übermacht und

---

[220] *Papen*, Wahrheit, S. 275.

[221] Tagebuch Krosigk, IfZ, ZS/A-20, Bd. 4, Bl. 14–162. Der Irrtum Papens ist bedauerlicherweise vielfach weitergewandert, siehe Bracher, Auflösung, S. 727, wonach u. a. Eltz Papen bei seinen verzweifelten Überredungsversuchen „unterstützt" habe; Küppers stützt sich auf die gleichen Quellen, geht aber noch einen Schritt weiter und schreibt, der ansonsten vorsichtige Eltz-Rübenach gehörte zu den „Wortreichsten in jener unheilvollen Phalanx, die Hugenberg zur Rücknahme seines Vetos überredete und damit endgültig das Tor zur „Machtergreifung" Hitlers öffnete, S. 496; *Lotz*, S. 18 f. hat, sich auf diese Darstellung stützend, von Eltz „engagierter Mitwirkung bei den letzten Koalitionsverhandlungen am 30.1.1933" gesprochen.

[222] *Bracher*, Auflösung, S. 727.

dem Zeitdruck gefügt hatte, war das Hitler-Kabinett geboren.[223] Hindenburg gab der Mannschaft mit auf den Weg: „Und nun, meine Herren, vorwärts mit Gott". Ein Wunsch, der nicht in Erfüllung ging.

Es sieht so aus, als sei Paul Freiherr von Eltz mit Leichtigkeit in das, was er später einmal „die neue Zeit" nennen würde, sozusagen schlafwandlerisch hinübergelangt. Es ging ihm gesundheitlich schlecht. In den Schicksalsstunden war er überwiegend krank, aber nicht immer. Am Vormittagstreffen der neuen, auf die Ernennung wartenden Regierungsmannschaft, war er, wie erläutert, ebenso wenig dabei, wie bei der Mittagssitzung des Kabinetts Schleicher, in der sich dieser verabschiedete. Allerdings ehrte er, nachdem ihm zwischen Tür und Angel der Eid abgenommen und die Ernennungsurkunde ausgehändigt worden sein muss, die erste Kabinettssitzung der Regierung Hitler um 17 Uhr mit seiner Präsenz, denn da wollte er vermutlich unbedingt dabei sein. Bereits bei dieser ersten Kabinettssitzung wurde über ein mögliches Ermächtigungsgesetz und über die hierfür notwendige Unterdrückung der KPD diskutiert. Da er auch an den folgenden Tagen teilweise krankheitshalber ausfiel, kann es sich nicht um eine diplomatische Krankheit, von der man sich üblicherweise schnell erholt, gehandelt haben. Hitler gelang es am nächsten Tag, das Zentrum, das sich Hoffnungen auf eine Regierungsbeteiligung und einen Ministerposten gemacht hatte, auszubooten. Er schob die Schuld auf Papen und beteuerte wahrheitswidrig, dass er sich für eine Regierungsbeteiligung des Zentrums eingesetzt habe. Der noch frei gehaltene Platz des Justizministers verblieb daraufhin bei seinem alten Inhaber Franz Gürtner. Keiner der ausscheidenden Minister hat das Kabinett aus politischer Überzeugung verlassen. Magnus von Braun hat in seinen nach dem Krieg geschriebenen Erinnerungen ein bemerkenswert ehrliches Bekenntnis abgelegt: „Wenn ich mich selbst prüfe, ob ich seinerzeit mit all meinen Freunden und Kollegen zusammen im Hitlerkabinett geblieben wäre, so antworte ich – auch wenn ich damit meine mangelnde Voraussicht eingestehe, mit ja."[224] Die Koalitionsarithmetik forderte ihre Opfer. Braun und Warmbold mussten Alfred Hugenberg weichen, für den ein „Superministerium" Wirtschaft und Ernährung geschaffen wurde. Franz Bracht wurde als Innenminister durch den Nationalsozialisten Wilhelm Frick ersetzt. Der Vorsitzende des Wehrverbandes „Stahlhelm, Bund der Frontsoldaten", Franz Seldte, der zu dem Zeitpunkt noch nicht Mitglied der NSDAP war und noch der Innung der „konservativen Einrahmer" zugerechnet wurde, bekam das Arbeitsministerium. Hermann Göring, der gleichzeitig preußischer Innenminister war, wurde zunächst Minister ohne Geschäftsbereich, später Luftfahrtminister. Damit stan-

---

[223] Unklare Denomination: „Kabinett des nationalen Zusammenschlusses" (Meissner), Kabinett der nationalen Erhebung (NSDAP), siehe auch Fn. 129.
[224] *Braun*, S. 234.

den dem Reichskanzler Hitler und zwei Nationalsozialisten, Göring und Frick, acht nicht parteigebundene Minister gegenüber. Bemerkenswert ist aber trotz dieser Verschiebungen, wie groß die Zahl derjenigen Köpfe geblieben war, von denen zunächst nicht angenommen wurde, dass sie eine innere Affinität zur Partei Adolf Hitlers entwickelt hatten: Die Minister v.Neurath, v.Krosigk, Gürtner, v.Eltz-Rübenach, die fortan oft als scheinbares Gegenbild zu den Nazis, sprachlich mild verwirrend, allesamt als die „Bürgerlichen" bezeichnet wurden. Vor allem für eine Person sollte sich die Teilnahme an der neu installierten Hitlerkoalition später als Scheinsieg entpuppen. Vizekanzler von Papen war faktisch entmachtet. Eine sichtbare Rolle als „Stellvertreter" des Reichskanzlers sollte er in Zukunft nach außen bedingt, nach innen überhaupt nicht spielen können. Seine Vizekanzlei war eine Art Reichsbeschwerdestelle und Papen erhielt gelegentlich, im Einzelfall allerdings durchaus wichtige Sonderaufgaben.

Von vielen zeitgenössischen Beobachtern wurde das noch nicht als disruptiver Systemwechsel empfunden, sondern eher als eine weitere Etappe möglicherweise äußerst kurzlebiger Regierungen. In dieser ersten Phase des historischen Prozesses, der im Rückblick im Allgemeinen mit dem Begriff der Machtergreifung auf eine Kurzformel gebracht wird, war Hitler erst einmal nur einfach Reichskanzler unter der Oberaufsicht des Staatspräsidenten. Nationalsozialisten, Deutschnationale, Mitglieder des Stahlhelms und parteilose Konservative bildeten jetzt das Regierungsbündnis. Durch seine, unter Zeitdruck, aber schließlich ohne viel Federlesens getroffene Entscheidung, einem Kabinett Hitler beizutreten, hat Eltz Papen bestätigt und Hindenburg die Entscheidung erleichtert. Zu seinen Beweggründen hat sich Eltz nie geäußert. Wie weit die Vorstellungskraft von Eltz damals in die Zukunft reichte und ob er sich darüber den Kopf zerbrochen hat, was ihm damals wichtig war und was vielleicht weniger, wissen wir nicht. Das neue Kabinett mit Papen als Vizekanzler war für ihn persönlich zunächst einmal ein Schlussstrich unter die Periode des von ihm wenig geschätzten Schleicher und im Übrigen ein „Präsidialkabinett", wie man es ja eh schon kannte. Auch muss nach noch nicht einmal einem Jahr im Amt des Reichsverkehrsministers die Versuchung groß gewesen sein, sich ganz unabhängig von abstrakten weltanschaulichen Erwägungen erneut der Regierung in ehrlicher Absicht und mit technokratischem Impetus als Sachwalter und Fortentwickler der Post- und Eisenbahngeschäfte zur Verfügung zu stellen, ohne politisch nach rechts und schon gar nicht nach links zu schauen.

Das Kabinett arbeitete fleißig. Zu Beginn gab es sogar mehrere Regierungssitzungen täglich. Eltz hat an ihnen regelmäßig teilgenommen. Krosigk hat zur Arbeit im Kabinett Folgendes hinterlassen:

"Zu Anfang wurde im Kabinett noch diskutiert, Hitler freute sich, wenn er seine dialektische Begabung vorführen konnte und war bereit, guten Argumenten auch mal nachzugeben. Aber immer mehr füllten die Monologe Hitlers die Sitzungen aus. Hitler hatte sich ganz zu Anfang sachlichen Auseinandersetzungen nicht entgegengestellt."[225]

Papen hat von weltanschaulich ergiebigen Debatten mit Eltz berichtet, oder soll man sagen, geschwärmt: "Nur Eltz war immer auf dem Plan, wenn (im Kabinett) Fragen der Weltanschauung diskutiert wurden. In dieser Hinsicht war er eine große Stütze."[226] Gemeint war damit wohl eine Schützenhilfe für katholische Positionen, denn nur dazu ist etwas erhalten. Als Kollektivorgan wurde die Ministerrunde später geschwächt, weil keine formelle Beschlussfassung mehr stattfand. Völlig ohne jeden Einfluss blieben die Minister aber nicht. In der Vorfeldabstimmung konnten sie Ressortinteressen einbringen, Einwände wurden gelegentlich beachtet und führten im Einzelfall zur Zurückziehung radikaler Gesetzesentwürfe oder zu deren Abschwächung. Die Zustimmung der Minister wurde in den Kabinettssitzungen aber schon eingefordert und von jedem Kabinettsmitglied auch nahezu ohne Ausnahme und widerspruchslos gegeben. Formal betrachtet sind sämtliche Gesetzesvorhaben in der Hitlerzeit einstimmig erfolgt. Noch wichtiger war jedoch, dass die NSDAP politische Entscheidungen außerhalb des Regierungsapparats erzwang, von denen sich Hitler distanzierte und es damit den Fachministern psychologisch leichter machte, weiter mitzuarbeiten. Erneut sei hierzu Papen zitiert:

"Wenn wir ihn (Hitler) im Kabinett zur Rede stellten, wegen der Ausschreitungen gegen Juden oder wegen gesetzwidriger Freiheitsberaubung gegenüber den politischen Gegnern, so geriet er selbst in helle Wut über die Disziplinlosigkeit seiner SA und der politischen Führer. Dann erließ er flammende Aufrufe, die verletzte Ordnung wiederherzustellen. Die Aufrichtigkeit, mit der er dies zu tun schien, war entwaffnend. Immer wieder bat er um Geduld, es werde ihm bald gelingen, die „aus der Hand geratene Bewegung" wieder einzufangen. Oft und oft habe ich mit den mir besonders verbundenen Kollegen Gürtner und Eltz, deren charakterliche Integrität über jedem Zweifel steht und auf deren Menschenkenntnis ich vertraute, über die Differenzen zwischen Hitlers Versicherungen und der tatsächlichen Entwicklung gesprochen. Sie waren der Ansicht, es sei nicht erlaubt, an eines Mannes ehrlicher Absicht zu zweifeln, solange diese Zweifel nicht erhärtet werden könnten. Sie hofften wie ich auf eine Erziehungsarbeit im Kabinett."[227]

Diese Erinnerung von Papen, wenn sie denn mit dem tatsächlichen Geschehen in Einklang stehen sollte, kann nur als ein beeindruckender Beweis für die sich ausbreitende ethische Sorglosigkeit der vereinigten Ministerrunde

---
[225] *Krosigk*, Memoiren, S. 168.
[226] *Papen*, Wahrheit, S. 326.
[227] *Papen*, Wahrheit, S. 293 f.

genommen werden. Die Taktik Hitlers, Exzesse auf eine ungestüme und noch undisziplinierte Partei zu schieben, ist auch jenseits der deutschen Grenzen zur Anwendung gekommen. Der päpstliche Nuntius Cesare Orsenigo hat bei einem Essen in Berlin seine Tischdame, Freifrau von Eltz, die ihn wegen ihrer Sorgen um die Kirche angesprochen hatte, mit den Worten beruhigt, „auch Mussolini habe Jahre gebraucht, um in der Partei aufzuräumen".[228]

Die arbeitsfreudige neue Regierung, beflügelt vom faulen Zauber des Neuanfangs, ergriff schon in den ersten Wochen und Monaten eine Reihe tiefgreifender Entscheidungen, die das innenpolitische Machtgefüge rasch zugunsten der Nationalsozialisten verändern sollte. Schon vor den geplanten Neuwahlen, die auf den 5. März festgesetzt worden waren, ist von deutschnationaler Seite nicht versucht worden, Hitler in die Zügel zu greifen. Das galt bereits Anfang Februar für die „Notverordnung zum Schutze des Deutschen Volkes", die weitreichende Möglichkeiten zum Verbot politischer Veranstaltungen schuf, aber vor allem für die am 28.2.1933 im Hinblick auf den Reichstagsbrand erlassene *Notverordnung zum Schutz von Volk und Staat*, mit der die Grundrechte der Weimarer Reichsverfassung außer kraft gesetzt wurden. Diese gemeinhin als „Reichstagsbrandverordnung" bezeichnete Regelung, die der Regierung Hitler schon vor der Verabschiedung des Ermächtigungsgesetzes und vor den Wahlen im März eine ungeheure Machtfülle verschaffte, war nach ganz überwiegender Auffassung der Zeitgeschichtler der entscheidende Schritt in die Hitlerdiktatur. Hitler hatte im Kabinett bei der Diskussion über die Notverordnung allen möglicherweise zaudernden Ministern deutlich gemacht, was er vom Rechtsstaat hielt: Die KPD sei zum äußersten entschlossen. Der Kampf gegen sie dürfe nicht von juristischen Erwägungen abhängig gemacht werden.[229] Die bürgerlichen Minister haben dem fast nichts entgegengesetzt. Nur Vizekanzler von Papen hatte in zwei Sitzungen Bedenken wegen des in der Notverordnung enthaltenen Durchgriffsrechts des Reiches gegenüber den Ländern vorgebracht. Am Ende stimmte er aber dem in seinem Sinne leicht abgeschwächten Entwurf zu.[230]

Mit den Reichstagswahlen am 5. März 1933 wurde die *rücksichtslose Auseinandersetzung*, von der Hitler in der Ministerrunde am 28. Februar gesprochen hatte, in die Tat umgesetzt. Zur Wahl zugelassen wurden zwar auch alle anderen politischen Parteien, aber die Umstände, die waren nicht so. Die Anhänger der NSDAP übten ungestraft politischen Terror, der sich vor allem gegen Sozialdemokraten und Kommunisten richtete. Hermann Göring als

---

[228] Schreiben Marion v. Eltz an Kempner vom 8.7.1946, EA 57.
[229] Ministerbesprechung vom 28.2.1933, AdR, Hitler, Bd. 1/1, Dok. 32, S. 128.
[230] Der Durchgriff bedurfte in der Endfassung der Verordnung einer Entscheidung der Reichsregierung, nicht lediglich des Reichsinnenministers, AdR, Hitler Bd. 1/1, Dok. Nr. 34, S. 132.

kommissarischer preußischer Innenminister gab am 17. Februar die Order an die Polizei aus, ohne Rücksicht von der Schusswaffe Gebrauch zu machen. Einige Tage später wurden die Mitglieder von SA, SS und Stahlhelm zu Hilfspolizisten ernannt.

Die NSDAP wurde mit einem deutlichen Vorsprung vor der SPD und der KPD stärkste Partei. Sie legte um 10,8 Prozentpunkte zu, verfehlte aber mit 43,9 % – für viele Beobachter überraschend – die absolute Mehrheit. Die DNVP, die unter dem Namen „Kampffront Schwarz-Weiß-Rot" angetreten war, verlor gut eine halbe Million Wähler. Aber mit ihren 8 % Wählerstimmen trug sie am Ende dazu bei, dass sich die Regierung Hitler-Papen-Hugenberg auf eine absolute Mehrheit stützen konnte. Zentrum und BVP blieben weitgehend stabil. Sie hatten in Westdeutschland und im Süden weiterhin ihre Hochburgen. Die überwiegend katholischen Wahlkreise Köln-Aachen und Koblenz-Trier waren die einzigen, in denen nicht die NSDAP, sondern das Zentrum als stärkste Partei aus den Wahlen hervorging. Am 7. März 1933 beriet das Kabinett in seiner ersten Sitzung nach den Wahlen ausgiebig über das geplante Ermächtigungsgesetz. Es sah nichts weniger als den Übergang der legislativen Gewalt auf die Regierung und ganz ausdrücklich die Möglichkeit der Verabschiedung von verfassungswidrigen Gesetzen vor. Aber es kam noch etwas hinzu: Erstmals verkündete Hitler die Gleichschaltung der süddeutschen Länder. Das machte Eltz wortbrüchig, denn er war es gewesen, der nach Papens „Preußenschlag" erst ein halbes Jahr vorher nach Baden geschickt worden war, um dem Land zu versichern, dass weitere Eingriffe der Zentralregierung in die Kompetenzen der Länder nicht geplant seien. Die politische Geschäftsgrundlage hatte sich geändert und Eltz mit ihr. In der gleichen Sitzung wurden die als „Gesetz zur Wiederherstellung des Berufsbeamtentums" etikettierten Vorschriften verabschiedet, die eine „Säuberung" des Beamtenapparats ermöglichten und eine große Rolle bei der Führung der Reichsministerien spielen sollte. Bemühungen der katholischen Bischöfe, das Berufsbeamtengesetz im Interesse katholischer Beamter zu verhindern oder mit Ausnahmen zu versehen, scheiterten. Göring brachte hier die Drohung ins Spiel, alle dem Zentrum angehörenden Beamten im Falle der Nichtzustimmung der Zentrumsfraktion zu dem geplanten Ermächtigungsgesetz zu entlassen. Die bekennenden Katholiken Eltz und Papen waren dabei. Papen schwieg, aber Eltz brach, wenn auch erfolglos, eine Lanze für die Katholiken, jedoch nur für diejenigen, die *nicht* dem Zentrum angehörten.[231]

In der Abstimmung am 23.3.1933 stimmte nur die SPD gegen das Ermächtigungsgesetz. „Freiheit und Leben kann man uns nehmen, die Ehre

---

[231] BArch R 43-I/1460, Bl. 30 f.

nicht", rief der SPD-Vorsitzende Otto Wels den Abgeordneten der anderen Parteien entgegen.

Theodor Heuss, Ernst Lemmer und Reinhold Meier, Persönlichkeiten, die im politischen Leben der späteren Bundesrepublik Deutschland eine Rolle spielen sollten, stimmten mit ihrer Deutschen Staatspartei ebenfalls für das Gesetz. Der Abstimmungserfolg der Regierung Hitler hatte viele Gründe. Die gewählten Reichstagsabgeordneten der KPD waren verhaftet oder auf der Flucht. Die Zustimmung des Zentrums beruhte nicht *nur* auf dem Vertrauen auf inhaltliche Zugeständnisse Hitlers, die nie eingelöst wurden. Sie lag auch auf der Linie, die die Partei seit der Wahl des Prälaten Ludwig Kaas zu ihrem Vorsitzenden im Dezember 1928 eingeschlagen hatte. Die Begründung, in der Not müsse man zusammenstehen und sich über Parteigrenzen hinweg die Hände reichen, wie sich Kaas ausgedrückt hatte, mag für eine große Koalition in unserer Gegenwart ein honoriger Schritt sein, damals besiegelte er den Weg in den Abgrund. Wichtiger als die Rechte des Parlaments waren Kaas die Rechte der katholischen Kirche. Mit dieser Haltung konnte er sich gegen die von Ex-Kanzler Brüning angeführte Minderheit in der Partei durchsetzen. Dabei spielte die Sorge um die bedrohte Existenz katholischer Beamter und Redakteure eine Rolle. Aber es ging auch darum, durch Beteiligung an dem großen Rettungswerk in einer Stunde, „wo alle kleinen und engen Erwägungen schweigen müssen" (Prälat Kaas[232]), endlich zur „nationalen Gesellschaft" zu gehören und damit ein altes Katholikentrauma hinter sich zu lassen. Auch schwang die Hoffnung mit, dass der Nationalsozialismus sich in der Macht abnutzen werde, *wie man es schon bei der SPD 1918 gesehen habe.*[233] Trotz aller Skrupel bei Zentrum und Liberalen klang ein klammheimlicher Seufzer der Erleichterung darüber mit, dass nun alle politischen Kräfte rechts von KPD und SPD zusammenrückten und die Weimarer Demokratie suspendiert wurde. Der Zeitzeuge Sebastian Haffner hat von dem „sehr weit verbreiteten Gefühl der Erlösung und Befreiung von der Demokratie" gesprochen.[234] Der Reichsverkehrsminister hat auch in dieser Phase ebenso wie die anderen Minister aus dem bürgerlichen Lager allen einschlägigen Vorhaben zugestimmt – in den meisten Fällen ohne Einwände zu erheben. Charakteristisch war dabei das bei den Ministergesprächen immer wieder auftauchende schlechte Gewissen, wenn erkennbar das Recht gebeugt wurde und man glaubte, öffentlicher Kritik an den selbst vom Kabinett als umstritten erkannten Maßnahmen durch Geheimhaltung oder verzögerte Bekanntmachung begegnen zu müssen.

---

[232] Vgl. *Morsey*, Parteien, S. 366f.
[233] *Morsey*, Untergang S. 142ff.
[234] *Haffner*, S. 237.

Am Freitag, dem 24.3.1933 stimmte das Kabinett der schon damals allgemeinen Rechtsgrundsätzen widersprechenden rückwirkenden Anwendung der Todesstrafe im Hinblick auf den Fall des wegen der Reichstagsbrandstiftung verurteilten Martinus van der Lubbe zu.[235] Am Freitag, dem 14.7.1933 wurde die Neugründung von Parteien als Hoch- und Landesverrat unter Strafe gestellt. Trotz einigem Hin und Her wegen der Frage der „psychologischen Bedeutung", d.h. die „innere Überzeugungskraft" der Selbstauflösung der Parteien werde geschmälert, so Justizminister Gürtner, wurde es beschlossen. Innenminister Frick hielt es für notwendig, den bestehenden Zustand zu legalisieren.[236] In der gleichen Sitzung stand das „Gesetz zur Verhütung erbkranken Nachwuchses" auf der Tagesordnung. Es erklärte die Zwangssterilisation, durch die Einbeziehung sehr vieler, oft unklar definierter Gruppen von „Erbkranken" auf breiter Basis für rechtens. In der Kabinettssitzung zeigte nur Vizekanzler von Papen Flagge und widersprach in deutlichen Worten: „Die katholische Kirche sei aus dogmatischen Gründen gegen eine Unfruchtbarmachung, weil sie ein Recht über den eigenen Körper zu verfügen, nicht anerkenne." Papen plädierte für das Prinzip der Freiwilligkeit, alternativ für die Verwahrung der Kranken. Er setzte zweimal an, lenkte aber schließlich ein. Hitler entgegnete nur, dass alle Maßnahmen berechtigt seien, die der Erhaltung des Volkstums dienten.[237] Das Gesetz wurde am Ende beschlossen. Aus dem Protokoll geht nicht hervor, dass sich Eltz dazu geäußert hat. Vier Jahre später hat er das Thema in einem Gespräch mit Hitler wieder aufgeworfen. Papen erwies diesem Projekt der Hitlerregierung dann doch noch einen Dienst, indem er vorschlug, die Veröffentlichung des Gesetzestexts bis nach Abschluss der römischen Konkordatsverhandlungen zurückzustellen.[238] Der Vatikan sollte nicht provoziert und die Unterschrift unter den Vertrag nicht gefährdet werden. Das erwies sich als weitsichtig. Nachdem das Konkordat gesichert und unterzeichnet war, gab es prompt einen kritischen Artikel zu dem frisch publizierten Gesetzestext in der offiziellen Tageszeitung des Vatikanstaats, Osservatore Romano.[239] Nur ausnahmsweise versuchten die Bürgerlichen, Hitler oder die NSDAP zu bremsen. Einen etwas kräftigeren Anlauf hierzu hatte es freilich einmal gegeben, fast eine Art

---

[235] Ministerbesprechung vom 24.3.1933, AdR, Hitler Bd. 1/II, Dok. 72, S. 253.
[236] Kabinettssitzung vom 14.7.1933, AdR, Hitler, Bd. 1/II Dok. 193, S. 661 f.
[237] Kabinettssitzung vom 14.7.1933, AdR, Hitler, Bd. 1/II Dok. 193, S. 664 f. (Bis Mai 1945 wurden mindestens 400.000 Menschen zwangssterilisiert, rund 1% der Bevölkerung im fortpflanzungsfähigen Alter. An den Eingriffen starben etwa 5.500 Frauen und 600 Männer. Knapp ein Jahr später wurden die in dem Gesetz festgelegten Eingreifgründe auf den Schwangerschaftsabbruch mit eugenischer Indikation erweitert).
[238] AdR, Hitler, Bd.I/II, Dok. 193, S. 664 f.
[239] Vgl. *Möckelmann*, S. 317.

„bürgerliche Sperrminorität" bestehend aus Neurath, Schacht, Krosigk und Eltz. Am Freitag, dem 31.3.1933 ging es im Kabinett um den von der Partei geplanten reichsweiten Aufruf zum Boykott jüdischer Geschäfte, der am nächsten Tag beginnen sollte. In der Diskussion spielte die kritische Reaktion des Auslands eine wichtige Rolle. Außenminister von Neurath wollte den Boykott verhindern und schlug vor, USA, Großbritannien und Frankreich Gelegenheit zu geben, sich von der sog. „jüdischen Gräuelhetze" zu distanzieren und auf Boykottmaßnahmen gegen deutsche Produkte zu verzichten. In dem Fall könne man von dem Boykott absehen. Eltz sekundierte Neurath, indem er auf die zu erwartenden wirtschaftliche Nachteile abhob. Er berichtete, dass sämtliche ausländischen Passagen auf den Schiffen „Europa" und „Bremen" abbestellt worden seien. Krosigk unterstützte mit dem Hinweis auf zu erwartende Ausfälle bei der Umsatzsteuer.[240] Wegen der von Hitler gesetzten kurzen Frist von 12 Stunden gelang es nicht, Erklärungen der ausländischen Regierungen einzuholen, von denen sich Hitler überzeugen ließ. Das Kabinett stimmte den nun auf Vorschlag des Reichskanzlers zunächst auf den 1. April begrenzten Boykottmaßnahmen zu. Der Boykott betraf etwa 60 Prozent aller deutschen Juden, vor allem die im Wareneinzelhandel tätigen. Er wurde wegen Passivität der Bevölkerung nicht wie geplant nach einer Dreitagepause fortgesetzt, sondern am 4. April offiziell für beendet erklärt.

Was die Regierungsarbeit anging, war er ein beredtes Beispiel für das Eingeständnis der Machtlosigkeit der Bürgerlichen. Ob die konzertierte Opposition im Kabinett „prinzipieller" Natur im Sinne der Abwehr von Maßnahmen gedacht war, die aus ethischer Sicht als unangemessen empfunden wurden oder der technokratisch intendierten Vermeidung unangenehmer außen- und wirtschaftspolitischer Nebenwirkungen gedient hatte, ist nicht leicht zu beurteilen. Angesichts der bekannten antisemitischen Grundeinstellung der Akteure ist allerdings Letzteres zu vermuten. Die Sache hatte im Übrigen ein Nachspiel im Geschäftsbereich des Reichspostministeriums: Im Zuge der „Gräuel-Abwehrmaßnahmen" wies das Reichspostzentralamt seine Abteilungen an, jüdische Firmen bis auf weiteres von der Vergabe von Aufträgen auszuschließen.[241] Dem folgte eine längere Kontroverse innerhalb der Reichsregierung, wie in dieser Frage *auf Dauer* zu verfahren sei. Hierauf ist an anderer Stelle zurückzukommen.[242]

Der Prozess der Machtergreifung durchwirkte nun die gesamte deutsche Gesellschaft. Die Länder wurden gleichgeschaltet, die Nazis eroberten die Macht in den Städten und Gemeinden, und die freien Gewerkschaften wurden abgeschafft. Politische Gegner wurden in Schutzhaft genommen wie

---

[240] AdR, Hitler, Bd. I/I, Dok. 80, S. 276f.
[241] *Lotz*, S. 207.
[242] Siehe S. 141 ff.

I. Das Kabinett Hitler   87

Carl v. Ossietzky, der Herausgeber der „Weltbühne", der Schriftsteller Erich Mühsam oder der „rasende Reporter" Egon Erwin Kisch. Berthold Brecht floh nach Prag, und der frühere preußische Ministerpräsident Otto Braun ging in die Schweiz. Thomas Mann kehrte von einer Auslandsreise nicht nach Deutschland zurück. Exkanzler Heinrich Brüning ging im Mai 1934 in die Niederlande, um einer Verhaftung zu entgehen, wie es Abertausenden von Regimegegnern geschah. Schon am 22. März 1933 war das erste deutsche Konzentrationslager in Dachau eingerichtet worden. Der Stahlhelm unterstellte sich Hitler und Alfred Hugenberg trat am 27. Juni 1933 von allen Minister- und Parteiämtern zurück. Am gleichen Tag löste sich die DNVP auf. Damit war der Einparteienstaat Wirklichkeit geworden. Die Ressorts von Hugenberg übernahmen Kurt Schmitt (Wirtschaft) und Walter Darré (Landwirtschaft). Zusätzlich traten Josef Goebbels, Ernst Röhm und Rudolf Heß als Minister neu ein. Es sollte nicht wirklich darauf ankommen, aber jetzt hatten die Nationalsozialisten im Kabinett auch rein zahlenmäßig die Mehrheit. Neun Nationalsozialisten standen sieben „Bürgerlichen" gegenüber.

Abb. 3: Kabinett Hitler 1933, Eltz links hinter Hitler.

Finanzminister Krosigk hat ab dieser Zeit im Nachhinein eine „kulturelle Kluft" diagnostiziert:

„Mit den aus den vorherigen Kabinetten übernommenen Ministern, Neurath, Gürtner und Eltz konnte ich offen sprechen, mit Papen und Schacht war das mit gewissen Einschränkungen auch möglich. Bei den nationalsozialistischen Ministern ging das nicht, das Vertrauen fehlte, man sprach selber mit Vorsicht und Vorbehalt und wusste nicht, ob der Partner die Wahrheit sagte. Am besten kam ich, wenigstens in den ersten Jahren, noch mit Göring aus. Als er noch nicht ganz zum Pascha geworden war, konnte man ihn bei der Ehre fassen und Kritik an der Partei freute ihn geradezu, nur auf Hitler ließ er nichts kommen."[243]

Die nach dem Tod Hindenburgs ins Werk gesetzte Verschmelzung der Ämter des Reichspräsidenten und des Reichskanzlers in der Person Adolf Hitlers im Juni 1933 hat einen weiteren Markstein auf dem Weg zur Vollendung der Machtergreifung gesetzt. Wie die Akten zeigen, wurde von den nicht-nationalsozialistischen Kabinettsmitgliedern kein wirklich ernst zu nehmender Versuch unternommen, auf Hitler in konservativem Sinne mäßigend einzuwirken.[244] Das Jahr 1933 verging, ohne dass sie in Grundfragen von Moral, Recht und Freiheit irgendwo ihren Fußabdruck hinterlassen haben.

II. Scheitern und Verantwortung

Die Verantwortlichkeiten für den Zustand zum Ende des Jahres 1933 sind vielfältig und breit erforscht. Für die Nachverfolgung des Lebenswegs des rheinischen Barons ist es ausreichend, eine unbestritten entscheidende Hilfestellung der traditionellen Eliten nationalkonservativer Ausprägung festzustellen und den Post- und Verkehrsminister einzubeziehen. Das gilt für die unmittelbare Entstehungsgeschichte des ersten Kabinetts Hitlers mit der verheerenden Rolle, die Papen gespielt hat. An ihr war Eltz nicht unmittelbar beteiligt, wohl aber an der Konsolidierung des Regimes im Laufe des Jahres 1933. Die noch aus den Kabinetten Papen und Schleicher ins neue Zeitalter herüber gewachsenen „Barone" haben schon allein deshalb Verantwortung auf sich geladen, weil sie in ihrer Gesamtheit die Salonfähigkeit der Nazis durch ihre schlichte Gegenwart symbolisch zertifiziert und sie damit nach außen legitimiert haben. Was auf Hindenburg Eindruck gemacht hat, als er einem Kabinett Hitler die Zustimmung gab, galt zu Anfang des Dritten Reichs auch weit in die Gesellschaft hinein, nämlich das nicht zuletzt durch unanfechtbare technokratische Exzellenz unterfütterte „bürgerliche" Prestige. In einem weit verbreiteten Wahlaufruf der Regierung Hitler kurz vor den

---

[243] *Krosigk*, Memoiren, S. 168.
[244] *Minuth*, AdR, Hitler, Einleitung, S. XVI.

Märzwahlen prangten die Unterschriften von Hitler, Frick und Göring in einer Anordnung, dass man sie fast von den zahlenmäßig zu dem Zeitpunkt noch weit überlegenen Bürgerlichen für eingerahmt halten konnte. Der dem Nationalsozialismus anfangs bedingungslos ergebene Rechtskatholik Hermann Frhr. von Lüningk hat nach dem Krieg in gutem „Schlossdeutsch"[245] bestätigt, dass der Entschluss Hitlers, „eine größere Anzahl tüchtiger, anständiger und kluger Leute" (und wer würde da nicht sofort an den rheinischen Freiherrn von Eltz denken?) in sein Kabinett hinein zu nehmen, erleichtert und beruhigt habe.[246] Man mag dies im Rückblick als nicht besonders weitsichtig kritisieren, aber Lüningk war nicht der einzige, der damals so dachte. Der Historiker Konrad Repgen hat das etwas genereller ausgedrückt: „Im Februar 1933 hielt bei den meisten Zeitgenossen, die nicht zum braunen Lager zählten, die Hoffnung der Furcht noch die Waage. Man glaubte, die listigen Barone und der steifnackige Hugenberg hätten den Demagogen wirklich domestiziert".[247]

Das Scheitern der Zähmungsidee, die ja schon die hin und her gehenden Diskussionen in den Kabinetten Papen und Schleicher beschäftigt hatte, ist weithin damit erklärt worden, dass die „Bürgerlichen", insbesondere Papen, bei der geplanten „Einrahmung" von Adolf Hitler von unrealistischen Annahmen bezüglich der politischen Kräfteverhältnisse ausgegangen sind. Mit den Ämtern des Reichskanzlers und der Innen- bzw. Verfassungsministerien im Reich und in Preußen hätten die Nazis ihre eigenen Vorstellungen mühelos durchsetzen können. Und schließlich seien die konservativen „Beamtenminister" in Fragen der politischen Taktik den kampferprobten Nationalsozialisten ohnehin unterlegen gewesen.

Ein besonders sinnfälliges Beispiel hierfür ist der Rücktritt des deutschnationalen Parteiführers Hugenberg. Gewiss hatte sich Hugenberg im Kabinett bereits völlig isoliert, aber die bürgerliche Seite schlug sich im Kampf um die nationalsozialistische Alleinherrschaft, der sich Hugenberg entgegensetzen wollte, umstandslos auf die Seite Hitlers. Sie begab sich damit ihres einzigen Politikers, der noch politisches Gewicht besaß, das durch eine Parteibasis abgesichert war.[248] Papen selbst hat nach dem Krieg den unschönen Versuch unternommen, die Verantwortung auf seine Minister abzuwälzen: Sie hätten sich in der machtpolitischen Auseinandersetzung zwischen den Koalitionspartnern als untauglich erwiesen.[249] Auch wenn Papen hier nicht

---

[245] Den Begriff verdanke ich *Jessen*, S. 68 ff.
[246] Zit. nach *Keinemann*, S. 322.
[247] *Repgen*, Katholizismus, S. 8.
[248] Vgl. *Bracher/Sauer/Schulz*, S. 208–213.
[249] *Papen*, Wahrheit, S. 291: „Die meisten Minister gingen in ihren Ressorts auf und hatten weder den Überblick, noch die Begabung oder den Drang, sich in den

explizit auf seinen Freund Eltz gezielt hat, so ist es doch sehr verführerisch, gerade dem Freiherrn von Eltz die Rolle des von gewieften nationalsozialistischen Berufspolitikern überrumpelten „parteilosen Fachmanns" zuzuschreiben, für die er wie kaum ein anderer geeignet zu sein schien. Dabei ist nicht zu übersehen, dass die Niederlage der Bürgerlichen eine ungleich schwerwiegendere Ursache hatte, nämlich zumindest vordergründig den hohen Grad der inhaltlichen Übereinstimmung der „bürgerlichen" Vorstellungen mit dem nationalsozialistischen Programm.[250] Wie gezeigt, funktionierte die Koalition im Jahr 1933, in dem man noch den Anfängen hätte wehren können, so gut wie reibungslos. Die Ministerrunde war vom Augenblick ihres Entstehens an eine weitreichende Gesinnungsgemeinschaft und auf der Seite der Bürgerlichen nicht nur ein furchtsam eingegangenes, taktisches Bündnis auf Zeit. Die Überwindung des Weimarer Systems, die Demontage von Verfassung und Rechtsstaat, die Unversöhnlichkeit gegenüber Liberalismus und Sozialdemokratie, eine antisemitische Haltung, Aufrüstung und ein radikaler Nationalismus waren Ziele, die man mit den Nazis teilte oder deren zum Teil als unangenehm empfundene Konsequenzen man billigend in Kauf nahm. Man könnte diesem gemeinsamen „Wertefundus" auch noch die erhoffte Versöhnung des evangelischen mit dem katholischen Deutschland hinzufügen.[251]

Viele der zu Recht umstrittenen und heute als Teil des Wegs in den Untergang wahrgenommenen Weichenstellungen nach dem 30. Januar 1933 waren zudem auf der Rechten keine staunenerregenden Neuerfindungen, sondern ließen eine beunruhigende Kontinuität zu den bereits in Weimarer Zeiten deutlich gewordenen rechtskonservativen Vorstellungen erkennen. Die Pläne, den Beamtenkörper von bestimmten Elementen zu reinigen, hatte sich schon in der Kommissariatsregierung in Preußen nach dem Preußenschlag manifestiert und auch das Projekt, durch ein Ermächtigungsgesetz den Parlamentarismus abstreifen zu können, hatte bereits vor der Ernennung Hitlers zum Reichskanzler in den Schubladen gelegen. In Sachen Gleichschaltung der Länder war schon mit dem Preußenschlag der erste Schritt getan worden. Um das vom Grafen Schwerin von Krosigk in den grüblerischen Debatten des Kabinetts Papen geprägte Bild fortzuschreiben: Die Förster hatten sich um den Wilddieb gruppiert, um ihn zu beraten und die Zustände herbeizuführen, die man gemeinsam anstrebte. Wie man die Begriffe „Einrahmung" und „Zähmung" ja überhaupt auch so lesen kann, dass die politischen Unter-

---

allgemeinpolitischen Fragen zu einer wirksamen Auseinandersetzung mit Hitler oder der Partei zu stellen. Ich selbst hatte nicht einmal ein Ressort und die damit verbundenen Einflussmöglichkeiten". Ein nicht besonders überzeugendes Argument.

[250] *Bracher/Sauer/Schulz*, S. 60ff.; vgl. *Winkler*, Geschichte des Westens, 671 f.; *Fest*, S. 567, der von mangelndem Wertebewusstsein der Konservativen gesprochen hat.

[251] Vgl. *Winkler*, Geschichte des Westens, S. 671.

II. Scheitern und Verantwortung

schiede im Kabinett Hitler eher im Ausmaß der Skrupellosigkeit der Vorgehensweise bestanden als dass sie prinzipieller inhaltlicher Art gewesen wären. Von den Verbrechen des Regimes, die später folgen sollten, war in der Anfangszeit noch wenig zu spüren. Was Hitler zwischen 1930 und 1933 öffentlich verkündete, ließ den Kern seiner Überzeugungen kaum erkennen.[252] Hannah Arendt hat von dem völligen Zusammenbruch des persönlichen Urteilsvermögens in den Anfangszeiten des Nationalsozialismus und einer kaum erkennbaren moralischen Desintegration gesprochen.[253] Dass dem nationalen Konsens am Ende doch irgendwo ein Dissens innewohnte, der irgendwann einmal zu seinem Ende führen könnte, ändert nichts an dem in der Phase der Machtergreifung hohen Grad an politischem Einvernehmen, das sich lähmend auf alle Zähmungsbemühungen, von einem Konzept kann man kaum sprechen, ausgewirkt hat. So markierten ja auch die Kirchenfragen die einzige politische Demarkationslinie, die den Post- und Verkehrsminister von Hitler trennte. Abgesehen davon hat er die erste Hitler-Regierung mit Schwung und Gestaltungswillen und aus völlig freien Stücken begleitet. Einige Tage nach den bereits weitgehend bedeutungslosen Reichstagswahlen am 12. November 1933, bei denen gleichzeitig über den Austritt Deutschlands aus dem Völkerbund abgestimmt worden war, sprach Eltz im Rahmen eines Presseempfangs in hoffnungsvollem Ton vom „Beginn einer neuen Periode".[254]

---

[252] *Winkler*, ebda. S. 670.
[253] *Arendt*, S. 19.
[254] EA 54.

F. Der Doppelminister

Die neue Periode stand zunächst unter dem Vorzeichen bürokratischer und technokratischer Kontinuität. Mit der Übernahme der beiden Ministerien im Juli 1932 hatte der vormalige Eisenbahndirektionspräsident die politische Verantwortung für einen bedeutenden Teil einer Reichsverwaltung übernommen, die für die Versorgung der Bürger und Bürgerinnen im Deutschen Reich im Alltagsleben eine große Rolle spielte. Der Minister begann seinen Arbeitstag für zwei Stunden im Postministerium, dessen eindruckheischender Bau wilhelminischer Architektur an der Ecke Leipziger/Wilhelmstraße lag, um alsdann seine Tätigkeit im Verkehrsministerium fortzusetzen, das nur wenige Minuten entfernt in der Voßstraße, in einem ebenso eindruckheischenden Bau wilhelminischer Architektur, beherbergt war. Auch die Reichskanzlei war nicht weit entfernt. Berlin war damals noch ein Regierungsviertel der kleinen Wege.

I. Ministerium und Reichsbahngesellschaft

Eltz war der erste „Techniker" an der Spitze des Reichsverkehrsministeriums (RVM).

Die Feststellung des Eisenbahnhistorikers Alfred Gottwaldt, dass das Verkehrswesen in jenen Jahren selten zu den zentralen innenpolitischen Aufgabengebieten der neuen deutschen Regierung gehört habe und das Revier von Fachleuten geblieben sei[255], sollte sich im Dritten Reich nur zum Teil bestätigen. Sie galt sicher für den technischen Bereich und insofern war der 30. Januar 1933 für Eltz selbst keine Zäsur. Die Züge liefen und die Post wurde weiter zugestellt. Am Anfang des Kabinetts Hitler stand aber der Kampf um Zuständigkeiten. Schon zwei Tage nachdem sich das Kabinett konstituiert hatte, wurde die Abteilung Luftfahrt aus dem RVM ausgegliedert. Sie wurde dem preußischen Ministerpräsidenten Hermann Göring als Reichskommissar für die Luftfahrt, kurze Zeit später wurde er Reichsminister der Luftfahrt, zugeschlagen. Die Amtsübergabe an Göring verlief eher frostig und der abgebende Minister strich aus dem Redeentwurf den Satz, dass er die Neuorganisation begrüße und die Zukunft des neuen Hauses mit

---

[255] *Gottwaldt/Schulle*, S. 20 f.

I. Ministerium und Reichsbahngesellschaft 93

ganzem Herzen begleite.[256] Daneben gab es aber auch Zugewinne. Einer davon war die Vereinigung des Reichsverkehrsministeriums mit dem preußischen Verkehrsministerium.[257] Ebenso gingen aus dem Bereich des Reichswirtschaftsministeriums sämtliche Verkehrsangelegenheiten (Häfen, Brücken, Fähren), und aus dem Landwirtschaftsministerium der Wasserbau auf das Verkehrsministerium über. Infolge der Gleichschaltung der Länder wuchs auch die Zuständigkeit im Rahmen der Gesetzgebung. Einmal formulierte der Minister (sozusagen „über sich selbst") in seinem Aufsatz „Verkehrspolitik im nationalsozialistischen Deutschland" seinen persönlichen Geltungsanspruch: „Aufgrund des Gesetzes über den Neuaufbau des Reiches vom 30.1.1934 vereinigt der Reichsverkehrsminister die höchste Zentralgewalt auf dem Gebiet der Verkehrsgesetzgebung."[258] Im Allgemeinen sachlich und ausgleichend im Duktus seiner Reden, griff der sonst als zurückhaltende Natur geltende Minister, wenn es um seine verkehrspolitische Allzuständigkeit ging, zu kräftigen Farben. Einmal bezeichnete er sich sogar als den „geborenen Führer des deutschen Verkehrs".[259] Das Gesetz zur Verwaltungsvereinfachung hatte festgelegt, dass der Reichsverkehrsminister für die „Einheitlichkeit der Verkehrspolitik der im Reichsverkehrs- und Reichspostministerium sowie bei der Reichsbahn zusammengefassten Verkehrsmittel" zuständig sein sollte. Angesichts weitergehender Vorstellungen des Ministers war das nur ein Trostpflaster und obendrein, wie sich später herausstellen sollte, ein sehr unsicheres Versprechen. Verschiebungen in den Zuständigkeiten zwischen Ressorts bei einer neuen Regierungsbildung waren auch damals nicht unüblich. Neu war aber die Strategie von Hitler, mittels der Schaffung von Sonderzuständigkeiten ihm wichtige politische Ziele ohne Rücksicht auf formalisierte interministerielle Entscheidungsprozesse voranzutreiben.[260] Hiervon waren im vielbeschworenen Führungschaos des Dritten Reichs die von Eltz geführten beiden Häuser so wenig wie andere ausgenommen. Tiefgreifende Einschnitte in die Zuständigkeit des Ministeriums im Bereich Straßenverkehr und Straßenbau sollten nicht lange auf sich warten lassen.

Für Eltz war die Reichsbahn das Herzstück der Verkehrspolitik. Als Hitler an die Macht kam, galt die deutsche Reichsbahn-Gesellschaft als größtes Verkehrsunternehmen der Welt. Die Bahn lief auf den gewohnten Schienen, die von „Pflichterfüllung, Präzision und Disziplin" gekennzeichnet waren.[261]

---
256 EA 55–21/22.
257 Seit März 1935 firmierte Eltz als „Reichs- und Preußischer Verkehrsminister".
258 DVZ 34, S. 401 ff.
259 Ebda.
260 Vgl. *Kopper*, Handel, S. 20.
261 *Hildebrand*, S. 165.

Eltz selbst hat in einem Grundsatzbeitrag in der Festschrift für Hjalmar Schacht, der kurz vor seinem Abschied als Post- und Verkehrsminister publiziert wurde, besonders die dienstleistende Funktion dieses Verkehrsmittels auf den Punkt gebracht: „Das deutsche Verkehrswesen wird auch in den Teilen, in denen es von der Unternehmerpersönlichkeit getragen wird, vom Staatsgedanken beherrscht und staatlich geleitet."[262] Er hat davor gewarnt, die Verkehrspolitik „kapitalistischen Gedankengängen"[263] auszuliefern und ebenso vor der „Lockung sogenannter kaufmännischer Grundsätze: „Reichsbahn und Reichspost haben gelernt, dass der technische Fortschritt nicht abhängig ist von dem Wettbewerb oder einem sonstigen Druck von außen, sondern ebenso wohl in einer Organisation erzielt werden kann, die allein auf Pflichterfüllung aufgebaut ist."[264] Dass eine dem Gemeinwohl verpflichtete Bahn dem Gehalt nach ein nationalsozialistischer Grundsatz sei, wie der Minister einmal vor der Presse betonte[265], wird man noch als geschmeidige Sprachanpassung ausdeuten dürfen, aber in der Sache entsprach diese Vorstellung im Gemüt der Eisenbahner und der deutschen Verkehrspolitiker schon bevor die braune Bewegung zur Macht kam, dem Zeitgeist. Die Bahn brauchte sich, so bekannte Eltz in einer Rede im Jahr 1934, als der Nationalsozialismus am 30. Januar 1933 die Macht übernahm, nicht erst umzustellen. „Sie war dem Nationalsozialismus schon vorausgeeilt."[266] Das verträgt sich im Übrigen sehr gut damit, dass Hitler selbst die Bahn einmal als „das erste ganz große sozialistische Unternehmen" bezeichnet hat.[267] Hierauf sollte sich Eltz immer wieder berufen: „Sozialismus, wie ihn der Führer in der hundertjährigen Entwicklung der Eisenbahn verwirklicht sah, das ist ein hochgemutes System von Ehre, Sorge und Pflicht, dessen Sinn Dienst am Volke ist".

Seine Vorstellungen bewegten sich also in einem großen Raum, der von Volksgemeinschaft, Technikbewunderung, korporatistischen Elementen und formal übergestülptem Sozialismus begrenzt wird. Bekannt ist, dass Eltz ein interessierter Leser der Werke von Oswald Spengler war und vielleicht auch aus dessen Ideen einer Verbindung von Preußentum und Sozialismus geschöpft hat. Das widersprach auch nicht der nationalsozialistischen wirtschaftspolitischen, freilich nur schwer als geschlossenes System zu fassenden, teilweise staatskapitalistischen Wirtschaftspraxis. Aber für die Nationalsozialisten war Sozialismus letztlich nur ein Wort. Ein Wort, das Eltz viel-

---

262 *Eltz*, Festschrift für Schacht, S. 3.
263 Verkehrspolitik im nationalsozialistischen Deutschland, DVZ 34, S. 401.
264 *Eltz*, Festschrift für Schacht, S. 13 f.
265 Presseempfang 24.11.1933, DVZ 1933, S. 781 f.
266 Verkehrspolitik im nationalsozialistischen Deutschland, DVZ 34, S. 401.
267 Rede anläßlich der Jahrhundertfeier der Deutschen Reichsbahn, 8.12.35, Reichsbahn (35) S. S. 1276.

leicht mehr als Vehikel zur Ausweitung seines Einflusses auf die Reichsbahn dienen sollte. Denn, wenn es *nicht* um die Eisenbahn ging, war der Verkehrsminister marktwirtschaftlichen Argumenten gegenüber aufgeschlossen, so etwa in der Volkswagenfrage[268] oder auch in der Seeschifffahrt.[269]

Wichtiger als die zu Beginn des Dritten Reichs hochkommenden Zuständigkeitsquerelen zwischen den verschiedenen Ministerien war die komplizierte Führungsstruktur der Bahn, an der sich seit dem Dawes-Plan von 1924 nichts geändert hatte. Im Machtdreieck Generaldirektor – Verwaltungsrat – Reichsverkehrsminister sah sich der Minister auf eine nachgeordnete Rolle zurückgeworfen. Das schmerzte ihn und er schien sich nach den Mühen der Ebene zurückzusehnen: „Ich bin nun seit mehr als 30 Jahren bei den preußischen Staatsbahnen und dann bei der Reichsbahn tätig gewesen und da kommt es einen hart an, diese unmittelbare schaffende Tätigkeit im Betriebe aufgeben zu müssen und sie mit der mehr mittelbaren Tätigkeit des Chefs der Aufsichtsbehörde zu vertauschen", bekannte er nach seinem Eintritt in das Kabinett Papen gegenüber den versammelten mächtigen Mitgliedern des Verwaltungsrat der Bahn.[270] Der „unabhängige Charakter" der Reichsbahngesellschaft hatte unverändert Bestand. Der Verwaltungsrat der DRG hatte immer noch Befugnisse, die über die eines Aufsichtsrates einer Aktiengesellschaft hinausgingen. Die sich hieraus für die politische Steuerung der Eisenbahn aus Regierungssicht ergebenden Probleme waren nichts Neues. Schon Papens Vorgänger Heinrich Brüning hat über die Schwierigkeiten seines Verkehrsministers Treviranus berichtet, sich politisch gegen die Bahn wegen der, wie er sich ausdrückte, „passiven Resistenz bei der Reichsbahnverwaltung" durchzusetzen. Brüning beklagte sich bitter darüber, dass die Leitung der Bahn diese als Selbstzweck betrachte und mit Rücksicht auf ihre international gesicherte Stellung glaubte, sich um die Gesamtpolitik der Reichsregierung überhaupt nicht kümmern zu brauchen.[271] Der Vorwurf war hauptsächlich an den langjährigen Vorsitzenden des Verwaltungsrats, den Industriellen Carl Friedrich von Siemens gerichtet, in geringerem Maße traf er aber auch den Generaldirektor der DRG, Julius Dorpmüller. Der Generaldirektor hatte unter Nutzung einer Abwesenheit von Siemens versucht, Brüning in einer Sachfrage nur halbherzig entgegenzukommen. Interessant ist, dass Eltz bereits von Beginn an ein Gegner dieser „Privatisierung" gewesen ist, obwohl er in seiner achtjährigen Tätigkeit als Reichsbahndirektionspräsident in einer Art Privatunternehmen ja selbst die regierungsunabhängige Arbeit hätte

---

[268] Siehe S. 117f., 196.
[269] Siehe S. 124.
[270] Rede auf der 50. Sitzung des Verwaltungsrats der Deutschen Reichsbahngesellschaft, EA 55-21/2450.
[271] *Brüning*, S. 485 f.

schätzen lernen können. 1926 sagte er: „Die sich vollziehende Umwandlung der Reichsbahn in die Reichsbahngesellschaft war ein Prozess, der eine Fülle neuer Probleme brachte, die Übersicht über die künftige Entwicklung der Dinge erschwerte und immer wieder durchkreuzte."[272] Das Spannungsverhältnis zwischen Bahnunternehmen und Staat sollte über die politischen Veränderungen der nächsten Jahre hinweg für alle Beteiligten eine große Herausforderung bleiben. Das muss neugierig machen auf das fachliche, aber auch menschliche Verhältnis zwischen dem Generaldirektor der DRG, Julius Dorpmüller, und dem Verkehrsminister Paul Frhr. von Eltz-Rübenach.

II. Julius Dorpmüller

Beide kannten sich schon lange. Dorpmüller hatte von 1889–1893 an der Technischen Hochschule Aachen studiert, da war Eltz noch auf dem Siegburger Gymnasium, aber als Mitglieder im Corps „Delta" haben sie sich später, Eltz als „Aktiver" und Dorpmüller als ein noch junger „Alter Herr" kennengelernt. Solche Gemeinsamkeiten sind oft mit hohen Erwartungen verbunden. Julius Dorpmüller, Eisenbahner, Sohn eines Eisenbahners und Bruder eines Eisenbahners, hatte einen abenteuerlichen Lebenslauf: Er hatte sich 1907 beurlauben lassen, um in chinesische Eisenbahndienste zu treten. Erst 1918 war er nach Europa und zu seiner alten Arbeit zurückgekehrt. Mit den grundstürzenden Veränderungen bei der Bahn war er nicht nur in die durch die Dawes-Gesetze vorgegebene Struktur eingebunden, er hatte auch selbst eine ganz spezifische „Dawes-Vergangenheit". In Vorbereitung des Dawes-Plans war er im Mai 1924 als Sachverständiger zur Londoner Konferenz entsandt worden. Deshalb und weil er an den Beratungen über das Reichsbahngesetz beteiligt war, haftete ihm das Etikett eines „Erfüllungspolitikers" an. Bei seinem Dienstantritt in der Spitzenposition der DRG galt er als erstklassiger, im In- und Ausland geschätzter Fachmann mit enormer Tatkraft, umfassender Kenntnis des Eisenbahnwesens, großer organisatorischer Begabung und ausgeprägtem Führungswillen.[273] Weniger positiv fällt hingegen das Urteil des amerikanischen Historikers Alfred Mierzejewski aus, der in seinem zweibändigen grundlegenden Werk über die Reichsbahn im Gegensatz dazu die Auffassung vertritt, Dorpmüller habe nur begrenzte Fähigkeiten gehabt und alles in allem der Reichsbahn nicht gut getan.[274]

---

[272] Rede anläßlich der Eröffnung einer neuen Strecke im Rechtal zwischen Oppenau und Peterstal, November 1926, EA 51/ – 16/9.

[273] *Kolb*, S. 121.

[274] „Dorpmüller proved to be a man of limited talents, who, on balance, did not serve the Reichsbahn well", Mierzejewski, Bd. 1, S. 357; dieses Urteil wird von Gottwaldt nur halbherzig geteilt, vgl. *Gottwaldt*, Besprechung von Mierzejewskis „Asset" in Historische Zeitschrift 274 (2002), S. 509.

Abb. 4: „Seinem Freunde v. Eltz", Julius Dorpmüller (2. v. l.) mit
Marion und Paul v. Eltz (rechts) in Heidelberg 1926.

Dorpmüller und Eltz sollte eine gemeinsame (Eisenbahn-)Wegstrecke von 10 Jahren verbinden. Dorpmüller, der schon Jahre vor der Bildung des Kabinetts der Barone als Kandidat für das Ministeramt im Gespräch gewesen war, war im Jahr 1926 Generaldirektor der DRG geworden. Das machte ihn zum Vorgesetzten von Eltz in Karlsruhe.

Als Eltz 1932 in das Ministeramt berufen wurde, kehrten sich die Verhältnisse, zumindest protokollarisch, um. Es wäre nichts Ungewöhnliches gewesen, wenn bereits dies ihr persönliches Verhältnis auf eine ernsthafte Probe gestellt hätte. Davon war aber jedenfalls nach außen vor allem in den ersten Jahren kaum etwas zu spüren. Eisenbahner können aus ganz verschiedenen Stoffen gemacht werden. Der feinsinnige, zurückhaltende, eher introvertierte, erst später deutlich machtbewusste Eltz traf auf einen barocken, lebenslustigen und jovialen Tatmenschen. Der Junggeselle Julius Dorpmüller frequentierte rege das Berliner Gesellschaftsleben und erwarb sich einen gewissen Ruf als trinkfester Unterhalter. Hingegen fällt bei dem rheinischen Freiherrn, wenn man die offiziellen Fotos der damaligen Zeit betrachtet, eine gewisse Selbstzurücksetzung auf. Oft sieht man den charismatisch wirkenden Dorpmüller neben oder meistens anstelle des Ministers. Als beide im Jahr 1935 aus Anlass des einhundertsten Jubiläums der Eröffnung der ersten deutschen Eisenbahnstrecke von Nürnberg nach Fürth in historischen Kostümen auf dem Nachbau einer alten Adler-Lokomotive posierten, scheint Dorpmüller das sichtlich zu genießen, während Eltz fast einen etwas gequälten Eindruck macht und neben sich zu stehen scheint.

Wenn es um die Suche nach Freunden von Eltz geht, so wird der Biograph außerhalb der allgegenwärtigen familiären Zusammenhänge vielleicht noch am ehesten bei Julius Dorpmüller fündig. Die gute persönliche Beziehung zwischen beiden Eisenbahnern ist angesichts der geschilderten Umstände mit ihren möglichen Sollbruchstellen erstaunlich lange stabil geblieben, war aber auch immer gefährdet. Es gab Beispiele für funktionsbedingte Konkurrenz[275], aber Alfred Gottwaldt hat den richtigen Ton getroffen, als er von einer „unterschwelligen Rivalität" sprach.[276]

---

[275] Im Rahmen einer vom Rechnungshof angeordneten Untersuchung über die Funktionsweise einer nachgeordneten Behörde standen sich der Reichsbahndirektionspräsident Eltz als Mitglied einer Untersuchungskommission und Dorpmüller als Generaldirektor einander gegenüber. Die Kommission unter der Leitung des Präsidenten des Rechnungshofs Friedrich Saemisch sollte die Funktionsweise des Reichsbahn-Zentralamts untersuchen. Eltz gehörte als einer von zwei Reichsbahndirektoren dem Gremium an. Eltz hat damals seinen Vorgesetzten Dorpmüller davon überzeugen müssen, dass die Vorstandsebene nicht ständig in das Tagesgeschäft des Zentralamtes hineinzuregieren habe, was von Dorpmüller formal, wenn auch hinhaltend akzeptiert wurde, siehe *Mierzejewski*, Bd. 1, 136 f.

[276] *Gottwaldt*, Juden, S. 209.

Abb. 5 und 6: Eltz (links) und Dorpmüller (rechts) in historischen Kostümen beim einhundertsten Jubiläum der Eröffnung der ersten deutschen Eisenbahnstrecke von Nürnberg nach Fürth, 14. Juli 1935.

Unbestritten ist, dass der erfahrene Generaldirektor als unmittelbarer Chef der Bahn über eine außergewöhnlich starke Stellung verfügte. Er galt vielen als der „Hindenburg der Reichsbahn", aber er war auch auf das Vertrauen und die Unterstützung durch den Minister angewiesen. Dass es dabei nach außen nie zu erbitterter Rivalität kam, hatte gute Gründe: In grundlegenden Fragen waren sie sich einig. Beide waren Techniker und mit der „Eisenbahn" jenseits der rein politischen Notwendigkeiten in gleich engem Maße verbunden. Sie waren beide grundsätzlich der Auffassung, dass die Bahn nicht nur Personen und Güter nach anerkannten wirtschaftlichen Grundsätzen zu transportieren, sondern auch dem Gemeinwohl zu dienen hatte. In dem sich immer stärker akzentuierenden Konkurrenzkampf zwischen den Verkehrsträgern wollten beide die Interessen der Bahn schützen und im Dritten Reich den fachfremden Einfluss der Partei eindämmen. Hier passte zwischen den autoritär festgelegten Eltz und den ähnlich denkenden, aber taktisch geschmeidigeren Dorpmüller kaum ein Blatt Papier. Gravierende weltanschauliche Unterschiede zwischen beiden Persönlichkeiten sind kaum festzustellen. Zu Beginn des Dritten Reichs war es Dorpmüller, der unter erheblichem Druck der Partei stand, gelungen, sich elastisch anzupassen und damit in gewissem Umfang die innere Autonomie und seine alleinige fachliche Verantwortung für die Reichsbahn zu verteidigen.[277] Stellt man diese Interessenparallelität in Rechnung, dann trägt das Urteil des DNVP-Politikers Reinhold Quaatz, der sich selbst einmal Hoffnung auf die Leitung des Verkehrsministeriums gemacht hatte, nur mit Einschränkungen. Quaatz hatte im Herbst 1932 nach einer längeren Besprechung im Verkehrsministerium hämisch festgestellt, dass Eltz „weder auf den Fachgebieten noch politisch den Eindruck der Selbstständigkeit macht. Fachlich ist sein Leitstern anscheinend Dorpmüller, politisch Papen"[278].

III. Die Gleichschaltung des Verwaltungsrats

Der Verwaltungsrat der DRG war das unternehmensstrategische Lenkungsorgan der Bahn. Er konnte den politischen Zugriff des Ministers auf die Bahn hemmen und die Bewegungsfreiheit des Generaldirektors in der Leitung der DRG einschränken. Die Staatsbahnbefürworter Eltz und Dorpmüller. waren daher bis zu einem gewissen Grad seine natürlichen Gegner. Ihr gemeinsames Ziel bestand darin, trotz der 1924 definierten, völkerrechtlich geschützten Stellung des Verwaltungsrats einen Weg zu finden, die politische Kontrolle über das Gremium zu stärken. Nach der Machtergreifung hatte sich Dorpmüller schon öffentlich über „Eigenmächtigkeiten des Verwaltungsrates, an denen es bisher nicht gemangelt hatte" beklagt.[279] Das war eine Kampfansage. Es war der Reichsregierung zwar schon vor der Machtergreifung gelungen, die Reichsbahngesellschaft und den sie steuernden Verwaltungsrat den wirtschaftspolitischen Leitlinien der Regierung zu unterwerfen und den Verwaltungsrat zu drängen, auf die völlige Ausschöpfung seines gesetzlich definierten Handlungsspielraums zu verzichten. Aber die Unternehmensvertreter im Verwaltungsrat der Bahn, Carl-Friedrich von Siemens, Peter Klöckner[280], Paul Silverberg[281], Hermann Münchmeyer[282] und Tilo von Wilmowsky[283] um nur diese zu nennen, bildeten nach wie vor ein kaufmännisch-marktwirtschaftlich orientiertes Gegengewicht und versuchten, politische Einflussnahme abzuwehren. Jetzt im Jahr 1933, begünstigt von der angehenden flächendeckenden Umgestaltung von Staat und Gesellschaft, konnte Eltz den Einfluss seines Hauses auf den Verwaltungsrat Schritt für Schritt stärken,

---

[277] *Mierzejewski*, Bd. 2, S. 14.
[278] Tagebucheintrag vom 15.9.1932, zit. nach *Weiss/Hoser*, S. 204.
[279] Vortrag „Die Reichsbahn in ihrer Verbundenheit zu Wirtschaft und Staat am 17.5.1933, zit. nach *Gottwaldt*, Reichsbahn, S. 79.
[280] Klöckner & Co.
[281] Rheinische Braunkohle AG.
[282] Münchmeyer&Co.
[283] Krupp AG.

III. Die Gleichschaltung des Verwaltungsrats

ohne auf eine formale Revision der völkerrechtlichen Abmachungen warten zu müssen. Hierzu bot die nach der Machtergreifung angesagte politische (auch rassenpolitische) Säuberung des Verwaltungsrats der DRG eine Möglichkeit. Eine Abberufung der Mitglieder des Verwaltungsrats war satzungsgemäß nicht möglich, sondern nur eine Neubesetzung durch die Reichsregierung nach Rücktritt oder nach Ablauf der satzungsgemäßen Amtszeit. Bis Anfang 1935 wurde der achtzehnköpfige Verwaltungsrat der DRG in aller Ruhe und unspektakulär von Eltz personell einerseits ideologisch auf Linie gebracht und andererseits der ministeriale Einfluss gestärkt. Zuerst entstand Druck auf die gewerkschaftlich orientierten Mitglieder: Das SPD-Mitglied Matthäus Herrmann, zeitweise im KZ inhaftiert, legte sein Amt auf Wunsch von Eltz im Juni 1933 nieder[284], ebenso der Gewerkschaftler Ernst Kaiser.[285] Es traf aber auch Konservative wie Vitus von Hertel (Augsburg) und Franz Honold (Karlsruhe) die in Nazikreisen als Vertreter der Länderinteressen galten. Honold galt zudem noch als Zentrumsmann.[286] Eines der besonders prominenten Mitglieder des Verwaltungsrats war der Ruhrindustrielle Paul Silverberg, der der DVP nahestand und in der Weimarer Republik verschiedenen Wirtschaftsverbänden in leitenden Funktionen angehört hatte. Dem aus Bedburg stammenden getauften Juden, der sich noch Mitte 1932 nachdrücklich für eine Regierungsbeteiligung der NSDAP eingesetzt hatte[287], versicherte Eltz noch im Juli 1933, er könne im Verwaltungsrat verbleiben, musste die Entscheidung aber auf Druck der Partei bald revidieren.[288] Im gleichen Monat war Wilhelm Kleinmann zum ständigen Vertreter des Generaldirektors der DRG ernannt worden.[289] Kleinmann, der nach seinem Eintritt in die SA im September 1933 sein Amt regelmäßig in SA-Uniform versah, war ein erfahrener Eisenbahner, energisch und ehrgeizig. Er sollte sich mit der Zeit zu einem hartnäckigen Gegenspieler von Eltz entwickeln. Kleinmann hatte den Minister „sehr nachdrücklich darum gebeten", auf einen Amtsverzicht Silverbergs hinzuwirken.[290] Am 28. Juli 1933 schrieb der Minister aus der Kur in Alexisbad im Ostharz höflich aber bestimmt an Silverberg: „Nach einer Reihe von Mitteilungen, die mir inzwischen zugegangen sind, habe ich nunmehr Grund zu der Befürchtung, dass sie bei einer Fortsetzung ihrer Tätigkeit im Verwaltungsrat Schwierigkeiten ausgesetzt sein wer-

---

[284] AdR, BArch R 43-I/1061, Bl. 9.
[285] *Gottwaldt*, Juden, S. 77.
[286] *Mierzejewski*, Bd. 2, S. 5.
[287] Dazu ausführlich *Neebe*, Großindustrie, Staat und NSDAP 1930–1933.
[288] Schreiben des Leiters des Verbindungsstabs der NSDAP, Reiner, an Eltz vom 20.7.1933 BArch R 5/15028, Bl. 3.
[289] Sein Vorgänger Wilhelm Weirauch wurde zum Hauptprüfungsamt der Reichsbahn abgeschoben.
[290] Schreiben Koenigs an Lammers vom 8.8.1933, BArch R 43-I/1061, Bl. 28.

den. Ich vermag Ihnen deshalb nicht mehr zu empfehlen, Ihre Mitgliedschaft aufrecht zu erhalten, sondern muss Ihnen nahe legen, mir Ihren Rücktritt zu erklären."[291] Eltz hatte noch mit der Reichskanzlei Fühlung aufnehmen lassen, um Hitlers Auffassung zu eruieren. Ihm wurde gut eine Woche später bedeutet, dass der Kanzler sich für die Sache nicht interessiere. Im Gegenteil, „der Herr Reichskanzler überlasse die Entscheidung dem Herrn Reichsverkehrsminister".[292] Aber der Brief an Silverberg war in der Welt und Eltz konnte ihn jetzt schlecht zurücknehmen und wollte es vielleicht auch gar nicht. Im Ergebnis hatte er Hitler entgegengearbeitet und wurde dabei, so wie es aussieht, von Kleinmann vor sich hergetrieben. Silverbergs Antwort an Eltz ist für die damalige noch durch Mindestanforderungen an schnörkelhafte formale Höflichkeit gekennzeichnete Zeit sehr kühl: Silverberg schickte dem Minister die Rücktrittserklärung und dankte ihm knapp für die ihm ausgesprochene Anerkennung.[293] Silverberg emigrierte Ende des Jahres in die Schweiz.

Der Vorsitzende des Verwaltungsrats, Carl Friedrich von Siemens, hatte Silverberg ebenfalls mit einem offiziellen Schreiben verabschiedet, dem aber ein aufschlussreicher handgeschriebener Brief vorausgegangen war:

> „Neue Männer, nicht nach fachlicher Eignung ausgesucht, sollen die Geschicke der Reichsbahn lenken ... Wie sie wissen, möchte ich sobald wie möglich heraus, auch weil ich nicht die innere Verantwortung übernehmen kann für alle die Maßnahmen, die getroffen werden, einschließlich der finanziellen Belastungen. ... etwas egoistisch muss der Mensch auch im neuen Staate denken."[294]

Ende 1934 lief die Amtszeit von Carl Friedrich von Siemens, der 10 Jahre den Vorsitz des Verwaltungsrats der DRG innegehabt hatte, turnusgemäß aus. Siemens war schon des längeren amtsmüde. Dabei spielten die zunehmenden Konflikte um die Unabhängigkeit der Reichsbahngesellschaft eine wichtige Rolle. Ausschlaggebend waren aber auch die Beanspruchung durch die Leitung des Konzerns in der Weltwirtschaftskrise und gesundheitliche Probleme. Ein Mitglied des Verwaltungsrats, Staatssekretär a. D. Friedrich Gutbrod, der den Nazis nahestand, hat Staatssekretär Lammers einmal, es war Mitte 1933, wissen lassen, Dorpmüller beherrsche den Verwaltungsrat vollständig und bediene sich bei der Durchsetzung von Regelungen, die im Widerspruch zu den Interessen des Verkehrsministeriums stünden, des Verwaltungsrats, insbesondere dessen Vorsitzenden.[295] Die Tage von Siemens, der mehr als jeder

---

[291] Schreiben Eltz an Silverberg vom 28.7.1933, BArch N 1013/ 483, Bl. 236.
[292] Schreiben Lammers an Koenigs vom 2.8.1933, BArchR 43-I/1061, Bl. 26.
[293] Nachlass Silverberg, BArch N 1013/ 483, Bl. 237, 238.
[294] Schreiben Siemens an Silverberg vom 3.8.1933, Nachlass Silverberg, BArch N 1013/483, Bl. 248.
[295] Vermerk Gespräch Gutbrod – Lammers 20.4.1933, BArch, R 43-I/1061 Bl. 4.

andere neues Denken in die Bahn hineingebracht hatte, waren gezählt. Als Unternehmer hatte er den von den Reparationsgläubigern verfolgten unternehmerischen Ansatz als eine Chance verstanden, die Bahn zu sanieren, ohne dabei die Allgemeinwohlorientierung aus dem Blick zu verlieren. Seine Grundsätze waren solide Finanzen, technologische Innovation, Organisationsreform und Regierungsunabhängigkeit.[296] Siemens hatte bekanntlich schon in der Weimarer Zeit versucht, politische Einflüsse auf die Reichsbahn abzuwehren.[297] Bereits im April 1933 hatte er, der schon vorher mit seinem individuellen Rücktritt geliebäugelt hatte, in einem Schreiben an Hitler indirekt den Gesamtrücktritt aller Mitglieder angeboten. Hitler schob die Entscheidung auf.[298] Im Juni 1933 drängte Eltz bei Hitler nochmals darauf und machte konkrete Vorschläge für die freiwerdenden Stellen. Zwei davon kamen aus Hitlers engstem Umkreis. Der Verkehrsminister schlug den „Stellvertreter des Führers", Rudolf Heß, und den Wirtschaftsberater Hitlers, Wilhelm Keppler, der gleichzeitig Mitglied der SS war, vor. Bei den beiden Herren wäre es dann erforderlich, so Eltz dass sie ihr Reichstagsmandat niederlegten. Das kam für Hitler aber nicht in Frage.[299] Hitler lehnte die Gesamtumbildung weiterhin ab.[300] Beim Abschied von Siemens teilte Eltz dem scheidenden Vorsitzenden ein etwas unbequemes Lob aus:

„Es war gewiss keine leichte Aufgabe, zwischen ausländischer Kontrolle und innerdeutscher Interessenpolitik im Parteienstaat mit seinen häufig wechselnden Regierungen die Linie einzuhalten, die es ermöglicht hat, am Tag der nationalen Erhebung dem Führer die Reichsbahn als ein schlagfertiges Instrument nationalsozialistischer Wirtschafts- und Sozialpolitik zur Verfügung zu stellen."[301]

Nachfolger des mit Eltz befreundeten, vorzeitig ausgeschiedenen stellvertretenden Vorsitzenden Karl Stieler wurde der im Zusammenhang mit den Bemühungen Papens, eine Hitler-Regierung zustande zu bringen, politisch bekannt gewordene Kölner Bankier Kurt von Schröder. Anfang 1935 gab es nur noch zwei Mitglieder im Verwaltungsrat, die aus der Weimarer Zeit herüber gewachsen waren.[302] Mit dem Einzug von insgesamt drei Beamten des Verkehrsministeriums in den Verwaltungsrat wurden Reichsbahn und Minis-

---

[296] *Mierzejewski*, Bd. 2, S. XII.
[297] Vgl. *Mierzejewski*, Bd. 1, S. 357.
[298] Besprechung Reichskanzler mit Dorpmüller am 10.4.1933, AdR, Hitler, Bd. 1/I Dok. 95, S. 333.
[299] Vermerk MR Willuhn über Gespräch Eltz – Hitler am 28.6.1933, BArch R 43-I/1061, Bl. 9. Der dritte Kandidat, Albert Pietzsch, Präsident der Wirtschaftskammer München, ein der „Bewegung" verbundener Unternehmer, wurde ernannt.
[300] Schreiben Eltz an Siemens vom 4.7.1933, BArchR 5/15033 Bl. 37.
[301] Abschiedsrede für v. Siemens am 8.1.1935, EA 56–22/VII.
[302] Hermann Münchmeyer und Tilo von Wilmowsky. Zu dem gesamten Vorgang vgl. *Gottwaldt*, Juden, S. 76 ff.

Abb. 7: Minister Eltz und Staatssekretär Gustav Koenigs, ca. 1934.

terium enger als je seit 1924 miteinander verknüpft. Als der „Stellvertreter des Führers", Rudolf Heß aus seiner Parteiperspektive heraus im Dezember 1934 die hohe Zahl von Beamtenbenennungen kritisierte, entgegnete ihm Eltz, dass genau das beabsichtigt sei, nämlich den unmittelbaren Einfluss des Ministeriums auf die DRG zu erhöhen.[303] Die Tatsache, dass sein (immerhin weisungsabhängiger) Staatssekretär Gustav Koenigs als Nachfolger von Siemens den Vorsitz übernehmen konnte, war der überzeugende Schlusspunkt dieser Strategie.[304]

Der Verwaltungsrat der DRG stand seit Jahresbeginn 1935 stärker unter Partei- und Regierungseinfluss als je zuvor seit seiner Einrichtung im Jahr 1924. Die wiederholt im Schrifttum anzutreffende Charakterisierung des Verkehrsministers Eltz als „König ohne Reich"[305] zeichnet daher ein etwas schiefes Bild. Das Schlagwort fiel zum ersten Mal, gemünzt auf einen von

---

[303] Ministerbesprechung vom 4.12.1934, BArch R 43-I/1061 Bl. 88f.
[304] Vgl. Gottwaldt, Juden, S. 79.
[305] Reinhold Quaatz, Tagebuchaufzeichnungen, zit. nach *Weiss/Hoser*, S. 192; später aufgenommen von *Gottwaldt/Schulle*, S. 87; *Küppers*, S. 501.

III. Die Gleichschaltung des Verwaltungsrats 105

Eltz Vorgängern in einer Reichstagssitzung im Jahr 1925.[306] Entstanden war es damals unter dem noch frischen Eindruck der dem Regierungszugriff entzogenen Dawes-Bahn. Aber mit der geschilderten schrittweise durchgesetzten Machtergreifung der Ministerialbürokratie im Verwaltungsrat, der zum Jahreswechsel 1934/35 abgeschlossen wurde, ist der Autonomie der Bahn ein schwerer Stoß versetzt und der Einfluss des Ministers erweitert worden. Die bei seinem Dienstantritt geführte Klage des Ministers, ihm bliebe nur die „mittelbare" Aufgabe der Aufsichtsbehörde, war damit in gewissem Umfang gegenstandslos geworden, ein wichtiger Schritt auf dem Weg der vollständigen Einbindung der Reichsbahn in den Regierungsapparat.

Dieses immer noch nicht erreichte Langfristziel beherrschte seit 10 Jahren das Denken der Eisenbahner. Es wurde nicht nur von dem alten Eisenbahn-Establishments, sondern auch von einer Mehrheit der Deutschen seit der Weimarer Zeit unverändert geteilt.[307] Es setzte außenpolitisch die Befreiung von den völkerrechtlichen Fesseln des Versailler Friedensvertrags voraus und entsprach insofern der nationalkonservativen Ablehnung des „Versailler Diktats". Es entsprach aber auch der Logik der in Deutschland ungefährdet existierenden Staatsbahnkonzeption. Schon zu Weimarer Zeiten hatte sich die Gewichte Stück für Stück zugunsten des deutschen Reichs verschoben Eine erste politische Entspannung war dem Young-Plan (1930) zu verdanken. Mit ihm endeten die Mandate der ausländischen Mitglieder im Verwaltungsrat der DRG und damit die direkte ausländische Beteiligung an der Verwaltung und Kontrolle der Reichsbahngesellschaft. Diese Etappe im Prozess der Wiedergewinnung nationaler Souveränität über die Bahn hatte Eltz als „den großen Gewinn vom vaterländischen Standpunkt aus, die Befreiung vom ausländischen Einfluss" gefeiert.[308] Aber eben nur vom „vaterländischen Standpunkt" aus, denn an der privatrechtlichen Konstruktion hatte sich im Jahr 1930 noch nichts geändert. Mit der Zeichnung des Lausanner Abkommens im Juli 1932 war ein weiterer Schritt zur Befreiung der Reichsbahn aus dem sie belastenden Reparationssystem getan. Reichskanzler von Papen schrieb damals Generaldirektor Julius Dorpmüller, dass er es aufrichtig begrüße, dass die Reichsbahn von den Fesseln befreit werde, die ihr bisher angelegt waren. Die Reichsregierung habe stets tief empfunden, wie schwer die Lasten drückten, die auf der Reichsbahn und damit auf der ganzen deutschen Öffentlichkeit ruhten und wie schwierig es gerade hierdurch häufig war, die Interessen aller mit denen des Unternehmens in Einklang zu bringen.[309] „Von den Fesseln befreit" bedeutete tatsächlich eine finanzielle

---

306 Vgl. *Kolb*, S. 126.
307 *Gottwaldt*, Juden, S. 27.
308 Rede Frühjahr 1930, EA 51–16/21.
309 Briefwechsel Dorpmüller – Papen, AdR, BArch R 43 I/1052.

Entlastung, da die Reparationszahlungen der DRG eingestellt werden konnten. Das Lausanner Abkommen wurde allerdings wegen interalliierter Streitigkeiten nicht ratifiziert und trat deshalb nicht in Kraft. Das war auch der Grund dafür, dass das auf dem Young-Plan basierende Haager Abkommen, das eine von der Reichsregierung unabhängige Reichsbahn voraussetzte, weiterhin gültig blieb. Deshalb haftete der Bahn nach wie vor, zusätzlich befeuert von der nationalsozialistischen Propaganda, das Odium der Fremdbestimmung an. Im Winter 1933 stellte der Minister unmissverständlich klar, dass das erste und vornehmste Ziel, das sich jeder Reichsminister stecken müsse, die Lösung der außenpolitischen Bindungen sei, die die heutigen Verkehrseinrichtungen noch belasteten und betonte, es könne nur darum gehen, den unabhängigen Charakter der Reichsbahngesellschaft mit ihrer selbständigen Verwaltung zu beseitigen.[310] Schon kurz vorher hatte auch Dorpmüller für die „notwendige Selbstverwaltung in Gestalt einer allein dem Reich gehörenden, allein vom Reich beeinflussten und allein dem Reich verantwortlichen Verkehrsanstalt" plädiert.[311] Dem Minister war aber klar, dass die außenpolitische Lage das noch nicht zuließ, weil man nicht hinter das in Lausanne Vereinbarte zurück wollte. Die Unsicherheit über den rechtlichen Status der DRG war daher zunächst hinzunehmen und es schien nicht geboten, auf Änderungen im Status der Reichsbahn zu dringen.[312] Auf einem Presseempfang im November 1933 erklärte der Minister daher: „Es liegt weder in der Politik der Reichsregierung, die in dem Haager Abkommen übernommenen Verpflichtungen zu ignorieren, noch auch im Hinblick auf die immer noch bestehenden Bindungen für die Reichsbahn die in Lausanne vorläufig verabschiedete Reparationsfrage erneut aufzurollen. Wir behalten das Ziel der Lösung der Reichsbahn von den Bindungen des Young-Plans unverrückt im Auge, müssen uns aber, solange als das Haager Abkommen nicht aufgehoben ist, mit dem bestehenden Zustande abzufinden suchen!"[313] Als Scharfmacher wird man den Verkehrsminister daher nicht bezeichnen können. Ein beharrlicher Bohrer dicker Bretter war er aber schon.

Ende 1935 unternahm er einen neuen Anlauf, das Problem grundsätzlich zu lösen. Die Erfolge von Hitlers Außenpolitik mit der Rückgewinnung des Saargebiets und der einseitigen Aufhebung der Versailler Rüstungsbeschränkungen, die ohne Reaktion der Siegermächte geblieben war, müssen Eltz ermutigt haben, die Lösung der Reichsbahn aus den „Fesseln des Versailler Vertrags", ein Ziel, das er mit Hitler teilte, und mit Konsequenz und gro-

---

310 Presseempfang 24.11.1933, DVZ 1933, S. 781 f.
311 *Gottwaldt*, Reichsbahn, S. 79.
312 Vgl. *Ruser*, S. 320 ff.
313 Presseempfang 24.11.1933, DVZ 1933, 781 f.

III. Die Gleichschaltung des Verwaltungsrats

ßem Einsatz verfolgte,[314] wieder aufzunehmen. Es begab sich zu der Zeit, dass Dorpmüllers Stellvertreter Kleinmann in einem aus anderem Anlass geführten Gespräch mit Adolf Hitler dessen Interesse auf die Rückführung der DRG in die unmittelbare Regierungsverantwortung gelenkt und hierzu um einen ausdrücklichen Auftrag des Reichskanzlers gebeten hatte.[315] An dieser Stelle trat Hitler einmal als Garant eines ordnungsgemäßen, Zuständigkeiten berücksichtigenden Verfahrens auf den Plan. Die Reichskanzlei wies deshalb auf den ausdrücklichen Wunsch Hitlers hin, den Reichsverkehrsminister zu beteiligen.[316] Dabei muss einiges schiefgelaufen sein. Der Auftrag des Reichskanzlers lautete: „Schriftliche Unterrichtung über die damit im Zusammenhang stehenden tatsächlichen und rechtlichen Fragen". Die Aufforderung ging korrekterweise nicht an die DRG, sondern an den Minister. Eltz wollte Nägel mit Köpfen machen und hat diese Weisung möglicherweise missverstanden, denn er lud mit Rundschreiben („Geheim") unverzüglich zu einer Ressortbesprechung ein. In dem Schreiben brachte er zum Ausdruck, dass die außenpolitische Lage es gestatte, über die entgegenstehenden völkerrechtlichen Bindungen hinweg zu gehen. Er fügte der Einladung den Entwurf eines aus nur wenigen Zeilen bestehenden Gesetzestextes bei, wonach die Aufgaben und Befugnisse des Verwaltungsrates der DRG auf den Reichsverkehrsminister übergehen sollten. Einzelheiten regle der Minister durch Verordnung.[317] Das war eine kleine Revolution, überhaupt nicht abgesichert, vielleicht ein wenig zu viel auf einen Schlag und nicht gerade ein Beweis für taktische Finesse. Eltz wollte mit dem Kopf durch die Wand. Der Leiter der Reichskanzlei, Staatssekretär Lammers, fuhr dem vorpreschenden Minister in die Parade. Er teilte Eltz umgehend mit, dass das geplante Vorgehen über die Absichten des „Führers" hinausgehe. Der „Führer" habe nicht gewünscht, dass ihm bereits jetzt formulierte Vorschläge unterbreitet werden.[318] Eltz war gezwungen, die Einladung zu der Ressortbesprechung kurzfristig zurückzuziehen. Eine Aufzeichnung zu der Problematik wollte der Reichskanzler aber doch noch haben. Eine entsprechende Vorlage durch Eltz ist dann aber nicht mehr, oder jedenfalls nicht mehr auf geordnetem Wege, erfolgt.[319] Die Reaktion von Hitler ist am ehesten dadurch zu erklären, dass er sich von Eltz nicht die Pistole auf die Brust setzen lassen wollte und in dem Zustand dann auch noch Personalent-

---

[314] Vgl. *Ruser*, S. 327.
[315] Vermerk Reichskanzlei vom 6.12.1935, BArch R 43-II/185, Bl. 19.
[316] Schreiben Lammers an Dorpmüller vom 20.12.1935, BArch R 43-II/185, Bl. 14.
[317] Rundschreiben an Reichskanzlei und mehrere Minister vom 31.12.1935, BArch R 43-II/185 Bl. 16.
[318] BArch R 43 II, 185 Bl. 19.
[319] Vgl. AdR, Hitler, Bd. 2/II, Dok. 286, S. 1008, Fn. 12. Siehe auch S. 194 ff.

scheidungen hätte treffen müssen. Die Absicht, „dem Führer entgegen zu arbeiten", und selbst das Heft in der Hand zu behalten, endete in diesem Fall für Eltz mit einer Niederlage. Eltz gab sich damit vorerst zufrieden: „Wir dürfen uns darauf verlassen, dass unser Führer und Reichskanzler zu gegebener Zeit schon tun wird, was ihm vonnöten erscheint. Man kann einem Apfel nicht dadurch zur Reife verhelfen, dass man von Zeit zu Zeit das Kerzenlicht der Öffentlichkeit unter ihn hält", dämpfte er in einem Aufsatz die Erwartungen.[320] Der von Eltz beabsichtigte radikale Schritt hätte auch noch zur Lösung einer anderen Frage gezwungen. Es ging nicht mehr nur um die Bekämpfung des Verwaltungsrats, den sich Eltz in Verständigung mit Dorpmüller bereits weitgehend untertan gemacht hatte, sondern um eine dann unausweichlich werdende Personalfrage. Eltz wäre Herr über die Reichsbahn geworden, fast so stark wie zuletzt die bis 1924 amtierenden Reichsverkehrsminister. Generaldirektor Dorpmüller hingegen wäre in einem Maße geschwächt worden, das seinen Rücktritt unausweichlich gemacht hätte.Das Problem muss in den Hinterköpfen beider Betroffener präsent gewesen sein und muss als die Rückführung der DRG in die Reichsregierung unweigerlich näher rückte, zur Belastung der Eisenbahnerfreundschaft geführt haben.

IV. Schiene und Straße

Für Eltz stand die Lösung zweier einschneidender verkehrspolitischer Probleme schon seit Weimar auf der Tagesordnung: Die finanzielle Ausstattung der Bahn als eine immer stärker politischen Ansprüchen ausgesetzte Institution musste gesichert werden. Zum anderen musste die Regulierung des Wettbewerbs der Verkehrsträger, insbesondere zwischen Bahn und Güterfernverkehr auf der Straße eine die Interessen der Bahn berücksichtigende Lösung finden. Beide Fragen waren schon zu Weimarer Zeiten akut gewesen und hatten über den Bruch der Machtergreifung hinweg nicht an Aktualität verloren. Sie traten jetzt sogar in verschärfter Form auf. Ihre Erörterung stand jetzt unter dem Vorzeichen der von dem Autoliebhaber Hitler gesetzten Prioritäten, was aus der Sicht der Bahn nichts Gutes verhieß.

Angesichts der halbprivat organisierten DRG hatte die gemeinwirtschaftliche Ausrichtung, fester Bestandteil des Erbguts des klassischen Eisenbahners, schon in der Weimarer Republik nur begrenzt politisch durchgesetzt werden können. Es kam aber dennoch immer wieder zu staatlicher Einflussnahme auf die Bahn. Als es im Herbst 1932 darum ging, auch bei der Reichsbahn ein Arbeitsbeschaffungsprogramm aufzulegen, das mit Staatsan-

---

[320] Nationalsozialistische Verkehrspolitik, DVZ 36, S. 1003.

IV. Schiene und Straße

leihen gegenfinanziert werden sollte, stieß das auf den erbitterten Widerstand Dorpmüllers und wurde vom Vorsitzenden des Verwaltungsrates Carl Friedrich von Siemens als „Bolschewismus" gebrandmarkt. Die Tatsache, dass sich Eltz durchsetzen konnte[321], ist aber ein Anzeichen dafür, dass der Einfluss von Siemens im Schwinden begriffen war und von einer einseitigen Dominanz Dorpmüllers nicht die Rede sein konnte. Ein weiterer sich über einen längeren Zeitpunkt hinziehender Konfliktpunkt waren die Gehälter der oberen Reichsbahn-Angestellten. Eltz, gerade Minister geworden, folgte der Linie seiner Vorgänger und setzte sich vehement für eine Reduzierung der oberen Gehälter, die die Beamten- (und Minister-)Bezüge weit übertrafen, ein. In einem Brief an den stellvertretenden Verwaltungsratsvorsitzender der DRG, seinen Freund Karl Stieler, wies er fast schon drohend darauf hin, dass eine Verbesserung der Beziehungen zwischen dem Ministerium und der Bahn nur möglich sei, wenn die Bezüge bei der Reichsbahn gekürzt würden.[322] Und das betraf ja dann auch Dorpmüller, der fast das Vierfache des Ministers verdiente. Allerdings hatte das Ministerium, getreu der privatrechtlichen Konstruktion der Bahn, hier keine Durchgriffsrechte.

Derweil jubilierte die Technik. Der später regelmäßig verkehrende dieselgetriebene Schnelltriebwagen „Fliegender Hamburger" leitete Ende 1932 auf der Strecke Berlin-Hamburg mit einer Höchstgeschwindigkeit von 160 km/h eine neue Ära ein. Insgesamt war die Reichsbahn aufgrund der ihr international verordneten betriebswirtschaftlich orientierten Struktur zum Ende der Weimarer Republik besser als ihr Vorgänger, der Staatsbetrieb, in der Lage, auch auf Verbraucherinteressen und soziale Verpflichtungen Rücksicht zu nehmen.[323]

Im Dritten Reich stiegen die bereits vor 1933 bestehenden Ansprüche der Politik an die Bahn erheblich. Die Indienstnahme der Eisenbahn in Abkehr der ursprünglich kaufmännisch orientierten Firmenpolitik für konkurrierende verkehrs-, wirtschafts-, sozial- und raumordnungspolitische Ziele war eine ständige Ursache politischer Interessenkonflikte.[324] Wegen ihrer schieren Größe wurde die DRG stärker als andere Behörden und Verwaltungen zu einem bevorzugten Instrument der Arbeitsbeschaffung und Konjunkturbelebung. Die Vergabe öffentlicher Aufträge. die Fahrplangestaltung, die Güter- und Personentarife sowie die Personal-, Besoldungs- und Lohnpolitik wurden den als gemeinwirtschaftlich definierten politischen Erfordernissen des Regimes untergeordnet.[325] Schon Anfang der dreißiger Jahre entfielen mit

---
321 Vgl. *Mierzejewski*, Bd. 1, S. 331 f.
322 Ebda., S. 318.
323 Ebda., S. 357.
324 *Kopper*, Handel, S. 84.
325 *Hildebrand*, S. 207.

zwei Mrd. RM etwa zwei Drittel der gesamten Betriebsausgaben der Bahn darauf, notleidende Menschen in Lohn und Brot zu bringen.[326] Eine hohe Belastung für die Bahn waren außerdem die Sonderzugprogramme für Partei und Staat. Beim Reichserntedankfest auf dem Bückeberg (1936) wurden 230 Sonderzüge eingesetzt. Zum „Reichsparteitag der Ehre" in Nürnberg im gleichen Jahr wurden in über 1.200 Zügen mehr als eine Million Menschen transportiert. Die Aufzählung ist nicht abschließend. Hier wurde das Allgemeinwohl spezifisch nationalsozialistisch interpretiert. Die wachsenden Begehrlichkeiten des Regimes trafen bei den traditionellen Eisenbahnern, bei Leuten wie Eltz und Dorpmüller, grundsätzlich auf Sympathie oder ihnen wurde nur halbherziger Widerstand entgegengesetzt. Kompensationen aus dem Reichshaushalt blieben aus.[327] Mit den auch im Übrigen geforderten Leistungssteigerungen, Erhöhung der Bequemlichkeit der Reisenden und der vielfältig gewährten Sondertarife hielten die Einnahmen nicht Schritt.[328] Die Schere öffnete sich immer weiter. Es gelang Eltz zwar, das von ihm selbst mitverursachte Problem „wirtschaftliche Lage der Reichsbahn" auf der Tagesordnung zu halten, er konnte sich aber nur sehr bedingt durchsetzen. Ende 1935/Anfang 1936 verweigerte Hitler in einer Fülle von Besprechungen im Kabinett Tariferhöhungen seine Zustimmung. Der Reichskanzler erkannte zwar die angespannte finanzielle Lage der Bahn, vertröstete Eltz jedoch auf spätere Jahre, weil derzeit alle anderen Bedürfnisse gegenüber der Aufrüstung, zurückzutreten hätten.[329] Eltz hat hier zwar gekämpft, konnte sich aber weder gegen seine Kabinettskollegen im Wirtschafts- und Finanzbereich noch gegen Hitler selbst durchsetzen. Die Tarife durften nicht erhöht, die Ausgaben nicht gesenkt und zusätzliches Kapital auf dem Anleihemarkt nicht aufgenommen werden.[330]

Ein herausragendes Ereignis war die 100-Jahr-Feier der deutschen Eisenbahn im Dezember 1935 mit Festakt, Anwesenheit von Hitler, großer internationaler Beteiligung und einer effektvollen Parade der Eisenbahn. Eltz hat der Eisenbahn bei dieser Gelegenheit so etwas wie einen Ehrenplatz in der nationalen Mythologie zugewiesen, sie zum Instrument der Geschichte gemacht und ihre Rolle bei der Überwindung des in Kleinstaaterei befangenen Deutschlands überhöht: „So haben die deutschen Eisenbahnen ... das vorbereitet, was auf den Schlachtfeldern der Kriege in der zweiten Hälfte des vo-

---

[326] Ebda., S. 203.
[327] Ebda., S. 218.
[328] Ebda., S. 204 f.
[329] Besprechung in der Reichskanzlei am 26.11.1935, AdR, Hitler, Bd. 2/ II, Dok. 276, S. 948.
[330] *Hildebrand*, S. 206 ff.; in den Nuancen umstritten; vgl. auch *Mierzejewski*, Bd. 2, S. 57 ff.; *Kopper*, Scheinmodernität, S. 401.

rigen Jahrhunderts errungen wurde: Die deutsche Einheit."[331] Das war sicher seine nun schon wiederholt geäußerte Überzeugung, aber er hat auch deshalb rhetorisch so zugelangt, um seine Ressortinteressen zu wahren. In dem Tagebucheintrag des misstrauischen Goebbels mag man denn auch einen ausnahmsweise feinen ironischen Unterton erkennen „Streicher[332]/Dorpmüller/ Eltz halten kluge Reden."[333] Für das Hier und Jetzt und für das Selbstverständnis der Bahn und ihre Zukunftsprojektion wichtiger war die Rekordfahrt der neu entwickelten Stromlinienlokomotive „05 002", die am 11. Mai 1936 eine Spitzengeschwindigkeit von 200,4 km/h erreichte und damit einen Weltrekord aufstellte. An der Fahrt nahmen unter anderem Heinrich Himmler, Gestapo-Chef Reinhard Heydrich und Reichsleiter Martin Bormann teil. Auf den Bildern ist der wie immer bescheiden auftretende Eltz nicht zu sehen, wohl aber ein jovial dreinschauender Dorpmüller, dem es Freude machte, die Leistungsfähigkeit der deutschen Eisenbahntechnik demonstrieren zu können.

Im Bereich des Straßenverkehrs sollte es zu schweren Auseinandersetzungen kommen, weil sich schnell herausstellte, dass Hitler hier eigene Ideen verfolgte. Er machte die verkehrspolitische Aufwertung des Automobilverkehrs zu seinem ganz persönlichen Anliegen. Deutschland lag in der Motorisierung im Vergleich zu Nachbarländern wie Frankreich oder Großbritannien erheblich zurück.[334] Die Stimulierung der Autoindustrie und des Arbeitsmarktes übte daher eine große Anziehungskraft auf die Bevölkerung aus und symbolisierte den Sprung in ein aufregendes, modernes Technikzeitalter. Das „neue Deutschland" schien jetzt auf eigenen Füßen zu stehen.[335] Mit dem Machtantritt des Automobilenthusiasten Hitler entwickelte sich der Konkurrenzkampf zwischen Schiene und Straße, der sich bereits in der Weimarer Zeit angedeutet hatte, zum zentralen Problem der Verkehrspolitik der dreißiger Jahre. Der Dissens zwischen Reichskanzler und Minister musste grundsätzlich werden und spätestens von dem Augenblick an konnte von dem RVM als einem unpolitischen Ministerium nicht mehr die Rede sein. Am 11. Februar 1933 eröffnete Adolf Hitler die 23. Internationale Automobil- und Motorradausstellung in Berlin. Es war der erste offizielle Auftritt seit seiner Ernennung zum Reichskanzler, was ihm zusätzliche Aufmerksamkeit sicherte. Hitler nutzte den Festakt, um ein Konjunkturprogramm vorzustellen, dessen Herzstück der Straßenbau und die Automobilindustrie bilden

---

331 Rede anlässlich der Jahrhundertfeier der Deutschen Reichsbahn, 8.12.1935, Reichsbahn (35) S. 1274.
332 NSDAP-Gauleiter, Herausgeber des Hetzblatts „Der Stürmer", in Nürnberg 1946 zum Tode verurteilt und hingerichtet.
333 GTB 9.12.1935, 3/I S. 343.
334 Vgl. *Kopper*, Handel, S. 10.
335 *Kershaw*, Bd. 1, S. 573.

sollten. Großzügige Investitionen in den Bau von Autobahnen, die Abschaffung der Kfz-Steuer sowie die staatliche Förderung des Motorrennsports wurden als die zentralen Punkte eines nationalsozialistischen Motorisierungsprogramms vorgestellt. Hitler rückte das Auto in der öffentlichen Wahrnehmung an eine zentrale Stelle und entfesselte damit eine Faszinationskraft, wie sie im 19. Jahrhundert von der Eisenbahn ausgegangen war. Die Ansage stieß erwartungsgemäß alsbald auf stärkste Bedenken bei Reichsbahn und Reichsverkehrsministerium, denn das passte so überhaupt nicht in die dortige Denkweise.

Mit dem nach vorne drängenden Straßenverkehr hatte der Eisenbahnenthusiast Eltz seine liebe Not. Sein Misstrauen gegenüber der Ausweitung des Straßenverkehrs konnte er nur schwer verbergen.[336] Und dabei bediente er sich u. a. einer Argumentation, die man nachgerade für äußerst modern halten könnte. In einer Glosse im Völkischen Beobachter unter dem Motto: Drei Jahre Motorisierung im Reiche Adolf Hitlers schrieb er: „Eine der schwerwiegendsten Fragen, die wir uns vorlegen müssen, ist sicherlich diese: Sind die deutschen Städte gerüstet, eine Verdoppelung, oder gar Verdreifachung des heutigen Kraftfahrzeugverkehrs aufzunehmen? Diese Frage stellen, heißt sie verneinen."[337] Vielleicht gehört auch die bei anderer Gelegenheit gebrochene Lanze des Ministers für die Radfahrer in diesen Kontext: „Ich muss sagen, dass mich die viel gescholtenen Radfahrer, die im Berliner Straßenverkehr sicher nicht um des Vergnügens willen fahren, manchmal von ganzem Herzen dauern, und ich glaube nicht, dass wir ihren Blutopfern allein mit polizeilichen Maßnahmen abhelfen können. Das wäre nur eine negative Behandlung der Krankheit, die positive heißt: Bau von Radfahrwegen!"[338] Eltz hat hier offensichtlich mitgefühlt und war seiner Zeit um einiges voraus. Damals, in den dreißiger Jahren des vorigen Jahrhunderts, war das prophetisch, aber vor allem in dem von Eltz so wichtigen Kampf Schiene-Auto interessengeleitet. Es wäre auf der anderen Seite zu kurz gegriffen, den Appell des Ministers als einen liebenswerten schrulligen Anachronismus abzutun.

Das verstärkte Aufkommen des gewerblichen Güterverkehrs auf der Straße verschärfte die politische Frage der Regulierung des Wettbewerbs zwischen den Verkehrsträgern Eisenbahn und Kraftfahrzeug deutlich. Der Konflikt war fundamental. Die von der Eisenbahn gefürchtete Konkurrenz des Straßengütertransports hatte bereits in der Weimarer Zeit zu heftigen Disputen geführt.

---

[336] In einem Grundsatzaufsatz über die Verkehrspolitik legte er Wert auf die Feststellung, dass der Autobahnbau „von dem Führer und Reichskanzler persönlich befohlen" worden sei, Festschrift für Schacht, S. 11.
[337] Völkischer Beobachter vom 16.2.1936.
[338] Reichspost- und Reichsverkehrsminister Frhr. v. Eltz-Rübenach zur Motorisierung, DVZ 36, 133.

IV. Schiene und Straße

Worum es dabei ging, hatte Eltz in einer Rede vor der Handelskammer Mannheim auf den Punkt gebracht: „Entzieht der Kraftwagen der Reichsbahn einen Teil ihres Verkehrs, ... wird die Gesamtwirtschaft die Zeche in Form von Tariferhöhungen bei der Bahn zu zahlen haben ... Der Kraftwagen hat keine allgemeine Beförderungspflicht. Er wählt sich die fetten Transporte und überlässt der Reichsbahn die mageren."[339] Die Bahn, so Eltz weiter, müsse vor einem wilden Wettbewerb geschützt werden, der ihr einen Verkehr nach dem anderen abzujagen sucht. Dabei war sogar die Rede von der drohenden „Verkümmerung" der Reichsbahn.[340] Mit einem politisch hoch umstrittenen Exklusivvertrag mit der Speditionsfirma Schenker hatte Julius Dorpmüller es im Jahr 1931 erreicht, den Gütertransport auf der Straße eng an die Reichsbahn anzukoppeln und damit das sog. „Rollfuhrgeschäft" (die An- und Abfuhr von Gütern vom Bahnhof) zu kartellisieren. Nicht ohne Grund hatte deshalb die allgemeine Automobilzeitung schon beim Dienstantritt von Eltz im Kabinett der Barone die bange Frage gestellt: „Wechsel im Reichsverkehrsministerium – eine Gefahr für den Kraftverkehr?"[341] Einigkeit bestand in der Erkenntnis, dass der Wettbewerb zwischen gewerblichem Güterverkehr und der Eisenbahn der Regulierung bedurfte. Hier fiel ganz offen der Begriff der (staatlicherseits als notwendig erachteten) „Planwirtschaft" im Güterverkehr.[342] Dabei war für Eltz, da war er schon Minister im Kabinett Hitler, klar, dass „der Streit zwischen Schiene und Kraftwagen letzten Endes nur dadurch beizulegen sei, dass der gesamte gewerbliche Güterfernverkehr einheitlicher Leitung unterstellt wird".[343] Es kann kein Zweifel daran bestehen, was der Reichsverkehrsminister sich unter einheitlicher Leitung vorgestellt hat. Die Mutter aller Transportarten blieb für ihn die Eisenbahn. Für Eltz und für alle traditionellen Eisenbahner sollte der gewerbliche Güterkraftverkehr in jenen Jahren nur eine Unterform der Eisenbahn sein, ein Eisenbahnergänzungsmittel. Eltz und Dorpmüller versuchten daher schon kurz nach der Machtergreifung, Hitler auf eine noch stärkere Monopolisierung des Güterverkehrs unter Aufsicht der Reichsbahn festzulegen. Auf die komplexe Problematik dieses sich über längere Zeit hinziehenden Prozesses mit seinen volkswirtschaftlichen Aspekten kann hier nicht näher eingegangen werden. Im Ergebnis wurde es unter Berücksichtigung der Vorliebe von Hitler für das Auto für die Eisenbahner Dorpmüller und Eltz schwierig, ihre Vorstellungen von einem Güterkraftverkehrsmonopol, das von der DRG kontrolliert werden sollte, durchzusetzen. Hitler war zwar zunächst noch unentschieden, aber in einer Grundsatzbesprechung mit dem

---
[339] Rede Handelskammer Mannheim am 3.4.1929, EA 51–16/2.
[340] Ebda.
[341] Allgemeine Automobilzeitung Nr. 24/S. 8 (1932).
[342] Presseempfang 24.11.1933, DVZ 1933, S. 798.
[343] Ebda., S. 781 f.

Reichskanzler im März 1933 konnten Eltz und Dorpmüller die Interessen der Bahn nur bedingt durchsetzen. Der Reichskanzler gab der Bahn zwar eine Art von Bestandsgarantie, hielt aber mit seiner Auffassung, dass dem Kraftwagen die Zukunft gehöre, nicht hinter dem Berg.[344] Da half auch nichts, dass Dorpmüller versuchte, Hitler mit dem Argument, die Verwirklichung seiner Vorstellung bedeute auch die Vorhaltung gut gewarteter Lastwagen für Kriegszeiten, für seine Vorstellungen zu gewinnen.[345]

Verschärft wurde das Problem noch durch die auch mit dem Güterverkehr verbundenen Initiativen Hitlers im Bereich des Straßen- insbesondere des Autobahnbaus. In der Grundsatzrede zur Eröffnung der Automobilausstellung hatte Hitler auch ein großzügiges, das ganze Reichsgebiet umfassendes Straßenbauprogramm angekündigt. Auch hier stieß Hitler bei der DRG und beim RVM auf stärkste Bedenken. Beide betonten, dass der Ausbau des Landstraßennetzes Vorrang haben müsse und bestritten grundsätzlich die Zweckmäßigkeit des Baus von Autobahnen. Eltz stand dem Autobahnbau seit je her skeptisch gegenüber. Schon als Reichskanzler von Papen im Kabinett im September 1932 erklärt hatte, die Finanzierung der Autobahn Mannheim-Heidelberg sei gesichert und es gehe jetzt nur noch um die Frage, ob eine Maut erhoben werden dürfe, war er bei seinem Minister auf listigen Widerstand gestoßen. Es gelang Eltz, das Projekt gegen den erklärten Willen von Reichskanzler von Papen mit bürokratischen Argumenten zu blockieren.[346] Das Projekt wurde dann in den dem Kabinett Papen verbleibenden Monaten nicht mehr weiterverfolgt. Da in den mühsamen Verhandlungen im Dreieck Hitler – Eltz – Dorpmüller auch die Variante eines von der DRG gesteuerten LKW-Verkehrs auf den (zu errichtenden) Autobahnen diskutiert wurde, sah die Bahn eine neue Chance, über die Entwicklung der Autobahnen einen unmittelbaren Zugriff auf die Regelung des Güterverkehrs zu bekommen. Der Generaldirektor der DRG hatte damit insoweit Erfolg, als in der Tat beschlossen wurde, ein „Unternehmen Reichsautobahn" als Tochter der DRG zu gründen. Das war insofern sinnvoll, als die DRG die einzige Großorganisation im Reich war, die eine solche Aufgabe aus dem Stand he-

---

[344] Besprechung am 16.3.1933, in der Eltz aufgefordert wurde, einen Gesetzentwurf über ein Kraftverkehrsmonopol auszuarbeiten. Entsprechende Entwürfe scheiterten am Widerstand des Reichskanzlers, AdR, Hitler, Bd. 1/I, Dok. 64, S. 229, S. 230, Fn. 5.

[345] Ebda. S. 226

[346] „Der Reichsverkehrsminister erklärte, dass die Zulassung einer besonderen Gebühr einer Verordnung widerspräche, auf deren Aufrechterhaltung das Reichsverkehrsministerium den größten Wert legen müsse. Vordringlich sei, das allgemeine Straßennetz auszubauen. Soweit dann noch Mittel verfügbar seien, könnte an Straßen dieser Art herangegangen werden. Er sagte zu, dass diese Frage in seinem Ressort erneut geprüft werden würde", Ministerbesprechung am 23.9.1932, AdR, Papen, Bd. 2, Dok. 154/10 sowie Ministerbesprechung vom 7.10.1932, Dok. 163/2.

IV. Schiene und Straße

raus überhaupt in Angriff nehmen konnte.³⁴⁷ Im Frühsommer 1933 wurde Eltz aufgefordert, einen entsprechenden Gesetzentwurf zu erarbeiten. Als dieser im Kabinett diskutiert wurde, erwirkte Hitler persönlich eine wichtige Änderung: Die letzte Entscheidung über die Autobahnplanung wurde nicht dem Reichsverkehrsminister, sondern dem (noch zu benennenden) „Generalinspektor für das deutsche Straßenwesen" eingeräumt.³⁴⁸ „Eltz niedergeboxt"³⁴⁹, fasste Goebbels die Niederlage des Reichsverkehrsministers in seine eigenen Worte, die immer auch Waffen waren. Das Misstrauen gegen die Eisenbahner konnte damit aber in der Partei nicht völlig abgebaut werden. Vor allem von ideologischen Puristen in der NSDAP wurde die Maßnahme kritisiert. Der damalige Staatssekretär im Wirtschaftsministerium, Gottfried Feder, hatte noch im Juni an Hitler geschrieben: „Die Möglichkeit der Sabotage ihrer großartigen Pläne ist damit gegeben. Die Eisenbahn ist nun einmal Gegner des Kraftwagens".³⁵⁰ Drei Tage nach der Kabinettssitzung wurde der Ingenieur Fritz Todt, eine Hitler ergebene starke Führungspersönlichkeit, in das neu geschaffene Amt berufen. Todt war Hitler unmittelbar unterstellt und stand protokollarisch einem Reichsminister gleich. Als Leiter von Hitlers Lieblingsprojekt war er der herausragende Wortführer der damaligen „Verkehrswende". Er besaß auf seinem Gebiet mehr Macht als Dorpmüller und mehr Macht als Eltz. Todt konnte seinen Einfluss im Laufe der Zeit gegen den Widerstand des Ministeriums und anderer Behörden ausbauen und bis zu seinem Unfalltod im Jahr 1942 weiter festigen. Am 25. August 1933 wurde die Gesellschaft „Reichsautobahnen" wie vorgesehen ins Leben gerufen und Julius Dorpmüller wurde Vorsitzender sowohl des Vorstands als auch des Verwaltungsrats der neuen Gesellschaft. Hitlers erste Autobahnbauer waren überdies fast ausschließlich Beamte, Ingenieure und Baufachleute von der Eisenbahn.³⁵¹ Gleichzeitig versuchten aber Innen- und Verkehrsminister gemeinsam, die Einrichtung eines eigenen Ministeriums für Todt unter Hinweis auf das geplante Verwaltungsvereinfachungsgesetz zu verhindern, jedoch ohne Erfolg.³⁵² Eltz passte sich, auch was die Autobahnen anging, rasch an und verkaufte seine Niederlage als Sieg: „Die Schöpfung der Gesellschaft Reichsautobahnen ist eine Großtat, die in der Verkehrsge-

---

347 Vgl. *Gottwaldt*, Reichsbahn, S. 85.
348 Kabinettssitzung am 23.6.1933, AdR, Hitler, Bd. 1/I Dok. Nr. 166, S. 584f. In der ursprünglichen Fassung hieß es: „Der Reichsverkehrsminister stellt nach Anhörung der Landesbehörden die Baupläne fest. Die Planfeststellung umfasst die endgültige Entscheidung über alle von der Plangestaltung berührten Interessen." (§ 8). RGBl. II S. 509.
349 GTB 24.6.1933, 2/III S. 214.
350 Schreiben vom 6.6.1933, zit. Nach AdR, Hitler, Bd. 1/I, S. 552, Fn. 22.
351 *Gottwaldt*, Reichsbahn, S. 85.
352 Chefbesprechung am 24.11.1933 AdR, Hitler, Bd. 1, II, Dok. 254, S. 972.

schichte einen völlig neuen Abschnitt einleitet", verkündete er vor der Presse im November des Jahres 1933.[353] Alles in allem war aber das Kalkül der Eisenbahner nicht aufgegangen, denn Fritz Todt führte die Gesellschaft wie einen eigenständigen Betrieb, auf den die DRG keinen Einfluss hatte.[354] Die von Eltz gehegte Hoffnung, dass „die Entwicklung des Kraftwagenverkehrs nach Errichtung des Unternehmens „Reichsautobahnen" im stärkeren Umfang auf die Reichsbahn übergehen und dass auch große Teile der erzeugenden Wirtschaft, wie die Kraftfahrzeugherstellung, in ihrer Entwicklung in stärkerem Maße von der Reichsbahn und vom Verkehrsministerium abhängig werden"[355], sollte sich nicht erfüllen. Die Verhandlungen über den Güterverkehr, in denen von Seiten der Bahn der Monopolgedanke weiterverfolgt wurde, der Verkehrsminister aber weitgehend die Initiative verlor[356], zogen sich indes weiter hin. Im November 1934 erteilte Hitler einem Frachtmonopol der Reichsbahn auf der Straße endgültig eine Absage.[357] Nach zwei Jahren harten Verhandelns, kam es im Jahr 1935 zu einem Kompromiss in Sachen Güterfernverkehr. Sämtliche Güterfernverkehrsunternehmen wurden im „Reichskraftwagenbetriebsverband" zwangsweise zusammengeschlossen und mussten sich mit der DRG über alle Tarife verständigen und die Einhaltung kontrollieren. Hitler verkaufte in einem Gespräch mit Unternehmern die Errichtung der Reichsautobahngesellschaft als einen „fairen Ausgleich zwischen Schiene und Straße".[358] Natürlich war Eltz nicht in einem Maße naiv, den Aufstieg des Automobilverkehrs (und übrigens auch der Luftfahrt) völlig zu ignorieren. Er hat sich im Laufe der Zeit auch nicht völlig erfolglos bemüht, zumindest in der Öffentlichkeit die gegen ihn in dieser Hinsicht bestehenden Vorbehalte so gut es ging zu entkräften. Bei einer Veranstaltung des Reichsverbands der Automobilindustrie konnte Eltz bereits im März 1934 uneingeschränkten Beifall für seine Politik ernten.[359] Kurz vor Ende seiner Amtszeit wurden für ihn auch die Autobahnen zum Instrument einer einheitlichen

---

[353] Presseempfang 24.11.33, DVZ 1933, 781 f.

[354] *Kopper*, Handel, S. 29.

[355] Vortrag vor der Akademie für deutsches Recht, DVZ 30.4.1934.

[356] *Mierzejewski*, Bd. 2, S. 40 f.

[357] Hierzu im einzelnen *Mierzejewski*, Bd. 2, S. 43.

[358] Am 29.5.1935, zit. nach *Mierzejewski*, Bd. 2, S. 41.

[359] „Noch gar nicht so lange ist es her, dass in Massenversammlungen überall im Reich die Automobilisten gegen die Erdrosselung der Kraftverkehrswirtschaft protestierten, vergeblich wohlbegründete Eingaben machten, dass der Reichsverkehrsminister v. Eltz-Rübenach, der ‚Eisenbahner', als Feind der Automobilisten galt, derselbe Minister, der gestern den freudigen Beifall der Versammlung fand. Die Rede des Ministers bewies, dass das Kfz heute den anderen Verkehrsmitteln gleichgestellt ist und eine bevorzugte Förderung von Seiten des Reichsverkehrsministeriums genießt", 12-Uhr-Mittag vom 12.3.1934.

IV. Schiene und Straße

Verkehrspolitik.[360] Aus Anlass seines sechzigsten Geburtstages lobte die Deutsche Verkehrszeitung, dass die ganze Straßenverkehrsgesetzgebung, „welche den Kraftwagen als einen Eindringling behandelt hatte", auf die modernen Anforderungen des Motorfahrzeugs umgestellt worden war.[361]

Auch in Sachen Volkswagen fiel es dem Minister schwer, sich den Führerwünschen anzupassen. Die Produktion eines preisgünstigen, massentauglichen PKWs sollte der Regierungspropaganda als ein Leuchtturm gelungener Modernisierungsstrategie dienen. Seit 1934 hatte es Gespräche des RVM mit der Autoindustrie über die Machbarkeit eines entsprechenden Konzepts gegeben, dem die Autoindustrie im Hinblick auf die technischen und finanziellen Vorgaben (Höchstpreis 1.000 RM, geringe Betriebskosten) skeptisch gegenüberstand. Bei der Einweihung des Opel-Werks in Brandenburg Anfang 1936 bemerkte Eltz, dass Opel einen Volkswagen rascher und billiger liefern könne. Eltz führte Klage darüber, dass die Einheitlichkeit des Vorgehens der Reichsregierung in der Volkswagenfrage nicht gewährleistet sei. Der Reichsverband der Deutschen Automobilindustrie (RDA) kritisierte hingegen intern das „dauernde Projektieren" im Ministerium. Trotz der skeptischen Beurteilung durch die Autoindustrie versandete das Projekt nicht, wurde aber durch Direktkontakte zwischen Autoindustrie und der Reichskanzlei dem Einfluss des RVM immer mehr entzogen. Bei diesem Stand der Dinge fühlte sich der Reichsverkehrsminister v. Eltz noch einmal gedrängt, aktiv zu werden. Sein Ministerium war seit jener einleitenden Sitzung vom April 1934 in der Reichskanzlei, bei der sein Haus noch die Federführung hatte, nicht mehr hervorgetreten. Ende Juli 1936 bemühte sich Eltz deshalb um einen Termin bei Hitler. Er hob hervor, dass der Reichskanzler bisher keinem Ressort oder keiner Parteidienststelle einen ausdrücklichen Auftrag gegeben habe, seinen auf Schaffung eines „Volkswagens" gerichteten Wunsch auszuführen. Er selbst habe sich für zuständig gehalten, habe jedoch Zweifel, da er in die Gespräche zwischen dem RDA und Hitler nicht eingebunden worden sei. Ihm liege es deshalb in erster Linie an einer Klärung der Frage, ob er dem „Führer" gegenüber für die Ausführung seiner Wünsche verantwortlich sei, oder ob Hitler selbst die Verhandlungen mit dem Reichsverband in der Hand behalten wolle.[362] Besonders kampfeslustig klang das nicht mehr und es ist wahrscheinlich, dass Eltz sich absichern wollte, um später nicht verantwort-

---

[360] „Die Reichsautobahnen, mit denen sich Deutschland führend an die Spitze der Nationen gestellt hat, werden über viele Generationen hinweg von dem einheitlich zusammengefassten Willen Deutschlands zur Verkehrseinheit künden", *Eltz*, Festschrift für Schacht, S. 11.

[361] Reichspost- und Reichsverkehrsminister Frhr. v. Eltz-Rübenach 60 Jahre, DVZ 35, S. 106.

[362] Schreiben RVM an Lammers vom 25.7.1936, BArch R 43-II/753; Bl. 41 f.

lich gemacht zu werden. Die Terminierung des Gesprächs mit Hitler wurde immer wieder aufgeschoben.[363]

Eltz Vorbehalte hinsichtlich des Straßenverkehrs erschwerten die Durchsetzung aller seiner Pläne bei Hitler. Die Gegensätze schienen nun kaum noch überbrückbar. Dass sein Werben für die Belange der Bahn nicht überall ungeteilten Anklang fand und dass dies dem Minister bewusst war, erhellt auch aus der bereits erwähnten Grundsatzrede anlässlich der Hundert-Jahr-Feier der Bahn, wo sich Eltz verteidigen zu müssen glaubte: „Was zu ihrer Vervollkommnung (der Bahn) geschieht, ist nicht krampfhaftes Bemühen, beginnenden unabwendbaren Niedergang aufzuhalten, sondern Vorsorge für eine bessere Zukunft." Die Niederlagen in der Eisenbahnpolitik in den ersten Hitlerjahren sind von Eltz und Dorpmüller gemeinsam zu verantworten. An dem Kampf um eine bessere finanzielle Ausstattung der Bahn ist auch Dorpmüller gescheitert und ebenso wenig ist es beiden gelungen, sich einen entscheidenden Einfluss auf den Güterkraftverkehr und den Autobahnbau zu sichern. Wer die politische Strategie in jenen Jahren bestimmen oder zumindest mitbestimmen konnte, ist angesichts der zersplitterten Zuständigkeiten und nicht mehr rekonstruierbaren informellen Einflüsse nicht mehr im wünschenswerten Maße feststellbar. Der Wirtschaftshistoriker Christopher Kopper sieht die beiden Antipoden auf derselben Seite und kommt zu dem Urteil, dass die Bahn durch die schwache Stellung sowohl des Reichsbahn-Generaldirektors als auch des Reichsverkehrsministers in den Herrschaftsstrukturen des Regimes und den Zwang zur Konformität daran gehindert wurde, ihre berechtigten Interessen durchzusetzen.[364]

V. Dual Use

In einer Kabinettssitzung im Februar 1933 hatte Eltz für ein Staubecken zur Sicherung der Oderschifffahrt (Gesamtkosten 28 Mio. RM) eine erste Tranche angemeldet. Nachdem der Reichsfinanzminister weiteren Prüfbedarf forderte, griff Hitler in die Diskussion ein und stellte den Grundsatz auf, dass jede Arbeitsbeschaffungsmaßnahme unter dem Gesichtspunkt beurteilt werden müsse, ob sie notwendig sei unter dem Gesichtspunkt der „Wiederwehrhaftmachung des deutschen Volkes". Dieser Gedanke müsse immer und überall im Vordergrund stehen. Eltz verteidigte seine finanziellen Forderungen damit, dass der Ausbau der deutschen Wasserstraßen im wehrpolitischen Interesse geboten sei. „Im Ernstfall müsse das gesamte deutsche Verkehrsnetz in Ordnung sein"[365], ein durchsichtiges, im Interesse der Durchsetzung

---

[363] Ausführlich dazu *Kluke*, S. 356 f.
[364] *Kopper*, Modernität, S. 410.
[365] Ministerbesprechung vom 8.2.1933, AdR, Hitler Bd. 1/I Dok. 17, S. 50 f.

V. Dual Use

seines fachlichen Anliegens auch notwendiges, letztlich aber nicht völlig überzeugendes Argument, dem sich auch Reichswehrminister Werner von Blomberg, der dringenderen eigenen Finanzierungsbedarf geltend machte, entgegenstellte. Es wurde beschlossen, in den entsprechenden Kapiteln des Reichshaushalts 1933 (u. a. in den Einzelplänen von Wehr- und Verkehrsministerium) vordringlich Wehrmachtsprojekte und erst dann zivile Projekte wie den Ausbau der Wasserstraßen zu berücksichtigen.[366]

Natürlich waren die Wasserstraßen nicht von großer militärischer Bedeutung, aber die Rolle der deutschen Reichsbahn bei Wiederaufrüstung und Kriegsvorbereitung verdient selbstverständlich erhöhte Aufmerksamkeit. Die Historiker haben im Allgemeinen die Bahn als einen integralen Bestandteil des NS-Unrechtsstaates betrachtet, weil sie zu einem bestimmten Zeitpunkt unbestreitbar in den Waffen- und Rassekrieg der Hitler Diktatur verstrickt wurde. Der amerikanische Historiker Alfred Mierzejewski hat in seiner zweibändigen Reichsbahnstudie „Das wertvollste Kapital des Reichs"[367] die Reichsbahn als eine essentielle Komponente in der Verfolgung der agressiven Kriegsziele des Dritten Reichs *von dessen Beginn an,* bezeichnet.[368] Das Dilemma der Verwendungsfähigkeit für zivile wie auch militärische Zwecke (dual use) betrifft natürlich auch die Eisenbahn, Klaus Hildebrand hat das als ihr „Doppelgesicht" bezeichnet.[369] Ob ihre Nutzung zu einer moralischen Frage wird, richtet sich nach den Umständen. Nun ist nicht zu bezweifeln, dass die Menschen, die in leitender Funktion im Reichsverkehrsministerium und bei der Reichsbahn tätig waren, die Eisenbahn als größtes logistisches Dienstleistungssystem in Deutschland auch nach 1933 in einer ganz generellen und umfassenden Rückbezüglichkeit zum Einsatz gebracht haben. Dazu verpflichtete sie der der Bahn obliegende hier einmal ganz bewusst in Anführungszeichen gesetzte „Allgemeinwohlauftrag". Mit seiner Aussage, dass im Verteidigungsfall „alles in Ordnung" sein müsse, hat Eltz insofern doch den richtigen Punkt getroffen. Schon in der Weimarer Republik wurde nach Beendigung der Oberaufsicht der Alliierten über die DRG eine engere Zusammenarbeit der Bahn mit der Reichswehr in Gang gesetzt und es wurden Mobilisierungspläne entworfen. Diese noch vergleichsweise niedrigschwelligen, möglicherweise klassischer Militärroutine und sicherheitspolitischer Vorsorge gestern wie heute entsprechenden Planungen wurden nach 1933 ausgeweitet.[370] Die Auffassung der Wehrmacht über die militärische Bedeutung der Eisenbahn als Rückgrat der militärischen Transportlogistik entsprach

---

[366] *Petzina*, S. 43.
[367] *Mierzejewski*, Alfred: The most valuable asset of the Reich.
[368] *Mierzejewski*, Bd. 2, S. XI, 162.
[369] Vgl. *Hildebrand*, S. 165.
[370] Vgl. *Mierzejewski*, Bd. 2, S. 59 ff.

klassischem militärischem Denken. Es kann kein Zweifel daran bestehen, dass sie vom Reichsverkehrsminister, dem alten Fahrensmann aus der Eisenbahnabteilung der Reichswehr, ideologisch-nationalistisch grundsätzlich und ressortegoistisch-pragmatisch geteilt wurde. Es entsprach der Logik der Verteidigung der Interessen der Bahn auf politischer Ebene, dass Eltz seine Lobby-Arbeit in dieser Frage fortsetzte und beim Kampf um die Geldtöpfe das Argument der „Verteidigungsfähigkeit" immer wieder in der Absicht, Geld locker zu machen in Ansatz brachte. In einem Zeitungsinterview im Jahr 1935 sagte er: „Von der militärischen Bedeutung der Eisenbahn will ich gar nicht sprechen. Sie ist so klar, dass sie kaum hervorgehoben zu werden braucht."[371] 1936 bekannte er sich dazu, dass man die Bahn aus volkswirtschaftlichen und wehrpolitischen Erwägungen nicht entbehren könne und dass man nicht einmal eine leise Verminderung ihrer Leistungsfähigkeit in Kauf nehmen dürfe.[372] Wie es Hitler in der eingangs zitierten Sitzung klar zum Ausdruck gebracht hat, spielte die „Wiederwehrhaftmachung des deutschen Volkes" von Anfang an eine vorrangige Rolle. Er hat sich von Anfang an des öfteren in abstrakter Form über die Priorität der Militärausgaben geäußert. Davon war das Verkehrsministerium unmittelbar betroffen. 1935 hat er den Kompromiss in der Frage des gewerblichen Güterverkehrs als einen fairen Ausgleich zwischen Schiene und Straße *im Interesse der Sicherstellung der Kriegsvorbereitungen* bezeichnet.[373] Paradoxerweise führte das aber nicht zu einer Bevorzugung der Eisenbahn, dem „Stiefkind des nationalsozialistischen Deutschland" (Klaus Hildebrand[374]). Hitler lehnte die von der Wehrmacht geforderte stärkere Militarisierung der Reichsbahn zum damaligen Zeitpunkt ab.[375] Schon bei dem Kampf um eine angemessene finanzielle Ausstattung der Bahn durch Ausgleich für politisch niedrig gehaltene Personentarife (1935/36) musste sich der Verkehrsminister dem Argument des Reichskanzlers beugen, die Aufrüstung habe Vorrang. Göring behandelte in seiner Eigenschaft als Generalbevollmächtigter für die Kriegswirtschaft die Bahn sogar nachrangig, indem die neu eingeführte Stahlkontingentierung zugunsten der Rüstungswirtschaft zu Abstrichen bei den geplanten Investitionsprogrammen der Bahn führte.[376] Forderungen des Ministers auf Erweiterung des rollenden Materials und höhere Rohstoffkontingente wurden zurückgewiesen. Die Eisenbahn war zum Leidwesen von Eltz nicht in den 1936 eingerichteten Vierjahresplan, der die Erreichung der wirtschaftlichen und

---

[371] DVZ 35, S. 877.
[372] Verkehrswissenschaftliche Tagung 1936, DVZ 36, S. 220.
[373] Am 29.5.1935, zit. nach *Mierzejewski*, Bd. 2, S. 41, s. S.
[374] *Hildebrand*, S. 221; ähnlich *Mierzejewski*, Bd. 2, S. XIII.
[375] *Hildebrand*, ebda.
[376] Vgl. *Kopper*, Handel, S. 34.

militärischen Kriegsfähigkeit zum Ziel hatte, einbezogen.[377] Die Bahn geriet ganz im Gegenteil in die Rolle des Zahlmeisters für politisch-militärische Projekte anstatt von ihnen durch Investitionen zu profitieren. Gegenüber der Öffentlichkeit musste der Minister um Verständnis dafür werben, dass die Abgaben der Bahn an den Reichshaushalt auch nach Entlastung von der Reparationssteuer[378] erhalten blieben:

> „So sehr ich anerkenne, dass es für ein Eisenbahnunternehmen außerordentlich schwer ist, 9% der Bruttoeinnahmen als Abgabe an den Staat abzuführen, habe ich mich doch der Auffassung des Reichsministers der Finanzen nicht verschließen können, dass das Reich bei seinen gegenwärtigen großen Aufgaben der Wehrhaftmachung des deutschen Volkes auf diese Einnahmen nicht verzichten kann."[379]

Eltz war sichtlich bereit und es wurde von ihm erwartet, seinen Beitrag zur Querfinanzierung der Aufrüstung zu leisten. Er wollte sicher alles für die Ausstattung der Eisenbahn tun. Aber in der Formung der Bahn zu einer sog. „4. Teilstreitkraft", wie es später einmal heißen sollte, hat er jedenfalls nicht mehr angestrebt als Hitler zum damaligen Zeitpunkt selbst.

Eltz hat das Amt des Verkehrsministers von 1932 bis 1937 inne gehabt, ein Zeitraum der seine politische Verantwortung absteckt. Wenn Klaus Hildebrand geschrieben hat, dass der Bahn nur noch der „letztlich ruinöse Dienst für die totalitäre Zwangsanstalt" und ihre kriegerischen und rassistischen Ziele blieb und ihre zivilisatorischen Leistungen von dem barbarischen Programm der nationalsozialistischen Tyrannis vereinnahmt wurde[380], so kann sich das nur auf die Zeit nach dem Rücktritt des Verkehrsministers beziehen. Im Wesentlichen um das Jahr 1937 herum sind konkrete Eisenbahnprojekte identifiziert worden, die deutlich unter den Begriff „Kriegsvorbereitungen" subsumiert werden können.[381] Im Herbst des Jahres wurden Vorkehrungen für den militärischen Aufmarsch und die wirtschaftliche Versorgung des Reiches festgelegt. Ein „Höchstleistungsfahrplan" wurde konzipiert, der die gleichzeitige Erfüllung der Aufgaben des öffentlichen Personenverkehrs und der militärischen Anforderungen sicherstellen sollte. Hinzu kam ab 1938 die Eingliederung anderer Eisenbahnsysteme, insbesondere des österreichischen, des sudetendeutschen und des memelländischen in die Verkehrsinfrastruktur des Reichs.[382] Des Weiteren ist zu erwähnen der „Westwall" (1938), ein militärisches Bauprojekt, von dem Fritz Todt gesagt hat, seine (erfolgreiche)

---

377 Vgl. *Mierzejewski*, Bd. 2, S. 67.
378 Beitrag zur Verzinsung der Dawes- und Young-Anleihen in Höhe von 70 Mio RM jährlich.
379 Ansprache auf dem Presseempfang am 3. Januar 1936, Reichsbahn (36) S. 49.
380 *Hildebrand*, S. 220.
381 *Kopper*, Handel, S. 24f.; *Hildebrand*, 221 ff.; *Gottwaldt*, Juden, 399f.
382 Hierzu *Hildebrand*, S. 223.

Fertigstellung sei mehr eine Transport- als eine Baufrage gewesen.[383] Aber das kam alles später. Bis zum Rücktritt von Eltz im Januar 1937 wird man daher nur mit Einschränkung von einer bewussten militärstrategischen Überformung der Bahn sprechen können. Reichsbahn und Ministerium hatten noch lange keine klare Vorstellung von Hitlers Kriegsplänen. Alfred Mierzejewski hat aus der Zögerlichkeit der Durchführung zum Teil militärisch motivierter Ausbauprojekte der Bahn den Schluss gezogen, dass der Bahn bis März 1939 nicht klar war, dass ein Krieg drohte und sie auch nicht prioritär in entsprechende Vorbereitungen einbezogen wurde.[384] Eltz war in seinen vier Jahren unter Hitler in dieser Hinsicht weniger Mittäter als ein einverstandener, aber nicht begeisterter Mitwisser. Vorangetrieben hat er auf diesem Feld nichts. Im Herbst 1936 vermerkte Goebbels: „Mit Blomberg und Eltz Neubau von Sendern besprochen. Auch das geht jetzt glatt. Wir bauen hauptsächlich für den Kriegsfall."[385] Allerdings scheint das nur die halbe Wahrheit gewesen zu sein. Drei Monate später war der Propagandaminister dann doch zufriedener mit dem Nachfolger des zurückgetretenen Postministers: „Mit Ohnesorge kann man arbeiten. Mit Eltz war das unmöglich … Der Bau der neuen Sender geht los. Dazu beschleunigte Einführung des Drahtfunks. Kriegswichtige Aufgabe.!"[386] Auch wenn man davon ausgeht, dass alles seine Vorgeschichte hat und irgendwie aufeinander aufbaut, auch wenn man auf den Prozesscharakter der Entwicklung hin zum Angriffskrieg schaut, erscheint es überspannt, die Implikation der Reichsbahn in die aggressive Außenpolitik summa summarum 1933 beginnen zu lassen. Als der inzwischen zum Staatssekretär im RVM avancierte Wilhelm Kleinmann im Jahr 1939, also zwei Jahre nach dem Rücktritt von Eltz, seine fachlichen Zuhörer auf die Priorisierung militärischer Erfordernisse der Bahn einstimmte und dies ausdrücklich als ein (aus seiner Sicht offensichtlich erforderliches) „Alarmsignal" verstanden wissen wollte, waren für Mierzejewski „die *Friedensjahre* für die Reichsbahn zu einem nüchternen Ende gekommen".[387] Alfred Gottwaldt setzt den Zeitpunkt, in dem die Bahn „zum Gehilfen Hitlers bei seinem Vormachtstreben in Europa" geworden ist mit dem vollen Einsetzen der Rüstungsproduktion sowie den diplomatischen und politischen Vorbereitungen der militärischen Expansion des Dritten Reichs auf den Herbst 1937 an, wobei er vorsichtig ein „spätestens" angefügt hat.[388] Dazu sei lediglich ergänzt, dass es im Krieg zu schweren regierungsinternen Auseinandersetzun-

---

[383] Die Reichsbahn (1939), S. 634.
[384] Vgl. *Mierzejewski*, Bd. 2, S. 61 f.
[385] GTB 10.11.1936, 3/II, S. 245.
[386] GTB 13.2.1937, 3/II, S. 372.
[387] *Mierzejewski*, Bd. 2, S. 76. was den Autor aber nicht daran hindert, das Jahr 1933 als Beginn der militärstrategischen Verstrickung der DRG anzuführen.
[388] *Gottwaldt*, Juden, S. 399 f.

gen kam, weil die Kriegführung im Osten die Reserven der Reichsbahn völlig überforderte. Auf eine totale Kriegsführung war die Bahn nicht eingestellt.[389]

VI. Binnen- und Seeschifffahrt

Eltz war nicht nur „Eisenbahnminister". Binnen- und Seeschifffahrt beanspruchten einen großen Teil seiner Arbeitskraft. Zum festen Bestandteil seines Alltags gehörten nicht abreißende Ketten von Grundsteinlegungen, ersten Spatenstichen, Einweihungen, Stapelläufen und Dankveranstaltungen, die das Bild eines nach vorn gerichteten, auf die Bedürfnisse der modernen Zeit sich einstellenden Staats vermitteln und die Massen mobilisieren sollten. Eine große Zahl der Projekte war bereits in Weimar konzipiert oder schon begonnen worden. Da wurde im Mai 1934 der Hafen von Braunschweig eingeweiht, im Mai folgte die Grundsteinlegung für den Adolf Hitler-Kanal.[390] Im September 1935 wurde der Küstenkanal, der das rheinisch-westfälische Industriegebiet mit der Unterweser verband, eröffnet. Zahlreiche weitere Wasserstraßenprojekte wurden durchgesetzt, um die deutschen Seehäfen besser anzubinden und damit dafür zu sorgen, dass der internationale Handel noch stärker über die deutschen Seehäfen geleitet wird.[391] Am 21. März 1934 wurde das Schiffshebewerk in dem in der Uckermark gelegenen Niederfinow eingeweiht, eine ingenieurtechnische Großtat („Tausend-Tonnen-Fahrstuhl"), mit deren Bau bereits im Jahr 1926 begonnen worden war. Die Stahlkonstruktion sollte einen Geländesprung von 36 Metern ausgleichen und damit vier Einzelschleusen ersetzen. Ziel war die Herstellung eines Großschifffahrtsweges Berlin – Stettin. Die Einweihungsfeier geriet unter der Ägide von Goebbels Propagandaministerium auf dem von Albert Speer gestalteten Festplatz zu einer, wie es hieß, „großzügigen Propagandaveranstaltung", an der 50.000 Menschen teilgenommen haben sollen. Eltz verwies in seiner Rede auf die im Vorjahr „unter dem Oberbefehl des Führers geschlagene Arbeitsschlacht", an der die Reichswasserstraßenverwaltung wesentlichen Anteil gehabt habe und die nun in die Schlacht des zweiten Kampfjahres übergehe, „die weiteren zwei Millionen darbenden Volksgenossen zu Lohn und Brot verhelfen soll". Eltz bezeichnete Niederfinow als das weitaus größte Schiffshebewerk der Welt, eine Glanzleistung deutscher Technik, das auch in Zeiten schlimmster Not Zeugnis davon ablege, dass der Arbeitswille des deutschen Volkes nicht gebrochen worden sei.[392] Entgegen ursprünglichen Erwartungen nahm der Reichskanzler nicht teil, sondern ließ sich durch Ru-

---

389 *Kopper*, Handel, S. 24 ff.
390 Gleiwitzkanal/Kanal Gliwicki.
391 Im Einzelnen *Eltz*, Festschrift für Schacht, S. 9.
392 Deutsche Allgemeine Zeitung vom 21.3.1934.

dolf Heß vertreten. Adolf Hitler nahm am selben Tag stattdessen den ersten Spatenstich für die Reichsautobahn München – Landesgrenze Österreich vor. Seine Rede wurde landesweit übertragen. Der Reichskanzler setzte damit ein deutliches politisches Signal für den Straßenverkehr. Die politische Regie hatte dem Minister und seinem Hebewerk den ihm nach Auffassung der Staatsspitze gebührenden Platz zugewiesen.

In der Seeschifffahrt vertrat Eltz eine eher marktwirtschaftliche Position und kämpfte gegen „ungesunde Konzernbildungen" in der Hoffnung, dass die deutschen Reeder ihre Rolle in der internationalen Schifffahrt „aus eigener Kraft" spielen könnten. Dazu gehörte freilich auch, dass den Reedereien zum Ausgleich für Währungsungleichgewichte Beihilfen gewährt wurden. Die Deutsche Verkehrszeitung hat aus Anlass des 60igsten Geburtstags des Ministers die Umstellung der Reichswasserstraßenbaupolitik auf die Regulierung der natürlichen Flüsse und auf den Verkehr von und nach den deutschen Seehäfen durch zahlreiche Bauprojekte hervorgehoben.[393] Im Schifffahrtssektor wird man daher den Raum der stillen Erfolge dieses Mannes sehen können.

Abb. 8: Schiffshebewerk Niederfinow bei der Eröffnungsfeier am 21.3.1934.

---

[393] DVZ 35, S. 105.

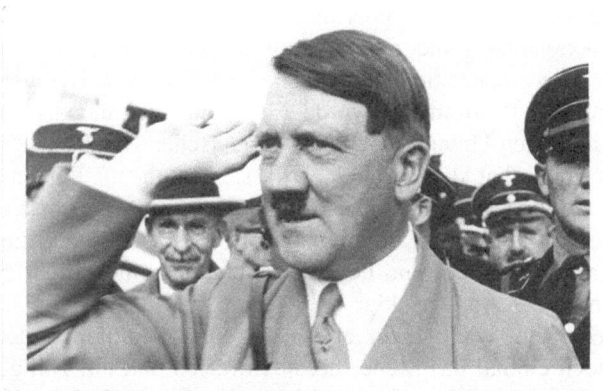

Abb. 9: Der Reichsminister, eingerahmt von Adolf Hitler, ca. 1935.

Im Bereich von Schiene und Straße haben vor allem die von Hitler mit großem persönlichen Engagement vorgegebenen konträren verkehrspolitischen Orientierungen, gegen die kein Ankommen war, eine Gestaltung der Verkehrspolitik, wie sie sich Eltz gewünscht hätte, erschwert. Über allem stand der Reichskanzler, der die großen strategischen Weichenstellungen in Kernbereichen des Kraftverkehrs, aber auch bei der finanziellen Ausstattung der Eisenbahn bestimmt hat. Damit war der geduldig erkämpfte erweiterte Handlungsspielraum, den ein Eisenbahnminister in ruhigeren Zeiten vielleicht hätte stärker ausspielen können, zum Teil wieder verloren. Wieweit Paul von Eltz seine neue Macht zur Durchsetzung der von ihm als richtig erkannten Ziele tatsächlich nutzen konnte, ist nicht eindeutig zu beantworten und bedürfte eingehender Detailstudien.

VII. Der Reichspostminister

Eltz war der erste und einzige Minister, dem die beiden Ressorts Post und Verkehr zusammen anvertraut wurden. Das Konzept folgte einem Gutachten des Präsidenten des Reichsrechnungshofs, Friedrich Saemisch.[394] Die Ratio wurde damals in der Harmonisierung der in beiden Ressorts angesiedelten, sich überschneidenden Gebiete des Verkehrs- und Transportwesens gesehen, an dem die Post mit ihrem Kraftfahrzeugwesen („Kraftpost") beteiligt war. So war es nur konsequent, dass Saemisch den neuen Minister Eltz im Jahr 1932 „zur Übernahme *der beiden Verkehrsministerien*" beglückwünscht

---

[394] Nachlaß Saemisch, BArch NL 1171/61, Bl. 176.

hatte.³⁹⁵ Die Verbindung von Post und Verkehr durch die Personalunion der beiden Ministerämter ohne organisatorische Zusammenlegung der beiden Häuser war allerdings eine halbe Sache, die Eltz vor Herausforderungen stellen sollte. Als Postminister wurde Eltz Leiter des damals noch weitgehend selbstständigen Unternehmens, der „Deutschen Reichspost". Ein halbes Jahrhundert zuvor hat der Wirt einer Passagierstube in Fürstenwalde dem durch das Oderland reisenden Theodor Fontane seine Weisheit mit auf den Weg gegeben: „Bahnhof ist Bahnhof und Post ist Post, aber die Menschen tun immer, als ob Bahnhof und Post all ein und dasselbe wäre".³⁹⁶ Auch dem neuen Postminister war das klar. Bei seiner Antrittsrede gab Eltz deshalb offen zu bedenken, wie schwer es sei, als alter Beamter in der Mitte der Fünfziger noch einmal das Steuer herumzuwerfen und ein völlig neues Aufgabengebiet zu übernehmen.³⁹⁷ Der Poststaatssekretär Karl Sautter würdigte bei der Amtsübernahme des neuen Ministers dessen „Sachlichkeit und vornehme Einstellung", die sein bisheriges amtliches Wirken ausgezeichnet habe, erwähnte aber im Hinblick auf das von Eltz parallel geleitet Verkehrsministerium, dass „die Belange der Reichspost, nicht immer mit denen der Reichsbahn konform sein können".³⁹⁸ Mit der Post hatte Eltz in der Tat bisher nur wenig Berührungspunkte gehabt. Im Reichspostministerium gewann der Minister aber an Einfluss, weil die Post völlig in den Regierungsapparat eingegliedert wurde und damit eine Mitsprache des Postverwaltungsrats entfiel. Deshalb war bei der Post die unmittelbare Anbindung an die Regierung stärker als bei der Bahn. Das Prinzip hatte auf seine Weise schon Wladimir Iljitsch Lenin erkannt, der unter Berufung auf einen deutschen Sozialisten, und damit auf die deutsche Post, einmal verkündet hat: „Die Post ist ein Muster der sozialistischen Wirtschaft .... Unser nächstes Ziel ist, die gesamte Volkswirtschaft nach dem Vorbild der Post zu organisieren .... Das ist der Staat, das ist die ökonomische Grundlage des Staates, wie wir sie brauchen."³⁹⁹ Auch das Postministerium blieb von Begehrlichkeiten anderer Macht- und Einflusssammler nicht verschont. Das neu geschaffene Reichsministerium für Volksaufklärung und Propaganda zog im März 1933 die Zuständigkeit für den Rundfunk zu sich herüber, wenn auch erst „nach langen Kämpfen" wie dessen Leiter, Joseph Goebbels, mit Blick auf Eltz notierte.⁴⁰⁰ Im Juni wurde mit Eltz und Außenminister von Neurath Einigung über das mit einem gro-

---

³⁹⁵ Ebda.
³⁹⁶ *Fontane*, S. 955.
³⁹⁷ DVZ 1932, S. 419.
³⁹⁸ Ebda., S. 418.
³⁹⁹ *Lenin*, S. 439.
⁴⁰⁰ GTB vom 23.3.33, 2/III S. 153: „Nachmittags Konferenz bei Eltz. Nach langen Kämpfen gelingt es mir, der Post den Rundfunk aus der Hand zu ziehen. Ohnesorge, der Heuchler, ist am Gemeinsten. Na warte!"

VII. Der Reichspostminister   127

ßen Etat ausgestattete Auslandspropagandaamt erzielt, das ebenfalls Goebbels zugeschlagen wurde.⁴⁰¹ Eltz, der an dieser Stelle ja ein ihm bisher fremdes Ressort neu übernommen hatte, werden diese Verluste nicht im gleichen Maße ans Herz gegriffen haben wie das, was aus dem Verkehrsministerium abgeflossen war.⁴⁰² Dennoch stand seine Tätigkeit als Postminister im Dritten Reich von Anfang an unter keinem guten Stern: Stärker als im Verkehrsbereich, in dem er als erstklassiger Fachmann gelten konnte, war er bei der Post auf den fachlichen Rat und die Loyalität seiner Mitarbeiter angewiesen. Es sollte sich in diesem Zusammenhang als besonders verhängnisvoll erweisen, dass er einen bis in die Spitze der nationalsozialistischen Nomenklatura vernetzten Beamten nicht als geschäftsführenden Staatssekretär verhindern konnte: Wilhelm Ohnesorge. Bei der Post hatten starke parteinahe Kräfte das Ziel, höhere Beamte des „Weimarer Systems" auszutauschen und durch zuverlässige Nationalsozialisten zu ersetzen. Den Personalrochaden fiel schließlich der „geschäftsführende Staatssekretär" Karl Sautter zum Opfer. Dem erfahrenen und untadeligen Sautter wurde insbesondere vorgeworfen, er habe sein Amt nur gewerkschaftlicher oder sozialdemokratischer Patronage während der Weimarer Zeit zu verdanken gehabt. Noch im Mai 1933 sah Eltz aber keinen stichhaltigen Grund, Sautter zum Rücktritt zu veranlassen.⁴⁰³ Er war auch nur bereit, Ohnesorge, zu der Zeit Präsident des Reichspostzentralamts, in das Amt des zweiten, des „technischen" Staatssekretärs zu befördern. Aber der politische Druck wurde offenbar so stark, dass Eltz Ohnesorge am 6. Juli 1933 doch in das höherwertige Amt des geschäftsführenden Staatssekretärs berief, das diesem von Hitler bereits vor der Machtergreifung zugesagt worden war.⁴⁰⁴ Hieraus entstand eine ständig sprudelnde Quelle des Missvergnügens.

Der technisch und organisatorisch äußerst begabte Ohnesorge hatte sich in der Post seit der Kaiserzeit von der Pieke auf hochgearbeitet und war in den höheren Postdienst aufgestiegen.⁴⁰⁵ Ohnesorge war ein „alter Kämpfer" mit Mitgliedsnummer 42, ein glühender Fanatiker, der ein enges persönliches Verhältnis zu Adolf Hitler pflegte. In einer Rede im Jahr 1935 beim „Messetreffen der Technik" in Leipzig hat er seine Überzeugung folgendermaßen in Worte gegossen: „Das Reich, der Staat ist nur die Lebensform, welche die Volksgemeinschaft umschließt. Die Technik hat für dieses Leben die Waffen und Werkzeuge zu stellen, die viel gewaltiger ausfallen müssen, als alle

---
⁴⁰¹ GTB 8.6.33, 2/III S. 201.
⁴⁰² Als Indiz führt *Lotz*, S. 21, an, dass Eltz selbst ganz überwiegend zu Verkehrsfragen publiziert hat, während er das bei der Post seinem Staatssekretär Ohnesorge überließ.
⁴⁰³ *Lotz*, S. 40.
⁴⁰⁴ Ebda., S. 38.
⁴⁰⁵ Ausführlich zur Person Ohnesorge: *Lotz*, S. 22 ff.

Männer und Geschlechter vor Adolf Hitler es nur ahnen konnten, weil eben das Leben dieses neuen Reichs, das Leben des deutschen Volkes ein so viel gewaltigeres sein wird unter diesem Führer."[406] Technische Begabung und ideologische Motivation zeichneten den neuen Staatssekretär ebenso aus wie beruflicher Ehrgeiz. Er wollte selbst Postminister werden. Voraussetzung hierfür war vor allem die Aufhebung der Personalunion in der Führung von Post und Verkehr. Ganz im Gegensatz dazu trug sich Eltz mit dem Gedanken, die Post als „Hauptverwaltung Deutsche Reichspost" in sein Verkehrsministerium einzugliedern. Geschehen sollte dies in einem als Entwurf bereits sehr weit gediehenen Gesetz über Verwaltungsvereinfachung, von dem in anderem Zusammenhang schon die Rede war. Die anderen Ressorts hatten dem bereits zugestimmt.[407] Für Eltz wäre das ein großer Erfolg gewesen. Der Minister hatte seinen Staatssekretär von dem Projekt ferngehalten, was einerseits verständlich war, sich aber andererseits als schwerer Fehler erweisen sollte. Denn als Ohnesorge Anfang Februar 1934 von dem Gesetzentwurf erfuhr, reagierte er umgehend und schrieb unter Umgehung des Dienstwegs an Adolf Hitler.[408] Er beschwerte sich darüber, dass Eltz ihn außen vor gelassen hatte und übte scharfe sachliche und politische Kritik an seinem Minister. In der Sache führte er aus, dass Post und Eisenbahn zusammen über eine Million Beamte, Angestellte und Arbeiter umfassten. Dies erfordere mit Rücksicht auf die gewaltigen Aufgaben die Verwaltung jeweils durch ein eigenes Ministerium. Darüber hinaus nahm er Eltz auch als Politiker ins Visier:

„Die Widerstände, die mir die Bürokratie bei meinen Bestrebungen um die Verankerung des Nationalsozialismus und bei der Durchführung unserer Grundsätze entgegenstellt und die dauernd zu schweren Kämpfen führen, finden ihren Halt in der Person des Ministers, dem der Nationalsozialismus fremd ist, der außerdem immer unentschlossen ist und dem – diese Überzeugung habe ich mit der Zeit gewinnen müssen – ich selbst im Grunde nur ein lästiger Mahner bin. Um die kleinsten Maßnahmen nationalsozialistischen Charakters muss ich meist tagelang kämpfen."

Er bezeichnete die Amtsführung seines Ministers als die „Reaktion des Liberalismus gegen den Nationalsozialismus", was man nach allem, was wir von Eltz wissen, als etwas ungerecht bezeichnen muss. Jedenfalls habe die Unterstellung der Post unter das Verkehrsministerium auch aus politischen Gründen zu unterbleiben. Gleichzeitig machte Ohnesorge deutlich, dass Eltz fachlich mit der Post zu wenig vertraut sei, das Personal nicht kenne, und von der „alten, heiligen Lehre vom Nationalsozialismus" nichts verstehe. Er zog daraus den doppelten Schluss, dass die Situation „ein durchaus selbst-

---

[406] Rede beim Messetreffen der Technik am 10.3.1935 in Leipzig, DVZ 35, S. 180.
[407] Schreiben Frick an Lammers am 15.2.1934, BArch R 43-II/1146, Bl. 15.
[408] Drei, im wesentlichen übereinstimmenden Entwürfe in den Akten o. D., BArch R 4701/11203.

ständiges Ministerium mit einem eigenen *nationalsozialistischen* (Hervorh. d. V.) Minister" gebiete. Einer der Briefentwürfe endet mit dem dramatischen Appell: Jetzt komme ich in letzter Stunde! Der von dem federführenden Innenministerium bereits in den Ressorts abgestimmte Gesetzentwurf über die Verwaltungsvereinfachung wurde von der Reichskanzlei ohne Angabe von Gründen, mit großer Wahrscheinlichkeit aber auf Veranlassung von Hitler, zurückgezogen. Wenige Wochen später wurde ein Gesetz verabschiedet, in dem von der ursprünglich geplanten Eingliederung der Post in das Verkehrsministerium nicht mehr die Rede war. Andererseits wurde an der Stellung von Eltz als Leiter beider Häuser in Personalunion nicht gerührt und dem Verkehrsministerium eine Art Richtlinienkompetenz für eine einheitliche Verkehrspolitik zugebilligt. Das war unter den gegebenen Bedingungen immer noch ein Achtungserfolg für den Verkehrsminister. Die Tatsache, dass Ohnesorge sein illoyales Vorgehen auch noch den Akten anvertraut hat, beweist das große Vertrauen des agitierenden Staatssekretärs in die Machtverhältnisse. Dass Eltz den Angriff auf seine Stellung abwehren konnte, zeigt aber auch, dass seine Position bei Hitler, obwohl er kein Parteigenosse war, nicht weniger als robust war. Aus dem Feld geschlagen war Ohnesorge damit aber keineswegs. Der Verfasser der einschlägigen Chronik der Post im Dritten Reich, Wolfgang Lotz, hat ihn als „den eigentlichen Leiter der Reichspost" bezeichnet.[409] Das schamlose Vorgehen von Ohnesorge lässt einen ahnen, welche Arbeitsatmosphäre über die nächsten vier Jahre im Postministerium geherrscht haben muss.

Als Eltz das Amt 1932 übernommen hatte, war die Reichspost ein Opfer der Weltwirtschaftskrise geworden. In allen Betriebszweigen war es zu starken Rückgängen gekommen, bei den Briefsendungen, um nur ein Beispiel zu nennen, da es sich um die wichtigste Sparte handelte, zwischen 1929 und 1932 um mehr als ein Viertel.[410] Dieser Rückgang konnte nicht durch einen Abbau der Beschäftigten kompensiert werden, weil damit die erschreckend steigende Arbeitslosigkeit noch weiter befeuert worden wäre. Die Finanznot führte zu einem erheblichen Rückstau bei den Investitionen. Das Post- und Fernmeldewesen hatte seinem Minister zahlreiche organisatorische Verbesserungen zu verdanken. Es gab Vorstöße des Ministers zur Vereinfachung und Verbilligung der Verwaltung, wobei die Verringerung der Zahl der Oberpostdirektionen (OPD) im Reichsgebiet wieder auf die Tagesordnung kam. Entsprechende Ansätze während der Weimarer Zeit waren wegen Widerstandes auf Landes-, Kreis- und Kommunalebene vertagt worden. Eltz setzte sich hierfür nachdrücklich und letztlich mit Erfolg ein. 1934 wurden 5 OPDs geschlossen. Das war ein Angang, denn die Vergrößerung der Gebiete der

---
[409] *Lotz*, S. 9.
[410] *Lotz*, S. 12.

weiterbestehenden, jetzt Reichspostdirektion (RPD) genannten nachgeordneten Behörden war wegen der Überschneidung mit der Neueinteilung des Reichs in Gaue als auch wegen regionalwirtschaftlicher Erwägungen dauerhafter Kritik, auch aus Parteikreisen, ausgesetzt.[411] Im Übrigen musste auch die Reichspost 1933 in größerem Umfang neue Arbeitsbeschaffungsprogramme auflegen. Das führte vorübergehend zu einer höheren Neuverschuldung, die aber in den Jahren 1934 bis 1938 wieder abgebaut werden konnte.[412] Die Vertretung der Anliegen der Post in der Öffentlichkeit überließ Eltz weitgehend Ohnesorge, der in diesem Bereich starke publizistische Aktivitäten entwickelte. Eltz hat, seinem unitarischen Credo folgend, mit großer Zielstrebigkeit die Aufhebung des Reichspostfinanzgesetzes und die Revision der Poststaatsverträge mit Bayern und Württemberg vorangetrieben, womit die Mitbestimmung der beiden Länder in postalischen Angelegenheiten endgültig verloren ging.[413] Gleichzeitig waren damit die Tage gezählt, in denen die Post mehr als Unternehmen denn als Behörde bezeichnet werden konnte. Hier vollzog sich der gleiche Prozess, den die Reichsbahn wegen der Alliiertenvorbehalte erst 3 Jahre später durchlaufen sollte und der voll und ganz den Vorstellungen von Eltz entsprach. Am 1.März 1936 übergab Eltz die erste „öffentliche Fernsehsprechstelle der Welt" der Öffentlichkeit. Der „Völkische Beobachter" jubilierte, von dem Tag werde man noch in Jahrhunderten sprechen. Eltz sprach von der Erfüllung eines Traums der Menschheit: „Wir können mit einer Person an weit entferntem Ort sprechen und sie dabei sehen, als stände sie vor uns."[414] Am Ende der Leitung von Berlin nach Leipzig war der dortige Oberbürgermeister Carl Goerdeler. Die Idee ist langsam weiterentwickelt worden, bis sie in den zwanziger Jahren des 21. Jahrhunderts zu einer gewissen Reife gelangt ist.

Die *Briefmarkenpolitik* des Reichspostministeriums ist ein politischer Gradmesser für die Unterstützung des Ministers bei der Projektion nationalsozialistischer Ziele.

Die Auswahl der Motive und die Entwürfe wurden üblicherweise im Ministerium vorbereitet und dann dem Kabinett zur Kenntnis gegeben. Hitler hat sich hier verschiedentlich mit Änderungswünschen aktiv eingebracht. Man kann schon staunen, dass sich Eltz anfangs hierüber kurzerhand hinweggesetzt hat. Schon kurz nach seiner Ernennung zum Reichskanzler machte Hitler den Vorschlag, zur Erinnerung an die Kabinettsbildung im Ja-

---

[411] Vgl. *Lotz*, S. 74 ff.

[412] Im Einzelnen *Lotz*, S. 225 ff.

[413] Der Historiker Martin Vogt sieht in dieser „totalen, entschädigungslosen Verreichlichung in dieser letzten Form einen eklatanten Rechtsverstoß", *Vogt*, S. 248; anders *Lotz*, S. 71, 74.

[414] Völkischer Beobachter vom 2.3.1936.

nuar 1933, jetzt „nationale Erhebung" genannt, eine Sondermarke herauszugeben. Eltz lehnte das rundheraus ab und argumentierte mit dem Jahresprogramm der Post. Er verwies darauf, dass aus wirtschaftlichen und betrieblichen Gründen die Möglichkeiten der Post für das laufende Jahr erschöpft seien.[415] Zur ersten Wiederkehr des Tages der Machtübernahme der Regierung der „nationalen Erhebung", also im Januar 1934, kam es dann aber doch zu der erwünschten Sondermarke.[416] Schwerpunkte in den folgenden Jahren waren Motive, die sich indirekt auf Einschränkungen durch den Versailler Vertrag bezogen. Luftfahrt und Kolonialthemen wurden in Szene gesetzt, um den in weiten Kreisen als berechtigt angesehenen Forderungen nach Gleichbehandlung Deutschlands auf internationaler Ebene Nachdruck zu verleihen. Es wurden im übrigen Marken zum Heldengedenktag, zu Reichsparteitagen und zu dem Hitlerputsch von 1923 herausgegeben.[417] Mit der Sondermarke vom 26. August 1934 machte die Reichspost Werbung für die Rückkehr des Saargebiets zum Reich. Die aus deutscher Sicht sehr erfolgreiche Volksabstimmung, die im Januar 1935 stattfand, konnte mit einer erdrückenden Zustimmung der Saarländer zur Rückgliederung des Saargebiets abgeschlossen werden (91% Ja-Stimmen). Das Postministerium hatte in diesem Zusammenhang wiederholt mit Stolz auf die Leistungen der Reichspost hingewiesen.[418] Der ungeheure Erfolg des Reichs kann natürlich nicht allein mit der Mitwirkung der Post durch die Sondermarke und andere Maßnahmen der Post[419] und auch nicht durch die Personentransportleistungen der Bahn erklärt werden. Eine spezifische Rolle spielte dabei auch die katholische Kirche, die sich bei der überwiegend katholischen Bevölkerung des Saarlands für eine Rückkehr nach Deutschland ausgesprochen hatte. Der Abstimmungserfolg gilt auch als das Verdienst des mit Eltz verbundenen Trierer Erzbischofs Rudolf Bornewasser. Der Trierer Bischof hatte sich bemüht, nazikritische Stimmen unter den Saarkatholiken durch seine bischöfliche Autorität zu neutralisieren. Er tat das in der Hoffnung, mit diesem Hilfsdienst auf Hitler Druck auszuüben, das im Juli 1933 unterzeichnete Reichskonkordat, das auch den Schutz katholischer Institutionen verbürgte, geist- und buchstabengetreu durchzuführen.[420] Die Hoffnung des Bischofs auf ein kirchenpolitisches Einlenken Hitlers wurde aber bald zunichte gemacht.[421]

---

[415] Hierzu und zum folgenden: *Martens*, S. 324 ff.
[416] BArch R 43-II/266 Bl. 19, 29.
[417] *Martens*, S. 326.
[418] DVZ 35, S. 50–51, S. 121 ff., S. 141.
[419] *Lotz*, S. 147.
[420] S. S. 184 ff.
[421] Vgl. im Einzelnen *Scholder* II, S. 361 ff.

Eltz hatte sich bei der Erfüllung von Wünschen von Partei und Staat, wobei insbesondere Goebbels Propagandaministerium hervorstach, mitunter als sperriger Partner erwiesen. Weltanschauliche Differenzen dürften für diese Haltung weniger ausschlaggebend gewesen sein als die Verteidigung eigener Zuständigkeiten.[422] Für ersteres spricht allerdings, dass nach dem Ministerwechsel von Eltz zu Ohnesorge eine noch stärkere propagandistische Indienststellung der Briefmarkenpolitik auch was den Führerkult betraf, zu verzeichnen war.[423] Die Zuschläge dienten jetzt nicht mehr nur Wohlfahrtszwecken, sondern erstmals der Beschaffung von Finanzmitteln für den „Kulturfonds des Führers". Allein der höchst nachgefragte, mit einem Zuschlag versehene Vierer-Block mit Hitlerporträt („Wer ein Volk retten will, kann nur heroisch denken"), der im April 1937 auf den Markt kam, spülte Millionenbeträge in diese Kasse.[424]

---

[422] Im Einzelnen *Lotz*, S. 149.
[423] Ebda., S. 148.
[424] Vgl. *Martens*, S. 328; *Speer*, S. 100; *Lotz*, S. 148. Dabei wird nicht immer klar unterschieden, ob es sich um Zuwendungen für den „Kulturfonds des Führers" gehandelt hat, oder um Lizenzabgaben, die Hitler persönlich zugute kamen.

G. Gleichschaltung und Rassendiskriminierung als Tagesgeschäft

Ganz unabhängig von sachlichen Auseinandersetzungen und den üblichen Machtkämpfen in Institutionen, wie sie überall stattfinden, war die Rassenpolitik wie ein kalter Windzug in die behaglich geheizten Räume der klassischen Ministerialverwaltung hineingekrochen. Der schon während des Machtergreifungsprozesses eingeleitete Umbau des Staatsapparats und dessen ideologische Durchdringung stellte die Führung der weithin als „unpolitisch" angesehenen Bereiche Verkehr, Bahn und Post in den Jahren 33–37 fast täglich vor politisch-moralische Herausforderungen. Die Beamtenschaft passte sich dem Umfeld der Diktatur an. Nach der Machtergreifung beanspruchten die einschlägigen nationalsozialistischen Überzeugungen Geltung und drängten unabhängig von fachlichen Erwägungen auf Verwirklichung im Umgang mit jüdischen Mitarbeitern, Lieferanten und Kunden.

I. Personalfragen

Es ist konstatiert worden, dass bei jenen Reichsministerien, die am stärksten an der technischen Versorgung der Bevölkerung beteiligt waren, Finanz, Post und Verkehr, die Durchdringung von Partei und Staat am wenigsten zum Tragen kam. Trotzdem blieb die sich kraftvoll und unverzüglich über alles stülpende Politisierung auch für den neuen Post- und Verkehrsminister, den trotz aller Prägungen und Überzeugungen im tiefsten Inneren seines Herzens nicht zuletzt ein technokratisch geprägtes Pflichtbewusstsein auszeichnete, eine ständige Quelle von Auseinandersetzungen. Sie sollte die Arbeitskraft und Widerstandsfähigkeit des Ministers in hohem Maße in Anspruch nehmen. Die Nazifizierung fand auf allen Ebenen statt. Die Arisierungspolitik, politische Säuberungen im Apparat und einzelne Rachemaßnahmen beeinflussten in unterschiedlichem Umfang die Amtsführung eines jeden Behördenleiters. Das Thema ist, soweit es die Datenlage erlaubt hat, gründlich untersucht worden.[425] Nimmt man die Häuser Post und Verkehr zusammen, so zeigt sich ein äußerst ambivalentes Bild. Hinhaltende Passivität findet sich ebenso wie proaktive Durchsetzung nationalsozialistischer Ziele.

---

[425] *Alfred Gottwaldt*, Die Reichsbahn und die Juden, Wiesbaden 2011; *Wolfgang Lotz*, Die deutsche Reichspost 1933–1945.

Generell blieb die Homogenität der Reichsministerialverwaltung weitgehend erhalten.[426] Ein radikaler politischer Kurswechsel war im Frühjahr 1933 bei allem Druck der NSDAP auf die Ministerien, begehrte Beamtenstellen zu besetzen, nicht festzustellen, weder bei dem als Aufsichtsbehörde fungierenden RVM, noch bei der Reichsbahn. Die Kontinuität der meisten beruflichen Laufbahnen beherrschte das Bild.[427] Auf der Führungsebene gab es keine Veränderungen. Staatssekretär Gustav Koenigs behielt sein Amt, in das er von Eltz' Vorgänger berufen worden war. Man wird ihn, obwohl er 1938 in die Partei eingetreten ist, nicht als überzeugten Nationalsozialisten bezeichnen können. Er hat mit Eltz weitgehend gut zusammengearbeitet. Wenn er wegen seiner zugegebenermaßen starken Stellung im Ministerium als „Graue Eminenz" bezeichnet worden ist[428], geht das vielleicht etwas weit. Auch bei den Abteilungsleitern kam es nicht zu politisch motivierten Wegversetzungen.[429] Da das Haus als politisch bedeutungslos galt, konnte Eltz an höherer Stelle zwei Persönlichkeiten, die andernorts als politisch unliebsam eingeschätzt wurden, eine berufliche Heimstatt bieten. Der eine war Erich Klausener, früher Abteilungsleiter im preußischen Innenministerium, der die Schifffahrtsabteilung übernahm. Der andere war der neue Leiter der Abteilung Straßenverkehr, Ernst Brandenburg, ein ehemaliger Fliegeroffizier. Er war eigentlich ein Mann des Luftverkehrs und deshalb mit der Ausgliederung dieses Sachbereichs zu Hermann Göring gewechselt, dem frisch ernannten Reichskommissar für die Luftfahrt. Göring wollte ihn aber nicht behalten und so kehrte er nach wenigen Wochen als Leiter der Abteilung „Kraftwagen und Straßenverkehr" in sein früheres Ressort zurück. Sein weiteres Schicksal unterstreicht, dass er den braunen Machthabern nicht genehm war. 1939 wurde er aus der Partei ausgestoßen, weil er im Prozess gegen Martin Niemöller „in tendenziöser Weise" zugunsten des Angeklagten ausgesagt hatte. Er musste danach auch das Reichsverkehrsministerium verlassen.[430] Brandenburg stand Eltz nahe. Noch nach dem Krieg führte Brandenburg eine vertrauensvolle Korrespondenz mit der Witwe des früheren Reichsverkehrsministers.

Das im April 1933 verabschiedete „Reichsgesetz zur Wiederherstellung des Berufsbeamtentums" (BBG), das ursprünglich zeitlich eng befristet sein sollte, verpflichtete dazu, die Beamtenschaft soz. auf „sauberer" Rechtsgrundlage politisch zu durchkämmen. Es richtete sich vor allem gegen sog. „Parteibuchbeamte" (aus der Weimarer Zeit), gegen nichtarische und gegen

---

[426] Vgl. *Mommsen*, Beamtentum, S. 13 ff.
[427] Vgl. *Gottwaldt*, Juden, S. 62 f.; *Mommsen*, Beamtentum, S. 13 ff.
[428] *Gottwaldt*, Reichsbahn, S. 77.
[429] Vgl. *Gottwaldt/Schulle*, S. 22 f.
[430] *Gottwaldt/Schulle*, S. 23.

„politisch unzuverlässige Beamte". Besonders was die Entfernung von Juden aus den Behörden nach dem berüchtigten „Arierparagraphen" des Gesetzes (§ 3 BBG) anging, wurde die Programmatik nahezu ausnahmslos und so schnell es ging umgesetzt. In einer Besprechung am 25. April 1933 mahnte Göring, der gerade preußischer Ministerpräsident geworden war, eine „liberale Durchführung mit großzügigen Regelungen für die Betroffenen" an. Allerdings heißt es weiter im Protokoll: „Besondere Schwierigkeiten werde die Ausmerzung von Beamten nicht arischer Abstammung bereiten, da hier öfters das Herz gegen den Verstand sprechen werde. Doch sei möglichst rücksichtslose Durchführung des § 3 im Interesse der Reinhaltung des Blutes des deutschen Volkes unbedingt erforderlich".[431] Zahlen darüber, wie viele Personen im Geschäftsbereich der von Eltz geführten Häuser aufgrund der rassendiskriminierenden Vorschriften des BBG ihre Stellung verloren haben, sind nicht mehr verfügbar. Es ist aber davon auszugehen, dass die Vorschriften insoweit umfassend angewendet wurden.[432] Das Gesetz lief allerdings in beiden Ministerien oft ins Leere, da dort an leitender Stelle keine Juden beschäftigt waren.

Bei der Bahn kam das Gesetz, obwohl die DRG ein Privatunternehmen war, fast ausnahmslos im Wege der entsprechenden Anwendung zur Geltung.[433] Vor allem nach der politischen Säuberung des Verwaltungsrats[434] wurde der nationalsozialistische Einfluss bei der DRG spürbarer als im Ministerium. Er blieb aber begrenzt.[435] Generaldirektor Dorpmüller, hatte vor 1933 seine Mitarbeiter ausschließlich nach fachlichen Kriterien ausgewählt und behielt einige leitende Beamte jüdischer Herkunft auch nach der Machtergreifung bis zur Verschärfung der antijüdischen Repressionen durch die Nürnberger Gesetze im Amt. Ludwig Homberger, ein international anerkannter Finanzfachmann, auf den Dorpmüller fachlich angewiesen war, gehörte dem Reichsbahnvorstand an. Er galt vorerst als unersetzbar und konnte deshalb bis 1935 im Amt bleiben. Andere, wie beispielsweise der jüdische Leiter des Reichsbahn-Zentralamts für Einkauf, Ernst Spiro, wurden hingegen entlassen. Die Willfährigkeit, mit der Dorpmüller dafür sorgte, dass Präsidenten

---

[431] Vermerk des RMI vom 27.4.1933, zit. nach *Mommsen*, Beamtentum, S. 160 f.
[432] *Gottwaldt/Schulle*, S. 30 f. Nach Mommsen lag, soweit damals erfasst, im Innenministerium die Anwendungsquote in den Fällen §2 bis §4 BBG bei 12,5% der Beamten des Höheren Dienstes. Mommsen geht davon aus, dass die Zahlen bei den übrigen Reichsressorts weit darunterlagen. Für die Reichsbahn- und Reichspostverwaltung sollte sich das bereits aus der vom Postministerium später formulierten Kritik an den Beförderungsgrundsätzen ergeben., Mommsen, Beamtentum, S. 56 f.; Vgl. dazu S. 138 ff.
[433] *Gottwaldt*, Juden, S. 122 ff.
[434] Siehe S. 100 ff.
[435] Vgl. *Hildebrand*, S. 167.

von Reichsbahndirektionen durch linientreue Männer verdrängt wurden, stieß im Verwaltungsrat der Bahn auf die geharnischte Kritik von Stieler und Siemens.[436]

Die Personalpolitik Dorpmüllers ging der Parteibasis aber nicht weit genug. Der Generaldirektor, dessen nationalkonservative, noch im Kaiserreich wurzelnde politische Einstellung in der Weimarer Republik bekannt war, hatte zwar zu dessen Lebzeiten noch Rückhalt bei Reichspräsident Hindenburg, stand aber bald unter wachsendem politischen Druck. Dieser Druck kam von innen, genauer gesagt von unten. Die NSDAP-Mitglieder bei der Reichsbahn, die überwiegend in den mittleren und unteren Dienstgraden zu finden waren, trugen in der Phase der Machtergreifung einen erheblichen Anteil an der „Gleichschaltung" der Bahn. Im Frühjahr 1933, schon vor der Verabschiedung des BBG, wurden diese Kräfte sehr bald aktiv. Die Aktionen richteten sich ganz vorwiegend gegen Dorpmüller, aber auch gegen Siemens, kaum gegen Eltz. Im März 1933 übergab die NS-Fachschaft der Bahn in der Reichskanzlei eine Eingabe, in der unter anderem die Entfernung aller Juden aus der Reichsbahn-Hauptverwaltung und die Überprüfung der Direktorengehälter verlangt wurde. Damit wuchs das Problem über die Reichsbahninterna in den politischen Bereich hinein. Reichskanzlei und RVM blieben aber passiv. Am 6. April 1933, einen Tag vor Verabschiedung des BBG, gelang es einem SA-Trupp sogar, kurzzeitig die Hauptverwaltung der DRG in der Berliner Voßstrasse zu besetzen und den Rücktritt des Verwaltungsrats zu fordern. Im Mai 1933 wurde der Reichsbahnbeamte und Parteigenosse Wilhelm Kleinmann an die Spitze eines neu gegründeten „Führerstabs der NSDAP bei der Reichsbahn" gesetzt, der die Vorwürfe gegen Dorpmüller und die Reichsbahnleitung untersuchen sowie Ruhe schaffen sollte. Der NS-Fachschaft wurden weitere Aktivitäten gegen die Reichsbahnführung untersagt.[437] Aber der Groll gegen Dorpmüller saß bei den NS-Reichsbahnern tief. Trotz des Verbots versammelten sich am 21. Juni 1933 tausende Reichsbahner vor dem Verkehrsmuseum Nürnberg zu einer Demonstration, auf der Parolen wie „Fort mit Dorpmüller" zu lesen waren. Am 23. Juni empfing Hitler die Fachschaftsvertreter zu einem Gespräch, stellte sich aber hinter Dorpmüller. Es folgte eine entsprechende Anordnung: „In letzter Zeit häufen sich Demonstrationen des Reichsbahnpersonals, in denen die Forderung auf Beseitigung des Generaldirektors der Reichsbahn erhoben wird. ... Der Führer verbietet bis auf weiteres diese Demonstrationen".[438] Da der Konflikt mit der braunen Mitarbeiterschicht nicht so leicht zu beenden war, wandte sich Dorpmüller an seinen Verkehrsminister und an Hitler, um seine Autorität wiederherzu-

---

[436] *Stieler*, S. 165.
[437] Rundschreiben Generaldirektor Dorpmüller vom 17.5.1933, BArch R 5/15033.
[438] Befehl Führerstab Reichsbahn vom 23.6.1933, BArch R 5/15033, Bl. 28.

I. Personalfragen

stellen. Am 29. Juni 1933 drückte Eltz dem Leiter der Reichskanzlei, Staatssekretär Hans Heinrich Lammers, ein undatiertes und nicht unterschriebenes, für den Reichskanzler bestimmtes Papier in die Hand. Das war in der Form etwas ungewöhnlich. Der Text verwahrte sich ausdrücklich gegen die „Eingriffe unverantwortlicher Organe der NS-Fachschaften der Reichsbahn und der Nationalsozialistischen Betriebsorganisation (NSBO) in den Eisenbahnbetrieb. Eltz stellte sich ausdrücklich hinter den Chef der Bahn, denn „die Reichsbahn könne nur dann mit Erfolg die ihr obliegenden wichtigen Aufgaben erfüllen, wenn die Autorität des Generaldirektors als obersten Führers der Reichsbahn geschützt wird".[439] Unmittelbar zuständig für Personalfragen bei der DRG wurde Wilhelm Kleinmann im Juli 1933, als er zum stellvertretender Generaldirektor ernannt wurde. Wichtige Entscheidungen zu Personalfragen wurden bei der Reichsbahn von einem vertraulich tagenden Personalausschuss des Verwaltungsrats der DRG getroffen. Nach einem Teilrevirement im Verwaltungsrat waren bald alle Mitglieder im Personalausschuss gleichzeitig Parteimitglieder. Der Ausschuss sollte sofort in eine „Überprüfung der auf dem Personalgebiet liegenden Fragen" eintreten.[440] Das Gremium wurde bald von Kleinmann dominiert. Pronationalsozialistische Entscheidungen personalpolitischer Art wurden wirksam mit dem Argument untermauert, bei der Bahn müsse wieder Ruhe und Ordnung einkehren. Im Herbst 1934 erreichte Eltz nach Interventionen bei Rudolf Heß und Reichsleiter Martin Bormann die Auflösung des ungeliebten Führerstabs.[441] Es war ein Kompromiss, der die Stellung von Kleinmann, der immer auch die Parteipolitik im Auge hatte, stärkte. Über Kleinmann und den Personalausschuss des Verwaltungsrats war die Einflussnahme der Partei in einem Umfang gesichert, der die Dorpmüller gegebene Zusicherung, dass die Bahn ihre inneren Angelegenheiten ohne Eingriff von außen regeln durfte, in gewisser Weise entwertete. Dorpmüller wurde bald von seinem ehrgeizigen und parteinäheren Vertreter Kleinmann vor allem personalpolitisch eingerahmt. Die Begründung des Verwaltungsrats, dass der Personalausschuss „in seiner heutigen Form" den Führerstab überflüssig mache,[442] bestätigt das hinreichend. Hinzu kam, dass Dorpmüller sich von nun an ebenfalls bemühte, Parteigenossen bei der Vergabe von Leitungspositionen stärker als bisher zu berücksichtigen.[443]

---

[439] Aufzeichnung Eltz vom 28.6.1933, BArch R-43-1/1053 Bl. 82.
[440] Nachlass Silverberg, BArch, N 1013/438, Bl. 226.
[441] *Mierzejewski*, Bd. 2, S. 13.
[442] Protokoll des Personalausschusses des Verwaltungsrats vom 20.9.1934, BArch R 5/7265.
[443] *Gottwaldt*, Reichsbahn, S. 80 f.; *Mierzejewski*, Bd. 2, S. 13.

Teil der nationalsozialistischen Personalpolitik war auch die Bevorzugung der sog. „Alten Kämpfer" bei Anstellung und Beförderung.[444] Die klassischen Ministerien und Verwaltungen wollten dem insgesamt nur ungern nachkommen, sahen sich aber nicht in der Lage, dem Druck der Partei zu widerstehen.[445] Eine Verfügung von Eltz an nachgeordnete Behörden vom August 1933 spiegelt dieses Dilemma wider. Dort heißt es: „Bei der Neueinstellung von Personal müssen alle Behörden bestrebt sein, die Anstellung bewährter Kämpfer der nationalsozialistischen Bewegung, SA- SS-Leute, alte Parteigenossen der NSDAP sowie Angehörige des Stahlhelm zu fördern, soweit eine Anstellung nach Eignung und Persönlichkeit der Bewerber und nach den bestehenden Bestimmungen irgendwie verantwortet werden kann."[446] Es waren auch die hohen Anforderungen an eine berufsspezifische Ausbildung, die verhindert haben, dass die Reichsbahn bei der Entlassung „politisch unzuverlässiger" Beamter viel Eifer gezeigt hat.[447] Gleichwohl wurde etwa die Hälfte der freiwerdenden Positionen im Laufe der Zeit für „Alte Kämpfer" freigehalten. Eine im Jahr 1940 von Parteiseite gezogene Bilanz spricht von der Übernahme von 4.000 alten Nationalsozialisten und 17.000 bewährten Kämpfern.[448] Von der von einem jungen Eisenbahnbeamten nach dem Krieg in seinen Erinnerungen paraphrasierten, politisch gemeinten „Oase Reichsbahn"[449] konnte daher nur bedingt die Rede sein.

Grundsätzlich lag die Sache bei der Post nicht anders als bei dem RVM.

Mit rund 350.000 Mitarbeitern stieß die Reichspost bei der Durchführung des Berufsbeamtengesetzes auf große Probleme, die aber sämtlich Stück für Stück abgearbeitet wurden. Bis März 1937, also ungefähr die Amtszeit von Eltz abdeckend, wurden etwas mehr als 9.000 Personen auf Grundlage des Gesetzes aus dem Geschäftsbereich entfernt, das entspricht 2,62% des Gesamtpersonals.[450] Treibende Kraft war dabei Ohnesorge, der die meisten einschlägigen Erlasse, auch grundsätzlicher Art, gezeichnet hat.[451] Klagen des Poststaatssekretärs wegen des Widerstandes im eigenen Hause, den er nicht allein beseitigen konnte[452], finden sich allerdings nicht nur in der ersten

---

[444] Mitglieder der Partei oder ihren Untergliederungen, die vor dem 30.1.1933 eingetreten waren und Mitgliedsnummern unter der Zahl 100.000, später 300.000, bzw. 500.000 hatten.
[445] *Mommsen*, Beamtentum, S. 70.
[446] *Gottwaldt/Schulle*, S. 33.
[447] *Mommsen*, Beamtentum, S. 53, 71.
[448] Vgl. *Gottwaldt/Schulle*, S. 33.
[449] *Pfizer*, S. 129.
[450] *Lotz*, S. 46, ausführlich zu der Gesamtproblematik S. 43 ff.
[451] Vgl. BArch R 4701/30027 mit zahlreichen Beispielen.
[452] *Lotz*, S. 60 f.

I. Personalfragen

Hälfte des Jahres 1933, sondern auch später, als Ohnesorge längst geschäftsführender Staatssekretär mit unmittelbarem Zugriff auf die Personalpolitik war. Sie dienten möglicherweise aber auch als Nachweis für seine über die Pflege des eigenen Fachbereichs hinausragende ideologische Unentbehrlichkeit.[453] Besondere Schwierigkeiten ergaben sich durch die häufige Einflussnahme der Reichsstatthalter, bzw. Gauleiter auf die Besetzung der Oberpost- später Reichspostdirektionen. Eltz widersprach gelegentlich, fügte sich aber am Ende dem Druck der Partei oder der Reichskanzlei. Der spektakulärste Fall betraf die Entlassung des Präsidenten der RPD Frankfurt im Jahr 1935. Der Präsident hatte bei der Besichtigung eines Postscheckamts ein gegen den politischen Katholizismus gerichtetes Plakat der NSDAP spontan persönlich entfernt. Nach Aufforderung durch den Gauleiter hat Eltz aktiv und nachdrücklich auf die Entfernung des Präsidenten aus dem Amt hingewirkt.[454]

Im November 1933 hatte das Reichsfinanzministerium neue Beförderungsrichtlinien vorgeschlagen. Parteigenossen sollten unter bestimmten Voraussetzungen außer der Reihe berücksichtigt werden. Das Postministerium wollte sich den Vorschlägen nicht ohne weiteres anschließen. In einem Schreiben des Ministeriums heißt es: „Entsprechend einem Vorgehen der Reichsfinanzverwaltung käme es auch für mich in Frage, (Angehörige der SPD, Nichtarier etc.) auf Zeit oder für immer von der Beförderung auszuschließen ... Bei der großen Bedeutung der Angelegenheit für meine Verwaltung mit ihren 220.000 beamteten Kräften und angesichts der Tatsache, dass die große Masse der Beamten des unteren Dienstes die Zugehörigkeit zu einer Partei des früheren linken Flügels vielfach als selbstverständlich aufgefasst hat, habe ich Bedenken, die Entscheidung allein zu treffen." Dabei war, wie es in dem Schreiben heißt, „von besonderer Bedeutung, dass das BBG ausdrücklich angeordnet hat, dass nach Ablauf der im Gesetz bestimmten Fristen die für das Berufsbeamtentum geltenden allgemeinen Vorschriften wieder voll wirksam werden. Wenn ein Beamter auch keinen Rechtsanspruch auf eine Beförderung hat, so könnte eine derartige Anordnung als eine Verewigung des BBG aufgefasst werden, die nicht beabsichtigt sein dürfte."[455] Von einer für alle Ministerien geltenden allgemeinen Regelung wurde aber abgesehen. Die Vorschläge des Reichspostministeriums wurden am Ende als zu weitgehend abgelehnt.[456] Es wurde aber festgehalten, dass sich ein einheitliches Verfahren auf der Grundlage der vom Finanzministerium aufgestellten

---

[453] In einem Festschriftbeitrag zu Ohnesorges 65. Geburtstag wird auf die Vorreiterrolle der Personalpolitik der Reichspost bei der Bekämpfung der „ideologischen Zerrissenheit", dem Weimarer Erbe, verwiesen, BArch R 4701/30027.
[454] „Fall Plein", *Lotz*, S. 114 ff.
[455] Schreiben Reichspostminister an den Reichsminister des Innern vom 30.12.1933, BArch R 43-II/421a, Bl. 3.
[456] Niederschrift vom 17.1.1934, BArch R 43-II/421a, Bl. 4 ff.

Richtlinien empfehle und deshalb der inkriminierte Personenkreis vorbehaltlich der Berücksichtigung im Einzelfall vorläufig von einer Beförderung ausgeschlossen blieb. Wenn damit geplant gewesen sein soll, Verwirrung zu stiften, so ist dies wohl einigermaßen gelungen, ohne dass damit der nationalsozialistischen Beamtenpolitik entscheidende Steine in den Weg gelegt worden wären.

Im Mai 1935 bemühte sich Eltz, zwei Juden aus dem Aufsichtsrat der Deutsch-Atlantischen Telegraphengesellschaft (DAT) zu drängen. Es handelte sich um die beiden in hohem Ansehen stehenden Bankiers Georg Solmssen und Max Warburg.[457] Eltz hielt den Gesetzentwurf zur „Gleichschaltung der Aufsichtsräte in Körperschaften des öffentlichen Rechts" für ungenügend. Im Falle der DAT sei es ihm nicht gelungen, „die Entfernung nichtarischer Aufsichtsratsmitglieder durchzusetzen". In einem Schreiben an den Chef der Reichskanzlei forderte Eltz eine über öffentliche Körperschaften hinausgehende rechtliche Regelung, die dem *zuständigen Fachminister* das Recht geben sollte, Aufsichtsratsmitglieder aus Gründen des nationalen Interesses zu entlassen.[458] Der Vorschlag wurde von Reichsbankpräsident Hjalmar Schacht zurückgewiesen, u.a. weil eine solche generelle Ermächtigung in Bezug auf „angesehene, fachlich tüchtige Personen von internationalem Ruf" geeignet sei, „höchste Beunruhigung auch im Ausland zu erzeugen".[459] Eltz beharrte in der folgenden Kabinettssitzung auf seiner Auffassung, blieb aber erfolglos. Das Gesetz wurde in seiner ursprünglichen Fassung angenommen.[460] Max Warburg verlor sein Mandat im Aufsichtsrat der DAT dennoch. Die Äußerung des Vertreters des Postministeriums bei einer Sitzung des Aufsichtsrats der DAT noch im Mai, das Ministerium wünsche den Rücktritt der jüdischen Mitglieder,[461] schien jedenfalls in diesem Fall ausreichend zu sein. Der Vorstoß von Eltz ist auch deshalb bemerkenswert, weil zu diesem Zeitpunkt selbst unter eingefleischten Nazis noch die Auffassung anzutreffen war, dass man die Diskriminierung der Juden nicht ohne weiteres auf die freie Wirtschaft übertragen dürfe.[462] Der geschilderte Fall Warburg war im Jahr 1933 noch die Ausnahme, nicht die Regel. Die Mehrheit der deutschen Unternehmen beließ beispielsweise Vertreter der Familie Warburg damals noch in ihren Aufsichtsgremien.[463] Auch Solmssen, übrigens

---

[457] Hierzu insgesamt *Münzel*, S. 146f.
[458] Schreiben Eltz an Lammers vom 24.5.1933, BArch R 43 II/315b, Bl. 19.
[459] Schreiben Reichsbankdirektorium (Schacht) an Lammers vom 26.5.1933, BArch R 43 II/315b, Bl. 20.
[460] Ministerbesprechung vom 26.5.1933, AdR, Hitler, Bd. 1/II, Dok. 143, S. 496.
[461] *Chernow*, S. 464.
[462] Vgl. *Münzel*, S. 145.
[463] Vgl. *Chernow*, S. 466.

ein altes Mitglied im Herrenclub, blieb in der DAT noch bis 1936 Vorsitzender des Aufsichtsrats und verließ diesen erst ein Jahr später. Trotz seiner Emigration in die Schweiz blieb er noch länger im deutschen Wirtschaftsleben aktiv. Warum es in beiden Fällen zu unterschiedlichen Ergebnissen gekommen ist, lässt sich heute nicht mehr ermitteln.

II. Auftragsvergabe, Kunden und Nutzer

Eine andere, aber ebenfalls politisch bedeutende Frage war die Auftragsvergabe an jüdische Firmen.[464] In der ersten Jahreshälfte 1933 gab es noch keine klaren Vorgaben. Der Ausschluss jüdischer Unternehmer von öffentlichen Aufträgen wurde erst 1938 verbindlich ausgesprochen. Vorher verfolgten staatliche Stellen ebenso wie die Eisenbahn aber informell eine antijüdisch ausgerichtete Beschaffungspolitik.[465] Bereits im Juli 1933 erließ das Reichskabinett eine Richtlinie, dass „arische" Firmen im Falle eines gleichwertigen Angebots zu bevorzugen seien. Zugleich aber sollten die Beschaffungsstellen bei der Reichsbahn „sich jeder Schnüffelei enthalten" und nicht „ohne besonderen Anlass etwa in jedem Einzelfall weitläufige Untersuchungen nach der Ariereigenschaft der etwa in Frage kommenden Personen anstellen".[466] Die genannte Grundsatzentscheidung hat dann auch bei den Lieferanten der Bahn, beispielsweise bei dem bekannten Lokomotiv- und Waggonhersteller „Orenstein & Koppel", dazu geführt, dass der Druck auf Firmen, sich zu „arisieren", um weiterhin an der Auftragsvergabe des Großabnehmers DRG partizipieren zu können, immer stärker wurde.[467] In den hart geführten Ressortauseinandersetzungen wollte das Reichswirtschaftsministerium im Interesse der Wiederbelebung der deutschen Wirtschaft und der Schaffung von Arbeitsplätzen auch bei der Post einer Diskriminierung jüdischer Firmen ausweichen. Wirtschaftsminister Kurt Schmitt, als Vorstandsvorsitzender der Allianz AG bis 1933 ein Mann der Wirtschaft, war zwar davon überzeugt, dass Juden im Staat und in der Kultur überrepräsentiert seien, jedoch stünde ihnen im deutschen Wirtschaftsleben ein Platz zu. Eine seiner Maximen lautete, dass es keine „Judenfrage in der Wirtschaft gebe".[468] Diese Auffassung ist schon allein deshalb bemerkenswert, weil Kurt Schmitt nach seinem baldigen, gesundheitlich bedingten Ausscheiden aus dem Kabinett weiterhin ein enges persönliches Verhältnis mit Adolf Hitler verband. Am 14. Juli 1933 entschied sich das Kabinett für die Arbeitsbeschaffung und

---

[464] Die Darstellung folgt *Lotz*, S. 207 ff.
[465] Im Einzelnen: *Gottwaldt*, Juden, S. 192 ff.
[466] Zit. nach *Gottwaldt*, Juden, S. 194.
[467] Vgl. *Gottwaldt*, Juden, S. 193 ff.
[468] Im Einzelnen *Feldman*, S. 60 ff.

gegen die vom Postministerium befürwortete „harte Linie". Eltz blieb aber bei seiner Auffassung, dass die Beamtenschaft es nicht verstünde, dass Behörden jetzt noch bei jüdischen Geschäften kauften. Die Beziehungen zu solchen Firmen müssten daher nach und nach gelöst werden.[469] Trotz der Kabinettsentscheidung bemühte sich Ohnesorge auf seiner Ebene ständig, die Position des Wirtschaftsressorts zu unterlaufen. Im September des gleichen Jahres untersagte er der Post die Vergabe von Aufträgen an „nichtarische Firmen". Hierbei sollten sich die zuständigen Stellen wegen der Frage, was „jüdisch" im Einzelfall zu bedeuten hat, mit dem sich selbst als Spezialist bei der Klärung entsprechender Fragen bezeichnenden Gauleiter Julius Streicher ins Benehmen setzen. Diese Praxis wurde von mehreren anderen Ministerien aus unterschiedlichen Gründen kritisiert. Die Post wurde an die weiterhin gültige Beschlusslage vom Juni erinnert.[470] Aber die Frage, wann eine Firma als „arisch" gelten konnte, führte immer wieder zu Streit. Die Reichspost teilte beispielsweise der Firma „Dr. Cassirer & Co, Kabel- und Gummiwerke" im Juni 1933 mit, dass sie nicht mehr mit Aufträgen der Reichspost rechnen könne. Die Firma hatte vorher die erforderliche Bescheinigung der „Gleichschaltung", also einer formalen Arisierung, vorgelegt und dann darauf hingewiesen, dass ihr Ausschluss von der Auftragsvergabe zum Konkurs führen würde. Mehrere Fürsprecher, darunter immerhin der Beauftragte für Wirtschaft in der Reichskanzlei, Wilhelm Keppler, und der frühere Verkehrsminister Treviranus setzten sich daraufhin für das Unternehmen ein. Der Postminister blieb jedoch unbeeindruckt. Er antwortete mit Formulierungen, die Wolfgang Lotz in seinem Standardwerk zur Post im Dritten Reich mit gewissem Wohlwollen als „eine der wenigen dezidiert antijüdischen Ausführungen, die von ihm (Eltz) in den Akten überliefert sind" bezeichnet hat.[471] Eltz hat seinem Vorgänger Treviranus, der bei ihm wegen Cassirer persönlich interveniert hatte, folgende mündlichen Erläuterungen gegeben und diese in einem Aktenvermerk festgehalten:

„Die Absicht, den jüdischen Einfluss gänzlich auszuschalten, wäre anzuerkennen, wenn hierbei der Jude als Nutznießer vollständig verschwinden würde; die vorgeschlagene Lösung ist aber nicht glücklich, weil der Jude ohne wirtschaftlichen Nachteil im Besitz seiner maßlosen Profitgewinne bleibt. Der Versuch muss als neue Maßnahme der Juden angesehen werden, um den etwa von ihnen befürchteten An- und Eingriffen zuvorzukommen. Es dürfte sich empfehlen, das Reichswirtschaftsministerium auf diese neue Taktik des Judentums hinzuweisen, da damit der Absicht des Kanzlers, die Judenschaft vorerst unter Druck zu halten, vereitelt wird. Ist man durchaus gewillt, der Judenschaft goldene Brücken zu bauen, so wäre trotzdem ein vollständiger Besitzwechsel bei der Firma Cassirer unter Ausschluss

---

[469] BArch R 43-I/1464, Bl. 44.
[470] Schreiben Schmitt an Eltz vom 30.10.1933 AdR, BArch R 4701/13669.
[471] *Lotz*, S. 212.

II. Auftragsvergabe, Kunden und Nutzer

der bisherigen jüdischen Mitarbeiter nur nach erfolgter Prüfung der Richtigkeit durch eine ganz zuverlässige Stelle (als solche kommt nur Herr Streicher in Frage) von uns anzuerkennen. Endlich muss darauf hingewiesen werden, dass der Name Cassirer verschwinden muss."[472]

Als sich im Jahr 1935 die Anfragen bei der Reichsbahn häuften, ob Juden überhaupt noch mit öffentlichen Verkehrsmitteln fahren dürfen, traf der Reichsverkehrsminister als Aufsichtsbehörde eine Grundsatzentscheidung und teilte (zwei Wochen vor dem Erlaß der Nürnberger Gesetze, am 30.8.1935) folgendes mit:

„Auf eine Anfrage der Hauptverwaltung der Deutschen Reichsbahn-Gesellschaft habe ich die folgende Entscheidung getroffen: Solange Juden die Benutzung von öffentlichen Verkehrsmitteln und den dazu gehörenden Betrieben (Bahnhofswirtschaften, Verkaufsständen) gesetzlich nicht verboten ist, ersuche ich darauf hinzuwirken, dass allen Reisenden ohne Unterschied der Rasse und Staatsangehörigkeit die für sie bestimmten Einrichtungen offen gehalten werden."[473]

Auf einem der Durchdrucke findet sich der Vermerk: Der Führer hat Kenntnis.

Der Erlass ist weit bekannt gemacht worden und ist dann auch in anderen Bereichen (Bädern, Privatbahnen, Omnibusgesellschaften etc.) entsprechend angewendet worden. Ergänzend wurde später bestimmt, dass Schilder mit der Aufschrift „Juden unerwünscht" oder ähnlichen Inhalts auf Reichsbahngebiet nicht zuzulassen seien.[474] Der „Deutsche Gruß" wurde bei der Reichsbahn auf Weisung von Dorpmüller am 15. Juli 1933 eingeführt – allerdings musste diese Anordnung später teilweise zurückgezogen werden, da es zu Verwechslungen mit den Handzeichen des Zugpersonals bei der Bremsprobe gekommen war.[475] Wenn es nicht so ernst wäre, könnte man darüber schmunzeln.

Zur Illustration des real existierenden Nationalsozialismus bei der Post seien kurz diverse antisemitische Maßnahmen, sozusagen aus der Alltagsbürokratie aufgezählt[476]: Bei der telefonischen Übermittlung von Telegrammen durften keine jüdischen Namen zum Buchstabieren benutzt werden, die Beförderung von Zeitschriften, denen Prospekte von jüdischen Verfassern beigelegt waren, wurde untersagt und Juden konnten sich nicht auf Befreiungstatbestände von Rundfunkgebühren berufen. Bereits mit dem Erlass der Reichstagsbrandverordnung vom Februar 1933 war das Brief-, Post-, Telegrafen- und Fernsprechgeheimnis aufgehoben worden. Das Ministerium

---

472 BArch R 4701/13669, Bl. 62.
473 Rundschreiben vom 30.8.1935, gez. Eltz, BArch, R 43 II/602, Bl. 189.
474 *Gottwaldt/Schulle*, S. 38.
475 Verfügung vom 17.10.1933, Reichsbahn (34), S. 893 f.
476 Die Darstellung folgt *Lotz*, S. 172 ff., 214 ff.

musste aber im November des Jahres in einem geheimen Schreiben an die OPDs klarstellen, dass den Postbeamten kein Recht zustehe, Postsendungen auf staatsgefährdende Inhalte zu untersuchen. Es wurde jedoch dazu aufgerufen, mit den Strafverfolgungsbehörden eng zusammenzuarbeiten. Eltz hatte den Eindruck gewonnen, dass sich die Postdienststellen an dem Abwehrkampf (gegen Spionage, Gräuelpropaganda, Verbreitung von Hetzschriften etc) nicht in ausreichendem Maße beteiligten. Die Post sah sich wiederholt der Kritik anderer Behörden ausgesetzt, nicht effizient genug vorzugehen. Sie verwahrte sich ihrerseits gegen „unerlaubte" Eingriffe in das Postgeheimnis, insbesondere von Partei und SA.[477] 1937 legte Himmler fest, dass entsprechende Anträge nur an ihn zu richten seien. Der als hemmend empfundene Einfluss des Postministeriums auf die Durchführung der Telefonkontrolle sollte damit beseitigt werden.[478] Eltz sollte später selbst Opfer eines Eingriffs in das Postgeheimnis werden.[479]

III. Der Minister als Vorgesetzter

Der Doppelminister hat sich seiner Rolle nach innen als fürsorglicher Behördenleiter und nach außen als treuhänderisch dem gesamtgesellschaftlichen Wohl verpflichteter Politiker den Zumutungen des Regimes nur gelegentlich verweigert. Bis zum Ende seiner Amtszeit hat er sich dem Prinzip der Rassendiskriminierung untergeordnet und sie zum Teil aktiv betrieben. Gleichzeitig ist aber festzuhalten, dass das Verkehrsministerium im Kontext der Regierungspraxis anderer Behörden der Reichshauptstadt Berlin bei der Rassendiskriminierung keine Vorreiterrolle gespielt hat. Das von dem Bundesministerium für Verkehr, Bau und Stadtentwicklung in Auftrag gegebene „Gutachten zur antijüdischen Politik des Reichsverkehrsministeriums zwischen 1933 und 1945" stellt für die Amtszeit von Eltz fest, dass das Ministerium „in der Verfolgung antijüdischer Ziele auf seinem eigenen Gebiet in keiner Weise maßgebend war, sondern weitgehend eine schwache Politik betrieb".[480] Die Amtsführung von Eltz ist in diesem Zusammenhang auch als „legalistisch" bezeichnet worden.[481] Das ist kein Kleines. Wenn der Willkürstaat sich ausbreitet, ist eine „schwache" Politik oder „ideologische Unentschlossenheit", wie sich Poststaatssekretär Ohnesorge einmal ausgedrückt

---

[477] Vgl. im einzelnen *Lotz*, S. 174 ff.
[478] Ebda, S. 173.
[479] Siehe S. 220.
[480] *Gottwaldt/Schulle*, S. 38.
[481] Ebda. Sie habe vor allem darin bestanden, Maßnahmen der Reichskanzlei, des Reichsinnenministers und des Reichsfinanzministers „auf formale Weise an die nachgeordneten Behörden durchzuleiten und damit auf ihrem Gebiet auch praktisch umzusetzen", *Gottwaldt/Schulle*, S. 38.

hat – übrigens ein vorzüglich auf Eltz passender Begriff – stark und entschlossen. Auch das Beharren auf der strikten Anwendung von Recht und Gesetz, oft als „Legalismus" gescholten, kann als pragmatische Notbremse gegen die vorandrängende rassenpolitische Radikalisierung von Regierung und Gesellschaft begriffen werden. Dass dies immer nur vorläufige Geländegewinne blieben und sie beim Bürger den irrigen Eindruck hervorrufen konnten, wo Recht gewahrt werde, sei auch die Gerechtigkeit nicht weit, steht auf einem anderen Blatt. Vergleicht man die beiden Ministerien Post und Verkehr, so fällt auf, dass bei der Post in aller Regel rigoroser vorgegangen wurde. Das ist vor allem der geschilderten besonderen personellen Konstellation auf der Leitungsebene des Postministeriums geschuldet, einer unglücklichen Mischung aus politischer, wahrscheinlich auch fachlicher Bevormundung. Staatssekretär Ohnesorge hat mit seiner Klage über die Sperrigkeit seines Ministers in ideologischen Fragen letzterem zwar für die Nachwelt einen Kranz geflochten, aber völlig konnte der Minister den Druck aus der zweiten Reihe nie abschütteln. Die 1937 beginnende Amtszeit des neuen Postministers Ohnesorge war denn auch, wie Wolfgang Lotz festgestellt hat, durch eine „weitere und umfassende Nationalsozialisierung" der Post gekennzeichnet.[482]

---

[482] *Lotz*, S. 93.

H. Politische Freundschaften

I. Der Ingenieur als Politiker

Die Verortung von Eltz im Verhältnis zur NSDAP und zur nationalsozialistischen Ideologie kommt zu widersprüchlichen Erkenntnissen. Demonstrativer Distanz von der Partei und scheinbarer technokratischer Selbstbeschränkung auf seine Geschäftsbereiche standen klare weltanschauliche Treuegelöbnisse gegenüber, die ein politisches Gesamturteil erschweren, aber nicht unmöglich machen. In den Reden des Verkehrsministers, vorgetragen in einem etwas professoralem Duktus und unverkennbar tragendem rheinischen Ton, nicht ganz unähnlich der Sprachfärbung Konrad Adenauers, ermangelte es ihrer nicht. Mal wird Adolf Hitler als der geliebte Führer und Reichskanzler bezeichnet (1934), mal ist er „unser Retter und Befreier aus Schmach und Knechtschaft", wie es bei der Einweihung des „Adolf-Hitler-Kanals" hieß.[483] Ein anderer gewaltig tönender Redeschluss sei hier noch zitiert. Man glaubt es kaum, hier dem von Zurückhaltung und Ausgleich geprägten Maschinenbauingenieur zuzuhören:

> „Wir alle, meine Herren, ziehen unsere Hoffnung aus dem Glauben an die inmitten einer unfreundlichen Welt unverdrossene, friedliche, und zähe Kraft unseres Volkes und an den Mann, dem Gott die Führung dieses Volkes in die Hand gegeben hat. Dem Volke, dem Vaterland und dem Führer soll an diesem festlichen Abend von neuem das Gelübde unserer Treue entgegenschallen. Erheben Sie sich, meine Herren, und rufen Sie mit mir: Unser geliebter Führer und Reichskanzler Adolf Hitler Sieg Heil!"[484]

Das war nun wohlgemerkt nicht in einer Art Bürgerbräukeller, sondern bei einer Veranstaltung mit ausländischen Gästen. Bei einem anderen Anlass hieß es sehr deutlich:

> „Der Umbau des Reichs in Verfassung und Verwaltung ist weit gefördert, Separatismus und Partikularismus sind vernichtet, ein deutsches Recht ist im Werden, das Beamtentum ist von allen fremden, zersetzenden Elementen gesäubert, es steht fest in der Hand des Führers und in der Treue zu ihm."[485]

---

[483] Rede am 14.5.1934, EA 55 – 21/8.

[484] Tischrede anlässlich der Internationalen Automobilausstellung mit internationalen Gästen, Februar 1936, DVZ 36, S. 134.

[485] Kameradschaftsabend im Januar 1936, EA 55 – 21/15.

Hier ist nicht mehr nur der Eisenbahningenieur zu hören. Aufs Ganze betrachtet, stellen die zitierten nationalsozialistisch hoch aufgeladenen Parolen nach Durchsicht der zahlreichen noch verfügbaren Redetexte und öffentlichen Verlautbarungen gleichwohl Ausnahmen dar. Und man mag einwenden, dass ein Regierungsmitglied solchen Bezeugungen kaum ausweichen konnte und als Politiker immer wieder zum Einbau weltanschaulicher Versatzstücke nationalsozialistischer Rhetorik gezwungen war. Aber alles nur Oberfläche? Der Modefotograf Richard Avedon hat einmal eingestanden, seine Bilder gingen nicht unter die Oberfläche und offenbarten doch so viel.[486] Vielleicht gilt das auch für die von dem Verkehrsminister geleisteten Lippendienste in der *lingua tertii imperii,* in denen vielleicht nicht der ganz wahre, aber auch nicht der völlig falsche Eltz zum Vorschein kam. Es spricht einiges dafür, seine nachgelassenen Redetexte nicht nur als das notwendige oder jedenfalls landesübliche, mit einem etwas aufgesetzten politischen Bombast garnierte Minimum an Loyalitätsbekundung abzutun.

Eltz ist bekanntlich nie der Partei beigetreten, sein politisches Ende sollte ja geradezu existenziell mit seiner Weigerung dieses zu tun, verknüpft sein. Aber Indizien seiner Affinität zur braunen Bewegung waren bereits zur Weimarer Zeit erkennbar, als er, wie bereits geschildert, Hitler im Wahlkampf zum Ärgernis von Brüning durch Zuteilung von Eisenbahnzügen bevorzugte. Schon im Zusammenhang mit seiner Nominierung in das Kabinett der Barone wurde er in der Presse sporadisch als „dem Nationalsozialismus nahestehend" bezeichnet.[487] 1934, fest installiert in einer Ministerrunde von Adolf Hitler, dem sog. „Kabinett der Erhebung", hieß es in der Presse, dass der Minister, „ein Spross des alten Stammes", die innere Aufgeschlossenheit für die neue Zeit und das neue Reich besäße: das gebe ihm beides, Wissen und Können, den großen Aufgaben seiner beiden Ressorts als Reichsminister gerecht zu werden.[488] Der parteilose Post- und Verkehrsminister hat sich regelmäßig an Parteiveranstaltungen, insbesondere (in seiner Amtszeit) lückenlos an den Parteitagen beteiligt. So nahm er auch an dem vom 10. bis zum 16. September 1935 in Nürnberg stattfindenden siebten Reichsparteitag („Reichsparteitag der Freiheit") teil. Allein für diesen Parteitag stellte die Reichsbahn über 530 Sonderzüge für rund 850.000 Teilnehmer bereit. Hier konnte die Reichsbahn ihre Fähigkeit, enorme Verkehrsaufkommen zu bewältigen, erneut unter Beweis stellen. Im Laufe des Parteitags griff Hitler spontan eine aus der Partei kommende Anregung auf und wies Reichsinnen-

---

[486] „My photographs dont go below the surface. They dont go below anything. They are readings of the surface. I have great faith in surfaces. A good one is full of clues" (1980).

[487] Volkszeitung vom 2.6.1932; Ostpreussenzeitung vom 1.6.1932, Nachlaß Gayl, BArch N 1031/31.

[488] Neues Deutschland 15.6.1934.

minister Frick an, noch vor Ort Entwürfe zu einer verstärkten antijüdischen Politik auszuarbeiten. Die mit strafrechtlichen Sanktionen bewehrten Vorschriften sollten der „Reinhaltung des deutschen Blutes" dienen. Sie stellten einen wichtigen Markstein in dem Prozess der sich immer weiter verschärfenden antisemitischen Politik der Reichsregierung dar. Am frühen Abend des 15. Septembers 1935 wurden sie einstimmig vom Reichstag angenommen, der eigens zu diesem Zweck telegrafisch nach Nürnberg einberufen worden war und im Großen Saal des Kulturvereinshauses tagte. Entscheidungsgrundlage war, worauf Hitler großen Wert legte, ein Initiativantrag von „Hitler, Göring, Heß, Dr. Frick und Genossen" also keine Regierungsvorlage.[489]

Am Zustandekommen der in Nürnberg getroffenen Entscheidungen war der Verkehrsminister also selbst nicht unmittelbar beteiligt, aber das heißt nicht, dass seine antisemitische Grundeinstellung nicht einen Schatten auf die Person und ihre Überzeugungen werfen würde. Der Eifer des Post- und Verkehrsministers, „jüdischen Einfluss" zu bekämpfen, ist beschrieben worden. Sein Vorgehen gegen drei bedeutende Wirtschaftsführer, den Ruhrindustriellen Paul Silverberg und die Bankiers Max Warburg und Georg Solmssen zeigt, dass er, wenn er wollte, seiner Zeit vorauseilen und dem Führerwillen dienstbar sein konnte. Seine Haltung in der Frage der Auftragsvergabe an „jüdische" Firmen, in der sich der gebildete und als „feinsinnig" bezeichnete Ingenieur[490] auf die Autorität des selbst im Kontext des Dritten Reichs als fanatischer Judenhasser herausragenden Julius Streicher berief, ist mit politischer Instinktlosigkeit nur unzureichend beschrieben. Sie ging, wie gezeigt wurde, über den damaligen „Behördenkonsens" hinaus und widersprach manchem (zu dem Zeitpunkt noch möglichen) Rat von konservativer Seite. Mit einer genauen Skalierung des Antisemitismus tut man sich bei Eltz trotzdem etwas schwer. Fanatismus, zynischerweise könnten man auch von weltanschaulicher Konsequenz sprechen, war ihm fremd. Es sei daran erinnert, dass er gegen den Boykott jüdischer Geschäfte im März 1933 Einwände erhoben hat und dem Verbleib einzelner Juden in hohen Positionen der Reichsbahn nicht aktiv entgegengewirkt, sie möglicherweise eine Zeit lang sogar gedeckt hat. Es ist daher bezeichnend, dass Alfred Gottwaldt in seinem 400seitigen Werk „die Reichsbahn und die Juden" nichts Belastendes über das hinaus, was hier bereits geschildert wurde, zu Tage gefördert hat. Es ist diese Widersprüchlichkeit, die dazu geführt hat, dass die antisemitische Seite des Reichsverkehrsministers in ihrer deutlichen Ausprägung lange nicht wahrgenommen worden ist.[491] An dem Gesamtbild, dass seine Judenfeind-

---

[489] *Neliba*, S. 215 f.
[490] *Gottwaldt/Schulle*, S. 85.
[491] Siehe Fn. 827.

I. Der Ingenieur als Politiker

schaft über den „ganz normalen" Antisemitismus[492] hinausging, ist allerdings nicht zu rütteln. Andererseits gibt es keine Indizien dafür, dass Eltz sich mit eliminatorisch ausgerichteten biologistischen Rassenhassgedanken getragen hat. Ebenso wenig ist allerdings nachweisbar, dass er sich mit der schrittweise verschärfenden Ausgrenzung und Rechtsverkürzung, denen die jüdischen Mitbürger ausgesetzt waren, kritisch auseinandergesetzt hätte.

Über die Ursachen und Triebkräfte, die Eltz in dieser Frage geformt haben, kann nur spekuliert werden, allerdings auf einem soliden Fundament. Die Judenfeindlichkeit des rheinischen Barons ist mit Blick auf seine Sozialisierung und die damals herrschenden geistigen Zustände, vorsichtig ausgedrückt, wenig erstaunlich. Es gibt drei Dinge, die mit einer gewissen Wahrscheinlichkeit ganz spezifisch zum Antisemitismus des Freiherrn von Eltz beigetragen haben. Erstens: Es gab im konservativen Milieu so etwas wie einen „Oberklassenantisemitismus", hinter dem sich vor allem eine ressentimentgeprägte Routine gesellschaftlicher Abgrenzung verbarg.[493] Das gehörte damals für die gehobene Aristokratie oft zum Tagesgeschäft. Damit war der junge Freiherr bereits aufgewachsen. Mit Juden wollte man, auch wenn man zivile Formen wahrte, nichts zu tun haben. Zweitens: Ebenfalls aufgewachsen ist Eltz als Mitglied einer streng katholischen Familie und treuer Kirchgänger mit dem theologisch motivierten Antijudaismus, einem geeigneten historischen Pflanzboden für judenfeindliche Einstellungen, wie sie ja auch in den politischen Anschauungen des Rechtskatholizismus im Allgemeinen und seines Freundes Papen im Besonderen ihren Ausdruck gefunden haben. Hier ist man allerdings auf Vermutungen angewiesen, denn Konkretes ist hierzu im Falle Eltz nicht bekannt. Drittens: Gut dokumentiert sind die ihm und Teilen seines Milieus eigenen antiliberalen und antikapitalistischen Überzeugungen und die damit verbundene, auf das Judentum projizierte Aversion gegen die moderne Wirtschaftswelt. Sein westfälischer Adelsgenosse Franz von Galen schrieb noch im Jahr 1924, im katholischen Adel fänden sich nur wenige, die nach Erziehung und Tradition in der Lage wären, die vom internationalen Judengeist und vom krassesten Materialismus beherrschten Probleme der Finanzwirtschaft und Großindustrie vom katholischen Standpunkt aus zu meistern.[494] Dieser „antimaterialistische Habitus" (Malinowski[495]) hat dann auch bei dem Freiherrn von Eltz in seinem auf Bahn und Post bezogenen Kampf gegen „kapitalistischen Erwerbsgeist" beredten Ausdruck gefunden.[496] Sie als späte Reaktion eines weichenden Erben

---

[492] Blaschke nennt das den „postemanzipatorischen Alltagsantisemitismus", S. 176.
[493] Vgl. *Klausa*, S. 105.
[494] *Conrad*, S. 100 ff.
[495] *Malinowski*, Adel und Bürgertum, S. 191.
[496] Siehe S. 94.

zu interpretieren, den das Gefühl beherrschte, zu kurz gekommen zu sein, ist eine interessante Überlegung, bleibt aber eine Spekulation. Mit Blick auf die gesamte konservative Rechte ist hier nur zur allgemeinen Einordnung darauf hinzuweisen, dass ja selbst in der Gedankenwelt von Hitlergegnern und führenden Persönlichkeiten des Widerstands eine diskriminierend gemeinte „Judenfrage" ihren festen Platz hatte.[497] Johannes Popitz, ein Kabinettskollege von Eltz bei Schleicher und Hitler, preußischer Finanzminister, einer der Empfänger des goldenen Parteiabzeichens an dem denkwürdigen Tag im Januar 1937, später als Widerständler hingerichtet, war für seine scharf antisemitische Einstellung bekannt.[498]

Ein halbes Jahr nach dem Nürnberger Reichsparteitag, am 6. März 1936, unterrichtete Hitler das Kabinett über den unmittelbar bevorstehenden Einmarsch im entmilitarisierten Rheinland. Außer wenigen eingeweihten Ministern hatte dieser Schritt von großer Tragweite die Kabinettsmitglieder unvorbereitet getroffen. Er bedeutete ja nichts anderes als die Beseitigung der letzten Reste der diplomatischen Nachkriegsregelung und die Besiegelung der verhängnisvollen Spaltung der Westmächte. Goebbels hat dazu in seinem Tagebuch notiert: „Kabinett: der Führer entwickelt seine Pläne. Mit tiefem Ernst. Aber auch fester Entschlossenheit. Das ganze Kabinett steht hinter ihm. Alle sind maßlos verblüfft. Aber nun gibt es kein Zurück mehr."[499] Das Goebbels-Wort kann ja auch ganz generell so verstanden werden: Für die bürgerlichen Mitspieler im Kabinett schien es ja offensichtlich überhaupt kein Zurück mehr zu geben. Bis zu diesem Zeitpunkt hatte keiner die Konsequenzen gezogen. Am 30. März 1936 fand eine Großveranstaltung im Festsaal Gürzenich in Köln statt: „Des Rheinlandes Dank an den Führer". Neben hochrangigen Vertretern der Partei und anderen Ministerkollegen nahm auch Eltz, der bekennende Rheinländer, teil. Goebbels schrieb auf: „Huldigung der rheinischen Stände. (Gauleiter) Terboven und Führer sprechen. Rückfahrt durch ewigen Jubel."[500] Hitlers Stellung unter den Besonnenen und Zurückhaltenden verbesserte sich. Für den Hitlerbiographen Ian Kershaw war es der Höhepunkt der ersten Phase von Hitlers Gewaltherrschaft.[501]

---

[497] Vgl. *Dipper*, S. 598 ff.; *Klausa*, S. 97 ff.
[498] *Dipper*, S. 610.
[499] GTB vom 8.3.1936, 3/II S. 35.
[500] GTB vom 29.3.1936, 3/II S. 51.
[501] *Kershaw*, Bd. 2, S. 15.

II. Der Minister, Hitler und die Partei

Die Feststellung, dass Eltz überzeugter Nationalsozialist war, stößt sich allerdings an dem Ruf, den der sperrige Mann innerhalb und außerhalb von Partei und Regierung genoss. Natürlich konnte sich alle Welt täuschen, aber der Minister galt oft genug als ein Mann, der der Erfüllung nationalsozialistischer Ziele im Wege stand. Das RVM galt unter den agressiveren Parteigenossen als konservativ und Nazi-Ideen fernstehend.[502] Ein Eisenbahnbeamter des Mittelbaus hat in denunziatorischer Absicht einmal an Goebbels geschrieben, es würde erzählt, der Minister (Eltz) halte den Juden Homberger in der Hauptverwaltung (der Reichsbahn), weil er ein schwer ersetzbares Finanzgenie sei.[503] Für die Post galt, was den Minister persönlich betraf, Ähnliches. Die heftige ideologische Kritik seines Staatssekretärs Ohnesorge, der sich ja über die „Unentschlossenheit" seines Ministers gerade im Hinblick auf Maßnahmen nationalsozialistischen Charakters bitter beklagt hat, hat das hinreichend deutlich gemacht.[504] Die alten Kämpfer, Leute wie Ohnesorge und Goebbels, haben die Haltung des Ministers deshalb immer wieder kritisch kommentiert. Beide Zeugen dürfen daher hier etwas ausführlicher zu Wort kommen als es die Qualität ihrer Äußerungen verdient. Ihre Schmähungen, insbesondere die des Propagandaministers, des politischen Hauptgegners von Eltz im Kabinett, lassen den Verkehrsminister als Verursacher manchen bürokratischen Grabenkampfs, kleinerer Justierungen und listigen Widerstands vermuten, der Reibungen verhindert und Härten gemildert hat, ohne dass dies Eingang in die verschriftlichte Erinnerung gefunden hat.

Der ambivalente Eindruck ist in einem gewissen Umfang darauf zurückzuführen, dass Eltz als Minister jedenfalls bei *einem* Thema sehr klare Vorstellungen hatte. Er wollte, wo immer es ging, den Einfluss der Partei auf die Exekutive zurückdrängen. Er verwahrte sich nachdrücklich gegen die Auffassung, dass Parteistellen zur Kontrolle des Staates berechtigt seien und gegen ihre Versuche, immer mehr staatliche Hoheitsfunktionen an sich zu ziehen. Parteipolitischen Eingriffsversuchen trat er deshalb konsequent entgegen. Als Postminister erließ Eltz einmal eine klärende, scharf formulierte Verfügung, wonach die Postbediensteten ausschließlich an die Weisungen ihrer Vorgesetzten gebunden seien. „Das Primat der Bewegung ist in der Besetzung maßgebender Spitzenstellen bei meiner Verwaltung mit Pg. seit langem voll erfüllt. Das Reichspostministerium ist ein bewusst nationalsozialistisches

---

502 *Gottwaldt/Schulle*, S. 24.
503 Schreiben Reichsbahnsekretär Wecke vom 22. Juni 1933 an Goebbels, BArch R 43-I/1053, Bl. 88 ff.
504 Siehe S. 128 f.

Ministerium und wird in streng nationalsozialistischem Geist geleitet."[505] Bezeichnend ist auch die Reaktion von Eltz, als Innenminister Frick sich im Dezember 1934 einmal bei ihm beklagte, dass im RVM in den Stellen vom Ministerialdirektor aufwärts kein Nationalsozialist zu finden sei, der vor dem 30. Januar 1933 in die Partei eingetreten sei. Eltz erwiderte, dass er schon lange einen solchen gesucht habe. Es wäre ihm aber noch nicht gelungen, ihn zu finden.[506] In diesen Zusammenhang gehört auch eine kleine weltanschauliche Auseinandersetzung mit Heinrich Himmler. Die SS-Publikation „Das schwarze Korps" hatte die Tatsache, dass das Reichsverkehrsministerium dem „Nationalsozialistischen Kraftfahrer Korps" (NSKK) als Ehrenpreis für einen Automobilwettbewerb ein Emblem des Heiligen Christophorus gestiftet hatte, aufgespießt. Die Marginalie war Eltz einen empörten Brief an Himmler wert, in dem er die Berichterstattung als „gehässig" und als nicht gerade ein gutes Zeugnis für die loyale Zusammenarbeit zwischen Staat und Partei bezeichnete.[507] In seiner Antwort legte Himmler, selbst Mitglied der katholischen Kirche, seinen Finger in die alte Wunde der deutschen Katholiken und argumentierte, er halte es nicht für möglich, dass „der Schutzheilige der einen Konfession, die ein gutes Drittel der Bevölkerung zu ihren Gläubigen zählt, durch einen Akt irgendwelcher beamteter Stellen für die übrigen zwei Drittel mit zum Heiligen erklärt wird".[508] Der hinhaltende Widerstand des Ministers gegen eine Politisierung des Beamtenapparats war weniger einer Distanz zum Regime als solchem geschuldet, sondern Ausdruck einer Verteidigung der Integrität des Staates im funktionalen Sinn. Das Verhältnis des Reichsministers zur braun uniformierten Elite blieb während seiner ganzen politischen Karriere kühl. In diesem Verhältnis blieb er bei aller politischen Überzeugung ein Technokrat ohne Stallgeruch.

Umso bemerkenswerter ist sein Verhältnis zu Adolf Hitler. Freiherr von Eltz brachte dem „Führer" unverhohlen persönliche Verehrung entgegen. Papen sprach von „großer", Krosigk von „höchster" Bewunderung".[509] Letzterer hat in seinen nicht veröffentlichten Privatnotizen sogar gemeint, dass es Eltz war, der von allen bürgerlichen Ministern Hitler am nächsten stand.[510] Eltz war Hitler vor der Regierungsbildung noch nie begegnet, ließ sich aber offensichtlich schnell von dessen Erfolgen beeindrucken. Das gängige Urteil seiner Gesellschaftsschicht, die auf Hitler wegen seiner parvenuehaften Art herabsah, hat er nicht geteilt. Aber noch erstaunlicher ist, dass die aus seiner

---

505 Zit. nach *Lotz*, S. 190.
506 Ministerbesprechung vom 4.12.1934, AdR, Bd. 2/I, Dok. 54, S. 214.
507 Eltz an Himmler vom 22.5.1936, BArch R 43-II/469, Bl. 64.
508 Himmler an Eltz am 7.5.1936, BArch R 43-II/469, Bl. 67.
509 *Papen*, Wahrheit, S. 327.
510 *Krosigk*, Erinnerungen (Typoskript) IFZ ZS A/20 230, Bl. 83.

II. Der Minister, Hitler und die Partei

Bewunderung erwachsenden positiven Gefühle von Hitler augenscheinlich in gewissem Umfang erwidert worden sind. Krosigk hat berichtet, nur in der Familie Eltz habe er Hitler, der sonst keine Privateinladungen annahm, bei einem Abendessen in kleinem Kreise erlebt. Das war am 8. Februar 1934. Es war in der Tat eine ziemlich familiäre Veranstaltung. Hitler wurde von Magda Goebbels begleitet. Joseph Goebbels trug erleichtert in sein Tagebuch ein: „Ich drücke mich. Und arbeite. Das ist herrlich."[511] Außer dem Ehepaar Krosigk waren der betagte Schwiegervater des Verkehrsministers, General a. D. Oskar von Hutier, und einige wenige Adlige aus der Verwandschaft Eltz anwesend.[512] Zu Beginn gab es eine Art familiäres Schaulaufen: Auf jeder Stufe des Treppenaufgangs, der im Verkehrsministerium von den Amtsräumen in die Dienstwohnung des Ministers führte, brannte eine Kerze, und auf jedem Treppenabsatz stand eines der fünf Ministerkinder, die Töchter in langen weißen Kleidern mit geöffneten Haaren, eine Kerze in der Hand. Das hat sich der damals jungen Generation unauslöschlich eingeprägt. Die älteste Tochter berichtete noch im hohen Alter, jedes Kind habe ein kurzes Gedicht vortragen müssen, was bei Hitler zu einer gewissen Nervosität geführt habe.[513] Der Gast Krosigk kommentierte: „Es sah reizend aus, höchstens ein bisschen sehr nach Prozession". Die Unterhaltung beim Essen und danach erwies sich als mühsam. „Hitler bemühte sich, höflich zu sein, war aber häufig geistesabwesend. Er belebte sich immer erst, wenn er sich in einen Monolog flüchten konnte."[514] Der alte, damals schon 87jährige, in seinem letzten Lebensjahr stehende Hutier erzählte aus dem Krieg. Vielleicht wollte Eltz Hitler mit der Anwesenheit des gefeierten Militärstrategen des Weltkriegs beeindrucken, vielleicht auch seinem Schwiegervater einen Gefallen tun. Hutier vermerkte in seinem Tagebuch: „Hoch interessant, da Hitler nach dem Essen mit außerordentlicher Offenheit über politische Lage, über Verhältnis zu Polen, Russland, Frankreich, Italien spricht. Alles äußerst klar und einfach hochinteressant. Er ist ein außerordentlich sympathischer Mensch, sehr liebenswürdig, einfach".[515] Hitler war in der Tat besonders höflich gegenüber der Hausfrau und sehr freundlich zu den Eltzschen Kindern.[516]

---

[511] GTB 10.2.34, 2/III, S. 370.
[512] Die Schwägerin Irmgard Miller-von Eichholz, Graf und Gräfin Wamboldt-von Umstadt.
[513] Mitteilung der Tochter Marion, verh. v. Kempis.
[514] *Krosigk*, Memoiren, S. 140 f.
[515] Tagebucheintrag vom 8.2.1934.
[516] Ebda.

154 H. Politische Freundschaften

Abb. 10: Empfangsräume im Reichsverkehrsministerium in der Voßstraße, ca. 1932.

Überhaupt wurden die Kinder während der Amtszeit ihres Vaters wiederholt im wahrsten Sinne des Wortes nach vorn geschoben, sei es beim Erntedank, bei „Führers Geburtstag" oder zu Neujahr, jedes Mal von Adolf Hitler herzlich getätschelt. Hitler mochte Kinder und hatte zu ihnen, wenn sie ihn umschwärmten, ein ungekünsteltes Verhältnis, das man, wie jedenfalls der Historiker Percy Ernst Schramm gemeint hat, nicht nur Propagandaintentionen zuschreiben sollte.[517] Kardinal Faulhaber hielt es nach einem Gespräch mit Eltz für wert, festzuhalten, dass (Eltz) „neben dem Führer wohnt, der manchmal zu den Kindern kommt. Jammerschade, dass in diesem vortrefflichen Mann soviel von der Umgebung in andere Richtung beeinflusst wird."[518] In der Beziehung Hitler – Eltz schwang also durchaus etwas nicht näher beschreibbares Privates mit. Sein Kabinettskollege Krosigk hat hinterlassen, dass Eltz des Glaubens war, es müsse möglich sein, auch einem

---

[517] Vgl. *Picker*, S. 43.
[518] *Volk*, Akten Faulhaber, Bd. 2, S. 237.

Menschen wie Hitler menschlich näher zu kommen.[519] Der Hitler-Biograf Volker Ullrich hat unter Nennung zahlreicher Beispiele nachgewiesen, dass das Privatleben des „Führers" reicher war als sich das manche Zeitgenossen vorgestellt haben.[520] Der Fall Eltz ist geeignet, diese These zu stützen und gleichzeitig diejenige zu relativieren, wonach Hitler eine tiefgehende Abneigung gegen den Adel gehabt haben soll. Hitler hat sich zwar häufig über den „degenerierten" Adel mokiert und seinen Wahlkampf gegen die Regierung Papen vornehmlich gegen die „Adelscliquen" und gegen das „verrottete Herrenclubregime" geführt. Aber in Wirklichkeit war seine Haltung ambivalent und opportunistisch.[521] Stephan Malinowski, der sich intensiv mit dem Adel im Dritten Reich auseinandergesetzt hat, ist im Übrigen zu dem Ergebnis gekommen, dass Adelskritik und Adelsfeindschaft (nur) für eine Minderheit in der NS-Bewegung typisch gewesen sei.[522]

---

[519] *Krosigk*, Staatsbankrott, S. 235.
[520] Vgl. *Ullrich*, S. 17.
[521] Vgl. *Krosigk*, Memoiren, S. 169; Hitler nutzte auch einzelne Personen des Hochadels gezielt für Missionen im internationalen Bereich, vgl. *Urbach*, S. 207 f.; vgl. auch *Schoenbaum*, S. 336 ff., der in diesem Zusammenhang auch von der klassenlosen Wirklichkeit des Dritten Reichs spricht. S. 345.
[522] Vgl. zuletzt: *Malinowski*, Hohenzollern, S. 276 ff.

I. Mord im Ministerium

Ein Vierteljahr nach dem vertrauensvollen Abendessen in der Dienstwohnung seines Verkehrsministers setzte Hitler die „Nacht der langen Messer" ins Werk, ein zerschmetternder Terrorschlag, der den parteilosen Fachminister Eltz fast schon körpernah mit der Realität des NS-Regimes konfrontieren sollte. Vom 30. Juni auf den 1. Juli und am Tag danach rechnete Hitler mit der ihm zu mächtig werdenden SA ab. Ihr Chef, Ernst Röhm, und weitere Funktionäre der SA-Führung wurden festgenommen und – zum Teil noch in derselben Nacht – ermordet. Insgesamt sind der Aktion mindestens 90 Menschen zum Opfer gefallen. Es handelte sich zwar in erster Linie um einen Machtkampf innerhalb der braunen Bewegung, aber die Gelegenheit wurde auch dazu genutzt, mit Gegnern außerhalb der SA abzurechnen.

I. Die Tat

Eines der ersten Opfer der Aktion wurde Ministerialdirektor Erich Klausener, der Leiter der Schifffahrtsabteilung des Reichsverkehrsministeriums und damit einer der engsten Mitarbeiter des Ministers. Der Beamte wurde, man kann es nicht präziser ausdrücken, am 30. Juni in seinem Dienstzimmer im Verkehrsministerium ermordet. Der Tathergang ist später lückenlos aufgeklärt worden. Am Vormittag hatte der Leiter des Geheimen Staatspolizeiamtes, Reinhard Heydrich, den SS-Offizier Kurt Gildisch damit beauftragt, Klausener im Ministerium aufzusuchen und zu erschießen. Gildisch wurde von dem SD-Mann Hermann Behrends begleitet.[523] Als der sich auf Arbeitssuche befindliche Eisenbahner Leopold Prinz zu Schaumburg-Lippe nach seiner Vorsprache bei Klausener das Ministerium verlassen wollte, begegnete er den beiden Männern, die mit gezogener Pistole die Treppe heraufkamen. Gildisch und Behrends traten in das Dienstzimmer des Abteilungsleiters und Gildisch erklärte ihn für verhaftet. Als Klausener seinen Hut vom Garderobehaken nahm, um den beiden Männer zu folgen, schoss der SS-Mann ihm von hinten in den Kopf. Klausener war sofort tot. Als Gildisch seinem Vorgesetzten Heydrich telefonisch Vollzug meldete, wies Heydrich ihn an, den Mord als Suizid zu tarnen. Gildisch legte die Tatwaffe in Klauseners Hand und ließ das Büro von zwei Wachposten abriegeln. Soweit die nackten Tatsachen.

---

[523] Zur der Identifizierung von Behrends, siehe *Orth*, Fn. 1082 mit weiteren Nachweisen.

I. Die Tat

Gildisch hat die Tat in einem Strafprozess nach dem Krieg gestanden.[524] Der Minister und sein Staatssekretär Gustav König, die beide im Hause waren, hatten einen oder zwei Schüsse gehört, durften aber den Tatort nicht betreten. Es gab einen kleinen Aufruhr und eine Besprechung im Ministerbüro, bei der Ernst Brandenburg, der Leiter der Kraftfahrzeugabteilung, der auf dem gleichen Flur saß und die Sache aus größerer Nähe mitbekommen hatte, dem Minister berichtete. Brandenburg stellte dann eine telefonische Verbindung zu Reichsinnenminister Frick her, dem die Geheime Staatspolizei formal unterstand. Frick, der getreue Nationalsozialist, aber in diesem Falle wohl wirklich ahnungslos, erklärte, man spreche von einem Putsch, Ernst Röhm und Kurt von Schleicher seien auch schon tot. Er habe damit nichts zu tun. Er rate aber dem Minister, die Anweisungen der SS-Wachen zu befolgen, da diese andernfalls sofort von der Schusswaffe Gebrauch machen würden.[525] Eltz protestierte dagegen, dass er daran gehindert wurde, den Ort des Geschehens in Augenschein zu nehmen. Er rief dann Göring an, der damals preußischer Ministerpräsident und damit Chef der Preußischen Polizei war. Auch Göring sagte, er könne sich nicht erklären, weshalb Dr. Klausener verhaftet werden sollte.[526] Eltz unterrichtete sodann telefonisch das Bischöfliche Ordinariat über den „Selbstmord" von Klausener, das seinerseits die Ehefrau Hedwig Klausener informierte. Frau Klausener ging nachmittags mit ihrem Sohn und einem Verwandten ihres Mannes, Rechtsanwalt Werner Pünder, in das Verkehrsministerium, um nähere Aufklärung zu bekommen. Pünder hat die Situation wie folgt geschildert:[527]

„Am Tor des Ministeriums stand der Portier, der Frau Klausener und auch mich kannte. Ich sagte ihm, Frau Klausener und ich müssten sofort den Minister sprechen. Der Beamte war sichtlich verlegen. Er wusste offenbar, dass etwas Ungewöhnliches mit Dr. Klausener geschehen war. Er sagte, wir möchten uns in das erste Stockwerk begeben und uns dort bei dem Minister melden lassen. Oben stand an der Treppe bereits der für die Anmeldung zuständige uniformierte Beamte. Er sagte, er werde sofort den Staatssekretär Koenigs benachrichtigen, worauf ich erklärte, wir müssten den Minister persönlich sprechen. Der Beamte verschwand. Gleich darauf erschien Staatssekretär Koenigs. Er sagte, der Minister und er seien auf das äußerste bestürzt. Die ganze Angelegenheit sei ihnen ein Rätsel.

Frau Klausener sagte Herrn Koenigs, es sei doch wohl selbstverständlich, dass sie die Möglichkeit haben müsse, ihren Mann zu sehen. Koenigs erwiderte, das Zim-

---
[524] Verurteilung zu 15 Jahren Zuchthaus im Jahr 1953.
[525] DAB, Bl. 14.
[526] *Gruchmann*, Erlebnisbericht Pünder, S. 415.
[527] *Gruchmann*, S. 415 ff.; Erhebliche Abweichung in der Tatsachenschilderung insofern, als Pfarrer Coppenrath in seinen Erinnerungen geschrieben hat, er sei derjenige gewesen, der Frau Klausener in das Verkehrsministerium begleitet habe, *Coppenrath*, S. 24; nach Bericht des Ordinariats vom 13.7. waren es vier Personen, Hedwig Klausener, Pünder, Coppenrath und Erich Klausener, DAB, Bl. 14.

mer ihres Mannes sei verschlossen und werde von zwei schwerbewaffneten SS-Leuten bewacht. Das Geheime Staatspolizeiamt habe das Betreten des Zimmers verboten. Der Minister sei so in Anspruch genommen und durch die Ereignisse auch derart erschüttert, dass er wohl kaum in der Lage sein würde, uns persönlich zu empfangen."

Als die Familie schließlich doch zu dem Minister geführt wurde, erklärte Eltz seine äußerste Betroffenheit, er sei aber nicht in der Lage zu helfen. Man habe ihm gemeldet, Herr Klausener habe sich, als er verhaftet werden sollte, in seinem Dienstzimmer erschossen. Pünder fuhr dann in seinem Bericht fort:

> „Ich sagte, er sei doch als Minister innerhalb seines eigenen Ministeriums nicht nur berechtigt, sondern auch verpflichtet, einem solchen Verlangen der Polizei entgegenzutreten. Es sei doch völlig unmöglich und ungesetzlich, dass sogar ihm, dem Minister, der Zutritt in das Zimmer verwehrt werde, in das die Polizeibeamten eingedrungen seien, ohne sich bei dem Minister auch nur zu melden. Der Minister blieb aber bei seiner Stellungnahme. Als ich sagte, Frau Klausener und ich hielten es für ausgeschlossen, dass Dr. Klausener Selbstmord verübt hätte – ich kennte Herrn Klausener seit unserer frühesten Jugend – sagte der Minister zu mir gewendet in scharfem Tone: „Wollen Sie denn die Meldung einer höchsten Reichsbehörde anzweifeln?" Er müsse sich an das halten, was das Geheime Staatspolizeiamt ihm melde. ... Auf dem Wege vom Zimmer des Ministers zur Treppe sah ich die beiden schwerbewaffneten SS-Posten, die beiderseits der in Klauseners Zimmer führenden Flügeltüre unbeweglich Wache standen. Als der junge Erich Klausener sie bat, doch seinen toten Vater noch einmal sehen zu dürfen und die Türklinke ergriff, wurde er mit dem Gewehrkolben fortgestoßen."

Am frühen Abend wurde das Zimmer aufgeschlossen, der Minister und der Staatssekretär wurden hineingelassen. Klausener hätte mit dem Gesicht nach unten, langgestreckt am Boden gelegen, so dass die beiden Herren den Eindruck gewinnen konnten, dass eine Selbsttötung nicht ausgeschlossen sei, was vom Minister „als Katholik besonders bedrückend und schmerzlich empfunden wurde", so Frau von Eltz später, und auch „besonders peinlich", da Klausener Leiter der Katholischen Aktion war.[528] Ein Zeitzeuge hat vom Hörensagen davon berichtet, dass der Selbstmord gut vorgetäuscht gewesen sein soll, jedenfalls für ein kriminalistisch nicht geschultes Auge.[529] Pünder erinnert sich andererseits, dass zumindest Staatssekretär Koenigs den Einschuss in das Genick Klauseners flüchtig gesehen hat.[530] Der Minister und der Staatssekretär stellten die Wertsachen sicher (Ringe, Uhr, Bargeld, Erste Gehaltsquote Juli).[531] Zwei Tage später erhielt Bruno Klausener einen Anruf von einem Beamten des Geheimen Staatspolizeiamtes, dass die Leiche seines

---

[528] Schreiben Marion v. Eltz an Kempner vom 8.7.1946, EA 57.
[529] *Adolph*, Klausener, S. 114.
[530] *Gruchmann*, S. 416.
[531] DAB, Bl. 15.

Bruders verbrannt worden sei und die Asche im Gebäude des früheren preußischen Herrenhauses in der Leipziger Straße abgeholt werden könne.[532] Es stellte sich im Übrigen heraus, dass der Minister an dem Tag sogar über Vorgänge, die ihn dienstlich betrafen, und die mit der Aktion in deutschlandweitem Zusammenhang standen, nicht unterrichtet war. Am Tag vorher war ein Reisezug nach München, einem der zentralen Schauplätze der SA-Krise, von Feriengästen geräumt worden, um Platz für die Männer der Leibstandarte Hitler zu machen. Er war auch überrascht, als ihm am Morgen im Postministerium berichtet wurde, dass die Telefonleitungen nach Süddeutschland gesperrt worden seien.[533]

Frhr. von Eltz ist nach der Tat in die Kritik gekommen und seine Glaubwürdigkeit ist angezweifelt worden. In der Bundesrepublik ist in der Presse der Vorwurf erhoben worden, Eltz habe den Mord gedeckt. Der Bruder des Ermordeten, Bruno Klausener, hat Eltz vorgeworfen, feige und unaufrichtig gewesen zu sein.[534] Die Beantwortung der Frage, zu welchem Schluss Eltz am Tag des Mordes bei nüchterner Betrachtung der Dinge wirklich gekommen war oder hätte kommen sollen, oder ob er die Selbstmordthese wider besseres Wissen zur Grundlage seines Handelns machte, stellt den Biographen vor eine fast unlösbare Aufgabe. „Wer etwas glauben will, findet einen Weg! Er wird sich durch den winzigen Spalt quetschen, den die Wahrheit ihm lässt", schreibt der Schriftsteller Eugen Ruge in einem seiner Romane.[535] Einer der wenigen unmittelbaren Zeugen der damaligen Geschehnisse, der das Dritte Reich überlebt hat, war Ministerialdirektor Ernst Brandenburg. Er ist der Kritik an seinem früheren Vorgesetzten bei seiner Zeugenvernehmung im Jahr 1950 behutsam entgegengetreten:

„Ich bin auch heute noch der Überzeugung, dass Eltz bei seiner ängstlichen Wahrheitsliebe wirklich der Überzeugung gewesen ist, dass der Selbstmord Klauseners nicht außer allem Betracht lag. Er stand bei der Konzeption dieser Auffassung wohl stark unter dem Einfluss von Koenigs, der sicher die Möglichkeit eines Selbstmordes stärker betont hat als die von vorneherein feststehende Tatsache eines Mordes. Koenigs hat es immer als seine Aufgabe betrachtet, jeden seiner Minister zu schützen und er sah in seiner großen Klugheit die Gefahr, welche für den Minister entstehen würde, wenn er die ‚staatsfeindliche Version' sich zu eigen macht … Eltz war ein zarter und vielleicht ein wenig ängstlicher Mann, der aber … niemals einer echten Gewissensentscheidung auswich … Ich fasse zusammen: Koenigs war politisch sehr klug, Eltz eine anima pia."[536]

---

532 *Gruchmann*, S. 416.
533 Aussage Brandenburg, S. 3.
534 Aussage Brandenburg, S. 7.
535 *Ruge*, S. 171 f.
536 Aussage Brandenburg S. 7.

Bruno Klausener hatte im Prozess gegen Gildisch nach dem Krieg ebenfalls den Eindruck vermittelt, dass der Minister Angst hatte.[537] Der Kirchenhistoriker Klaus Scholder vermutet hingegen eine gewisse politische Naivität.[538] Mit Abstand betrachtet, wird man das Verhalten des Ministers nicht als Eltz' stärkste Stunde betrachten können. Aber ihm, wie allen unfreiwilligen Zeugen der Geschehnisse, wird im Augenblick der höchsten Anspannung eine kühle Analyse nicht abzufordern gewesen sein. Marion von Eltz hat nach dem Krieg an die Witwe Hedwig Klausener geschrieben, ihr Mann habe sich damals in einem entsetzlicher Konflikt befunden und das gegen den Mörder (nach dem Krieg) ergangene Urteil wäre ihrem Mann eine Erlösung gewesen.[539] Frau Klausener antwortete: „Ich bin mir aber auch voll bewusst, dass jeder, auch der vollkommenste Mensch in seinem Leben auch Stunden der Ratlosigkeit hat und aus diesem Beweggrund glaube ich, dass wir Menschen einander verzeihen und uns der Barmherzigkeit Gottes empfehlen müssen."[540]

Eltz hat noch versucht, in einem Gespräch mit Göring Aufklärung zu erhalten, wurde aber vom preußischen Ministerpräsidenten, der sich in Gegenwart von Eltz von den beteiligten Beamten über den (angeblichen) Tathergang unterrichten ließ, abgespeist.[541] Gegenüber Bruno Klausener gab sich Eltz von der Aufrichtigkeit Hermann Görings überzeugt.[542] Die Fragen von Eltz, ob das Vorgehen gegen Klausener etwas mit der Katholischen Aktion, oder mit der früherer Tätigkeit von Klausener als Leiter der Polizeiabteilung in der Weimarer Zeit oder etwa mit seinem Namen auf einer Verschwörerliste zu tun habe, sollen von Göring allesamt verneint worden sein.[543] Staatssekretär Koenigs kam nach Erinnerung seiner Familie um seine Entlassung nach. Eltz soll ihn jedoch zum Bleiben bewogen haben: „Wir müssen bleiben; was soll werden, wenn diese Leute unter sich sind ?"[544] Von dem bis dato

---

[537] Vgl. *Sauer*, S. 37 f.
[538] *Scholder*, Bd. II, S. 254, Fn. 174.
[539] Schreiben Marion v. Eltz an Hedwig Klausener, zu der Zeit Präsidentin des 75. deutschen Katholikentages, vom 18.8.1952, EA 57.
[540] Schreiben Hedwig Klausener an Marion v. Eltz vom 3.9.1952, EA 57.
[541] Eltz soll das Modell der Pistole, die neben dem Toten lag, erkannt haben, ein Modell, von dem Göring dann behauptete, seine Beamten führten diesen Typ überhaupt nicht, DAB, Bl. 17. Brandenburg war auch nach dem Krieg aufgrund einer mit Klausener am Mordtag in der Frühe geführten Unterhaltung völlig sicher, dass Klausener keine Waffe bei sich hatte, Aussage Brandenburg, S. 2.
[542] Aussage von Bruno Klausener im Prozess gegen Gildisch, wonach Eltz gesagt haben soll: „Wenn Sie in die blauen Augen des Herrn Ministerpräsidenten gesehen hätten, so wüssten Sie, dass darin kein Falsch ist.", zit. nach *Sauer*, S. 37.
[543] DAB, Bl. 17. Anders Göring nach dem Krieg, s. S. 163.
[544] *Gottwaldt/Schulle*, S. 95, auf der Grundlage von Bekundungen von Folkmar Koenigs, dem Sohn von Gustav Koenigs.

von der NS-Politik unerschütterten Eltz war ein solcher Satz eigentlich nicht zu erwarten und ist auch im Blick auf die Haltung, die Eltz in den folgenden Jahren zu dem tragischen Geschehen einnehmen sollte, unwahrscheinlich. Wenn man Angaben aus katholischen Kreisen folgt, soll der Minister im Gegenteil Indizien gesammelt haben, die auf einen unruhigen Gemütszustand von Klausener am Tage seines Todes hingedeutet hätten. Dabei ging es vor allem um ein Gespräch, dass Koenigs am Vormittag des Mordtages noch mit dem Abteilungsleiter Klausener geführt hatte, ein Punkt der sich nicht mehr hat verifizieren lassen.[545] In einem Rundschreiben an alle Mitarbeiter seines Hauses bekräftigte der Minister die Selbstmordthese unter Berufung auf die amtlichen Feststellungen. Er ordnete seinen früheren Abteilungsleiter in eine Beziehung zu umstürzlerischen Kreisen ein, deren Absichten „wie bekannt, durch den persönlichen Zugriff des Führers verhindert" werden konnten.[546] Im Januar 1935 sah sich Eltz veranlasst, anlässlich der Amtseinführung des Nachfolgers von Klausener im Ministerium noch einmal öffentlich Stellung zu nehmen: Er gedachte mit warmherzigen Worten seines verstorbenen Mitarbeiters und wer möchte, kann in seinen Formulierungen eine vorsichtige Kurskorrektur entdecken:

> „Ich habe unmittelbar nach jenem tragischen Geschehen die Mitteilungen weitergegeben, welche ich von maßgebender Stelle bekommen hatte. Irgendwelches weitere Material, welches näheren Aufschluss geben könnte, ist mir nicht zugänglich geworden. Ich glaube, dass die Gründe, welche zu dem Tode geführt haben, für immer in Dunkel gehüllt bleiben werden."[547]

Nach der SA-Krise wurde von Innenminister Frick und Justizminister Gürtner umgehend ein Gesetz entworfen, dessen einziger Artikel lautete: „Die zur Niederschlagung hoch- und landesverräterischer Angriffe am 30. Juni, 1. und 2. Juli 1934 vollzogenen Maßnahmen sind als Staatsnotwehr rechtens." Das Kabinett hat das am 3. Juli 1934 beschlossen.[548] Hans Bernd Gisevius, der spätere Widerständler und zur damaligen Zeit Regierungsrat in Fricks Innenministerium, ein Meister der ergänzenden Geschichtsschreibung, hat in seinen zum Teil romanesk ausgeschmückten Erinnerungen diese Kabinettssitzung als Satire geschildert und dabei auch auf die Ermordung der beiden Mitarbeiter von Papen, Edgar Jung und Herbert von Bose, ebenfalls ein Ergebnis der Nacht der langen Messer, Bezug genommen:

---

[545] *Adolph*, Geheim, S. 41; das Ergebnis späterer Bemühungen der Witwe Hedwig Klausener, diesen Punkt aufzuklären, ist nicht bekannt geworden. Eltz soll Frau Klausener an Koenigs verwiesen haben.
[546] Zitiert nach *Adolph*, Klausener, S. 120 f.
[547] EA 57.
[548] AdR, Hitler Bd. I/II, Dok. 375, S. 1358.

"Auch die Reichsregierung macht keine Schwierigkeiten. Papen hätte allen Anlass zu erforschen, was Edgar Jung mit Röhms Putsch zu tun hatte. Dann sollte er eine Schilderung beifügen, wie man den Oberregierungsrat von Bose im Ministervorzimmer über den Haufen schoss, welchen schlichten Tatsachenbericht der Reichsverkehrsminister durch den bemerkenswerten Selbstmord seines Ministerialdirektors Klausener ergänzen könnte. Durch dieses Stichwort Selbstmord wäre Frick aufgerufen, seine Meinung über Strassers Hinschied zu Protokoll zu geben, und nunmehr würde der behäbige Freiherr von Neurath Gelegenheit finden, jenes geheimnisvolle Komplott mit einer auswärtigen Macht, die doch unbestreitbar in seine ministerielle Zuständigkeit fällt, ein wenig näher zu erläutern. Letztlich ist noch Gürtner da. Mag er es merken oder nicht, er führt den Titel eines Reichsjustizministers. Indessen verzichtet Gürtner darauf, weil Neurath nichts sagt. Neurath schweigt, da Eltz-Rübenach stumm bleibt. Eltz-Rübenach lässt Frick den Vortritt. Frick verschließt seine Lippen, solange Papen nicht redet. Papen stiert vor sich hin, bis Blomberg spricht. Blomberg hinwiederum schielt zu Gürtner – woraufsich die Katze in den Schwanz beißt und Hitler unter Görings Assistenz ein bewegtes Schlusswort spricht."[549]

Und wenn es auch nicht genauso war, so ist es doch ziemlich gut erfunden. Es war nicht genauso, denn Papen war bei der Sitzung, obwohl Hitler ihn dazu aufgefordert hatte, nicht anwesend. Von Gürtner, dem „unpolitischen Fachminister", ist, was die Sache nicht besser macht, immerhin qua Kabinettsniederschrift die Erklärung der Nachwelt erhalten geblieben, dass der „Gesetzentwurf kein neues Recht schaffe, sondern lediglich gültiges Recht bestätige".[550] In dem nach dem Krieg gegen den Mörder Gildisch angestrengten Strafverfahren hat sein Verteidiger in der Revision im Jahr 1953 gerügt, das Gericht habe die politischen Umstände nicht ausreichend gewürdigt. Er hat darauf hingewiesen, dass das Gesetz nicht allein von Hitler unterzeichnet, sondern von dem ganzen Reichskabinett, „dem damals u. a. auch noch Freiherr von Eltz-Rübenach angehörte, der direkte Vorgesetzte des ermordeten Klausener, der also mit seiner Unterschrift die Tat des Angeklagten und deren Veranlasser als angeblich rechtens deckte".[551] Am 13. Juli verteidigte Hitler sein Vorgehen im Reichstag. Dort herrschte angesichts der Tatsache, dass 13 Reichstagsabgeordnete unter den Opfern der „Nacht der langen Messer" waren, eine gespannte Atmosphäre. „Ich habe den Befehl gegeben, die Hauptschuldigen an diesem Verrat zu erschießen und ich gab weiterhin den Befehl, die Geschwüre unserer inneren Brunnenvergiftung und der Vergiftung des Auslands auszubrennen bis auf das rohe Fleisch."[552] Die zwei-

---

[549] *Gisevius*, S. 272f.
[550] Ministerbesprechung am 3.7.1934, AdR, Hitler, Bd. 2, Dok. 375, S. 1358.
[551] Zit. nach *Sauer*, S. 72. Die Angaben des Verteidigers sind insofern ungenau, als das Kabinett den Gesetzentwurf einstimmig gebilligt hat, unterschrieben wurde aber nur von Hitler und den fachlich zuständigen Ministern.
[552] Zit. nach *Bracher*, Machtergreifung I, S. 123–124.

stündige Rede wurde am Ende mit Beifallsstürmen quittiert. Der Hitler-Biograph Ian Kershaw hält sie für eine der „bemerkenswertesten und wirkungsvollsten Ansprachen die er (Hitler) je halten sollte".[553] Der Hitler-Biograph Joachim Fest hingegen zählte sie zu dessen „schwächeren rhetorischen Leistungen".[554]

Zu den Motiven für den Mord an Klausener hat es verschiedene, sich teilweise nur scheinbar widersprechende Erklärungen gegeben. Göring selbst soll den Fall einmal als einen „bedauerlichen Irrtum bei der überstürzten Abwehr der Aktion" bezeichnet haben.[555] Bei dem Nürnberger Prozess hat Göring ebenfalls ausgesagt, Klausener sei „zu Unrecht" erschossen worden[556], wobei in Rechnung zu stellen ist, dass unter der Bedingung einer drohenden Todesstrafe die Neigung zu selbstkritischer Aufarbeitung gebremst wird. Der Ankläger in den Nürnberger Prozessen, Robert Kempner, der mit den Verhältnissen in den letzten Jahren der Weimarer Republik aus eigenem Erleben gut vertraut war, ist der festen Überzeugung gewesen, dass die Liquidierung Klauseners mit dessen früherer Tätigkeit als Leiter der Polizeiabteilung im preußischen Innenministerium zusammenhing. Klausener habe damals eine markant antinationalsozialistische Haltung eingenommen.[557] Klausener war aber nicht nur Beamter, sondern auch ein bedeutender Repräsentant der „Katholischen Aktion" (KA) die damals von der Gestapo beobachtet wurde. Die KA verstand sich als Laienbewegung, die durch Verkündigung des Evangeliums Gesellschaft und Kirche im Sinne der katholischen Soziallehre mitgestalten wollte. Sie blieb in Deutschland schwach ausgeprägt.[558] Klausener, ihr Berliner Vorsitzender, galt aber dennoch als einer der einflussreichsten katholischen Laien in Deutschland. Klauseners Haltung zum NS-Staat war zwiespältig. Er war jemand, der, wie Ekkehard Klausa schrieb, den Schulterschluss mit den Nazis gesucht hat.[559] Insofern könnte man ihn als die vielleicht gelungenste Personifizierung des von Papen intendierten Brückenschlags zwischen Kirche und NS-Regime bezeichnen. Klau-

---

[553] *Kershaw*, Bd. 1, S. 653.
[554] *Fest*, S. 719.
[555] *Springer*, S. 171.
[556] IMT 18.3. Nachmittagssitzung. Keine Rolle hat für die Verfolger anscheinend gespielt, dass Klausener von Papen, bzw. Jung im Falle der Bildung einer neuen Regierung als Innenminister in Erwägung gezogen worden sein soll, vgl. *Orth*, S. 895f. Fn. 926, 927 mit weiteren Nachweisen.
[557] Namensartikel von Kempner in der Kirchenzeitung vom 7.7.1974, EA 57. Kempner war von 1928 bis 1933 in der Polizeiabteilung des preußischen Innenministeriums tätig, Klausener als Leiter der Abteilung sein Chef. Siehe auch *Adolph*, Klausener, S. 100f.
[558] *Blaschke*, S. 45.
[559] *Klausa*, S. 287ff.

sener hatte dem Regime in einer Phase, in der es noch lebhaft daran interessiert sein musste, die kirchliche Seite nicht zu provozieren, sondern eher einzuschläfern, sogar noch ein gerüttelt Maß an Lippendiensten geleistet. In einer zentralen Schulentlassungsfeier in der katholischen Diaspora Berlin rief er einmal den Schülern und Schülerinnen zu: „Seid katholisch und seid deutsch! [...] Als Bürger unseres Vaterlandes fühlen wir den heißen Strom nationaler Begeisterung, der durch unser Volk geht [...] Aus unserer religiösen Überzeugung erwächst die Pflicht und Kraft der Hingabe an Volk und Nation. Der ganze katholische Mensch ist auch der ganze deutsche Mensch."[560] Das ähnelt sehr dem, was Eltz seinen zwei Töchtern aus Anlass der Erstkommunion später mit auf den Lebensweg geben sollte. Auf den ersten Blick fällt es daher schwer, die KA als eine objektive Bedrohung für die Nazis zu betrachten. Als unmittelbarer Anlass für Klauseners Ermordung wird aber oft seine leidenschaftliche Rede auf dem Katholikentag am 24. Juni im Hoppegarten vor immerhin 60.000 Zuschauern, unter ihnen auch der Reichsverkehrsminister, genannt. Klausener selber beschrieb den Ablauf der Kundgebung und seine Rede in einer Karte an seine Mutter. Er habe „nur zum Frieden und zur Liebe geredet". Nach anderen Bekundungen soll sie nazikritische Töne enthalten haben. Entscheidend war aber wohl die durch die Massenveranstaltung aus Sicht der Nazis deutlich gewordene potentielle Gefährlichkeit der KA als möglicher Kern einer neuen katholischen Opposition, die im Urteil nationalsozialistischer Beobachter nach der Auflösung der Zentrumspartei zum Sammelpunkt eines wiedererstehenden politischen Katholizismus hätte werden können.[561] Im weitesten Sinne mögen zu der antikatholischen Stoßrichtung auch Befürchtungen der Nationalsozialisten beigetragen haben, es sei geplant gewesen, die deutschen Katholiken mit Hilfe einer dem Heiligen Stuhl mehr oder weniger direkt unterstellten KA nach dem Muster des italienischen Faschismus zu einer eigenständigen Säule eines neuen, autoritär regierten Deutschlands zu machen.[562] Dem Terror der Juni/Juli-Wende 1934 sind zwei weitere engagierte katholische Laienorganisatoren zum Opfer gefallen. Einer davon war der Reichsführer einer Sportorganisation der katholischen Jugend („Deutsche Jugendkraft"), Adalbert Probst. Der andere war der Münchner Publizist Fritz Gerlich, ein bereits in der Weimarer Zeit entschlossener Gegner des Nationalsozialismus. Seine Zeitschrift „Der gerade Weg" vertrat einen kämpferischen Katholizismus mit scharfen Angriffen gegen den Nationalsozialismus.[563] Die Tatsache, dass

---

[560] *Adolph*, Klausener, 81 f.
[561] Vgl. *Scholder* II, S. 242 f.; *Zipfel*, S. 61.
[562] Vgl. *Hübner*, S. 787.
[563] Hiermit war Eltz schon einmal konfrontiert worden als in einer Sitzung des Reichskabinetts am 10.8.1932 eine „Beleidigung von Mitgliedern der Reichsregierung in der Münchner Wochenzeitung ‚Der gerade Weg' " zur Sprache gekommen

man bei der SA-Krise auch die katholischen Kontakte Papens im Auge hatte, wird dadurch deutlich, dass das Büro der von Papen gegründeten „Arbeitsgemeinschaft katholischer Deutscher" (AKD) ebenfalls besetzt und das Aktenmaterial beschlagnahmt worden sein soll.[564] Der (protestantische) Kirchenhistoriker Klaus Scholder kam zu dem Schluss: „Tiefer hätte man den kirchliche Katholizismus kaum treffen können".[565] Er bezog sich dabei auf den von Göring wenig später erhobenen Vorwurf des Hochverrats, auf die Annahme des Selbstmordes – für einen Katholiken eine schwere Sünde – und schließlich die Verbrennung der Leiche, ebenfalls der Verstoß gegen ein strenges kirchliches Verbot.

II. Eltz, Klausener und die Kirche

Der deutsche Episkopat reagierte nach außen mit großer Zurückhaltung, die dem bekannten Kurs entsprach, eine offene Auseinandersetzung mit dem Regime so weit es ging zu vermeiden und dem Eindruck entgegenzuwirken, man verletze die im Konkordat festgeschriebene Loyalitätspflicht. Am 3. Juli 1934 wurde ein Trauergottesdienst in der Hauskapelle des Bischöflichen Ordinariats gehalten. Wenige Tage später, am 7. Juli 1934, fand ein Requiem statt, bei dem die Urne mit Klauseners Asche beigesetzt wurde. Sowohl der Trauergottesdienst als auch das Requiem fanden im engsten Familienkreis statt. Allerdings ließ das Ordinariat einige Tage danach in allen Kirchen des Bistums Berlin die Nachricht von Klauseners Tod verkünden. Dabei wurde der Klerus darauf aufmerksam gemacht, die „gebotene Zurückhaltung zu beobachten und das Gesamtwohl der Kirche nicht aus den Augen zu lassen". Der Bischof von Berlin, Nikolaus Bares, zeichnete im Kirchenblatt Berlin einen Nachruf auf Klausener, dessen Tod wie ein Atmosphärendruck auf allen laste: „Aber auch in dieses geheimnisvolle Dunkel leuchten uns des Himmels Sterne." Trotz der bischöflichen Mahnung zur Zurückhaltung widersprach Klauseners Pfarrer Albert Coppenrath öffentlich der offiziellen These des Suizids und verwies in einer Predigt auf den „erschossenen" Katholikenführer. Der katholische Publizist Waldemar Gurian kritisierte aus seinem Schweizer Exil die Haltung der Kirche scharf: „Das Schweigen der Bischöfe ist vielleicht noch furchtbarer als alles, was am 30. Juni geschehen

---

war. Das Reichskabinett kam damals übereinstimmend zu der Auffassung, dass man von der Stellung eines Strafantrags absehen solle, AdR, Papen, Bd. 1, Dok. 99, S. 377f.

[564] *Scholder*, II, S. 252. Scholder bezieht sich auf *Papen*, Wahrheit, S. 318. Weitere Quellen, die den Vorgang bestätigen könnten, konnten nicht ermittelt werden.

[565] *Scholder*, II, S. 254.

ist."⁵⁶⁶ Damit ist allerdings die Reaktion der Kirche nicht vollständig erfasst. Die Kirche in Berlin und der Bischof sind nicht untätig geblieben. Generalvikar Paul Steinmann hatte am 11. Juli Innenminister Frick aufgesucht, um nach 10 Tagen des Abwartens Auskünfte zu erhalten. Frick hielt sich für unzuständig und verwies auf seine mangelnde Vertrautheit mit dem Sachverhalt. Adolf Hitler werde in den kommenden Tagen im Reichstag „authentisch Stellung nehmen".⁵⁶⁷ Bischof Nikolaus Bares richtete im Laufe des Jahres 1934 zwei Schreiben an Adolf Hitler, in denen er den Thesen von Hochverrat und anschließendem Selbstmord widersprach, ohne die Wörter Mord oder Selbstmord zu gebrauchen. Er bat Hitler um ein „klärendes und befreiendes Wort" zu dem „stark berührenden schmerzliche Ereignis".⁵⁶⁸ Beantwortet wurden die Briefe durch Staatssekretär Lammers, der kurz mitteilte, Klausener sei „in das hochverräterische Unternehmen gegen den Staat verwickelt gewesen, über dessen Einzelheiten der Herr Reichskanzler in seiner im Reichstag am 13. Juli gehaltenen Rede die notwendigen Aufklärungen gegeben hat".⁵⁶⁹ Der Bischof ließ das aber nicht auf sich beruhen, sondern hakte mit einem zweiten Brief bei Hitler nach: Er habe in dessen Reichstagsrede keinen Zusammenhang mit dem Fall Klausener finden können. Der Bischof schloss sein längeres Schreiben folgendermaßen: „Ew. Exzellenz wollen daraus entnehmen, dass ich mich für befugt, ja moralisch verpflichtet halte, an dieser Deutung bis zum dokumentarischen Erweis des Gegenteils festzuhalten und Dr. Klausener gegen den entehrenden Doppelvorwurf des Selbstmordes und des Hochverrats in Schutz zu nehmen."⁵⁷⁰ Aus Rom drang nur ein gedämpftes Echo nach Deutschland herüber. Der „Osservatore Romano" berichtete umgehend und bezeichnete die Selbstmordthese als absurd. Der Vatikan ließ zwar gegenüber dem deutschen Vatikanbotschafter eine kritische Distanz zu den Ereignissen in Berlin erkennen, schwieg aber nach außen. Die ohnehin schwierigen Verhandlungen über den Umfang des im Konkordat festgelegten Schutzes katholischer Organisationen gerieten erneut ins Stocken.⁵⁷¹ Über Klausener, Probst, Gerlich und die anderen Opfer der Verfolgung fiel in den kommenden Wochen zwischen Rom und Berlin kein Wort.⁵⁷²

---

⁵⁶⁶ Zit. nach *Scholder*, II, S. 206.
⁵⁶⁷ DAB, Bl. 20.
⁵⁶⁸ Schreiben Bares an Lammers vom 12.7.1934, Bischofsakten, S. 753.
⁵⁶⁹ Bischofsakten, S. 755.
⁵⁷⁰ Schreiben Bares an Hitler vom 21.7.1934, zit. nach *Coppenrath*, S. 30 f.; siehe auch *Adolph*, Klausener, S. 130 ff.
⁵⁷¹ Vgl. *Westdickenberg*, S. 141 ff.
⁵⁷² Im Einzelnen, *Scholder*, II, S. 261 ff.

II. Eltz, Klausener und die Kirche

Minister von Eltz hat damals alles daran gesetzt, den Fall herunterzuspielen und die Kritik des Klerus aktiv bekämpft. Er hat sich bewusst gegen den Episkopat gestellt, „Mein Mann sah sich veranlasst, Protestaktionen der Bischöfe zu bremsen, bis endgültige Klarheit über den Tathergang herrschte", schrieb Marion von Eltz nach dem Krieg.[573] Am 13. Februar 1935 schrieb Eltz an Bischof Bares und beschwor ihn, auf eine geplante Spendensammlung für ein Denkmal Klausener zu verzichten:

> „Das Ergebnis wird sein, dass in weiten katholischen Kreisen die Gegensätze gegen die nationalsozialistische Bewegung verschärft, die Verbitterung geschürt und die Leidenschaften erneut aufgepeitscht werden. Bei aller schuldigen Ehrfurcht darf ich Exzellenz zu Bedenken geben, ob man solche verhängnisvollen Auswirkungen verantworten kann, ohne dass einwandfrei feststeht, dass Klausener ermordet worden ist."[574]

Bischof Bares ließ sich aber nicht beeindrucken und veranlasste im Frühjahr 1935 den Aufruf zu der Spendensammlung. Die Aktion stieß auf heftigen Widerspruch der Reichsregierung. Nach der Kollekte für ein Klausener-Denkmal auf dem Friedhof der St.Matthias-Gemeinde wurde deren Pfarrer Albert Coppenrath verhaftet.[575] Nachfolger des im März 1935 verstorbenen Bischofs Bares wurde Konrad Graf von Preysing-Lichtenegg-Moos. Im April 1936 empfing Preysing einen Besucher, dessen Identität Preysings enger Mitarbeiter Walter Adolph in seinen Aufzeichnungen nur verschlüsselt wiedergegeben hat. Es kann sich aber bei dem Besucher nur um Eltz gehandelt haben. Der Besucher sei, so Adolph, ein „Adliger integralen Charakters" gewesen. Er habe sein Unverständnis darüber geäußert, dass sich Bischof Bares so für Klausener habe einsetzen können. Bei der erneuten Wiedergabe der Selbstmordtheorie soll sich die Person auf die unmittelbare Mitteilung von Koenigs berufen haben. Preysing berichtete Adolph des Weiteren, der „Adlige" habe auf seinen Vorhalt, dass man bei einem tatsächlichen Selbstmord das nachträgliche Verhalten der Behörden nicht verstehe, geantwortet, dass die ungeheure Aufgeregtheit und Spannung als Entschuldigung für das Verhalten der Regierung angesehen werden müsse. Außerdem habe man für den Fall der Freigabe der Leiche Demonstrationen befürchtet und sie deshalb aus staatspolitischen Erwägungen mit der Reihe der Leichen der Aufrührer verbrennen lassen.[576] Im August 1936, immerhin waren seit der Mordtat mehr als zwei Jahre vergangen, richtete Eltz ein Schreiben an Clemens August Graf von Galen, seit 1933 Bischof von Münster. Darin schilderte er er-

---

[573] Marion v. Eltz an W. Görlitz am 30.9.1960, EA 57.
[574] Eltz an Bares am 13.2.1935, EA 57.
[575] Die folgende Gerichtsverhandlung am 3. August 1936 wegen „Kanzelmissbrauchs" endete mit einem Freispruch.
[576] Adolph, Geheim, S. 7.

neut seine Sicht der Dinge.[577] Der Brief hatte aber nicht die erhoffte Wirkung. Bei einer Predigt im Xantener Dom am 6.9.1936 erinnerte der Bischof an die „frischen Gräber, in denen die Asche derer ruht, die das katholische Volk für Märtyrer des Glaubens hält". Damit löste der Kirchenfürst einen öffentlichen Konflikt mit Reichskirchenminister Hanns Kerrl aus. Der Kritik des Ministers an dieser Predigt hielt Galen ausdrücklich das Schicksal Klauseners entgegen. Die Haltung des Ministers entsprach konsequent seiner Grundauffassung, wie mit dem Konflikt Staat – Kirche umzugehen sei, und war nicht nur eine Spontanreaktion auf die Schreckensmomente des 30. Juni 1934. Walter Adolph, der als Chefredakteur des „Petrus Blatt" firmierte, schrieb nach dem Krieg der Witwe Eltz höflich aber bestimmt: „Ich möchte allerdings nicht verhehlen, dass die Berliner Katholiken der Überzeugung sind, dass das Verhalten Ihres Gatten in jenen Tagen unverständlich war."[578] Der Graben zwischen dem Katholiken Eltz und der Amtskirche war wohl nie tiefer. Eltz hätte schweigen können, aber die Sorge um das Wohl der Kirche als Institution stand ja ebenfalls im Raum. Klaus Scholder hat das Schweigen der Bischöfe auf die Grundfrage der Katholischen Kirche im Dritten Reich heruntergebrochen und die rhetorische Frage gestellt: „Sollte man wirklich ... in dieser unübersichtlichen politischen Situation wegen einiger, möglicherweise nur zufällig Betroffener die Existenz der gesamten kirchlichen Organisation aufs Spiel setzen?" Und Scholder stellte dann – ganz im Sinne von Eltz – die suggestive Frage, ob der von manchen erwartete öffentliche Protest nicht eine Verhaftungswelle oder Schlimmeres, ein Blutbad unter den deutschen Katholiken hätte auslösen können.[579]

Die ambivalente Beziehung, die Eltz mit Klausener verband, macht es nicht unbedingt leichter, heute zu einer eindeutigen Gesamtdeutung des Geschehens zu kommen und verleiht dem Räsonnement von Eltz einen fatalen Beigeschmack. Die Vermutung ist nicht völlig von der Hand zu weisen, dass die persönliche Abneigung, die Eltz gegen Klausener, beide auf ihre Art komplizierte Charaktere, hegte, zumindest unterbewusst bei dem Verhalten des Ministers eine Rolle gespielt hat.[580] Dabei ging es auch um die dienstliche Vergangenheit des Spitzenbeamten. Von 1926 bis 1933 war Erich Klausener Ministerialdirektor im preußischen Innenministerium und damit Chef der 90.000 Mann starken preußischen Polizei gewesen. Der Beamte hatte dort maßgeblich das bis heute als vorbildlich geltende preußische Polizeiverwaltungsgesetz geprägt und seine Beamten konsequent gegen braune wie

---

[577] Schreiben Eltz an Galen vom 29.8.1936, EA 57.
[578] Schreiben vom 7.11.1946, EA 57.
[579] *Scholder*, II, S. 258.
[580] Vgl. Aussage Brandenburg, S. 7, Eltz sei möglicherweise in seiner Haltung bestärkt worden, weil er Klausener „nicht gerade liebte".

rote Bürgerkriegstruppen eingesetzt.[581] Beim Preußenschlag gab es Vermutungen, dass Klausener auf der Seite der Reichsregierung stand.[582] Aber auch das glatte Gegenteil wurde kolportiert: Der damalige Reichskanzler Papen habe den Beamten angeblich loswerden wollen, weil er ein „ganz linksstehender Mann" sei und aus Berlin verschwinden müsse.[583] Fest steht, dass Klausener in den Wirren der Weimarer Republik auf der Seite der Demokraten gestanden hat.[584] Nach der Bildung der Hitlerregierung am 30.1.1933 hatte ihn Göring umgehend entlassen und ihn bekanntlich dem RVM angedient. Dort galt der erfahrene Beamte als tüchtig und von hervorragender Auffassungsgabe.[585] Eltz hatte aber menschliche und politische Vorbehalte gegen seinen Mitarbeiter. Der Minister hielt ihn, so erinnert sich der Kollege Ernst Brandenburg, für ehrgeizig und rücksichtslos.[586] Über seinen gewaltsam zu Tode gekommenen Mitarbeiter hat er sich verschiedentlich verbittert geäußert. In einem Brief an Bischof Graf Galen zeichnete Eltz ein Bild von Klausener als eines sehr leistungsfähigen, aber politischen Beamten, der sich die Gönnerschaft der herrschenden politischen Partei nicht nur aus sachlichen Motiven zu verschaffen verstanden habe: „Später hat ihn der sattsam bekannte preußische Innenminister Grezinski (der als markanter Kirchengegner galt, Anm. d. Verf.) zum Chef der Polizeiabteilung gemacht."[587] Bei einer anderen Gelegenheit bezeichnete Eltz den Verblichenen als „Systembonzen übler Art, der sich in seiner Arbeit von Ehrgeiz treiben ließ und durch sein herrisches Wesen bei seinen Untergebenen verhasst" gewesen sei.[588] Umso bemerkenswerter ist es, dass sich Eltz andererseits in einer für Klausener bedrohlichen Situation schützend vor ihn gestellt hat. Göring soll bereits ein Jahr nach der Einstellung von Klausener im RVM dessen Entlassung gefordert haben, fand aber nicht die Unterstützung des Verkehrsministers.[589] Eltz machte nach (erstmaligem) Studium der Personalakte seinem Abteilungsleiter zwar Vorwürfe wegen dessen Bekämpfung des Nationalsozialismus in der Weimarer Republik, aber danach packte er die Personalakte in seinen Tresor. Der auf diese Weise Geschützte soll sich in der Folgezeit wiederholt aner-

---

581 *Klausa*, S. 288.
582 *Adolph*, Geheim, S. 32.
583 Ebda., S. 37.
584 Siehe auch die Gesamtdarstellung von *Kempner*, „Ankläger einer Epoche".
585 *Adolph*, Klausener, S. 18.
586 Aussage Brandenburg, S. 7.
587 Eltz an Galen am 29.8.1936, in dem es auch heißt: „Tüchtiger Beamter, der seine Karriere aber auch der Gönnerschaft von Zentrum und Sozialdemokratie zu verdanken gehabt habe", Auszug in EA 57.
588 *Adolph*, Geheim, S. 7.
589 *Gottwaldt*, Juden, S. 66; *Adolph*, Geheim, S. 17.

kennend über die Haltung seines Ministers geäußert haben.[590] Wie recht hatte doch der Historiker Thomas Nipperdey mit seinem Wort, die Grundfarbe der Geschichte sei grau, in unendlichen Schattierungen.

Alles, was sich an der Monatswende Juni/Juli 1934 zugetragen hat, muss über einen längeren Zeitraum bei dem empfindsamen Minister zu beunruhigenden Gewissenserforschungen Anlass gegeben haben. Mit mehreren Opfern der „Nacht der langen Messer" war der Minister auf die eine oder andere Weise verbunden: Mit Erich Klausener, der nicht nur sein Abteilungsleiter, sondern auch derjenige Glaubensgenosse war, mit dem er am Fronleichnamstag nur einen Monat vor dessen Ermordung an der Spitze der Prozession marschiert war; mit General Kurt von Schleicher, seinem früheren Chef; mit den Jungkonservativen Herbert v. Bose und Edgar Jung, Bekannten aus dem Dunstkreis Papens und des Herrenclubs. Trotz aller Meinungsverschiedenheiten hätte man hier einen Restbestand von übergreifender humanitärer Solidarität vermuten dürfen. Eltz blieb nach außen unbeeindruckt. Vizekanzler Franz von Papen zog aus der Ermordung zweier seiner Mitarbeiter Konsequenzen und bat um seine Entlassung, der entsprochen wurde. Sie wurde aber nach außen verschleiert. Papen versicherte Hitler in den folgenden Tagen wiederholt seiner ungebrochenen Loyalität.[591] Noch im Juli 1934 ging Papen als Hitlers Sondergesandter nach Wien. Dem Regime gelang es damals ziemlich gut, seine Lesart der Dinge glaubhaft zu machen. Viele feierten Hitler wegen seiner rücksichtslosen Entschlossenheit. Die allgemeine Überzeugung, dass Hitler das Reich vor einem blutigen Umsturz gerettet und die Grundsätze der „Ehre, Sauberkeit und Zucht" wiederhergestellt habe, hatte schließlich auch die Reaktion der Kirchen bestimmt.[592] Eltz Haltung ist insoweit erklärbar, als mit dem Schlag gegen Röhm und Genossen aus rechtskonservativer Sicht das „revolutionäre Potential" der NS-Bewegung für den Moment neutralisiert zu sein schien und die Partei aus eigener Kraft etwas gegen die „Auswüchse Radikaler" unternommen zu haben schien. Einer seiner kirchlichen Kritiker hat später konzediert, dass Eltz jedenfalls zum damaligen Zeitpunkt die „Dämonie des Nationalsozialismus" noch nicht durchschaut habe.[593] Andererseits waren die Katholikenmorde ein auch im katholischen Milieu unübersehbarer konkreter Angriff auf die Institution der Kirche, der den erwähnten, beruhigend erscheinenden rechtsnationalen Interpretationen hätte im Wege stehen müssen. Unter der katholischen Bevölke-

---

[590] *Adolph*, Klausener, S. 88, ohne Angabe einer Quelle. Erscheint aber angesichts der Tatsache, dass Adolph generell gegenüber Eltz eine kritische Haltung eigen war, glaubhaft.
[591] *Möckelmann*, S. 253 f.
[592] *Scholder*, II, S. 256.
[593] *Adolph*, Klausener, S. 121.

rungsminderheit außerhalb der Reichshauptstadt sorgten die Vorgänge für erhebliche Unruhe. Aus Anlass der Volksabstimmung im August 1934 über die Zusammenlegung der Ämter des Reichspräsidenten und des Reichskanzlers forderten anonyme Klebezettel im Ruhrgebiet „Katholiken! Bekennt Euch gegen Hitler", die ausdrücklich an die „Märtyrer" Klausener und Probst erinnerten. Der Publizist Sebastian Haffner kam aufgrund des Umstandes, dass dieses erste große Morden der Nationalsozialisten „im Großen und Ganzen vom breiten deutschen Publikum und von den alten Oberschichten in Deutschland" hingenommen wurde, zu der Einschätzung, dass „wenn man eine Schuld des gesamten deutschen Volkes an Hitlers Verbrechen suchen will, dann muss man sie wohl hier suchen".[594] Der Prozess der Machtergreifung konnte damit als abgeschlossen betrachtet werden. Der mit Eltz befreundete britische Botschafter Sir Eric Phipps vermerkte in seinem Tagebuch: „Blood doubtless dries quickly, like an April shower on sand. Yet on Hitler's hands the stains may stay."[595]

---

[594] *Haffner*, S. 246.
[595] Eintrag vom 4. Juli 1934, zit. nach *Johnson*, S. 63.

J. Der Katholik Eltz im Dritten Reich

Mit der Schilderung der Haltung des Verkehrsministers zu den Vorgängen während und nach der Ermordung von Erich Klausener ist die Geschichte des gläubigen Katholiken aber noch nicht auserzählt. In der Verfolgung seines bisherigen Werdegangs ist der Widerspruch zwischen dem katholischen Glauben des Hitler-Ministers und seiner der nationalsozialistischen Ideologie angepassten Regierungspraxis bereits deutlich geworden. Nachdem der Freiherr die politischen Wanderungsbewegungen vieler Rechtskatholiken weg vom Zentrum über die christliche Volkspartei zur DNVP und aus letzterer wieder heraus in die Parteilosigkeit der Barone unter Annäherung an die NSDAP mitgemacht hatte, hatte er sich Anfang 1933 zusammen mit Papen im Kabinett Hitler wiedergefunden. Katholiken gab es in Hitlers Ministerrunde reichlich. Beginnend mit dem Reichskanzler selbst waren auch Papen, Goebbels und Gürtner katholischen Glaubens. Aber nur Papen und Eltz stand das Glaubensbekenntnis geradezu auf der Stirn geschrieben. Zu einem nicht völlig falschen, aber eindimensionalen Satz geronnen ist die wohl damals allgemeine Auffassung in einer Notiz in der „Times", in der es nach seinem Rücktritt hieß: „Apparently little interested in politics, he served as an expert until he found, after four years of the Nazi regime, that he could no longer reconcile Hitlers church policy with the dictates of his conscience."[596] Etwas komplizierter war es schon. Schon aus den Erfahrungen der Weimarer Zeit muss ihm als bekennendem Katholiken eigentlich der scharfe Gegensatz zwischen Kirche und NSDAP früh vor Augen gestanden haben. In den ereignisreichen Jahren 1933/1934 verschärften sich die Zumutungen. Es ist daher nur schwer vorstellbar, dass sein religiöses Gewissen erst nach vier Jahren wiedererwacht sein soll. Eine echte, wenn auch zunächst nur „innere Distanz" zum Nationalsozialismus, als solche eben wegen ihrer Innerlichkeit schwer dingfest zu machen, sollte sich bei dem Reichspost- und Verkehrsminister nur zögerlich entwickeln.[597] Gleichzeitig war sein Verhältnis zur Kirche unterschwelligen Spannungen und Schwankungen ausgesetzt.

---

[596] Times vom 2.2.1937.
[597] Im Gesamturteil ebenso *Küppers*, S. 505 ff.; anders *Huck*, S. 55.

I. Anpassung und Widerstehen

Von der Ernennung Hitlers bis zu den Märzwahlen wahrten die deutschen Katholiken insgesamt die in der Weimarer Zeit entstandene geschlossene Front gegen den Nationalsozialismus. Klaus Scholder hat sie als einen „weltanschaulichen Block von imponierender Geschlossenheit" bezeichnet.[598] Das Zentrum und die katholischen Organisationen boten Anfang 1933 noch alle Kräfte auf, um einen Wahlsieg Hitlers bei den Reichstagswahlen im März zu verhindern. Bischöfe und Priester, Verbände und Organisationen beschworen die Wähler. Ein Aufruf der katholischen Großverbände vom Februar 1933 forderte die Erhaltung des Rechts im öffentlichen Leben, die Heilighaltung des Verfassungseides und die Wahrung der staatsbürgerlichen und sozialen Grundrechte der Reichsverfassung.[599] Bei den Wahlen schnitten die Nazis in katholischen Gegenden denn auch am schlechtesten ab. Im Wahlkreis Köln-Aachen stimmten nur 30% für die Hitlerliste.[600] Der Kirchenhistoriker Heinz Hürten hat den Aufruf der katholischen Großorganisationen vor den Märzwahlen ganz konkret als eine Niederlage des Rechtskatholizismus interpretiert und daraus den Schluss gezogen, dass der deutsche Katholizismus auch auf dem Weg über die national und christlich firmierende Rechte keinen Zugang zu Hitler gefunden habe: „Die Katholiken Papen und Eltz von Rübenach, die in seiner Regierung saßen ... erhielten hier ihre Abfuhr."[601] Gleichzeitig verführte die Präsenz von Papen und Eltz im Kabinett viele Katholiken dazu, den umstürzenden Charakter der politischen Wende zu verkennen oder zu verdrängen. Zumindest zu Beginn des Dritten Reichs habe die Tatsache, dass zwei markant kirchentreue Katholiken dem Kabinett Hitler angehörten, viele Katholiken in ihrem pronationalsozialistischen Kurs bestätigt. Das habe als Gewähr dafür gegolten, dass Hitler „nichts anderes anstrebte, als er beruhigend verlauten ließ", so wiederum Hürten.[602] Auch wenn die Resistenz des katholischen Milieus insgesamt kräftiger ausfiel als bei den Protestanten, war 1933, wie es Klaus Breuning ausgedrückt hat, „die Stunde der scheinbaren Erfüllung vieler heimlicher und unterbewusster Hoffnungen, in der das kritische Unterscheidungsvermögen vieler Katholiken von der Wolke der nationalen Erhebung vernebelt wurde".[603] Nicht nur Eltz, sondern viele Katholiken aus allen Schichten glaubten, Antisemitismus, Anti-Bolschewismus und ein antidemokratisches autoritäres Staatsverständnis gut in ihre persönliche Frömmigkeit integrieren zu können. Auch die katholische Glaubensgemein-

---

[598] *Scholder*, I, S. 303.
[599] Zit. nach *Breuning*, S. 176f.
[600] *Repgen*, Katholizismus, S. 23.
[601] *Hürten*, S. 182.
[602] Ebda., S. 208.
[603] *Breuning*, S. 266.

schaft war insofern „Teil des in seiner Mehrzahl verblendeten deutschen Volkes".[604] Politisch attraktiv, auch für Eltz, war zudem das nationalsozialistische Angebot eines „positiven Christentums", das trotz seiner theologischen Dürftigkeit von Katholiken auch als politische Chance verstanden werden konnte, aus ihrer gesellschaftlich immer noch so empfundenen Minderheitenrolle endgültig herauszutreten. Nach den Wahlen bemühte sich der Episkopat von sich aus, Nähe zu den neuen Machthabern herzustellen, um die Existenz der Institution der Kirche als solche zu sichern. Als Kirche mit der ihr eigenen, aus den Gläubigen geformten „Massenbasis" hatte sie gute Chancen, nicht von vornherein aufgelöst oder gleichgeschaltet zu werden. Dem kam entgegen, dass Hitler sich anfangs für eine verbale Umarmungstaktik entschieden hatte, weil ihm die potentielle Gefährlichkeit einer kirchlichen Opposition vor Augen stand.

Am 21. März 1933, dem Datum, das unter dem Namen „Tag von Potsdam" in die Geschichte eingegangen ist, vereinigten sich wichtige Teile der katholischen Welt ikonisch mit den Nationalsozialisten. In der Kirche Peter und Paul, in der der apostolische Nuntius die Messe zelebrierte, saßen, wie eine Zentrumsabgeordnete berichtet hat, in den vordersten Reihen die Nationalsozialisten, auch die Vertreter der Reichsregierung, wobei der Minister Eltz nach diesem Bericht besondere Aufmerksamkeit genoss. Die Zentrumsabgeordneten knieten in den hinteren Bänken.[605] Der Katholik Adolf Hitler war dem katholischen Gottesdienst ferngeblieben. Er wollte das als eine Warnung an die katholischen Bischöfe verstanden wissen, weil diese in der Vergangenheit mehrfach „Führer und Mitglieder" der NSDAP als „Abtrünnige der Kirche" bezeichnet" hatten. Papen und Eltz führten anschließend den Marsch katholischer Würdenträger, Honoratioren, der Zentrumsabgeordneten und der katholischen Mitglieder der NSDAP bis in die Nähe der Nicolaikirche an. Dort vereinigte man sich mit den evangelischen Gottesdienstteilnehmern und ging – nun unter Führung von Hitler, hinter ihm unmittelbar Goebbels, Papen und Eltz – gemeinsam zu Fuß zur Garnisonskirche. Die aufwendige Inszenierung, bei der dem Reichsverkehrsminister offensichtlich eine Rolle zugedacht war, ist auch als eine Unterwerfungsgeste der katholischen Amtsträger gedeutet worden. Die konservativ-nationale und die religiöse Kulisse dieses Tages, der sich nur die SPD verweigert hatte, war eine propagandistisch gelungene Vorbereitung für die zwei Tage später stattfindende Verabschiedung des Ermächtigungsgesetzes. In der aus diesem Anlass abgegebenen Regierungserklärung bezeichnete Hitler die beiden großen christlichen Kirchen als wichtigste Faktoren zur Erhaltung unseres Volks-

---

[604] *Klausa*, S. 153.
[605] Vgl. *Meissner/Wilde*, S. 244 f.; *Bracher/Sauer/Schulz*, S. 150; Bericht in VfZ 1961, S. 208, Dokument Nr. 2.

tums. Die katholische Kirche relativierte daraufhin ihre bisherige Kritik. In der Kundgebung der Fuldaer Bischofskonferenz vom 28. März nahmen die deutschen Bischöfe unter ausdrücklichem Bezug auf Hitlers Rede ihre früheren allgemeinen Verbote und Warnungen, insbesondere ihre Unvereinbarkeitsbeschlüsse zurück. Sie behielten aber regierungskritische Vorbehalte bei („Wir müssen nach wie vor Irrtum nennen, was Irrtum ist, Unrecht, was Unrecht ist") und standen einer Mitgliedschaft von Geistlichen in der NSDAP weiter ablehnend gegenüber.

Die Kirche ging zwischen christlichem Bekennen, schwankendem Urteil und taktischer Anpassung ihren Weg.[606] Die innerkirchliche Auseinandersetzung über die richtige Strategie kann hier nur sehr vereinfacht dargestellt werden. Die vom Vorsitzenden der Fuldaer Bischofskonferenz, dem Fürstbischof von Breslau, Kardinal Adolf Bertram, präferierte Linie bestand darin, Konflikte mit dem Regime zu minimalisieren und größere Auseinandersetzungen mit der NSDAP soweit wie möglich zu vermeiden, ohne sich dem Nationalsozialismus anzunähern. Die Wahrung berechtigter Interessen der Kirche als Institution wurde in den Vordergrund gestellt. Der in der Kundgebung vom 28. März ebenfalls lancierte Appell „zur Treue gegenüber der rechtmäßigen Obrigkeit" solange letztere nur die kirchlichen Forderungen in Bezug auf freie Religionsausübung und den Bestand der Konfessionsschulen anerkennt, ist als sichtbarer Ausdruck der Selbstbeschränkung der Kirche auf die Verteidigung ihrer Organisation und ihrer Rechte interpretiert und später kritisiert worden.[607] Sehr deutlich wird die Haltung der Bischöfe in einem Brief von Kardinal Faulhaber vom April 1933 an einen wegen des Judenboykotts besorgten Gläubigen, in dem der Bischof schrieb: „Dieses Vorgehen gegen die Juden ist derart unchristlich, dass jeder Christ, nicht bloß jeder Priester, dagegen auftreten müsste. Für die kirchlichen Oberbehörden bestehen weit wichtigere Gegenwartsfragen; denn Schule, der Weiterbestand der katholischen Vereine sind für das Christentum in unserer Heimat noch wichtiger."[608] Eine zweite Frage hat die Kirche über die ganzen Jahre des Dritten Reichs hinweg belastet, die Frage nämlich, ob die Konfrontation mit dem Nationalsozialismus durch Appelle an die Öffentlichkeit und die Mobilisierung der Gläubigen auszutragen wäre oder ob Gravamina der Kirche besser in diskreter Form angesprochen und behoben werden sollten.[609] Kardinal Bertram hatte sich hier, und das blieb für die ersten Jahre des Dritten Reichs prägend, ganz und gar der erstgenannten Option, der sogenannten „Eingabepolitik", verschrieben. Anders dachte hierüber freilich Bischof Prey-

---

[606] *Scholder*, I, S. 347f.
[607] Vgl. *Klausa*, S. 151.
[608] *Volk*, Akten Faulhaber, Bd. 2, S. 705.
[609] Vgl. *Hürten*, S. 206 ff.

sing. Er galt schon früh als ein weitblickender, dem nationalsozialistischen Einparteienstaat äußerst distanziert gegenüberstehender Oberhirte. Sein Biograph Ludwig Volk hat ihn unter den Deutschen der Hitlerzeit als eine „höchst seltene, im Kreis des Episkopats gar eine einmalige Erscheinung" bezeichnet.[610] Preysing sollte sich schon ziemlich früh von der Eingabepolitik innerlich lösen, konnte sich damit aber bei den deutschen Bischöfen vor allem wegen seiner schwächeren hierarchischen Stellung nicht durchsetzen. Es dauerte aber nicht mehr lange, bis Preysing für eine umfassende Korrektur der Politik des Episkopats eintrat, die eine entschlossene, auch nach außen hin sichtbare Gegenwehr, die desillusioniert den Mechanismen des NS-Staates Rechnung tragen sollte, zum Gegenstand hatte.[611] Im Oktober 1937 zog sich Preysing aus den Verhandlungen über Schulangelegenheiten zurück.[612] Hinzu kam sein Widerwille gegen Tendenzen des Episkopats, durch die Würdigung „nationaler Ereignisse" auf den Staat zuzugehen. Als im Zusammenhang mit der Saarabstimmung im Januar 1935 Bischof Galen eine Episkopatsäußerung anregte, widersprach Preysing ebenso wie nach einer entsprechenden Anregung aus Anlass der Rheinlandbesetzung.[613] In beiden Fällen wären Eltz jedenfalls wohlwollende Äußerungen der deutschen Bischöfe nur willkommen gewesen.

Die von der Mehrheit der Bischöfe eingenommenen Positionen erlaubten es dem Reichsminister Eltz, einen offenen Zwiespalt mit seiner Kirche zu vermeiden. Er konnte zunächst weitgehend sowohl der Kirche als auch dem Staat treu bleiben. Eltz hatte, wie beschrieben, als Minister im Kabinett ebenso wenig wie die anderen Bürgerlichen den christlich-moralischen Grundsätzen massiv widersprechenden Vorhaben wie Judenboykott, Arierparagraf oder Eugenikprogramm entgegen gewirkt. In einen offenen Gegensatz zur Kirche konnte er damit nicht geraten, weil niemand von ihm verlangen konnte, sich, salopp gesprochen, „päpstlicher als der Papst" zu verhalten. Beim sog. Judenboykott am 1. April 1933 blieb die Kirche zwar nicht völlig stumm, hat sich aber wie der zitierte Brief von Faulhaber deutlich zeigt, weggeduckt, obwohl sie mit Anfragen von kritischen Bürgern zugedeckt wurde. Der Arierparagraf im Berufsbeamtengesetz ist zwar auf deutliche Kritik der Bischöfe gestoßen, die jedoch, wie der Kirchenhistoriker Klaus Scholder schreibt, „mit soviel freudiger Zustimmung zum neuen Staat verbunden war, dass schlafende Gewissen dadurch kaum geweckt werden konnten".[614] Anders verhielt es sich freilich in der Frage der Eugenik. Gegen

---

[610] *Volk*, Preysing, S. 100.
[611] *Adams*, S. 64 ff.
[612] *Volk*, Preysing, S. 95.
[613] Ebda., S. 92.
[614] *Scholder*, I, S. 347.

I. Anpassung und Widerstehen

das Sterilisationsgesetz haben die Bischöfe Clemens August Graf von Galen und Kardinal Michael von Faulhaber von der Kanzel aus deutlich protestiert. Einzelnen katholischen Theologen wurde wegen ihrer Bejahung des Gesetzes 1934 von der Kurie vorübergehend die Lehrerlaubnis entzogen. Auch die „Katholische Aktion" hatte sich gegen das Gesetz ausgesprochen. Ein Kabinettskollege von Eltz, Innenminister Wilhelm Frick, bezeichnete die Haltung der Kirche drohend als „eine Aufforderung zum Ungehorsam gegen das Reichsgesetz".[615] Eltz hat bei seinen Kontakten zum Episkopat die Illusion genährt, dass Hitler „durchaus den ernsten Willen habe, mit der katholischen Kirche übereinzukommen". Das berichtete nach einer Unterredung mit Eltz der damalige Berliner Bischof Christian Schreiber in einer Krisensitzung von Vertretern der Kirchenprovinzen, in der die der katholischen Kirche drohenden Gefahren eines der Hauptthemen bildeten.[616] Am 7. März 1933 nutzte Minister Eltz eine Kabinettssitzung, um Hitler direkt anzusprechen. Auszug aus dem Kabinettsprotokoll: „In letzter Zeit waren viele Katholiken bei mir, die nicht dem Zentrum angehörten. Sie hätten betont, dass sie grundsätzlich der NSDAP freundlich gegenüber stünden, aber Hemmungen wegen des Punktes 24 des Programms hätten. Vielleicht könne diesem Punkt, so die Frage von Eltz an Hitler, eine befriedigende Interpretation gegeben werden?"[617]

Der von dem Verkehrsminister angesprochene Punkt 24 des Parteiprogramms der NSDAP von 1920 betraf das sog. „positive Christentum". Es zog der christlichen Lehre einen engen Rahmen, oder besser die Zwangsjacke des „Sittlichkeits- und Moralgefühls der germanischen Rasse" an und gab die nationalsozialistische Weltanschauung als christlich, aber konfessionell ungebunden aus. Damit versuchte die NSDAP sich den Anschein zu geben, der großen Zahl derer eine Heimat zu bieten, die sich den Kirchen entfremdet hatten, aber sich christlichen Werten weiterhin verbunden fühlten. Auf die von Eltz gestellte Frage nach der „befriedigenden Interpretation" entgegnete Hitler, „dass den Bischöfen die authentische Interpretation aller die Kirche betreffenden Fragen zustehe. Die Kirche werde die nationalsozialistische Partei dann akzeptieren, wenn sie durch die Verhältnisse gezwungen sei, die Partei zu akzeptieren." Das war deutlich genug. Papen war auch dabei. Eltz hat sich später, selbst noch im Zusammenhang mit seiner Abberufung ausdrücklich zum „positiven Christentum" bekannt und hat in allen Gesprächen, Eingaben und Vermerken konsequent von „den Kirchen" und nicht von der (im wörtlichen Sinne allumfassenden) katholischen Kirche gesprochen. Es gab in der Tat nur wenige, die den Missbrauch christlicher Begriffe von

---
[615] *Hürten*, S. 256.
[616] In Berlin am 27.4.1933, Bischofsakten Bd. 1, S. 88.
[617] AdR, Hitler, Teil 1/I Dok. 44, S. 163.

vorneherein als das erkannten, was er war, nämlich, so hat es der Theologe Wolfgang Künneth ausgedrückt, „eine Tarnung der Nazis, unter deren Deckmantel es gelungen war und gelingen sollte, Millionen von Christen in gutem Glauben für den Nationalsozialismus zu gewinnen".[618]

II. Reichskonkordat und Brückenbau

In die gleiche Richtung wirkte ein außenpolitisches Ereignis von eminenter tatsächlicher aber auch psychologischer Bedeutung: Der Abschluss des Reichskonkordats im Juli 1933. Das von Kardinalstaatssekretär Eugenio Pacelli und Vizekanzler Franz von Papen ausgehandelte völkerrechtliche Vertragswerk garantierte der deutschen Kirche die freie Religionsausübung, den Schutz der kirchlichen Körperschaften, das Recht zur Verbreitung der Hirtenbriefe und den Erhalt der Bekenntnisschulen. Die Verhandlungsgeschichte, die entscheidend von Papen geprägt worden ist, kann hier nicht nacherzählt werden. Hier ist von Interesse, dass, wie Christoph Hübner schreibt, für die informelle Willensbildung im Vatikan vor dem Abschluss des Konkordats der rechtskatholische Einfluss eine besondere Rolle gespielt hat. Einzelne Rechtskatholiken hätten den Vatikan davon überzeugen können, dass eine Ablehnung eines Konkordats durch die Kurie die kirchenfeindlichen Kräfte in der NS-Bewegung stärken würde und diese die Oberhand über die den kirchlichen Anliegen gegenüber positiver eingestellt scheinenden Katholiken Adolf Hitler gewinnen könnten.[619] Durch die Agitation der Rechtskatholiken geriet das Zentrum, die demokratische Kraft der deutschen Katholiken und Stütze der Republik, immer stärker in die Defensive. In Rom warf man der Partei mangelnde Rechtgläubigkeit und fehlenden Respekt gegenüber dem päpstlichen Lehramt vor. Hatte Kardinalstaatssekretär Pacelli in seinem früheren Amt als Nuntius in Deutschland das Zentrum 1925 noch in Schutz genommen, öffnete er sich mehr und mehr den Ideen der „treuen" rechten Katholiken. Bereits wenige Tage vor der Unterzeichnung des Konkordats hatte sich das Zentrum aufgelöst. Es traf ebenfalls die katholischen Gesellen- und Arbeitervereine. Sie wurden nach hinhaltendem Widerstand vom Vorsitzenden der Fuldaer Bischofskonferenz, Kardinal Bertram, eher halbherzig verteidigt und in die Deutsche Arbeitsfront (DAF) überführt. Ein weiterer Schlag wurde am 1. Juli von den Polizeiorganen der Länder im gesamten Reichsgebiet gegen „Nebenorganisationen des Zentrums" geführt, deren Geschäftsstellen geschlossen und deren Akten beschlagnahmt wurden. In Bayern wurden mehr als 2.000 Mandatsträger der

---

[618] *Künneth*, S. 173.
[619] Hübner mit zahlreichen Belegen, S. 810, 813 f.

Bayrischen Volkspartei aus dem Bereich der Kommunalpolitik bis hin zum Reichstag festgenommen, darunter 200 Geistliche.[620]

Am 14. Juli 1933 ließ Hitler das Konkordat im Kabinett absegnen. Es war eine Mammutsitzung mit unzähligen Tagesordnungspunkten. Nachdem Papen den Entwurf unter Hervorhebung der die Kirche einschränkenden Bestimmungen erläutert hatte und in eine Textdebatte eintreten wollte, lehnte Hitler das ab. Es sei jetzt nicht angebracht, Einzelheiten zu diskutieren. Man dürfe hierbei nur den großen Erfolg sehen. Im Reichskonkordat wäre Deutschland eine Chance gegeben und eine Vertrauenssphäre geschaffen, die bei dem vordringlichen Kampf gegen das internationale Judentum besonders bedeutungsvoll wäre.[621] Dabei deutete er das Konkordat nicht nur als rückhaltlose Anerkennung seines Regimes durch den Heiligen Stuhl, sondern auch als Besiegelung des endgültigen Untergangs des christlichen Gewerkschafts- und Zentrumsgedankens.[622] Christoph Hübner hat den Hinweis von Hitler, dass sich die Kirche (nun) aus dem Vereins- und Parteileben herauszöge, als eine auffällig an die Adresse der beiden Rechtskatholiken Papen und Eltz gerichtete Bemerkung interpretiert. Hitler sei über den tiefen Unmut (rechts-)katholischer Kreise über die Instrumentalisierung ihrer Kirche für die de facto liberaldemokratischen Ziele des politischen Katholizismus gut unterrichtet gewesen und habe sich als Wohltäter des kirchlichen, „religiösen" Katholizismus darstellen wollen.[623] Nach außen konnte das aussehen wie eine Art Schulterschluss zwischen Hitler, Papen und Eltz. Das Hitlerregime profitierte vom Konkordat außenpolitisch durch die internationale Anerkennung und innenpolitisch durch die Täuschung der katholischen Opposition und die Sanktionierung der (politischen) Gleichschaltung.[624] Auf der anderen Seite konnte die feindselige Stimmung in den radikal-antikatholischen Kreisen des Staates, der NSDAP und des deutschen Protestantismus den Vatikan nur darin bestärken, im Abschluss dieses Vertrags einen außerordentlichen Glücksfall zu sehen.[625]

Das Konkordat wurde naturgemäß in rechtskatholischen Kreisen mit Befriedigung aufgenommen. Papen sagte nach dem Abschluss des Vertrages einmal, jetzt sei eine Situation geschaffen, in der die Kirche das Erforderliche habe, um ihre göttliche Mission zu erfüllen, dann aber auch der Trennungsstrich zwischen Kirche und Politik so streng wie möglich gezogen

---

620 *Volk*, Konkordat, S. 138.
621 AdR, BArch R 43-I/1464, Bl. 50 ff.
622 Ebda.
623 *Hübner*, S. 782.
624 *Bracher*, Diktatur, S. 420.
625 Vgl. *Scholder*, I, S. 513 f.

werden könne.[626] Zudem diente das Konkordat denjenigen Gruppen als Rechtfertigung, die mit Beteiligung Papens und anderer Rechtskatholiken zur Mitwirkung an der „nationalen Revolution" und zur engen Zusammenarbeit mit dem Nationalsozialismus aufriefen.[627] Wie ernst es dem Rechtskatholizismus damit war, erhellt aus einer Begebenheit um die Jahreswende 33/34. Der Zentrumspolitiker Konrad Adenauer unterhielt enge Beziehungen zu seinem Schulfreund, dem Abt des Klosters Maria Laach, Ildefons Herwegen, einem prominenten Vertreter der rechtskatholischen Richtung. Abt Ildefons hatte Adenauer nach dessen zeitweiser Verfolgung durch den Nationalsozialismus ab April 1933 im Kloster beherbergt. In diese Zeit fielen mehrere Tagungen in Maria Laach, die dem Führerprinzip und dem Reichsgedanken huldigten. Der Abt setzte zum damaligen Zeitpunkt seine (religiöse) liturgische Bewegung auf der politischen Ebene bewusst in eine Parallele zum italienischen Faschismus. Es ist einmal geschrieben worden, Papen und Eltz hätten Abt Ildefons davor gewarnt, Adenauer länger zu beherbergen. Das Verstecken eines Regimegegners sei mit dem gerade abgeschlossenen Konkordat, das die katholische Kirche zur Neutralität verpflichte, nicht vereinbar.[628] Ein konkreter Nachweis hierzu konnte nicht aufgefunden werden. Gesichert erscheint aber zumindest, dass es einen solchen Druck von rechtskatholischer Seite und zwar durch den Oberpräsidenten der Rheinprovinz, Hermann Frhr. von Lüninck gegeben hat.[629] Wenig später geißelte der prominente Rechtskatholik auf einer öffentlichen Veranstaltung die Ablehnung des Nationalsozialismus durch Katholiken als „Sünde wider den Heiligen Geist, die der politische Katholizismus (das Zentrum) auf sich geladen" habe. Doch die Intuition Hitlers, „des echten, wahrhaft gottbegnadeten Führers" habe gesiegt.[630] Adenauer, der sich im Wortsinne gar nicht „versteckt" hatte, verließ das Kloster.

Die Versuche, eine pragmatische, politisch-ideologische Annäherung von Kirche und Staat herbeizuführen, galten damals als höchst aktuell.[631] Es war der Rechtskatholizismus als besondere Spielart der Entente zwischen der Konservativen und den Nationalsozialisten, der einer Reihe von Katholiken in ihrem ja erwiesenermaßen schwer gleichschaltbaren Milieu die geistige Brücke baute, auf der man Hitler entgegen gehen konnte. Eltz hat sie wohl betreten, aber nicht überquert. Sein geschilderter Versuch, bei Hitler für eine

---

[626] *Hürten*, S. 232.

[627] *Bracher*, Diktatur, S. 420.

[628] *Koch*, S. 108, nennt in seiner Adenauerbiografie keine Quelle. In den großen Adenauerbiografien (Schwartz, Köhler) findet sich dazu nichts.

[629] So Paul Weymar in seiner als „autorisiert" bezeichneten Adenauerbiographie, S. 168.

[630] Juli 1933, zit. nach *Klausa*, S. 226 f.

[631] *Repgen*, Katholizismus, S. 33.

II. Reichskonkordat und Brückenbau

glaubenskompatible Interpretation des „positiven Christentums" zu werben, kann als Protektion für seine Glaubensgenossen, aber ebenso als ein zaghafter und in seiner Finalität nicht genau bestimmter Ansatz zu einem Brückenbau zwischen katholischer Religion und Nationalsozialismus interpretiert werden.

Ein Pfeiler dieser Brücke war die mit dem Rechtskatholizismus eng verbundene Reichsidee, die Katholikentum und Nationalsozialismus in luftiger metaphysischer Höhe zusammenführte. Grob skizziert bestand sie in einer theologischen Aufwertung und Ausdeutung des Reichsgedankens als politische Lebensform christlicher Völker, verbunden mit dem Streben nach einem übernationalen deutschen Reich als europäische Ordnungsmacht. Man kann sich gut vorstellen, dass Eltz nach Herkunft und religiöser Überzeugung mit diesen Vorstellungen sympathisierte. So ist auch die Wallfahrt zur Ausstellung des Heiligen Rocks in Trier als besonderes Symbol für die Verschmelzung konservativer Reichsideen mit dem Nationalsozialismus interpretiert worden. Zu ihr war schon bevor Hitler Reichskanzler wurde, eingeladen worden. Vom 23. Juli bis zum 10. September 1933 pilgerten mehr als zwei Millionen Christen auf Einladung des Bischofs zum Trierer Dom – bisher die größte aller Heilig-Rock-Wallfahrten – die übrigens den Einsatz vieler Sonderzüge der Reichsbahn und von Bussen der Reichspost erforderlich machte. Ein unermüdlicher Propagandist der Reichsidee, der Kölner Stadtdechant Robert Grosche, schrieb aus diesem Anlass:

> „Und wenn in Trier sich, wie 1512 Kaiser Maximilian, auch diesmal Vertreter der deutschen Reichsregierung einfanden, so können wir darin weder einen Akt bloßer Höflichkeit sehen noch einen Akt privater Frömmigkeit, sondern wir sehen darin ein Bekenntnis des Dritten Reichs zur deutschen Geschichte, ein Bekenntnis zur Kontinuität des Reiches der Deutschen."[632]

Ein Foto zeigt Paul von Eltz mit Frau und Schwägerin zusammen mit Bischof Rudolf Bornewasser vor dem Trierer Dom. Die Vertretung der Reichsregierung bei der Eröffnung der Ausstellung blieb aber Vizekanzler Papen vorbehalten, der nach Unterzeichnung des Reichskonkordats unmittelbar aus Rom angereist war. Der Vizekanzler konnte so die Situation nutzen, um beschwichtigend auf die Skeptiker im katholischen Lager einzuwirken, die von Sorgen über die Machtergreifung der Nationalsozialisten erfüllt waren. Damit unterstützte er das Ziel der Nazis, die Wallfahrt als ein Fanal des Friedens und der Völkerfreundschaft für sich zu vereinnahmen.[633] Für die katholische Welt war sie mit ihren mehr als 2 Millionen Teilnehmern fast genauso wichtig wie im Jahr 1936 die Olympischen Spiele.

---

[632] Zit. nach *Breuning*, S. 247.
[633] Vgl. *Groß*, S. 369 ff.

Papen versuchte, sich im Laufe des Jahres 1933 im rechtskatholischen Milieu eine neue politische Basis zu schaffen, in der Hoffnung, insbesondere die Kräfte des katholischen Konservativismus hinter sich sammeln zu können. Ungeachtet aller Rückschläge hielt er an seiner Mission fest, den Katholizismus als aktives und positives Element in die Entwicklung des neuen Reiches einzubauen. Hermann von Lüninck hatte nach Auseinandersetzungen mit der NSDAP in einem Brief an Hermann Göring geschrieben: „Die tausendjährige stolze Geschichte der Glanzzeit der deutschen Nation beweist, dass die christliche Glaubenstreue mit unbedingter nationaldeutscher Haltung und mit völkischer Blutstreue vollen Einklang ergibt."[634]

Die Gründung des „Bund katholischer Deutscher – Kreuz und Adler", einer elitären Vereinigung, die für die Reichsidee, das Autoritätsprinzip und eine ständische Gliederung des Staates eintrat, betrachtete Papen als ein Instrument zur aktiven Mitwirkung an der Neugestaltung der deutschen Politik. Seine politische Wirkung blieb gering und sie löste sich bereits im Oktober des gleichen Jahres wieder auf.[635] Eine Art Nachfolgeorganisation, die Arbeitsgemeinschaft katholischer Deutscher (AKD) schwamm dann vollends im Fahrwasser des Nationalsozialismus. Sie wurde, nachdem sie nach Vorstellung der Reichsparteileitung der NSDAP in dem ihr zugewiesenen Bereiche wirksam zu einer Versöhnung beigetragen hatte, im September 1934 aufgelöst. Die Amtskirche hatte es vermieden, sich öffentlich für die AKD einzusetzen. Nach den fehlgeschlagenen Versuchen, vor allem Papens, dem Nazismus auf katholischer Seite einen institutionell legitimierten (säkularen) Gesprächspartner wenn schon nicht gegenüber dann wenigstens an die Seite zu stellen, war die politische Rolle der rechtskatholischen Strömung ausgespielt. Bereits seit Beginn der 1930er Jahre konnte der Rechtskatholizismus nicht mehr für sich in Anspruch nehmen, eine weitgehend geeinigte Bewegung zu sein. Ihr ideologischer Wortführer, der Historiker Martin Spahn, war bereits im Juni 1933 in die NSDAP eingetreten, nachdem er zuvor an der Auflösung der DNVP mitgewirkt hatte. Der Verein katholischer Edelleute wurde durch seine pronationalsozialistische Gruppe mehrfach an den Rand der Spaltung gedrängt, eine Entwicklung, die bereits Ende 1932 zum Austritt einer Reihe gegenüber der NSDAP kritisch eingestellten Mitglieder geführt hatte.[636] Diese mussten feststellen, dass ihre Vereinigung dem Vereinszweck „Verteidigung des Glaubens" nicht mehr gerecht werden konnte, während andere an der Fiktion eines „katholischen Nationalsozialismus" festhalten wollten.[637] Was Papen vor allem fehlte, war Resonanz im Volk. Zwar hatte

---

[634] Lüninck an Göring vom 8.6.1937, zit nach *Keinemann*, S. 310.
[635] Vgl. *Gründer*, 149 ff.
[636] Im Einzelnen *Conrad*, S. 136 ff.
[637] *Conrad*, S. 146 ff.

auch Papen seine Anhänger. Aber es blieb, wie Konrad Repgen betont hat, ein kleiner Kreis: „Sozial und geistig eng, sehr eng begrenzt: Im wesentlichen Teile des Adels, Teile des akademisch gebildeten Bürgertums und der naturgemäß kleine Teil des diesen sozialen Schichten besonders verbundenen Klerus und der Intelligenz."[638] Die Bischöfe standen den Vertretern des Rechtskatholizismus oft in kritischer Distanz gegenüber. In einem Schreiben an Kardinalstaatssekretär Pacelli schrieb Kardinal Bertram im Juni 1933 über Papen:

„In kirchlicher Hinsicht sind seine Anschauungen, wie die Anschauungen vieler katholischer Adliger stark beeinflusst durch die Tendenzen der führenden politischen Kreise der wilhelminischen Zeit, wie durch die Benediktineräbte von Maria Laach und Grüssau, die keine Fühlung mit den Bischöfen und dem Pfarrklerus haben, daher alles ohne engen Kontakt mit den Sorgen, Kämpfen und Erfahrungen der Gegenwart beurteilen".[639]

Abb. 11: Fronleichnamsprozession 31.5.1934 in Berlin.
Hinter Papen: Erich Klausener, hinter Eltz: Vizeadmiral Albrecht von Freyberg, Generalleutnant Friedrich Dollmann.

---

638 *Repgen*, Katholizismus, S. 18.
639 Bertram an Pacelli am 3.6.1933, zit. nach *Volk*, Konkordatsverhandlungen, S. 68.

Der Versuch der Rechtskatholiken, den Nationalsozialismus an ein katholisch-autoritäres Konzept zu binden, musste angesichts der ungleichen Kräfteverhältnisse und wegen des Fehlens einer tragfähigen gemeinsamen ethischen Grundlage scheitern. Die rechtskatholische Strömung hat aber mit ihrer Koexistenzbereitschaft vor allem in den frühen Jahren zur Legitimierung der Naziherrschaft beigetragen. Man ginge gleichwohl zu weit, wenn man die Rechtskatholiken insgesamt als Wegbereiter des Dritten Reichs bezeichnen würde, dazu war die „Bewegung" zu vielschichtig und in Grundsatzfragen zu zerstritten, auch wenn Papen noch über viele Jahre an den „Brückenschlag" geglaubt hat.[640] Dass man selbst auf rechtskatholischer Seite das Wirklichkeit werdende „Dritte Reich" gar nicht so gemeint hatte, wurde manchen Rechtskatholiken, die anfangs Hitler noch freudig begrüßt hatten, erst später klar. Prominente Wortführer begannen, sich aktiv gegen das Naziregime zu wenden. Abt Ildefons Herwegen in Maria Laach hat seine anfängliche rückhaltlose Bejahung des totalitären Staates als einen großen Irrtum eingestanden. Er bekannte 1934 dem amtierenden Prior seines Klosters: „Wir werden von Verbrechern regiert."[641] Anderen Rechtskatholiken wie Hermann von Detten, der führend an der Organisation von „Kreuz und Adler" beteiligt war sowie den beiden Brüdern von Lüninck öffnete im Gegensatz zu Eltz die SA-Krise allmählich die Augen.[642]

III. Interventionen

Wenn seine Reaktion auf die Ermordung von Klausener die Distanz von Eltz zum Episkopat deutlich gemacht hat und seine Bemühungen, katholische Überzeugungen politisch wirksam werden zu lassen, bisher nur insofern bekannt geworden sind, als es darum ging, bei der Kirche in abwiegelnder Manier für die von ihm so verstandene Verständigungsbereitschaft Hitlers zu werben, so wurde aufgrund der politischen Entwicklungen ab 1935 seine Haltung nachdenklicher und konsequenter. An einem bestimmten Ereignis kann dieser Prozess allerdings nicht festgemacht werden. Die durch das Reichskonkordat genährten Illusionen waren zerstoben. Die Absicht der Machthaber des Dritten Reichs, sich nicht an die vertraglich vereinbarten Zusicherungen im Konkordat zu halten, wurden immer deutlicher. Der Kritik der Kirche begegnete das Regime mit „Kanzelparagraf" und „Heimtückegesetz", die nichts anderes bedeuteten als eine politische Zensur der Sonntagspredigt, deren Worte Priester ins Gefängnis oder ins KZ führen konnten.

---

[640] Dazu insb. *Möckelmann*, S. 290 ff.
[641] *Gründer*, S. 151 ff.
[642] *Gründer*, 152 ff. Ferdinand von Lüninck wurde im Zusammenhang mit dem 20. Juli 1944 hingerichtet.

„Devisenvergehen" und Sittlichkeitsdelikte wurden oft in der Sache korrekt ermittelt, aber selektiv verfolgt. Viele Gläubige, Priester und ein Teil der Oberhirten wurden in dieser Epoche, die wieder einmal als „Kirchenkampf" bezeichnet wurde, wegen ihrer Treue zum Glauben und zur Kirche staatlicher Verfolgung und Entrechtung ausgesetzt. Angesichts der ungebremst anhaltenden Verstöße gegen das Konkordat und der fehlenden Antworten der Reichsregierung auf die deswegen vom Heiligen Stuhl übermittelten Protestnoten beschlossen die deutschen Bischöfe eine „Denkschrift zur religiös-kirchlichen Lage" und übersandten sie am 20. August 1935 an Hitler.[643] Sie enthielt eine ausführliche Darstellung der Situation des deutschen Katholizismus und forderte das Ende der Angriffe gegen die Kirche sowie eine Rückkehr auf den Boden des Konkordats. Der Inthronisationsfeier für den neuen Berliner Bischof Graf Preysing am 31. August 1935 in der überfüllten St. Hedwigs-Kathedrale blieben die Vertreter der Reichsbehörden deswegen demonstrativ fern.[644] Eltz war einen Mittelweg gegangen. Er hatte Preysing gegenüber, ohne auf den Hirtenbrief einzugehen, eine andere dienstliche Verpflichtung vorgeschützt und einen späteren Gesprächstermin erbeten.[645] Das Verfahren hatte er mit seinem für Religions- und Kirchenfragen zuständigen Kabinettskollegen Hanns Kerrl abgesprochen. Die Situation veranlasste Eltz im September 1935, das Gespräch mit Kerrl zu suchen. Eltz hat den Inhalt in einem Vermerk festgehalten:[646].

„Minister K erläuterte die Ziele seiner Kirchenpolitik, die auf Verständigung und Ausgleich angelegt sei und distanzierte sich von den Kampfmethoden, die den Richtlinien des Führers zuwiderliefen. Kardinal Bertram habe in einem mit ihm geführten freundschaftlichen Gespräch eine Einladung der deutschen Bischöfe zum Reichsparteitag „nach manch bedauerlichen Vorfällen" allerdings noch als verfrüht bezeichnet.

Ich habe Herrn Kerrl darauf hingewiesen, dass die Spannungen zwischen Kirche und Partei m.E. durch die maßlose Propaganda entstanden sei, die hervorragende Parteimitglieder gegen das Christentum und die Kirche in Wort und Schrift betrieben. Es sei selbstverständlich, dass dadurch das Vertrauen der Kirche gegenüber den Erklärungen des Führers erschüttert sei und in die Abwehr- und Kampfstellung hätte gedrängt werden müssen. Herr Kerrl stimmte dem vorbehaltlos zu. Er meinte, dass die Bischöfe sich in einer sehr schwierigen Stellung befänden, weil bei vielen von ihnen der Wille und Wunsch entgegenzukommen mit der scharf ablehnenden Haltung der Kurie nicht leicht vereinbar sei, die zu einem absoluten Bruch hinneige".

---

643 *Deuerlein*, S. 167.
644 Schreiben Kerrl an Preysing vom 4.9.1935; vgl. auch *Knauft*, S. 68 f.
645 Schreiben Eltz an Preysing vom 6.9.1935, EA 53.
646 EA 53.

Eltz muss sich in dieser Zeit mit seinen Anliegen auch direkt an Goebbels gewandt haben, ein Brief, der leider nicht erhalten ist, der aber Goebbels (wieder einmal) zu einem scharfen Kommentar in seinem Tagebuch veranlasste: „Scharfer Brief an Eltz-Rübenach. Der will mich über Nationalsozialismus belehren. Unverschämtheit."[647]

Das dominierende kirchenpolitische Thema war für Eltz die Erziehung der Jugend.

Noch am 23. März 1933 hatte Hitler in seiner Rede aus Anlass der Verabschiedung des Ermächtigungsgesetzes, vermutlich unter Einfluss und auf Drängen von Papen[648], angekündigt, dass die Regierung den christlichen Konfessionen in Schule und Erziehung den ihnen zukommenden Einfluss einräumen werde. Das ein Viertel Jahr später abgeschlossene Reichskonkordat sollte der katholischen Glaubensgemeinschaft die notwendigen völkerrechtlichen Garantien geben. Als Quelle zukünftigen Streits sollte sich vor allem Artikel 31 des Konkordats erweisen. Er legt fest, dass katholische Vereinigungen nur innerhalb staatlicher Verbände tätig werden dürfen, und außerhalb nur dann, wenn es sich um rein religiöse, rein kulturelle und karitative Aufgaben handelt. In beiden Bereichen kam es zu ständigen Querelen zwischen Kurie und Reichsregierung. Die Verpflichtungen wurden vom Regime auf vielfältige Art unterlaufen oder gebrochen. Im Jahr 1935 verstärkte die Reichsregierung ihre Anstrengungen, das öffentliche Leben zu entkonfessionalisieren und die Jugendarbeit gleichzuschalten. Selbst anfangs zur Zusammenarbeit mit den Nazis bereite kirchliche Verhandlungspartner wie der Osnabrücker Bischof Wilhelm Berning, der gleichzeitig Mitglied des preußischen Staatsrats war, sprachen jetzt von einer „zweiten Säkularisierung"[649] und kritisierten die NS-Übergriffe auf das kirchliche Leben im nicht-öffentlichen Bereich. Demgegenüber forderte die Regierung die Eingliederung von katholischen Vereinen und Verbänden in staatliche Organisationen, selbst wenn sie unter den Ausnahmetatbestand des Art. 31 fielen. Im Sommer 1935 wurde allen konfessionellen Jugendverbänden jede Betätigung nicht rein kirchlich-religiöser Art untersagt. Im September 1935 forderte Reichskirchenminister Kerrl von den Bischöfen Vereins- und Verbandsverzeichnisse ihrer Diözesen[650]. Das katholische Pressewesen wurde einer Vielzahl einschränkender staatlicher Maßnahmen unterworfen. Jugendliche wurden zunehmend unter Druck gesetzt, in die Hitlerjugend (HJ) einzutreten. Schon vor dem Konkordatsabschluss hatte Reichsjugendführer Baldur von Schirach eine Doppelmitgliedschaft in der frisch gegründeten HJ und katholischen

---

[647] GTB vom 3.12.1935 FR II, S. 548.
[648] *Möckelmann*, S. 294 f.
[649] Zit. nach *Samerski*, S. 160.
[650] Vgl. *Samerski*, S. 161.

Jugendverbänden verboten. Da mit einer HJ-Mitgliedschaft in vielen gesellschaftlichen Bereichen handfeste praktische Vorteile verbunden waren, z.B. bei der Arbeits- bzw. Lehrstellensuche, führte das vielerorts zu einer erheblichen Schwächung des katholischen Verbandswesens. Katholische Jugendliche sahen sich gezwungen, ihren katholischen Verein zu verlassen, um in die HJ einzutreten. Einheitlich geregelt war das aber nicht. Hier sah Eltz, ausnahmsweise sogar in eigener Zuständigkeit, eine Möglichkeit einzugreifen. Die Reichsbahnhauptverwaltung hatte bestimmt, Angehörige der HJ bei der Einstellung von sog. Junghelfern besonders zu berücksichtigen. Auf eine Beschwerde des Bischofs von Osnabrück, hierbei handle es sich um einen Verstoß gegen das Konkordat, verfügte die Bahn auf Weisung von Eltz, es bestehe nicht die Absicht, Mitglieder der katholischen Jugendverbände zu benachteiligen, die durch Verbot der Doppelmitgliedschaft nicht zur Hitlerjugend gehören könnten. Es sollte jetzt ausreichen, dass sie „den Anforderungen des nationalsozialistischen Staates" genügen.[651]

Auf diesem Gebiet entwickelte sich zwischen Paul von Eltz und Franz von Papen schon bald nach der Machtergreifung ein gravierender kirchenpolitischer Dissens. Im Hinblick auf die hohe Priorität, die das Thema der Jugenderziehung für Eltz hatte, ist es mehr als wahrscheinlich, dass die politische Freundschaft zwischen beiden darunter gelitten hat. Während Eltz für den Weiterbestand der katholischen Jugendorganisationen eintrat, verfolgte Vizekanzler von Papen einen entgegengesetzten Ansatz. Im November 1933 hatte Papen bei hochrangigen katholischen Gesprächspartnern verschiedenen Orts dafür geworben, die katholischen Jugendorganisationen ganz aufzulösen, ihre Mitglieder in NS-Organisationen zu überführen und die religiöse Betreuung dort durch katholische Geistliche durchführen zu lassen.[652] Er wurde hierbei von Teilen der rechtskatholischen Elite, wenn auch mit etwas anderer Akzentuierung, unterstützt. Hermann v. Lüningk forderte als Oberpräsident in der Rheinprovinz die Reduzierung der kirchlichen Verbände auf die seelsorgerische Aufgabe und gleichzeitig eine Aufhebung des Verbots der Doppelmitgliedschaft mit der HJ, ergänzt um personalpolitische Säuberungen bei den Vereinsführungen.[653] Sein Bruder Ferdinand, der Oberpräsident in Westfalen war, übernahm die Vorschläge. Damit war in den beiden Provinzen, in denen die katholischen Jugendverbände am stärksten waren, ihre Umwandlung in reine „Gebetsvereine" (Hürten) ein gutes Stück vorangekommen.[654] In der Kurie, aber auch in der deutschen Kirche stieß das Vorgehen von Papen auf Kritik. Die deutschen Bischöfe waren in der Frage nicht völlig einer Mei-

---

651 Reichsbahnverfügung vom 19.2.1935, zit. nach *Gottwald/Schulle*, S. 34.
652 *Möckelmann*, S. 306 f.
653 *Hürten*, S. 278
654 Ebda.

nung, aber der ansonsten wenig kampfeslustige Vorsitzende der Fuldaer Bischofskonferenz, Kardinal Bertram, wehrte sich in einem Rundschreiben an die Bischöfe mit klaren Worten: „Die auf Überführung (der katholischen Jugendverbände in die HJ) gerichteten Versuche aus der Umgebung des Herrn Vizekanzlers würden dem Episkopat schlimmste Vorwürfe zuziehen, seiner Autorität schlimmste Wunden schlagen und heillose Verwirrung anrichten."[655] Reiner Möckelmann hat in seiner Papen-Biographie überzeugend nachgewiesen, dass nahezu sämtliche Ansätze Papens, den Bestimmungen im Konkordat, die dem Schutz kirchlicher Institutionen dienen sollten, in der Realität zum Durchbruch zu verhelfen, damit endeten, dass die Stellung der Kirche geschwächt und nicht gestärkt wurde.[656] So wichtig Eltz das Weiterbestehen der katholischen Vereine war, so wenig konnte er sich mit der Beschränkung der katholischen Jugendarbeit auf den rein kirchlichen Bereich abfinden und schon gar nicht einen Alleinvertretungsanspruch des Staates in der Jugenderziehung anerkennen. Eltz gehörte selbst gegen Ende 1933 schon nicht mehr zur „Umgebung des Vizekanzlers" und wurde mit dem Weggang Papens aus Berlin, unmittelbar nach der SA-Krise im Juli 1934, zum Einzelkämpfer.

Die andere Sorge von Eltz galt den katholischen Bekenntnisschulen. Artikel 23 und andere Vorschriften des Konkordats garantieren ihre Beibehaltung und Neueinrichtung. Trotzdem hatten es diese Schulen im Dritten Reich immer schwerer. Der Konflikt verschärfte sich und wirkte sogar bis in das Postministerium hinein. Poststaatssekretär Ohnesorge hatte das politische Klima und die tatsächlichen Machtverhältnisse richtig erfasst, als er im Juni 1936 – dafür fachlich ebenso wenig zuständig wie sein Chef Eltz – in einer verquasten öffentlichen Rede die Rolle der Kirche in der Jugendbildung schlichtweg delegitimierte: „Es kann kein Zweifel und kein Streit um diese Aufgabe entstehen, die Nationalerziehung des deutschen Volkes ist allein Aufgabe der nationalsozialistischen Bewegung".[657] 1936 wurden katholische Lehrerbildungsanstalten in allgemeine Ausbildungseinrichtungen umgewandelt. Im Oktober des Jahres sah sich Eltz veranlasst, sich unter Berufung auf das Konkordat für den durch Maßnahmen des Erziehungsministeriums gefährdeten Bestand der christlichen Privatschulen einzusetzen. Die Anregung hierzu kam von Pater Claßen, dem damaligen Leiter des „Gymnasiums am Lietzensee", einem 1925 gegründeten Jesuitenkolleg, das auch der Sohn Kuno von Eltz besuchte. Nach ergebnislosen Gesprächen zunächst mit dem Staatssekretär des Hauses und später mit Erziehungsminister Bernhard Rust, wandte sich Eltz an Hitler persönlich. Er soll nach der Erinnerung eines Kir-

---

[655] Rundschreiben vom 27.11.1933, *Stasiewski*, Dok. 112.
[656] *Möckelmann*, S. 290 ff.
[657] Rede vor Genossen der Reichspostverwaltung in München am 6.6.1936, DVZ 36, S. 396 f.

chenmanns Hitler auf die Achtung der Reichsverfassung angesprochen haben, was in der Sache erfolglos blieb, aber Hitler den Ausspruch „Ich danke Ihnen für dieses offene Wort" entlockt haben soll.[658] Beide Fragen, Bekenntnisschule und Jugendarbeit, hat Eltz mit bemerkenswerter Energie über seine Amtszeit hinaus beharrlich weiterverfolgt.

---

[658] *Friedrichs*, S. 28, 40 f. Es handelt sich um eine „Dokumentensammlung" von Pater Peter Friedrichs S.J. in der aber, was diesen Vorgang angeht, keine Angaben über Zeitpunkt und Ort der Gespräche gemacht wurden. Gespräche Hitler – Eltz sind in diesem Zeitraum nicht aktenkundig, es ist aber nicht auszuschließen, daß Eltz den Reichskanzler am Rande einer Ministerbesprechung oder einer anderen Veranstaltung angesprochen hat.

K. Ein Privatissimum mit Hitler und die Folgen

Für Eltz hatten sich im Spätherbst des Jahres 1936 drei ungelöste Fragen, die nach einer Klärung drängten, zu einer kritischen Masse aufgehäuft. Sie hatten inhaltlich nichts miteinander zu tun, waren von völlig unterschiedlichem politischen Gewicht und ethischem Gehalt, aber sie drängten nach einer Klärung. Für Eltz-Rübenach als Politiker und als Mensch waren zumindest die beiden ersten von geradezu existentieller Bedeutung: Der Kampf um die Freiheit der Religionsausübung und der Kampf um eine einheitliche Verkehrspolitik. Hinzu kam die Frage der Zuständigkeit für das Volkswagenprojekt.

I. Die Jugenderziehung

Der religionspolitische Dissens mit Hitler hatte sich zugespitzt. Die für Eltz so wichtige Frage der Jugenderziehung veranlasste ihn im November 1936 gegen das geplante Gesetz über die Hitlerjugend vorzugehen. Der Gesetzentwurf war nach längeren Zuständigkeitsscharmützeln zwischen den unmittelbar beteiligten Ministerien zur Entscheidungsreife gediehen. Die Kernbestimmung des sehr kurzen Gesetzes legte fest, dass die *gesamte* deutsche Jugend außer in Elternhaus und Schule in der Hitler-Jugend körperlich, geistig und sittlich im Geiste des Nationalsozialismus zum Dienst am Volk und zur Volksgemeinschaft zu erziehen ist. Das forderte nun den offenen Widerspruch von Eltz heraus. Auch wenn das Gesetz letztlich nur einen bereits bestehenden tatsächlichen Zustand festschrieb, schien für Eltz der Moment gekommen, seine Interventionen an höchster Stelle wieder aufzunehmen. Als er die Gesetzesvorlage im Umlaufverfahren erhielt, rief er Staatssekretär Lammers an und bat ihn, ihm sobald wie möglich einen Termin beim Reichskanzler zu verschaffen. Sie sei für ihn von so entscheidender Bedeutung, dass er nicht bis zu dem auf den 2. Dezember angesetzten Vortrag in Sachen Volkswagen warten könne. Das HJ-Gesetz stand nämlich bereits zum 1. Dezember im Kabinett zur Entscheidung an und damit zur allfälligen bedingungslosen Zustimmung. Trotz der in jüngerer Zeit allgemein beobachteten zunehmenden Unzugänglichkeit des Reichskanzlers[659] erhielt

---

[659] Vgl. Aussage von Justizstaatssekretär Schlegelberger in Nürnberg, wonach selbst der Partei angehörende Minister „jahrelang nicht mehr zum Vortrag zugelassen" worden seien, IMT 2.8.1946, Nachmittagssitzung.

Eltz kurzfristig seinen Termin. Am Freitag, den 27.11.1936 um 17 Uhr führte Eltz mit Hitler ein mehr als zwei Stunden dauerndes Gespräch. Es ist nicht amtlich aufgezeichnet worden. In den Akten der Reichskanzlei hält nur eine dünne handschriftliche Marginalie auf einem Durchschlag fest, dass „der Empfang heute stattgefunden hat".[660] Eltz hat den Gesprächsinhalt aber für sich selbst aufgeschrieben. Seine Aufzeichnung ist ein aufschlussreiches Dokument über das Denken Hitlers zum Verhältnis zwischen Kirche und Staat:

> „Ich trug dem Führer vor, dass die Vorlage über das Hitler-Jugendgesetz mich mit schweren Bedenken und Sorgen erfülle. In der Hitlerjugend würde nicht nur gegen die Ideologien des 18. und 19. Jahrhunderts gekämpft, sondern leider auch an vielen Stellen eine Wirkung in konfessions- und kirchenfeindlicher Richtung ausgeübt. Entgegen den Zusicherungen des Konkordats würden hier und da immer wieder die Kirche und die Geistlichen verächtlich gemacht und diejenigen Jungen verhöhnt, die ihren kirchlichen Verpflichtungen an Sonn- und Feiertagen nachkämen. Diese Politik würde nicht nur bei der Hitlerjugend, sondern auch in Schulungsvorträgen auf den Ordensburgen, in den Schulungslagern, auf Schulungskursen des Beamtenbundes usw. befolgt. Es käme immer klarer zum Ausdruck, dass man die Konfessionen beseitigen wolle. An ihre Stelle sollte ein verschwommener Gottesglaube ohne äußere Form und Bindung treten.
>
> Es stehe für mich außer Zweifel, dass ein solcher Gottesglaube allmählich in Pantheismus übergehen und letzten Endes in Atheismus ausarten werde. Wenn der Führer einmal ins Grab sinke und das Fluidum, das heute von ihm ausstrahle und die Volksmassen in Zucht halte, nicht mehr wirksam sein werde, dann werde in ein oder zwei Generationen ein religionsloses Volk übrig bleiben, das in der Stunde der Prüfung die ethischen Kräfte nicht mehr aufbringen könne, ohne die im Frieden und im Krieg kein Sieg erfochten werde. Dieses Volk werde sein Ziel nur mehr in der Befriedigung seiner diesseitigen Wünsche suchen und mit Sicherheit dem Bolschewismus verfallen. Wenn dieser Bolschewismus vielleicht auch andere Formen annehmen werde wie der russische, so sei das kein Trost und ändere an dem schließlichen Ergebnis nichts.
>
> Der Führer erwiderte, seine Überzeugung ginge dahin, dass es nur ein Einziges, Unveränderliches, Ewiges auf dieser Welt gäbe, das sei der Herrgott. Alles übrige sei dem Wechsel der Zeiten unterworfen, auch die Religionen. Diese Wahrheit hätten die Religionen und Konfessionen nicht begriffen. Sie seien in ihren äußeren Formen erstarrt und hätten den ewigen Herrgott materialisiert. Sie begriffen nicht, dass auf der Welt eine der größten Auseinandersetzungen, der Kampf zwischen dem Bolschewismus und dem Nationalsozialismus begonnen habe, sondern sie sähen in dem Nationalsozialismus ihren Feind. Sie lehnten die Ergebnisse der Rassenforschung und den daraus resultierenden Kampf gegen das Judentum ab, ebenso auch die Gesetzgebung über die Sterilisation, die doch nur dazu diene, die Zahl der minderwertigen Menschen zu verringern. Es sei die Pflicht des Staatsmannes, dafür zu sorgen, dass diese Zahl durch die Verhütung der Geburt von kretinösen Menschen verringert werde. Die Kirche hätte bis heute nicht begriffen, dass, wenn

---

[660] BArch R 43-II/ Bl. 166.

in dem Kampf zwischen Nationalsozialismus und Bolschewismus der Nationalsozialismus siegen würde, sie, wenn sie nicht auf der Seite des Nationalsozialismus mitkämpfte, erledigt sein würde. Dass sie aber erst recht erledigt sein würde, wenn in dem Kampf der Bolschewismus Sieger bliebe.

Aus allen diesen Gründen hätte die Kirche die Macht über die Geister verloren, und es sei Aufgabe des Nationalsozialismus, die Herde aufzunehmen, die keinen Hirten mehr hätte. Er verlangte, dass der Nationalsozialist gottesgläubig sei und er dulde keinen Gottlosen in seinen Reihen. Er wolle aber auch keinen Zweifel darüber lassen, dass er es missbillige, wenn innerhalb der Partei auf Menschen, die an ihren Konfessionen festhielten, in konfessions- und kirchenfeindlicher Richtung eingewirkt werde. Die Gedanken, die er mir hier vortrüge, habe er unlängst auch dem Kardinal Faulhaber bei dessen Besuch auf dem Obersalzberg auseinandergesetzt.

Er habe den dringenden Wunsch, mit der katholischen Kirche auf einen friedlichen Fuß zu kommen. Die Kirche dürfe sich aber den Staatsnotwendigkeiten nicht verschließen und müsse in den Fragen, in denen sie nun aufgrund ihrer Lehren nicht mitgehen könne, (Judengesetzgebung, Sterilisation) keine feindliche, sondern eine neutrale Haltung dem Nationalsozialismus gegenüber einnehmen. Die Verhältnisse in der evangelischen Kirche sehe er als hoffnungslos an, weil in dieser Kirche, deren Lehren ja letzten Endes durch die liberalistische Weltanschauung stark beeinflusst seien, eine Zersetzung und Scheidung der Geister eingetreten sei. (Die evangelische Kirche ist ein Debattierclub).

Wir unterhielten uns dann über diese und jene der berührten Gegenstände. Ich habe ihn besonders an das Programm der Partei, an seine Erklärungen in seinem Buch und an seine Reichstagsreden erinnert (positives Christentum, die Schimmerlosigkeit desjenigen, der glaubt über den Umweg über eine politische Organisation zu einer religiösen Reformation gelangen zu können, der Staatsmann, dem die religiösen Einrichtungen seines Landes heilig sein sollten, der Reformator, der einer sein soll, wenn er das Zeug dazu besitzt usw.)

Am Schluss der Unterredung ... habe ich ihn nochmals dringlich gebeten, dafür zu sorgen, dass der Kampf in der Partei gegen Kirche und Konfessionen aufhört. Der Führer bestätigte mir nochmals, dass er einen solchen Kampf auch nicht wünsche, und dass er hoffe, dass die weiteren Verhandlungen mit Kardinal Faulhaber zu einem beide Seiten befriedigenden Ergebnis führen möchte."[661]

In dem Gespräch spiegelten sich die bekannten Auffassungen beider Seiten wieder, ohne dass es, wie zu erwarten war, zu einer echten Diskussion gekommen ist. Bedauerlicherweise geht aus dem Gedächtnisprotokoll nicht klar hervor, welche Themen Eltz von sich aus angesprochen hat. Der Menschenfänger Hitler hatte offensichtlich versucht, seiner kirchenfeindlichen Haltung einen fundamental religiösen Anstrich zu geben. Eltz ist dem mit missionarischem Impetus vielleicht etwas zu sehr entgegengekommen, indem er Hitler die Rolle eines Verteidigers des Glaubens zusprach. Man wird nicht

---

[661] Vermerk Eltz vom 2.12.1936, EA 53, abgedruckt bei *Huck*, S. 55f.

I. Die Jugenderziehung 193

Abb. 12: Neujahrsgrüße in der Reichskanzlei am 1.1.1936,
Adolf Hitler mit den Kindern (v. l. n. r) Marion, Kuno, Ludwine,
Marie Antoinette und Stephanie.

Abb. 13: Führers Geburtstag, 20.4.1936.

alle in dem Gespräch aufblitzenden Gedankensplitter einer ernsthaften Interpretation unterziehen müssen. Wichtig ist, dass Eltz sich diesmal nicht von Hitlers gespielter Offenheit in religiösen Fragen überzeugen ließ. Der eigentliche Anlass für das Gespräch, das geplante HJ-Gesetz, war ein wenig aus dem Blickfeld geraten. Eltz hat jedenfalls keine Zusicherung des Reichskanzlers, den Gesetzentwurf zur HJ in seinem Sinne zu entschärfen, einholen können.

II. Die einheitliche Verkehrspolitik

Eltz hinterließ bei dem gleichen Termin eine längere Denkschrift zur Verkehrspolitik.

Das Papier enthielt eine Zusammenfassung der von Eltz schon spätestens seit 1933 gehegten Bestrebungen, Eisenbahn, Reichspost, Straßenwesen und Straßenverkehr, die See- und Binnenschifffahrt, sowie den Bau und die Verwaltung der Wasserstraßen unter einem Reichsminister zu bündeln und die jeweiligen Teilbereiche durch Staatssekretäre führen zu lassen. Wie es sich gehört, bat Eltz den Reichskanzler auch, „über die Besetzung meines jetzigen Amts frei zu verfügen."[662] Die Ambitionen des Verkehrsministers gingen über die Verschmelzung von Bahn und Ministerium hinaus. Er hatte seit je darauf hingearbeitet, nicht nur die Bahn „zurückzuholen", sondern aus dem Verkehrsministerium ein schlagkräftiges Instrument einer alle Ressortzuständigkeiten überwölbenden verkehrspolitischen Gesamtkonzeption zu schmieden. Schon mit der Schaffung eines „Reichsverkehrsrates" (1934) wollte der Minister alle einschlägigen Transportbranchen, Wirtschaftsvertreter und sonstigen Akteure um sich versammeln und auf sich einschwören.[663] Diese einheitliche Verkehrspolitik konnte aber letztlich immer nur als eine Politik verstanden werden, über der mit dicken Lettern das Wort „Eisenbahn" prangte. Denn für den Minister war die Bahn nicht nur ein Transportmittel sondern auch ein machtvolles Instrument einer einheitlichen Verkehrspolitik.[664] „Der Staat kann auf die Handhabung dieses Instruments nicht verzichten. Würde der Staat den Verkehr der freien wirtschaftlichen Betätigung überlassen, so entstünde nur allzu leicht die Gefahr, dass sich der Verkehr von einem Diener zum Herrscher entwickelt. Es bleibt darum Aufgabe des Reichsverkehrsministers, der selbst nur ein Glied der Reichsführung ist, den Verkehr als geschlossenes Ganzes in die Reichspolitik einzugliedern", schrieb

---

662 Denkschrift in Form eines Privatdienstschreibens an Hitler, datiert auf den 27.11.1936, EA 53, abgedruckt bei *Huck*, S. 48 ff.

663 Vgl. DVZ 34, S. 193 ff.

664 Rede anläßlich der Jahrhundertfeier der Deutschen Reichsbahn, 8.12.1935, Reichsbahn (35) S. 1275.

II. Die einheitliche Verkehrspolitik

der Minister 1934.[665] Im Wesentlichen war das ein in einzelnen Punkten noch erweiterter Anlauf, ein Modell zu verwirklichen, wie es schon 3 Jahre vorher mit dem nur knapp gescheiterten ersten Entwurf eines Verwaltungsvereinfachungsgesetzes geplant gewesen war. Damals war das federführende Innenministerium dem Verkehrsminister zwar auf dem Papier entgegengekommen, indem diesem „die ausschließliche Verantwortung für „die Einheitlichkeit der Verkehrspolitik der im RVM, im Postministerium und in der Deutschen Reichsbahn zusammengefassten Verkehrsmittel" übertragen worden war. Aber die Forderung, die Post in das Verkehrsministerium einzugliedern und damit ein wirksames Instrument zur Verwirklichung seines großen Ziels zu schaffen, war bekanntlich damals abgelehnt worden. Das konnte dem Minister nicht ausreichen. Wann und wie Eltz seinen neuen, zweifelsohne als „großen Wurf" konzipierten Schritt vorbereitet oder andere Stellen und Personen eingebunden hat, ist kaum noch zu klären. Finanzminister Graf Schwerin von Krosigk erinnert sich, dass Eltz die Denkschrift mit ihm besprochen habe.[666] Es muss sich um eine Art privatdienstliche persönliche Eingabe gehandelt haben, allein schon, um den zu erwartenden hartnäckigen Widerstand seines Staatssekretärs Ohnesorge zu umgehen.[667] Eltz und Hitler haben am besagten Freitagnachmittag nicht über die Denkschrift diskutiert. Es gibt auch keine Gesprächsniederschrift und keine Erinnerungsnotiz von Eltz selbst. Er wird das Papier dezent überreicht haben.

Der Vorschlag war zwar durchaus mit dem Prinzip zentraler Lenkung im „Führerstaat" vereinbar, stand aber gleichzeitig in markantem Gegensatz zu Hitlers Führungspraxis. Aber er war bei dem an Organisation und Verwaltung wenig interessierten Reichskanzler, der im Zuge der Verfestigung seiner Macht den Prozess der Fragmentierung der Regierungsbürokratie ja selbst beständig vorangetrieben hatte, von vornherein chancenlos. Hitler konnte einer entsprechenden Reorganisation auch aus einem ganz konkreten Grund nicht zustimmen. Sie hätte eine Entscheidung über das berufliche Schicksal zweier Konkurrenten von Eltz, die beide solide im System verankert waren, erzwungen. Mit der bevorstehenden Eingliederung der Bahn in den Regierungsapparat war die Entscheidung nunmehr unaufschiebbar geworden, wer als Chef der Eisenbahn übrig bleiben würde, Dorpmüller oder Eltz. Diese Frage hatte spätestens seit dem missglückten Anlauf von Eltz im Jahr 1935 im Raum gestanden. Dorpmüller als Staatssekretär unter Eltz zu stellen, war

---

[665] Reichsbahn (1934) S. 75.
[666] *Krosigk*, Staatsbankrott S. 183.
[667] Von der Denkschrift war später nie wieder die Rede. Das Dokument findet sich deshalb auch in keiner öffentlichen Aktensammlung, sondern ausschließlich im Nachlass von Eltz, dorthin übersandt mit Schreiben von Erich Brandenburg an Marion v. Eltz am 23.4.1949. „Als ich sie einst ihrem Herrn Gemahl vorlegte, war seine Freude groß … Heben Sie sie nur gut auf!", EA 66.

kaum vorstellbar. Auch bei der Post schien ein Kompromiss unmöglich. Ohnesorge hätte zwar seinen Staatssekretärsposten behalten, aber gleichzeitig seine aus seiner Sicht berechtigten Hoffnungen auf das Amt des Postministers einstweilen begraben müssen. Ein drittes Schwergewicht, der Generalinspektor für das Straßenwesen, Fritz Todt, sollte zwar gemäß dem Papier Hitler unmittelbar unterstellt bleiben, jedoch sollten mit dem gleichen Atemzug Straßenwesen und der Straßenverkehr vollständig in das RVM eingegliedert werden. Damit wäre Todt nie einverstanden gewesen. Es gab also genug Gründe, warum Hitler im November 1936 nicht an die Sache heran wollte. Ob das Papier von Eltz für den Reichskanzler der letzte Anstoß gewesen ist, seine früher zögerliche Haltung bezüglich der Rückgliederung der Bahn in den Regierungsapparat nun doch kompromisslos voranzutreiben, ist nicht konkret nachzuweisen. Aber angesichts der sich in dieser Frage in den nächsten zwei Monaten entwickelnden Dynamik ist es auch nicht auszuschließen.[668]

Das dritte Thema war das Volkswagenprojekt. Offenbar ist der „Vortrag" kaum mehr als eine bloße Formalität gewesen. Denn so wie auf dem Nürnberger Parteitag im September mit der Proklamierung des Vierjahresplans die große Wirtschaftswende eingeleitet wurde, so waren inzwischen auch im Volkswagenprojekt grundsätzliche Entscheidungen Hitlers bereits gefallen. Hitler war offensichtlich mit den Vorstellungen des Ministers, den Volkswagen durch eine der bereits existierenden Automobilfirmen herstellen zu lassen, nicht einverstanden.[669] Bereits die dauernde Verzögerung der Terminierung der Vorsprache spricht zudem dafür, dass Hitler in dieser Frage der Konfrontation mit seinem RVM schon seit längerem ausweichen wollte.[670]

An jenem Freitagabend im November 1936 verließ Eltz die Reichskanzlei mit leeren Händen. Die gleichzeitige Konfrontation Hitlers, der sich selten drängen und kaum je überrumpeln ließ, mit drei ihm lästigen Themen war am Ende keinem der Desiderata gut bekommen. Während der wuchtige weltanschaulich-religiöse Austausch, formal betrachtet, noch unerledigt im Raume stand, waren die beiden anderen Themen zum Nachteil des amtierenden Verkehrsministers definitiv erledigt. Es ist nur schwer vorstellbar, dass Eltz nach sechsjähriger Erfahrung als Leiter eines großen Ministeriums und erfahrener Bürokrat die geschilderte ungünstige Konstellation nicht erkannt hat. Aber er befand sich in einem Dilemma. In Sachen HJ war Eile geboten. Wegen der von ihm angestrebten verkehrspolitischen Grundsatzentscheidung, die im Hinblick auf die anstehenden Veränderungen im Status der Reichs-

---

[668] *Mierzejewski*, Bd. 2, S. 23 deutet das an.
[669] Vgl. *Kluke*, S. 357 f.
[670] Ebda.

bahn ebenfalls nicht auf die lange Bank geschoben werden durften, würde er den Reichskanzler nicht so bald erneut ansprechen können. Das gleiche galt für das Volkswagenprojekt, ein Thema, dass nun notgedrungen ebenfalls in den in diesem Sinne „vorgezogenen" Novembertermin mit hineingepackt worden war. Es ist überhaupt bemerkenswert, dass es Eltz trotz der mit den Händen zu greifenden fachlichen Differenzen mit Hitler gelungen war, dessen Aufmerksamkeit auf diese Weise beanspruchen zu können und zeigt den Grad des Vertrauens, dass ihn trotz der bekannten widrigen Umstände mit Hitler in dem Augenblick noch verbunden haben muss. Aber dennoch, als kluge Entscheidung kann man das Vorgehen von Eltz nur dann gelten lassen, wenn man, was Eltz augenscheinlich getan hat, der Frage der Religion Priorität einräumte und das Risiko des Scheiterns der beiden verkehrspolitischen Pläne zumindest in Kauf nahm. Krosigk hat in seinen Erinnerungen die feste Vermutung geäußert, dass sein Ministerkollege in dem Augenblick schon nicht mehr glaubte, dass Hitler auf seine verkehrspolitischen Vorschläge eingehen würde, aber Eltz habe den Führer vor eine Entscheidung stellen wollen.[671]

III. Bemühungen

Wer nun geglaubt hat, Eltz würde resigniert aufgeben, sollte sich täuschen. Er war entschlossen, die Auseinandersetzung in Glaubensfragen energisch weiterzuführen.

Wenige Tage nach dem Vier-Augen-Gespräch mit Adolf Hitler stand das Gesetz auf der Tagesordnung des Kabinetts. Hitler wiederholte nochmals seine Standpunkte zu Religion und Staat. Eltz meldete sich daraufhin als einziger zu Wort. In dem Kabinettsprotokoll, Material, das, für sich genommen, oft historisch relativ unergiebig zu sein pflegt, keine Zwischentöne aufzeichnet und Kontroversen oft eher verschleiert als benennt, heißt es: „Dabei erklärte der Reichsverkehrs- und Postminister, er stimme dem Entwurf unter der Voraussetzung zu, dass die Hitler-Jugend, entsprechend der Zusage des Führers, nicht das an religiösen Werten vernichten werde, was das Elternhaus in die Herzen der Jugend pflanze."[672] Die eigenen Notizen des Verkehrsministers hören sich noch ein Stück schärfer an. Er will energisch darauf hingewiesen haben, dass „nicht gut enden könne, wenn der Jugend das abgeräumt werden soll, was den Eltern heilig ist". Und er wollte Hitler beim Wort nehmen: „Ich bitte Sie, mein Führer, das zu tun, was notwendig ist, damit Ihrer Auffassung in Zukunft Geltung verschafft wird. Da-

---
671 *Krosigk*, Staatsbankrott, S. 183.
672 Ministerbesprechung am 1.12.1936, BArch R 43-II/525, Bl. 180.

rauf nickte mir der Führer zu und sagte: Ja."[673] Goebbels hat über die Sitzung in seinem Tagebuch vermerkt:

> "Frage der Kirchen akut. Religiosität von ihnen trennen, da sonst mit ihnen die ganze Gottgläubigkeit in Gefahr. Den Gottesglauben ganz tief, vor allem in der Jugend verankern. Hier Einheit und Klarheit verschaffen: Darum neues Jugendgesetz, das HJ zur Staatsjugend erhebt ...Kirchen müssen entweder scharf an unsere Seite treten oder sie sind zum Untergang reif. Sind in Spanien nicht durch Gebete, sondern durch deutsche Flugzeuge gerettet, wenn überhaupt. Hinterlässt beim ganzen Kabinett tiefsten Eindruck ... Eltz erhebt noch einige Einsprüche gegen Jugendgesetz, aber er dringt nicht durch."[674]

Die Haltung von Eltz ist im Schrifttum vielfach am Rande erwähnt, aber nur selten im historischen Zusammenhang gewürdigt worden. Der Amerikaner John Heinemann hat in seiner Neurath-Biografie den Vorgang als ein "einziges, isoliertes Beispiel entschlossener Opposition gegen ein Gesetzesvorhaben nach 1934" hervorgehoben.[675]

In den folgenden Tagen entfaltete Eltz erhebliche Energie, um die Amtskirche zu mehr Druck bei der Wiederaufnahme von Verhandlungen über das Konkordat, besonders im Zusammenhang mit dem geplanten Abbau der Privatschulen in Berlin, zu veranlassen. Der Weg dahin sollte durch eine Wiederbelebung des Dialogs zwischen Amtskirche und Reichskanzler geebnet werden, das war noch nicht aufgegeben. Nach seinem Privatissimum mit Hitler hatte er noch am selben Abend ein Essen in der Residenz des französischen Botschafters dazu genutzt, den päpstlichen Nuntius Cesare Orsenigo zu bitten, seinen Einfluss auf Kardinal Faulhaber geltend zu machen, wieder Fühlung mit Hitler aufzunehmen. Hitler wünsche zwar, so Eltz, auf einen friedlichen Fuß mit der Kirche zu gelangen, er habe aber den Eindruck, dass letzterer etwas misstrauisch sei und vermute, die Kirche setze auf Verzögerung. Dieser Verdacht dürfe beim Führer unter keinen Umständen aufkommen und deshalb empfehle er dringend, dass der Kardinal doch wieder aus irgendeinem Grund, der sich ja leicht finden lasse, so jedenfalls Eltz, beim Führer vorspricht.[676] So hatte Eltz den Disput mit Hitler zwar selbst nicht erinnert, aber er sah wohl keine andere Wahl als Orsenigo ein wenig in seinem Sinn einzustimmen.

---

[673] Vermerk Eltz vom 2.12.1936, EA 53.
[674] GTB 2.12.36, 3/II S. 273.
[675] *Heinemann*, S. 83 (Übersetzung durch den Verfasser). Dabei erwähnt Heinemann den folgenden Widerstand von Eltz gegen das Schulgesetz nicht einmal. Die Einschätzung dürfte insgesamt zutreffen. Das Kabinett wurde schon nach 1933 zunehmend zu einem "Organ des Führerwillens" umgebaut, Minuth, AdR, Hitler, Einleitung, S. XVII ff.
[676] Vermerk Eltz vom 27.11.1936, EA 53.

III. Bemühungen

Zwei Tage später suchte er den apostolischen Nuntius in dessen Residenz auf, um sein Anliegen zu untermauern. Eltz hatte wenig Glück. Orsenigo, ein Befürworter des italienischen Faschismus, war trotz fortlaufenden Protestes gegen die kirchenfeindliche NS-Politik bemüht, es mit dem Regime nicht zu einem Bruch kommen zu lassen. um zumindest einen Rest diplomatischer Einwirkungsmöglichkeit zu behalten. Das Gespräch mit dem Ziel einen erneuten Versuch der Versöhnung von Kirche und Staat zu starten, stand jedoch situativ unter einem ungünstigen Stern. Orsenigo befand sich gerade in einer heftigen Auseinandersetzung mit Bildungsminister Rust wegen dessen Weigerung, die für die Kurie immer dringender werdenden Verhandlungen über die Durchführung des Reichskonkordats wiederaufzunehmen. Als Eltz ihn aufsuchte, war der Nuntius gerade auf dem Sprung in das Auswärtige Amt, um der Forderung des Vatikans Nachdruck zu verleihen. Eltz nahm aus diesem Gespräch den Eindruck mit, dass der Nuntius in dieser Situation wenig geneigt war, vermittelnd auf die Regierung zuzugehen.[677] Der Minister telefonierte am nächsten Tag noch mit dem Auswärtigen Amt mit der Bitte, eine möglichst baldige Aussprache zwischen den Bischöfen und Rust herbeizuführen. Dabei erwähnte er, dass er selbst betroffen sei, da Kinder von ihm in Schulen gingen, die möglicherweise schon Anfang nächsten Jahres der Auflösung verfielen.[678]

Am 9. Dezember hatte Eltz in gleicher Sache den Bischof von Berlin, Konrad von Preysing aufgesucht. Eltz ist auch bei Preysing vor die Wand gelaufen. Folgt man Eltz Notizen, dann hat Preysing zwar das Petitum von Eltz an Kardinal Bertram weitergeleitet, sah sich aber nicht in der Lage, Näheres zu dessen Reaktion zu sagen.[679] Besonders erstaunlich ist das angesichts der Vorgeschichte nicht. Das Verhältnis des Berliner Bischofs zu dem Post- und Verkehrsminister dürfte vor allem wegen der Versuche von Eltz, die Haltung des Bischofs in Sachen des Klausenermordes zu beeinflussen, nicht von ungetrübter Glaubensbruderschaft geprägt gewesen sein. Eltz hat in dem kurze Zeit später stattfindenden Gespräch mit Kardinal Faulhaber auch die Bemerkung fallen lassen, dass er lieber mit dem Kardinal als mit Preysing, „dem früheren Diplomaten", sprechen wolle.[680] Die betont kritische und realistische Auffassung von Preysing zum Nationalsozialismus

---

[677] Vermerk Eltz vom 14.12.1936, EA 53.
[678] Vermerk Ministerialdirektor Dieckhoff vom 11.12.1936, PA AA RZ 211 – 103261-220. Eltz hat sich dabei möglicherweise wegen der Eilbedürftigkeit mit dem politischen Direktor (Abteilungsleiter) zufriedengegeben und auch sonst kein schweres Geschütz aufgefahren. Es ist problematisch, den Eltzschen Protest in der Schulfrage unter Hinweis auf die Tatsache, dass sein Sohn ein Jesuitengymnasium besuchte, als „nicht ganz uneigennützig" zu bezeichnen, so *Gottwaldt/Schulle*, Gutachten, S. 88.
[679] Vermerk Eltz vom 14.12.1936, EA 53.
[680] *Volk*, Akten Faulhaber II, S. 237.

harmonierte zu dem Zeitpunkt noch wenig mit derjenigen von Eltz, der in etwas größerer Übereinstimmung mit den Vorsitzenden der Bischofskonferenzen Bertram und Faulhaber stand.[681] Die Spitze der Amtskirche war mithin nach allgemeinem, wenn auch oft irreführendem Verständnis tendenziell „diplomatischer" als der ehemalige Diplomat Preysing.

Eltz kam nach den beiden in Berlin geführten Gesprächen zu dem Schluss, dass es nun unumgänglich war, selbst mit dem Vorsitzenden der Freisinger Bischofskonferenz, Michael Kardinal von Faulhaber, zu sprechen.[682] Wenige Tage später, es war der 13. Dezember 1936, an einem Sonntagvormittag, suchte Eltz den Kardinal auf, der ein wenig überrascht war, dass Eltz eigens nach München gereist war. Faulhaber unterrichtete seinen Gast über sein vor einem Monat auf dem Obersalzberg geführtes mehrstündiges Gespräch mit Hitler mit anschließendem Mittagessen.[683] Der Kardinal hatte in dem nach seinem Zeugnis zum Teil „lauten" Meinungsaustausch explizit den konsequent antibolschewistischen Kurs der Kirche deutlich gemacht und sich bitter über die anderslautende Berichterstattung der Parteipresse beschwert. Weitere Themen waren der Schulkampf und das Verbot der Doppelmitgliedschaft in HJ und katholischen Jugendvereinen. Der Kardinal hatte versucht, Hitler auf dessen in früheren Verlautbarungen abgegebenen „herrlichen Gottesbekenntnisse" (Faulhaber) festzulegen. Der Kardinal war zu dem Zeitpunkt noch der Auffassung, der Reichskanzler lebe ohne Zweifel im Glauben an Gott, mit der Einschränkung, dass „das Bild der katholischen Kirche weniger klar vor seinem (Hitlers) Geiste" stehe. Das mitunter heftig geführte Gespräch, so hat es Faulhaber bei der Abfassung seines Gesprächsvermerks wohl empfinden müssen, habe mit einem „friedlichen Ausklang" geendet. Hier drängt sich die Vermutung auf, dass es Hitler – wieder einmal – gelungen war, seinen kirchlichen Gesprächspartner hinzuhalten und ihn über seine wahren Absichten in einem gewissen Maße in die Irre zu führen. Eltz seinerseits berichtete dem Kardinal über den Verlauf der Ministerbesprechung, in der das Gesetz über die Hitlerjugend verabschiedet worden war. Er betonte, dass Hitler ihm gegenüber wiederholt versichert habe, dass „es nicht sein Wille sei, die Jugend unchristlich zu beeinflussen" und wiederum berichtete er von dem Vorwurf des Reichskanzlers, die Kirche betreibe eine Verzögerungstaktik.[684] Damit stieß er bei dem Kardinal aber auf taube Ohren. Faulhaber gelang es, Eltz davon zu überzeugen, dass es das Beste sei, zunächst einmal nichts zu unter-

---

[681] *Adolph*, Geheim, S. 11 f.
[682] Vermerk Eltz vom 14.12.1936, EA 53.
[683] Vermerk Faulhaber vom 13.12.1936, *Volk*, II, Dok. 587 (S. 237 ff.); dazu auch der Vermerk Faulhabers vom 4./5. November zu seinem Gespräch mit Hitler, *Volk*, Akten Faulhaber II, S. 184 ff.
[684] Vermerk Eltz vom 14.12.1936 EA 53.

nehmen. Der Führer, so Eltz in seinen eigenen Notizen zu dem Gespräch, erwarte nach Auffassung des Kardinals vorläufig gar keine weitere Fühlungnahme. Eltz war von dem Bericht des Kardinals beeindruckt, der, so Eltz, „dem Führer eine große Sympathie und Anerkennung für seine Leistungen" entgegenbrächte und hielt die Schlussfolgerungen seines Gesprächspartners für „klar, sicher und zwingend".[685] Der Faulhaber-Kenner Ludwig Volk hat im Rückblick festgestellt, dass dem Münchner Kardinal trotz aller Kritik an Unterdrückungsmaßnahmen, für die er eigenmächtige Gefolgsleute des „Führers" verantwortlich machte, die Einsicht in Hitlers totale Gegnerschaft zur Kirche und in seinen Willen, sie zu vernichten, fehlte.[686] Aus dem Gesprächsverlauf ist auch der weitergehende Schluss gezogen worden, Eltz habe Faulhaber in der Annahme bestärkt, dass Hitler oft nicht der Herr im eigenen Haus sei und von Falschen beraten werde.[687]

Das Gespräch in München war der letzte Versuch des Ministers und Staatsbürgers Eltz, einem Ausgleich zwischen Kirche und Staat dadurch den Weg zu ebnen, dass er der Kirche die „Gesprächsbereitschaft" Hitlers vor Augen führte. Ein anderes Thema der Münchner Unterredung war eine geplante Verlautbarung der Bischöfe, über die Faulhaber den Minister in allgemeiner Form unterrichtete. Am 3. Januar 1937 wurde sie als „Hirtenwort über die Abwehr des Bolschewismus", mit der Absicht in die Welt gesetzt, die Basis für neue Verhandlungen zu behalten, wie der Kardinal sich ausgedrückt hat.[688] Der Hirtenbrief enthielt zunächst eine mehrere Seiten lange und scharfe Auseinandersetzung mit dem sowjetischen Kommunismus als „Todfeind des Christentums".[689] Hier wurde auf eine Forderung, die Hitler in seinem Gespräch mit Kardinal Faulhaber auf dem Obersalzberg gestellt hatte, ausführlich zustimmend eingegangen. Das Hirtenwort schloss aber in einem kleineren, von den Herrschenden wie sich zeigen würde schon recht verstandenen, durchaus stärker beeindruckenden Teil mit einer Aufzählung der aktuellen Gravamina der Kirche im nationalsozialistischen Staat. Dabei stand der „Schulkampf" im Vordergrund: „Die Bedrückung der Elterngewissen in der Schulfrage hat unerträgliche Formen angenommen". Das war inhaltlich ganz im Sinne von Eltz, wobei nach allem, was wir von Eltz wissen, zweifelhaft ist, ob Eltz selbst die Form eines solchen öffentlichen Vorpreschens gewählt hätte. Es sieht nicht so aus, als habe der Kardinal hier seinen Glaubensbruder im Vorfeld voll ins Vertrauen gezogen. Das wäre auch verständlich, denn

---

[685] Ebda.
[686] Volk, *Faulhaber*, S. 110 f.
[687] Vgl. *Bezier*, S. 767.
[688] Rundschreiben von Faulhaber an den Episkopat vom 23.12.1936, *Volk*, Akten Faulhaber, Bd. II, S. 242.
[689] Abgedruckt bei *Volk*, Akten Faulhaber, Bd. II, S. 244 ff.

dem Kardinal saß ja nicht nur ein gläubiger Katholik gegenüber, sondern auch ein langjähriger Minister Hitlers, dem gegenüber Vorsicht geboten sein musste. Der Kardinal hat den Minister hingehalten, vielleicht aber nicht nur seinen Gesprächspartner, sondern auch sich selbst hinsichtlich der Sprengkraft des bevorstehenden Hirtenbriefs getäuscht. Denn die mit großer verbaler Munition vorgebrachte Anbiederung an das Regime in Sachen „Antibolschewismus" konnte die Kritik in der Schulfrage nicht kompensieren. Die schriftliche Verbreitung des Hirtenbriefs wurde behindert. Zwei Tage nachdem der Hirtenbrief in allen katholischen Kirchen des Reiches als „einstimmige Warnung aller 23 Bischöfe" vorgelesen wurde[690], notierte Goebbels nach einem Mittagessen bei Hitler auf dem Obersalzberg:

„Bei Tisch Religionsdebatte. Der Führer spricht unter großen Perspektiven. Die katholischen. Bischöfe haben wieder einmal einen Hirtenbrief gegen uns losgelassen. Wen die Götter strafen wollen, den schlagen sie vorher mit Blindheit. v. Eltz wird hart hergenommen. Wenn er niest, kommt Ruß heraus; so schwarz ist er. Der Führer hält das Christentum für reif zum Untergang. Das kann noch lange dauern, aber es kommt."[691]

In einem Glückwunschschreiben an Hitler zum Jahreswechsel 36–37 gab Eltz noch ein letztes Mal, aber jetzt mit drängender Insistenz, seiner Hoffnung auf einen religiösen Sinneswandel Hitlers Ausdruck. In den vorformulierten Entwurf eines Routinetextes flocht er die Formel ein, „der Herrgott möge ihm (Adolf Hitler) die Gnade geben, denjenigen, die sich in ihrem religiösen Gefühl bedrängt fühlen, den heiß ersehnten Weg zu Ihrem Herzen innerlich frei zu machen".[692]

Anlass für den letzten Versuch des Post- und Verkehrsministers, sein Gewicht in Sachen christliche Jugenderziehung in die Waagschale zu werfen, war der im Januar 1937 zur Abstimmung stehende Entwurf eines Reichsschulgesetzes. Mit Schnellbrief vom 20.1.1937 erhob Eltz im Umlaufverfahren offiziell Einspruch, weil der Entwurf die im Reichskonkordat dem Vatikan gegebene Garantie der Reichsregierung zur Beibehaltung und Neueinrichtung von katholischen Bekenntnisschulen verletze.[693] Das war allein schon deshalb ein ungewöhnlicher Schritt, weil der Post- und Verkehrsminister dafür nicht zuständig war. Trotzdem gelang es ihm, die Sache aufzuhalten. Reichsaußenminister v. Neurath wollte sich den Schlussfolgerungen von Eltz zwar zunächst nicht anschließen[694], sah sich aber später gedrängt, den

---

[690] Rahmenbrief Faulhabers an Hitler vom 30.12.1936, *Volk*, Akten Faulhaber, Bd. II, S. 261 f.
[691] GTB 5.1.1937, 3/II S. 316.
[692] Entwurf vom 30.12.1936, EA 53.
[693] AdR, Hitler, Bd. 4, Dok. 15, S. 48 f.
[694] Schreiben Neurath an Eltz vom 23.1.1937, PAAA RZ 101/ 28101 Bl. 26.

erheblichen außenpolitischen Bedenken seines Hauses zu folgen.[695] Da war aber Eltz schon nicht mehr im Amt und im Juli 1937 war das Gesetz nach einer erneuten Ressortabstimmung doch wieder unterzeichnungsreif. Jetzt war es aber Hitler, der sich nach einigem Hin und Her *nicht* zur Schlusszeichnung entschließen konnte.[696] Der Reichskanzler wollte vermutlich keine Aufkündigung des Reichskonkordats durch den Vatikan provozieren.[697] Das muss für Eltz eine späte Genugtuung gewesen sein und ein Beweis dafür, dass man als Mitglied des Kabinetts Hitler auch ohne „Parteibasis" nicht unbedingt auf völlig verlorenem Posten stehen musste. Zugleich ist es eine Fußnote in der Geschichte des Widerspruchs vor Fürstenthronen. Ein nachhaltiger Gewinn in der Sache war es nicht. Die Bekenntnisschulen wurden ausgelaugt, indem die Ordenslehrkräfte nach und nach entlassen wurden und die Lehrerausbildung entkonfessionalisiert wurde.[698] Die Bekenntnisschulen

Abb. 14: Das Ehepaar v. Eltz mit dem Sohn Kuno und den Töchtern (v. l. n. r.) Hugoline, Stephanie, Marie-Antoinette, Marion und Ludwine.

---

[695] PA AA RZ 101/28101, Bl. 39 ff.
[696] Vgl. *Eilers*, S. 91.
[697] *Deuerlein*, Konkordat, S. 195 ff.
[698] Vgl. *Eilers*, S. 91 f.

wurden in immer weiteren Gebieten zerschlagen. Ende 1939 gab es nur noch die „deutsche Gemeinschaftsschule". Die Hoffnung, wie sie die Ehefrau Marion von Eltz immer wieder in Worte gefasst hatte, dass „Hitler den schlechten Einflüssen widerstehen und den Boden des Christentums nicht verlassen würde"[699] und damit, so wäre zu ergänzen, eine Trennung von Staat einerseits und Familie und persönlichem Glauben andererseits zulassen würde, waren unerfüllt geblieben. Letztlich war der Anspruch, Hitler selbst zu einer Gesinnungskehrtwende zu bewegen, noch vergeblicher als ganz generell die im konservativen Milieu noch nicht aufgegebene Hoffnung, wenigstens die radikalen Kräfte der Partei disziplinieren zu können. Die weltanschaulichen und fachlichen Divergenzen im Verhältnis des Verkehrsministers zum Reichskanzler wurden immer deutlicher.

---

[699] Schreiben Marion v. Eltz an Kempner vom 8.7.1946, EA 57.

L. Entscheidungen

Der 30. Januar 1937 war ein besonderer, symbolisch aufgeladener Tag. Er bedeutete auf den Tag genau vier Jahre Regierung Hitler, ein kleines Jubiläum auch für Eltz selbst. Adolf Hitler hielt vormittags vor dem Reichstag eine dreistündige Grundsatzrede mit einer Bilanz der letzten vier Jahre und dem für In- und Ausland täuschend beruhigenden Aussage: „Die Periode der Überraschungen ist abgeschlossen. Der Friede ist unser höchstes Gut." Eine wichtige politische Aussage betraf die Reichsbahn. Hitler kündigte an, er werde im Sinne der Wiederherstellung der deutschen Gleichberechtigung die deutsche Reichsbahn ihres bisherigen Charakters entkleiden und wieder restlos unter die Hoheit der Regierung des deutschen Reiches stellen.[700] Das war auch eine Art Schlussstein in der Revisionsgeschichte des Versailler Vertrags: „Ich erkläre damit, dass damit jener Teil des Versailler Vertrags seine natürliche Erledigung gefunden hat, der unserem Volke die Gleichberechtigung nahm und es zu einem minderwertigen Volk degradierte." Es ist müßig in diesem Zusammenhang Überlegungen anzustellen, ob dieser Akt noch als Ausdruck einer gemäßigten Revisionspolitik des Versailler Systems à la Weimar oder bereits als Teil nationalsozialistischer Großmachtpolitik zu gelten hat. Die der Öffentlichkeit als „Freiheitsgesetz" verkaufte und damit politisch aufgeladene Maßnahme war ein propagandistischer Erfolg des Hitler-Regimes.

I. Eltz starke Stunde

Am Vormittag hatte der Reichstag ohne viel Aufhebens die Verlängerung des Ermächtigungsgesetzes beschlossen. Nachmittags um 17 Uhr fand eine Gedenksitzung des Reichskabinetts aus Anlass der 4. Wiederkehr des Tages der Berufung des Kabinetts Hitler statt. Der besondere Charakter dieser Sitzung wurde dadurch deutlich, dass kein Kabinettsprotokoll gefertigt wurde und weitere Gäste eingeladen worden waren. Eine Tagesordnung gab es nicht, ebenso wenig wie eine Anwesenheitsliste. Stattdessen wurde zu den Akten eine Pressemeldung des Deutschen Nachrichtenbüros abgeheftet: „In herzlichen, bewegten Worten gedachte der Führer der politischen Entwicklung in den verflossenen Jahren, die sich zu einer geschichtlichen Größe

---

[700] Zit. nach *Domarus*, S. 667.

gestaltet habe, wie sie vor vier Jahren niemand vorausahnen konnte."[701] Eltz selbst hat für sich aufgeschrieben, was danach passiert ist. Es soll hier wörtlich wiedergegeben werden:[702]

„Zu der Sitzung waren außer dem Führer und den Reichsministern erschienen: Die Staatssekretäre Lammers, Meissner, Funk[703], Milch[704], Generaloberst von Fritsch[705] und Generaladmiral Raeder[706]. Der Führer hielt eine kurze Ansprache, in der er mitteilte, dass er, um die Homogenität des Kabinetts herzustellen, es für richtig halte, die Minister, die noch nicht Parteimitglieder seien, nunmehr in die Partei, die demnächst ihre Aufnahmelisten wieder öffnen werde, aufzunehmen und, dass er ihnen sowie denjenigen Herren, die das goldene Parteiabzeichen nicht besäßen, dieses als besondere Auszeichnung verleihe."

(Magnus von Braun berichtete – er hat sich das später erzählen lassen – „Hitler hielt jedem (Auszuzeichnenden) eine kleine Rede, seinen Stellvertreter Heß hinter sich mit einem Kästchen voll Abzeichen."[707]) Eltz schrieb weiter:

„Als er zu mir kam, sagte ich: „Mein Führer, ich habe Ihnen unlängst, (das war am 27. November) all meine Sorgen und Nöte wegen der Angriffe der Partei gegen die christlichen Konfessionen vorgetragen. Der Druck hat sich in der Zwischenzeit nur noch vermehrt." Der Führer, mich unterbrechend: „Was wollen Sie damit sagen?" Ich: „Wenn ich nun in die Partei eintreten soll, so bitte ich, mir zu bestätigen, dass Sie den Kampf, den gewisse Parteistellen gegen die Kirchen und ihre Einrichtungen führen, nicht gutheißen." Der Führer: „Ich kann die Überreichung dieses Ehrenzeichens nicht an Bedingungen knüpfen". Ich: „Dann bitte ich um meine Entlassung." Darauf erfolgte leichte Verbeugung auf beiden Seiten und der Führer ging weiter. Nach kurzen Dankesworten von Göring, Blomberg und Neurath war die Sitzung beendet. Der Führer verabschiedete sich von jedem einzelnen mit Händedruck. An mir ging er nur grüßend vorbei."

Es war Eltz starke Stunde, auch wenn das Ganze sich in so gedämpftem Ton abgespielt hat, dass nur die unmittelbar Umstehenden es gehört haben konnten, so berichtete es jedenfalls Krosigk.[708] Aus den Kommentaren der Augenzeugen sticht derjenige von Joseph Goebbels heraus, der in seinem Tagebuch vermerkt hatte:

„Ministersitzung: der Führer dankt allen tief bewegt. Nimmt die Nichtparteigenossen in die Partei auf und verleiht ihnen das goldene Ehrenzeichen. Da geschieht

---

[701] Abgedruckt in AdR, Hitler, Bd. 4, Dok. Nr. 23, S. 74.
[702] Undatierter handschriftlicher Vermerk Eltz auf Einladungsschreiben Lammers vom 29.1.1937, EA 53.
[703] Walther Funk, Pressechef der Reichsregierung.
[704] Erhard Milch, General der Flieger.
[705] Generaloberst Werner Frhr. von Fritsch, Oberbefehlshaber des Heeres.
[706] Generaladmiral Erich Raeder, Oberbefehlshaber der Kriegsmarine.
[707] *Braun*, S. 243, der aber selbst nicht dabei war.
[708] Persönliche Erinnerungen Bd. 3, S. 83, IFZ ZS A/20 230, Bl. 83.

das Unfassbare. Eltz lehnt die Annahme ab, tritt nicht in die Partei ein, weil wir angeblich „die Kirche unterdrücken". Verlangt vom Führer eine Erklärung. Der Führer lehnt das ganz kurz ab, lässt sich keine Bedingungen stellen und geht weiter. Wir sind alle wie gelähmt. Das hatte niemand erwartet. Göring, Blomberg und Neurath danken dem Führer sehr herzlich. Funk gehört auch zu den Dekorierten. Aber die Stimmung ist futsch ... Alle sind von soviel Taktlosigkeit einfach geschlagen. Das sind die Schwarzen. Sie haben über ihrem Vaterland eben einen höheren Befehl: Den der allein-seligmachenden Kirche. Aber gut, dass diese schleichende Gefahr aus dem Kabinett beseitigt. Jedermann ist empört über Eltz. Besonders Fritsch und Raeder. Göring schimpft wie ein Rohrspatz. Ich spreche noch lange mit dem Führer: Er ist tief empört über Eltz, vor allem, weil er sich nur schwer dazu durchgerungen hatte, diese Auszeichnung überhaupt zu verleihen. Aber so geht das, wenn man so gütig ist wie er."[709]

Danach sollte alles sehr schnell gehen. Goebbels: „Als der Führer weg ist, rufe ich die Minister zusammen und fordere, dass wir geschlossen Eltz um seinen Rücktritt ersuchen. Meissner geht zu ihm hin". Das deckt sich mit dem, woran sich Eltz erinnert: „Als ich bereits die Treppe hinabgestiegen war, kam Meissner hinter mir hergelaufen und bat, das Entlassungsgesuch zu beschleunigen. Der Führer fasse mein Benehmen als persönlichen Affront auf. Ich antwortete, dass ich das bedaure, die Übersendung des Entlassungsgesuchs noch am Abend aber nicht zusagen könne."

Der ebenfalls anwesende Wirtschaftsminister Hjalmar Schacht, der nach dem Krieg bestritten hat, das goldene Parteiabzeichen jemals bekommen zu haben, soll beim Herausgehen die Bemerkung fallen gelassen haben, er habe nicht gewusst, dass „es noch solche Männer im Deutschen Reich gibt".[710] Am nächsten Tag übersandte Eltz sein handschriftliches Rücktrittsschreiben:

„Mein Führer,

ich danke Ihnen für das Vertrauen, das Sie mir während der vier Jahre ihrer Führerschaft geschenkt haben und für das ehrenvolle Anerbieten, mich in die Partei aufzunehmen. Mein Gewissen verbietet es mir aber, dieses Anerbieten anzunehmen.

Ich stehe auf dem Boden des positiven Christentums und habe meinem Herrgott und mir selbst die Treue zu halten. Die Zugehörigkeit zur Partei würde aber bedeuten, dass ich den sich ständig verschärfenden Angriffen von Parteistellen gegen die christlichen Konfessionen und diejenigen, die ihrer religiösen Überzeugung treu bleiben wollen, widerspruchslos gegenüberstehe.

---

[709] GTB 31.1.1937, 3/II S. 353 f.
[710] *Huck*, S. 59. Anfang 1937, kurz vor dem Rücktritt von Eltz, erschien eine Festschrift für Schacht, zu der Eltz noch mit einem Aufsatz zur Verkehrspolitik beigetragen hatte.

Mein Entschluss ist mir unendlich schwer gefallen. Denn ich habe niemals in meinem Leben mit größerer Freude und Genugtuung meinen Dienst getan als unter Ihrer weisen Staatsführung.

Ich bitte um meine Entlassung.

Mit deutschem Gruß

Ihr sehr ergebener

Frhr. v. Eltz."[711]

Hitler wahrte ebenfalls die Form. Er antwortete zwei Tage später, entsprach dem Antrag und dankte dem Adressaten herzlich für die während seiner Amtszeit dem Reiche geleisteten Dienste. Es ist bezweifelt worden, dass Eltz überhaupt die Absicht hatte zurückzutreten. Göring hat die Ablehnung des Parteiabzeichens dahin umgedeutet, dass Eltz lediglich einen Vorbehalt platzieren wollte, der unbeabsichtigte Folgen gehabt habe. Göring hat daher in Nürnberg erklärt, „es sei nicht richtig, dass Herr von Eltz wie behauptet, aus diesem Grunde freiwillig seinen Abschied genommen hätte". Auf seinen (Görings) Vorhalt, sein Verhalten sei unmöglich, und es gäbe jetzt für ihn nur eine Konsequenz, nämlich den Abschied, soll Eltz dem Reichsmarschall geantwortet haben: „So habe ich das nicht gemeint."[712] Dem steht die unmittelbar nach dem Vorfall niedergeschriebene Darstellung von Goebbels entgegen. Sie ist glaubhafter als die Aussage von Göring, der nach dem Krieg jeden Grund hatte, Eltz zu diskreditieren.

An eine Kurzschlussreaktion des kontrollierten, eher nachtragenden als spontanen Eltz mag man nicht glauben. Hitler hatte seine Absicht ja bereits in der Rede vor dem Reichstag angedeutet, als er denjenigen seinen Dank aussprach, „die, nicht aus den Reihen der Partei kommend, in der Führung der Reichsregierung und im übrigen Volke mir in diesen Jahren treue Helfer und Gefährten geworden sind. Sie gehören heute alle zu uns, auch wenn ihnen in diesem Augenblick äußerlich noch das Zeichen unserer Gemeinschaft fehlt."[713] Finanzminister Schwerin von Krosigk war überzeugt, Eltz habe von der geplanten Verleihung des Parteiabzeichens vorher gewusst und seine Reaktion darauf mit Bischof Preysing besprochen. Er geht aber andererseits davon aus, dass sein Ministerkollege, mit dem ihn ein gutes kollegiales Verhältnis verband, ihn in feste Rücktrittsabsichten vorher eingeweiht hätte.[714] Eltz traf seinen früheren Kabinettskollegen v. Braun einige Tage später zufällig auf der Wilhelmstraße. Braun berichtete später: „Ich fragte ihn, ob er

---

[711] Schreiben vom 30.1.1937, EA 53; auch in AdR, Hitler, Bd. 4, Dok. 24, S. 75.
[712] IMT 18.3.1946, Vormittagssitzung; ähnlich *Gürtner*, vgl. Aussage Staatssekretär Schlegelberger in Nürnberg, IMT 2.8.1946, Nachmittagssitzung.
[713] Rede vom 30.1.1937, zit. nach *Domarus*, S. 675.
[714] Persönliche Erinnerungen, IFZ ZS A/20, Nr. 230, Bl. 84.

seinen Abschied nicht mit weniger Aufsehen hätte bewerkstelligen können. Antwort: Nur so hätte er es erreichen können, auf andere Art hätte ihn Hitler nie losgelassen."[715] Marion von Eltz hat nach dem Krieg ebenfalls davon gesprochen, dass der 30. Januar ihrem Mann den richtigen psychologischen Moment geboten habe.[716] Das macht allerdings nur dann wirklich Sinn, wenn man ihrem Mann unterstellen wollte, er habe auf maximale Konfrontation abgezielt. Spätestens nach der Unterredung im November 1936 sei, so Ehefrau Marion, ihr Mann „zu der schmerzlichen und folgenschweren Erkenntnis gekommen, dass Hitler sich nun endgültig für den antichristlichen Weg entschieden hatte".[717] Dem Novembergespräch mit Hitler folgten ja noch die Intervention von Eltz bei Faulhaber und die Sache mit dem Schulgesetz. Damit war Eins zum Anderen gekommen. Die Einsicht in die Vergeblichkeit, Hitler glaubensmäßig und kirchenpolitisch einzuhegen, hat bei dem Rheinländer wachsende Frustration ausgelöst. Der etwas sture und eher schwerblütige Mann wurde nachdenklich und seine ängstliche Seele hat ihn herausgefordert, die Tugend der Tapferkeit zu praktizieren Wann Paul von Eltz diesen Weg zielbewusst eingeschlagen hat und von wann an ihn innere Kämpfe belastet haben, wissen wir nicht genau. Zu behaupten, dass der Rücktritt nur die äußere Manifestation bereits von Beginn des Dritten Reichs an bestehender, schwerwiegender, aber geheimer Vorbehalte gewesen ist, wäre Spekulation.

Hitler liebte es nicht, wenn Minister ihn verließen. Er war in der Vergangenheit peinlich darauf bedacht, nach außen ein Bild der Kontinuität abzugeben. Wen Hitler loswerden wollte, dem diente er zumindest noch ein Scheinamt an oder der Abgang wurde auf andere Weise verschleiert, wie auf jeweils spezifische Art in den Fällen Neurath, Darré und Schacht.[718] Wer sich selbst von Hitler trennen wollte, hatte es schwer. Papen wurde abgefunden, sein Rücktritt als Vizekanzler aber zunächst nicht bekanntgegeben.[719] Arbeitsminister Franz Seldte blieb 1935 mit seinem Rücktrittsbegehren erfolglos. Eine Ausnahme war Alfred Hugenberg. Dem Wirtschafts-, Landwirtschafts- und Ernährungsminister gelang sein früher Rücktritt im Juni 1933, weil er unbeirrt an seiner Absicht festhielt, obwohl sein politischer Gegner Hitler sich

---

[715] *Braun*, S. 243.
[716] Schreiben Marion v. Eltz. an Kempner vom 8.7.1946, EA 57.
[717] Ebda.
[718] Neurath wurde 1938 Präsident eines „Geheimen Kabinettsrats", der niemals tagte; Schacht, der Ende 1937 als Wirtschaftsminister zurücktrat, blieb auf Bitten Hitlers als „Minister ohne Geschäftsbereich" formal noch eine Zeit lang im Amt; Landwirtschaftsminister Darré wurde niemals aus dem Amt entlassen, führte aber sein Ministerium nicht mehr.
[719] Siehe S. 170.

große Mühe gab, einen plötzlichen, aufsehenerregenden Rücktritt zu verhindern und ihn mit Versprechungen und Drohungen im Amt halten wollte.[720]

Es ist kolportiert worden, dass Eltz nur um Haaresbreite dem KZ entkommen sei.[721] Staatssekretär Meissner will unmittelbar nach dem Vorfall am 30.1.1937 auf Göring, der Festnahme und KZ für Eltz in Aussicht gestellt habe, beruhigend eingewirkt haben. In einem direkt folgenden Dreier-Gespräch mit Adolf Hitler habe er sich trotz der in der Form ruhigen, aber in der Sache festen Absicht Görings mit dem Vorschlag, durch die Demission von Eltz könne man die Angelegenheit doch als erledigt betrachten, bei dem immer noch sichtlich verärgerten Hitler durchsetzen können.[722] Goebbels hat das anders dargestellt und so ist eher zu vermuten, dass Meissner bei den Nürnberger Vernehmungen wie viele andere daran interessiert sein musste, sich als Fürsprecher der Verfolgten und übrigens auch der Kirche auszugeben. Interessanterweise hat Marion von Eltz nach dem Krieg in einer eidesstattlichen Versicherung, die Meissner entlasten sollte, der von seinem Rechtsanwalt vorgeschlagenen Formulierung, Meissner habe sich als „ein Vertreter der christlichen Weltanschauung auch für die Kirche eingesetzt" nicht übernommen. Im gleichen Atemzug hat sie bekundet, sie habe erst *nach* dem Krieg erfahren, dass ihr Mann damals in der Gefahr stand, in ein KZ gebracht zu werden.[723] Es war auch nicht so, dass Regierungsmitglieder, die einmal auf der Seite des „Führers" gestanden hatten, routinemäßig Gefahr liefen, in ein KZ eingeliefert zu werden. Der einzige Minister, dem das jemals geschah, war später Schacht. Aber das Gefühl einer gewissen Unsicherheit schwebte schon über der Familie.[724]

Der Reichsregierung war der Rücktritt mehr als unangenehm und sie gab sich alle Mühe, den Vorgang in der Öffentlichkeit zu verschleiern. In einer Agenturmeldung wurden wenige Tage später „vertrauliche Informationen" des Propagandaministeriums verbreitet, die sich mit den „wahren Hintergründen" des Rücktritts befassten. Ziel der Indiskretionen war offensichtlich, dem weltanschaulichen Überraschungsangriff des Reichsverkehrsministers jeden Geruch von Protest und Widerstand zu nehmen. Dabei mischte sich Wahres mit Falschem. Als Hauptgrund wurde angegeben: „Eltz wurde immer

---

[720] Vgl. *Bracher/Sauer/Schulz*, S. 212 f.

[721] *Adolph*, Klausener, 121 f.; Schreiben Marion v. Eltz an Kempner vom 8.6.1946, EA 57.

[722] Schreiben RA Templer an Marion v. Eltz vom 20.8.1947, EA 73. Meissner hat den Anklägern in Nürnberg dasselbe erklärt, vgl. *Möckelmann*, S. 35. Ex Post-Darstellungen. Goebbels und Eltz ist der Vorzug zu geben.

[723] Schreiben RA Sauter vom 3.4.1948, eidesstattliche Versicherung vom 9.4.1948, EA 73.

[724] Mündliche Familienüberlieferung.

frommer". Er habe sich schon früher, in den letzten Monaten aber in verstärktem Maße, zum Sprecher für katholische Interessen im Reichskabinett gemacht und so seine ministerielle Stellung benutzt zu Vorstößen gegen den teilweise katholikenfeindlichen Kurs der Regierung. Im Übrigen wurde auch einfach gelogen: Das „Gerücht", Eltz habe demonstrativ die Annahme des goldenen Parteiabzeichens verweigert, sei unsinnig. Er habe für die feierliche Sitzung am 30. Januar überhaupt keine Einladung mehr erhalten.[725] Am 2. Februar, da war Eltz schon 2 Tage im Ruhestand, meldete der Völkische Beobacher: „Alle Kabinettsmitglieder Träger des Goldenen Parteiabzeichens".[726] Und so stimmte es dann ja wieder. Die Frage, ob die Annahme des Parteiabzeichens ipso facto die Aufnahme in die NSDAP bedeutete[727], ist durch die klaren Aussagen der unmittelbar Beteiligten (Hitler, Goebbels, Eltz) wenn schon nicht juristisch-administrativ, dann doch politisch mit einem klaren „Ja" geklärt. (Die Frage war vor allem für diejenigen von größerer Bedeutung, die die Ehrung angenommen hatten und das nach dem Krieg herunterspielen wollten.[728]).

Die Propaganda blieb in der Öffentlichkeit nicht völlig wirkungslos, wie aus einem Brief des Ruheständlers Eltz vom 18. Februar an seinen Freund Karl Stieler hervorgeht. Eltz glaubte, sich gegenüber Stieler vor Gerüchten verwahren zu müssen, er habe seine Entlassung erbeten, weil ihm als einzigem das Goldene Parteiabzeichen *nicht* angeboten worden sei. Damit rannte er bei Stieler offene Türen ein.[729] Die wahren Gründe ließen sich auf Dauer nicht verheimlichen. In der Auslandspresse wurde der Vorgang aufmerksam verfolgt. Der in Wien erscheinende „Telegraf am Mittag" schrieb, Eltz habe sich in seinem Ressort der antikatholischen Propaganda der Parteistellen zu widersetzen gewusst.[730] In einem anderen Blatt heißt es: „In Wirklichkeit hat man einen schon seit langem missliebigen Minister beseitigt und durch einen wendigeren Mann ersetzt. Eltz ... ist den ,alten Kämpfern' immer ein Dorn im Auge gewesen."[731] Aber auch kritische Stimmen blieben nicht aus: Ein Meldung nach Paris blickte zurück auf die Ermordung Klauseners, die Eltz versucht habe zu „vertuschen". Dies lasse es als unwahrscheinlich erschei-

---

[725] Dienatag vom 3.2.1937, EA 53.
[726] Völkischer Beobacher vom 1.2.1937.
[727] Vgl. *Möckelmann*, S. 292, 144; *Meissner*, S. 406.
[728] Vgl. *Neurath*, „Notizen zur Anklage", Nachlass Neurath, zit. nach *Lüdicke*, S. 408. Auch Göring hat Wert auf die Feststellung gelegt, dass die besondere „Brüskierung des Führers" ja gerade darin gelegen habe, dass ja gar nicht von Parteiaufnahme oder Zugehörigkeit die Rede gewesen sein soll, IMT 18.3.1946, Vormittagssitzung.
[729] Briefwechsel Eltz – Stieler 18./20.31937, EA 53.
[730] Telegraf am Mittag vom 3.2.1937.
[731] Die Stunde (Wien) vom 5.2.1937.

nen, dass der Minister nun eine mutige Haltung eingenommen haben könnte. Jetzt verlasse er die Politik ohne großes Trara („sans tambour ni trompette").[732]

In der offiziösen Stellungnahme der Regierung zum Rücktritt wurde auch darauf hingewiesen, es habe erhebliche *sachliche* Differenzen zwischen Eltz und Dorpmüller gegeben, die mit dem Augenblick der Übernahme der Reichsbahn in die Regierungsverantwortung ein unübersteigbares Hindernis gebildet hätten. Ob es Differenzen gewichtiger Art gegeben hat, darf man bezweifeln. Unübersehbar ist aber, dass der Rücktritt dem Reichskanzler in mehrfacher Hinsicht in die Hände gespielt hat. Hitler konnte die beiden Ministerien entflechten und er wurde von einer schwierigen Personalentscheidung befreit. Seinem alten Kämpfer Ohnesorge konnte er den von ihm begehrten Ministerposten beschaffen, den ideologisch und fachlich gelegentlich unbequemen und seinen verkehrspolitischen Zielen nur zögerlich folgenden Eltz wurde er los und mit Dorpmüller stand ein führungsstarker, funktional fast alternativloser Nachfolger zur Verfügung. Bereits Anfang Januar hatte Goebbels notiert: „Eltz will Dorpmüller schlucken. Aber das lässt der Führer nicht zu."[733] Ohne Frage war die Position des Reichsverkehrsministers politisch instabil geworden. Wahrscheinlich hatte sich Hitler in dem Moment mit Blick auf die bevorstehende Zusammenlegung der Posten des Reichsverkehrsministers und des Reichsbahndirektors schon für Dorpmüller entschieden. Göring hat das bei seiner Vernehmung vor dem Internationalen Militärtribunal in Nürnberg bestätigt.[734] Auch in der Presse hatte das, jedenfalls was die Trennung der Ministerien anging, schon seinen Niederschlag gefunden.[735] Sein letzter, wie wir von Krosigk wissen, von Resignation gekennzeichneter Anlauf, seine Pläne für eine einheitliche Verkehrspolitik durchzusetzen, war gescheitert. Erneut sei Goebbels zitiert: „Eltz sang- und klanglos abgeschwommen. Wie sich das gehört".[736] Man wird an dieser Stelle der Frage schwerlich ausweichen können, ob Freiherr v. Eltz nur deshalb zurückgetreten ist, weil ihm ohnehin die Entlassung drohte. Als alter Beamter und treuer Diener seines Führers konnte der Freiherr pflichtethisch mit der Möglichkeit einer Abberufung gelassen umgehen. Eine gesichtswahrende Flucht nach

---

[732] Bulletin Quotidien Nr. 26 vom 5.2.1937, EA 53.

[733] GTB 5.1.37, 3/II S. 316.

[734] „Da zudem – und das ist wichtig – in dieser Zeit beim Führer schon der Plan geschwebt hat, das Reichsverkehrsministerium aufzuteilen und das alte Postministerium wieder zu bilden, und den Fachmann der Eisenbahn Dorpmüller in das Verkehrsministerium zu bringen, und er mir dieses vorher gesagt hatte, und es mir überließ, in mehr oder weniger geschickter Form allmählich Herrn von Eltz das beizubringen, benutzte ich diesen Augenblick", IMT Vormittagssitzung 18.3.1946.

[735] Times vom 3.2.1937 zur Trennung der Ministerien: „A move which had been expected for some time".

[736] GTB 3.2.37, 3/II, S. 358.

vorn hatte er nicht nötig. Das Ende seiner politischen Karriere war gekommen, aber Form und Zeitpunkt seines Rücktritts sind von ihm aus Gewissensgründen selbst bestimmt worden. Deshalb erscheint es gerechtfertigt, wovon auch das Schrifttum ganz überwiegend ausgeht, die religiöse Frage als „entscheidende Bruchstelle" anzunehmen.[737]

II. Wirkungen

Eine Stellungnahme der Amtskirche zu dem Rücktritt ihres Glaubensbruders hat es nicht gegeben. Die Rückkehr eines in der Zwischenzeit vielleicht für verloren gehaltenen Sohns ist in der Kirche jedenfalls mit ziemlicher Sicherheit auch nicht im Stillen gefeiert worden. Die Beziehung von Paul Eltz zur Kirche in jenen Jahren ist immer ambivalent gewesen. Ein uneingeschränktes Vertrauensverhältnis hat er mit der Amtskirche allem Anschein nach nicht aufbauen können. Nach Eltz zwiespältigen Verhalten im Zusammenhang mit der Ermordung von Klausener ist das auch wenig überraschend. Die große Zurückhaltung Preysings, aber auch Faulhabers in den letzten Tagen des Jahres 1936 als sich das Verhältnis Kirche – Staat zuspitzte und Eltz seine Vermittlung geradezu aufdrängen musste, machen die Distanz zwischen dem Minister und seiner Kirche deutlich. Am Tage seines Rücktritts hatte Eltz mit Bischof Preysing gefrühstückt. Der Bischof gehörte da schon zu den Kirchenvertretern, die Verhandlungen mit der Regierung für aussichtslos hielten. Preysing hat später (privatim) erklärt, er sei, auf den Rücktritt des Ministers bezogen, „sehr zufrieden mit dieser Lösung".[738] Aus der Bemerkung geht auch hervor, dass auf Eltz als (letztem) Fürsprecher katholischer Anliegen in der Regierung kirchlicherseits nicht gesetzt wurde. Die Kirche hat Eltz im Machtkampf mit der Hitlerregierung weder als Partner noch als Mittelsmann angesehen und seine Initiativen nicht in ihr Gesamtkonzept einbezogen. Die Kehrtwende von Eltz war ja auch eine Kapitulation. Die Chancen für eine Einigung zwischen Kirche und Staat waren jetzt noch geringer geworden.[739] Kardinal Faulhaber fürchtete als unmittelbare Folge eine

---

[737] *Grüttner*, S. 461, *Huck*, S. 60 f., *Küppers*, S. 512 f. gehen auf die Frage der Neuordnung der Ministerien nicht ein. Gottwaldt, Juden, S. 207, schreibt, die Einordnung der DRG unter die Hoheit des Reichs ... sollte eine bedeutsame Personalentscheidung unmittelbar zur Folge haben. Der Autor stellt beide Motive nebeneinander, S. 208. Die Volkswagenfrage spielte mit Sicherheit keine entscheidende Rolle. Das Projekt stand auf der Prioritätenliste von Eltz weiter hinten. Es musste nicht unbedingt aus dem Verkehrsministerium heraus gesteuert werden und war ja auch in der Vergangenheit von dort mit wechselndem Nachdruck betrieben worden. Anders *Mommsen*, Volkswagen, S. 106.

[738] *Braun*, S. 243.

[739] Vgl. *Hürten*, S. 381.

"Versteifung" der Situation. Etwas von oben herab und frostig, damit den Protest von Eltz missverstehend, erhob er in einem internen Gespräch den Vorwurf, „man hätte die Sache (mit dem Parteiabzeichen) besser vorher geklärt".[740] Die Reaktion Faulhabers bleibt aber insofern ein wenig rätselhaft, als der Kardinal, als er das sagte, schon intensiv mit der Redaktion der Enzyklika „Mit brennender Sorge" befasst war. Sie wurde sechs Wochen später veröffentlicht. Ihre scharfe und weltweit verbreitete Kritik am NS-Regime wurde von der Reichsregierung als Bruch des Konkordats gewertet und führte zu einer spürbaren Verschärfung des Kirchenkampfs. Die spezifische Rolle der Demission des Post- und Verkehrsministers ist auch im Zusammenhang mit diesem historischen Prozess zu sehen. Peter Longerich hat in seiner Hitler-Biographie den programmwidrigen Auftritt von Eltz als „offene Auflehnung gegen Hitlers Kirchenpolitik" und als ein deutliches Signal, dass das Regime auf einen tiefgreifenden Konflikt mit den Kirchen hinsteuerte, interpretiert.[741] Mit seiner Anrufung der Vorsehung und seinen widersprüchlichen Aussagen zur Frage des Verhältnisses von Politik (im Diesseits) und Religion (im Jenseits) habe Hitler den Kirchen nicht die „metaphysische Lufthoheit" überlassen wollen.[742] In die gleiche Richtung zielt Hans Günther Hockerts, der Hitlers zunehmende persönliche Radikalisierung gegen die katholische Kirche im Jahr 1937 auch auf die Brüskierung durch Eltz am 30. Januar zurückgeführt und sie als ein „Hitler tief verletzendes Ereignis" bezeichnet hat. Er hat spätere Tagebucheinträge von Goebbels ausgewertet, in denen der Propagandaminister festgehalten hat, wie Hitler unmittelbar nach dem Vorfall (intern) „mächtig gegen die Kirchen loslegte". Jedoch sei das zunächst nicht in die Öffentlichkeit getragen worden, weil das Regime zu dem Zeitpunkt einem Kirchenkampf noch ausweichen wollte.[743] Hitlers Rede am 30. Januar 1937, wenige Stunden vor dem Eklat mit Eltz ist auch als eine Klärung seiner persönlichen Einstellung des Reichskanzlers zu Fragen der Religion interpretiert worden.[744] Im Spätherbst 1937 bekannte er vor Propagandaleitern der NSDAP, dass er sich, nach schweren inneren Kämpfen von noch vorhandenen religiösen Kindheitsvorstellungen freigemacht habe.[745] Seine Kirchenfeindlichkeit hatte er bisher unter Kontrolle gehalten, weil er

---

[740] Aufzeichnung Faulhaber über Gespräch mit Ritter am 12.2.1937, *Volk*, Akten Faulhaber, Bd. II, S. 286.
[741] *Longerich*, S. 501 f.; ähnlich *Ullrich*, S. 719.
[742] *Longerich*, S. 506.
[743] *Hockerts*, S. 375 f.; vgl. *Kershaw*, Bd. 2, S. 78 f.
[744] Vgl. *Domarus*, S. 660: „Er brach mit seiner bisherigen, im katholischen Religionsbild verankerten Vorstellung und „erkannte nur noch den deutschen Wolkengott an und sich selbst als Vollstrecker des göttlichen Willens".
[745] Zit. nach *Domarus*, S. 745.

Respekt vor der Macht der Institution der katholischen Kirche hatte.[746] Seine Verärgerung über Eltz, die er ja ebenfalls gut unter Kontrolle hielt, wäre daher vermutlich eher darauf zurückzuführen, dass der Verkehrsminister mit seinem Auftritt am 30. Januar seine Hinhalte- und Täuschungsstrategie bloßgestellt hat.

III. Die Wege trennen sich

Zwei Tage nach dem Rücktritt von Eltz, am 2. Februar 1937, ernannte Hitler den 68 Jahre alten Julius Dorpmüller zum neuen Reichsverkehrsminister. Dorpmüller, ein Patriarch im Spätherbst seines Lebens, wurde in Personalunion Generaldirektor der Reichsbahn und Reichsverkehrsminister. Die Hauptverwaltung der Reichsbahn wurde in das Ministerium integriert. Damit war weitgehend der Zustand wiederhergestellt, wie er vor 1924 bestanden hatte. Diese Umstellung war in der Sache ganz im Sinne von Eltz, der sie ja mit vorangetrieben hatte. Für das ab 6. Februar, also nur eine Woche nach seinem Rücktritt, im Umlaufwege verabschiedete Gesetz hatte er die gesetzgeberischen Vorarbeiten geleistet.[747] Hitler und Dorpmüller verkündeten gemeinsam tausenden Reichsbahnern vom Balkon der Reichskanzlei aus eine „Reichsbahn, frei von Versailles". Goebbels jubilierte wenig später: „Dorpmüller hat mit seinen Eisenbahnern auf dem Wilhelmsplatz dem Führer gehuldigt. Welch eine Wendung seit 1933!"[748] „Brausende Heilrufe hallten über den weiten Platz und vermischten sich mit den Klängen des Badenweiler Marschs", schrieb die Presse.[749] Der neue Verkehrsminister hat den Amtsübergang mit Anstand hinter sich gebracht. Sein Eisenbahnerkamerad Eltz konnte sich von seinen Mitarbeitern und Mitarbeiterinnen im Ministerium verabschieden.[750] Staatssekretär Gustav Koenigs dankte dem scheidenden Reichsminister, „der allen Mitarbeitern ein gütiger und gerechter Vorgesetzter gewesen sei", so die wenige Zeilen umfassende Meldung im amtlichen Nachrichtenblatt „Reichsbahn".[751] Dorpmüller würdigte die Verdienste seines Vorgängers durch eine mit herzlichen Worten umrahmte Freifahrkarte.[752] Vieles spricht dafür, dass die geschilderte grundsätzliche Interessenparallelität zwischen den beiden Eisenbahnern im Großen und Ganzen bis zum Ausscheiden des Freiherrn von Eltz-Rübenach aus dem Kabinett Hitler gehalten

---

[746] Vgl. *Ullrich*, S. 705 ff.
[747] *Gottwaldt/Schulle*, S. 88.
[748] GTB 6.2.1937, 3/II S. 361.
[749] BArch R 43-II/185 Bl. 27.
[750] *Huck*, S. 61.
[751] Reichsbahn (37), S. 134.
[752] Schreiben Dorpmüller an Eltz vom 22.3.1937, EA 53.

hat. Frau von Eltz hat nach dem Krieg ausdrücklich erklärt, dass sich ihr Mann mit Dorpmüller nicht schlecht verstanden habe. Sein Abteilungsleiter Ernst Brandenburg hat nach dem Krieg Dorpmüller Intrigen gegen Eltz vorgeworfen, da habe auch die alte Corpsbrüderschaft nicht mehr geholfen. Nicht ohne Schadenfreude hat er zudem darauf hingewiesen, dass Dorpmüller seinerseits, nachdem er Minister geworden war, von seinen Staatssekretären ausgebootet, bzw. eingerahmt worden sei.[753]

Lady Frances Phipps, die Frau des britischen Botschafters, schickte Blumen.

Ihr Ehemann Sir Eric Phipps hatte in den durch sein Amt gesetzten Grenzen aus seiner Ablehnung der nationalsozialistischen Machthaber vor allem in Kontrast zu seinem Nachfolger Nevile Henderson kein Hehl gemacht. Mit Eltz teilte er die Vorstellung, man könne mit Hitler verhandeln.[754] Die Freundschaft mit Phipps ging über eine dienstliche Bekanntschaft hinaus. Sir Eric war mit einer konvertierten Katholikin verheiratet, von deren 6 Kindern einige mit der ältesten Tochter des Reichsverkehrsministers das Gymnasium der Ursulinen in Berlin-Kreuzberg besucht hatten. Die katholische Mädchenschule musste 1937 schließen. Sir Eric lud Eltz noch kurz vor dessen Abreise nach Linz zu einem offiziellen Abendessen ein und die Familien nahmen den Kontakt nach dem Krieg wieder auf.[755] Ohnesorge wurde Postminister. Goebbels, der Hauptfeind von Eltz im Kabinett, konstatierte erleichtert: „Mit Ohnesorge kann man arbeiten. Mit Eltz war das unmöglich. Ein schwarzer Reaktionär".[756] Marion von Eltz hat später berichtet, Ohnesorge habe im Postministerium mitgeteilt, dass er zu der angesetzten Verabschiedungsfeier für seinen Vorgänger nicht erscheinen werde. Daraufhin wären alle Beamte der Verabschiedung ferngeblieben und so seien, so Freifrau von Eltz ganz unverhohlen im Duktus ihrer Klasse, „nur die Putzfrauen erschienen".[757] Einen Tag vor seiner endgültigen Ausreise zeigte Eltz noch einmal Gesicht und nahm mit seiner Frau am 27. Mai ein letztes Mal in Berlin an der Fronleichnamsprozession teil. Nach der spektakulären Veröffentlichung der Enzyklika „Mit brennender Sorge" zwei Monaten vorher war das Klima zwischen Staat und Kirche auf einem Tiefpunkt. Die Teilnahme des Reichsministers a. D. an der ohnehin von staatlicher Seite misstrauisch beobachteten öffentlichkeitswirksamen kirchlichen Zeremonie[758] war daher eine mutige, Standfestigkeit beweisende Geste.

---

[753] Brief Brandenburg an Marion v. Eltz. o.D., EA 66.
[754] *Johnson*, S. 4f.
[755] Schreiben Marion v. Kempis an Johann Ott, *Ott*, S. 147, Fn. 44.
[756] GTB 13.2.37, 3/II S. 372.
[757] *Huck*, S. 61.
[758] Vgl. *Hürten*, 329; *v. Hehl*, S. 63 ff.

Es war absehbar, dass die schlechten Jahre des Dritten Reichs, die in ihrer scheinbaren Normalität gelegentlich als die „guten" Jahre erinnert wurden (Kershaw[759]), langsam ihrem Ende entgegen gingen, um noch schlechteren zu weichen. In seiner Mammutrede am 30. Januar 1937 hatte Hitler außenpolitisch „das Ende der Zeit der sogenannten Überraschungen" und eine „Außenpolitik der Verständigung und des Ausgleichs" proklamiert.[760] In Wirklichkeit brachte das Jahr 1937 bekanntlich eine deutliche Verschärfung der Agressionspolitik Hitlers. Ein Jahr später feierte Hitler mit dem „Anschluss" Österreichs einen großen außenpolitischen Erfolg. Es war dieses Jahr 1938, dass mit der Sudetenkrise, dem Münchner Abkommen und mit der Reichsprogromnacht in vielen konservativen Kreisen überhaupt erst zu einer deutlicheren Formierung von Kritik, Opposition und Widerstand führte. Der „Fall Eltz" kann trotz seines auf die Kirchenpolitik begrenzten Charakters mit aller Vorsicht als Vorbote und Teil einer sich langsam abzeichnenden Erosion der Gesinnungsgemeinschaft zwischen alten Eliten und Nationalsozialisten betrachtet werden.[761] Aber die alten Weggefährten von Eltz, allesamt Träger des frisch verliehenen Goldenen Parteiabzeichens, blieben, scheinbar völlig unbeirrt, auf ihren Posten. Franz Gürtner versah das Amt als Justizminister bis zu seinem Tod im Jahr 1941. Konstantin von Neurath wurde als Außenminister im Jahr 1938 entlassen und durch Joachim von Ribbentrop ersetzt. Nach der Betrauung mit einem Scheinamt[762] wurde er im darauffolgenden Jahr Reichsprotektor in Böhmen und Mähren, eine Aufgabe, von der er 1943 entbunden wurde. Lutz Schwerin von Krosigk blieb Finanzminister bis zu Hitlers Tod und wurde für kurze Zeit noch leitender Minister der letzten Reichsregierung bis zu seiner Verhaftung am 23. Mai 1945. Der politische Weggefährte Franz von Papen bereitete zum Zeitpunkt des Rücktritts von Eltz als Sondergesandter in Wien den „Anschluss" vor. Später wurde er Botschafter in Ankara. Als „innere Emigration" wird man das nicht bezeichnen dürfen. Er erhielt das Goldene Parteiabzeichen etwas später. Es ist deshalb auch nicht überraschend, dass in Papens wortreichen Erinnerungswerken der Rücktritt, mit dem Eltz, sein „Freund", einen Standard gesetzt hatte, der vielleicht auch für ihn hätte gelten können, überhaupt nicht vorkommt. Staatssekretär Gustav Koenigs behielt unter Dorpmüller sein Amt. Nach seinem möglicherweise aufgrund Parteidrucks notwendig gewordenen Rücktritt Anfang 1942 war er noch „Staatssekretär im Wartestand".[763] Mit der Kabinettsroutine wurde gebrochen. Auch wenn die Sitzungen schon seit längerem

---

[759] *Kershaw*, Bd. 1, S. 665.
[760] Zit. nach *Domarus*, S. 672 f.
[761] Vgl. *Overy*, S. 70; *Küppers*: Eltz das erste Opfer dieser Zäsur, S. 513.
[762] Präsident des Geheimen Kabinettsrats, siehe Fn. 718.
[763] Zum weiteren Werdegang (u. a. KZ-Haft wegen Nähe zum 20. Juli) *Gottwald/Schulle*, S. 98.

lediglich dazu gedient hatten, die Richtlinien der Politik des Reichskanzlers Hitler in Empfang zu nehmen, gab es ab Februar 1938 überhaupt keine Treffen mehr. Es wurde im Umlaufverfahren entschieden, wobei Schweigen Zustimmung bedeutete. Das war dann der Schlusspunkt einer längeren Entwicklung mit der die letzten Restbestände einer kollektiven Regierungsform getilgt wurden. Ob die Provokation von Eltz den Weg der Ministerbesprechungen in die Bedeutungslosigkeit mitgepflastert hat, lässt sich nicht konkret nachweisen, erscheint aber zumindest atmosphärisch plausibel.

Im Eisenbahnwesen konnte die Diskriminierung der Juden noch leichter umgesetzt werden, denn die Reichsbahnbeamten waren zu unmittelbaren Reichsbeamten geworden.[764] Es wurde noch einfacher, die Reichsbahn von „jüdisch versipptem" Personal zu säubern. Hinzu kamen Verschärfungen der antijüdischen Tarifmaßnahmen und das besonders augenfällige Beförderungsverbot für Juden in Schlaf- und Speisewagen.[765] Dorpmüller, später ebenfalls Träger des Goldenen Parteiabzeichens, verfolgte als Minister weiterhin die Politik, den Betrieb der Reichsbahn zu sichern und ihre Position unter allen Umständen zu verteidigen. Das Verhältnis zu Hitler wurde mit der Zeit förmlicher und die Möglichkeiten Hitler direkt vorzutragen geringer.[766] Es ist die Frage gestellt worden, warum Dorpmüller nicht einfach zurückgetreten ist.[767] Angesichts seines Alters wäre ihm der Rücktritt wohl umstandslos bewilligt worden. Zwar setzte sich Dorpmüller wiederholt für ehemalige jüdische Mitarbeiter und andere in Konflikt mit den Nationalsozialisten geratene Menschen ein. Aber in seiner Amtszeit als Minister von 1937 bis 1945 wurde die Bahn offen zu einem Kriegsinstrument und einem willigen Mitvollstrecker in der Shoah.[768]

---

[764] Art. 2, Abs. 5 des Neuregelungsgesetzes vom 10.2.1937, vgl. hierzu *Gottwaldt*, Juden, S. 44 ff.
[765] Vgl. *Gottwald/Schulle*, S. 48 ff.
[766] Vgl. *Gottwaldt*, Juden, S. 210.
[767] *Hildebrand*, in Gall/Pohl, S. 131: „Er überhöhte die Pflicht, wo Rücktritt notwendig gewesen wäre", *Gottwaldt*, Reichsbahn, S. 7.
[768] *Gottwald/Schulle*, S. 94.

M. Der Bürger von Linz

Die Reaktion von Verwandten und Freunden auf den Rücktritt des Post- und Verkehrsministers war ambivalent. Da war die Rede von dem „unerwarteten Schritt", von der „Katastrophe", aber auch davon, dass sein opfermütiger Einsatz Früchte tragen werde. Auch Sorge über eine ungewisse Zukunft schlug durch. Angesichts der unter den herrschenden Bedingungen wenig erstaunlichen Unkenntnis der Zusammenhänge retteten sich viele Kommentare in Gottvertrauen. Der fromme Paul, allseits auch wegen seiner Bescheidenheit und der Uneigennützigkeit mit der er sein Amt geführt hatte, gelobt, werde schon das Richtige getan haben. Seine Schwägerin Marie schrieb: „Jedenfalls könnt ihr den Kopf hoch tragen und stolz sein – sehr stolz – auf Pauls Charakterstärke, sie sagen alle, dass er ein Beispiel wäre für die vielen Feiglinge, die es leider heute gibt." Auch war die Rede davon, dass er für seine „prachtvolle aufrechte Haltung" den Lohn noch bekommen werde.[769] Freiherr von Eltz ging mit Familie alsbald in seine rheinische Heimat zurück. Er zog nach Linz am Rhein, dem kleinen, behaglichen, damals noch nicht als einer der Brennpunkte des Rheintourismus ausgewiesenen Städtchens mit seiner rheinromantischen Anmutung, seinen verträumten Winkeln und Gassen, den farbenfrohen Fachwerkbauten und gemütlichen Plätzen. Dort bezog er ein großzügiges Haus „Vor dem Leetor 7" mit Blick auf das Rheinufer, dass ihm von einer befreundeten Familie vermietet wurde. Der Gegensatz zu Berlin hätte nicht größer sein können. Es war kein Exil, aber doch so etwas wie ein politisches Abklingbecken. Zu Anfang sah es fast so aus, als habe der zweiundsechzigjährige Pensionär sich entschlossen, nicht mehr Zeitgenosse zu sein und die Mitwelt ziehen zu lassen. Laut einem Familienmythos soll es dem pensionierten Eisenbahnbeamten immer wieder eine Freude gewesen sein, die durch das Rheintal donnernden Eisenbahnzüge anhand eines internalisierten Fahrplans präzise zu identifizieren. Es wird meist unterstellt, dass es schmerzhaft wird, wenn die Macht schwindet, ein kleiner Tod, jedenfalls ein Knacks. Mit einigen ehemaligen Kollegen blieb er noch in Kontakt, neben Karl Stieler noch mit Wilhelm Weirauch, dem früheren stellvertretenden Generaldirektor der Reichsbahn, der 1933 seine für das politisch sensible Personalwesen zuständige Vorstandsposition hatte räumen müssen, und mit seinem früheren Abteilungsleiter Ernst Brandenburg. Es war dennoch in vie-

---

[769] Sammlung in EA 60.

lem ein Rückzug ins Private, auf die Familie, den engen Freundeskreis und vor allem die Gemeinschaft der Kirchentreuen.

I. Der kleine Kirchenkampf

Der Rücktritt war ein Rückzug, aber gleichzeitig ein Nachhutgefecht. Von politischer Enthaltsamkeit des Ruheständlers konnte nur bedingt die Rede sein. Zusammen mit seiner Ehefrau Marion setzte er auf lokaler Ebene seinen Kampf gegen die kirchenfeindliche Politik des Regimes fort. Anlässe, hier Zivilcourage zu zeigen, gab es genug. Insbesondere Marion von Eltz tat sich da mit bemerkenswert konsequentem Mut hervor. Es konnte nicht ausbleiben, dass das Pensionärsehepaar wegen seiner kirchlichen Aktivitäten und Kontakte schon bald misstrauisch beobachtet wurde. Die Post wurde überwacht. Das blieb wegen der auffallend längeren Brieflaufzeiten nicht unbemerkt. Im Januar 1938 beschwerte sich der ehemalige Postminister deshalb bei der Reichspostdirektion Koblenz. Er schlug einen vorsichtigen Ton an und vermied es, die Briefkontrolle grundsätzlich in Frage zu stellen. Die früher sprichwörtliche Pünktlichkeit der Post sei wohl ins Wanken geraten, schrieb er, und man möge die „nicht völlig vermeidbaren Verzögerungen" doch bitte in seinem speziellen Fall auf ein Mindestmaß beschränken. Kurz darauf erhielt er Besuch von der RPD Koblenz, deren Vertreter ihm lächelnd erklärte, nicht zuständig zu sein, aber im gleichen Atemzug in Aussicht stellte, dass in Zukunft solche Verzögerungen nicht mehr vorkommen würden.[770] Viel ist bei der Überwachung nicht herausgekommen, denn als man sich später bemühte, „belastendes" Material zusammenzutragen, konnte die Gestapo gerade mal einen einzigen Brief vorweisen. Dass Eltz bis zu seinem Tod dem Druck der Gestapo ausgesetzt blieb[771], ist nicht völlig auszuschließen, aber konkret überliefert ist davon wenig. Es blieb jedenfalls nicht unbemerkt, dass der Freiherr in seinem Hause vorwiegend Besuch von hohen und niederen katholischen Würdenträgern aus der näherer und weiteren Umgebung empfing. Einer seiner Besucher war der Trierer Bischof Franz Rudolf Bornewasser. Schon 1931 hatte sich der Bischof gegen nazifreundliche Tendenzen im Verein der rheinisch-westfälischen katholischen Edelleute gewandt.[772] Von seiner kritischen Haltung zum NS-Staat und sein Scheitern im Jahr 1935, als der Bischof seine Unterstützung des NS-Regimes bei der Saarabstimmung vergeblich für seine kirchenpolitischen Ziele nutzbar machen wollte, war schon die Rede. Es machte ihn in seiner ganzen Wider-

---

[770] Schreiben Eltz an die RPD Koblenz vom 9.1.1938 mit handschriftlichem Vermerk Eltz vom 10.1.1938, EA 16.
[771] So *Küppers*, S. 494.
[772] Vgl. *Conrad*, S. 137f.

I. Der kleine Kirchenkampf

sprüchlichkeit zu einem Bruder im Geiste. Außerdem war der Bischof von Trier für einen „Eltz" geographisch gesehen „sein" Bischof, der es sich im Übrigen nicht nehmen ließ, Eltz später in einer für ihn kritischen Situation finanziell zu unterstützen. Der Landrat des Kreises Neuwied, Dr. Rudolf Reppert, gewann im Laufe der Zeit den Eindruck, dass seit dem Zuzug von Eltz „die Aktivität des politischen Katholizismus in Linz eine ganz erhebliche Steigerung erfahren hat". Der Landrat fühlte sich zu der Spekulation veranlasst, dass bei diesen Zusammenkünften hoffentlich nicht etwas gebraut werde, was für unseren nationalsozialistischen Staat von größtem Schaden sein könne.[773] Agitiert hat das fleißige Ruhestandsehepaar im vollen Einvernehmen. Bei Aufnahme seiner Töchter Ludwine und Stephanie in den Bund Deutscher Mädchen (BDM) strich Eltz die Worte „entsprechend der nationalsozialistischen Weltanschauung".[774] Er beschwerte sich über die Abschaffung der Kreuze in den Schulen und über konkordatswidrige Maßnahmen im konfessionellen Schulbereich.[775] Im November 1938 trat Marion von Eltz aus dem Deutschen Roten Kreuz (DRK) aus. Der Landrat hatte anlässlich einer Veranstaltung des DRK unter Anspielung auf religiöse Kreise gesagt: „An 6 Tagen verfolgt man die Juden und am 7. Tag betet man den Erzvater an." Möglicherweise in Verkennung der in der Bemerkung liegenden Spitze gegen weltanschauliche Heuchelei hatte dies bei Marion von Eltz zu einer empörten Reaktion geführt. Sie entgegnete Landrat Reppert, der sie später zur Rede stellte, sie dulde es nicht, dass die „göttliche Person meines Herrn und Heilands unwidersprochen verunglimpft wird".[776] Der Landrat, fest auf dem Boden des „positiven Christentums" stehend und einigermaßen bibelfest, hat der Freifrau daraufhin geantwortet, dass Christus nicht verunglimpft worden sei, denn die Erzväter seien Abraham, Isaak und Jakob: „Ihr Austritt aus dem Roten Kreuz geht deshalb von falschen Voraussetzungen aus."[777] Frau von Eltz stellte daraufhin klar, dass Christen nie und nimmer die Erzväter anbeteten[778] und meinte damit, dass in dieser, der ursprünglichen, Behauptung des DRK-Kreisleiters die Verunglimpfung bestehe. Auf die ersten 6 Tage der Woche, während denen man die Juden verfolge, ging sie nicht ein. 1938 hinterließ die Reichsprogromnacht auch im beschaulichen Linz deutliche Spuren. Die Inneneinrichtung der Synagoge wurde zerstört, die jüdische Gemeinde in den folgenden Jahren (bis 1942) ausgelöscht. Im Dezember 1939 bekam Marion von Eltz Besuch von einer Blockleiterin der

---

[773] Schreiben Landrat Reppert an die Gestapo Koblenz vom 23.1.1940 als Anlage zu Schreiben Terboven an Bormann vom 25.1.1940, BArch R 43-II/1146a, Bl. 15.
[774] *Huck*, S. 62.
[775] Siehe S. 224.
[776] Schreiben Marion v. Eltz an Reppert vom 11.11.1939, EA 26.
[777] Schreiben Reppert an Marion v. Eltz vom 13.11.1939, EA 26.
[778] Schreiben Marion v. Eltz an Reppert vom 15.11.1939, EA 26.

Frauenschaft Linz, die der Mutter von sechs Kindern die Verleihung des Ehrenkreuzes für kinderreiche Mütter in Aussicht stellte. Marion von Eltz lehnte diese Ehrung ab, „solange wie die Kreuze aus den Schulen entfernt bleiben und solange die Partei das Christentum verfolgt".[779] Der Kampfgeist der Freifrau war bewundernswert, aber alles in allem ging es bei diesen Dingen um Verdächtigungen und Sticheleien, die für einen „einfachen" Bürger gefährlich, ja lebensgefährlich werden konnten, einem langjährigen, letztlich immerhin noch in Ehren entlassenem Reichsminister, wie es zunächst schien, kaum etwas anhaben konnten. Jetzt jedoch bot der auf die Haltung der Freifrau von Eltz folgende Sturm der Entrüstung den Behörden die Gelegenheit, frühere Vorfälle hervorzuholen. Der Landrat meldete den Vorgang der Gestapo und fügte noch hinzu, dass Frau von Eltz-Rübenach es bei einer Beerdigung abgelehnt habe, die Ortsgruppenfahne der NSDAP zu grüßen. In dem Schreiben heißt es weiter: „Die Bevölkerung wird irre an der Staatsführung, wenn derartige Persönlichkeiten sich offen gegen die tragende Idee unseres Staates, den Nationalsozialismus, auflehnen". Und dann gab er ein Stichwort, das Folgen haben sollte: „Die Bevölkerung versteht nicht, dass derartige Personen ... von diesem Staat hohe Pension beziehen."[780]

In den Augen der Vertreter politischer Alternativlosigkeit war der Vorgang so gravierend, dass am Ende Adolf Hitler damit befasst wurde. Auf Veranlassung von Reichsleiter Martin Bormann organisierte der Oberpräsident der Rheinprovinz, Josef Terboven, eine Einvernahme von Paul von Eltz durch „zwei geeignete und besonders gewandte Beamte". Das ging in diesem Detail auf eine Entscheidung Hitlers persönlich zurück, der offensichtlich mit Sensibilität an die Sache herangehen wollte und sich „einwandfreie Feststellungen" erbat, die nicht durch „politische Leiter" sondern durch Beamte des Oberpräsidenten erfolgen sollten.[781] In dem Gespräch mit den beiden Untersuchungsführern räumte Eltz den Sachverhalt unumwunden ein und erklärte, dass er sich anlässlich der Verleihung des Ehrenzeichens der Partei von Hitler getrennt habe, als ihm zur Gewissheit geworden sei, dass der Nationalsozialismus den Anspruch erhebe, als Religion gewertet zu werden. Aus dieser Einstellung heraus habe sich auch seine Frau nicht zur Annahme des Mütterehrenkreuzes entschließen können, zumal gerade die Form des Christenkreuzes gewählt worden sei.[782] Eltz lehnte bei dieser Gelegenheit eine direkte Befragung seiner resoluten Frau, die „infolge mangelnder Haushaltshilfskräfte selbst im Haushalt angestrengt tätig sein müsse", ab, vermutlich um

---

[779] Vernehmungsprotokoll vom 20.2.1940, BArch R 43-II/1146a Bl. 25.

[780] Schreiben Reppert an die Gestapo Koblenz vom 23.1.1940, BArch 43-II/1146a, Bl. 20.

[781] Bormann an Lammers vom 1.2.1940, BArch R 43-II/1146a, Bl. 14.

[782] Bericht Terboven an Bormann vom 25.1.1940, BArch 43 II/1146a, Bl. 15.

I. Der kleine Kirchenkampf

die Wogen zu glätten. Nach Rückfrage erklärte er den Untersuchungsbeamten, dass seine Frau bei der Entscheidung bleibe. Terboven kommentierte diese Ablehnung in seinem Bericht an Bormann als eindeutig und endgültig: „Sie entspricht durchaus der absolut antinationalsozialistischen Einstellung des Freiherrn von Eltz."[783] Zu einer förmlichen Vernehmung von Marion Freifrau von Eltz kam es einen Monat später dann doch. Neues trat dabei aber nicht zu Tage. Sie betonte, dass es ihr „eine Ehre wäre, das Ehrenkreuz zu tragen, wenn die Verfolgung der Christen aufhöre". Sie blieb auch in Bezug auf den Vorwurf mit der Ehrenerweisung der Fahne fest: „Ich kann mich nicht erinnern, dass ich hier in Linz überhaupt einmal Gelegenheit hatte, das Hoheitszeichen (Fahne) grüßen zu müssen."[784] Oberpräsident Terboven zog aus diesem und den anderen bekannt gewordenen Fällen den Schluss, dass die ganze Haltung dieses „klerikalen und antinationalsozialistischen Burschen unerfreulich sei, aber nicht ohne weiteres eine Handhabe biete, polizeilich gegen ihn vorzugehen". Er erbat weitere Weisung.[785] Bei der Abrundung der gegen Eltz erhobenen Vorwürfe spielte auch ein Brief eines ferneren Verwandten aus Eisenach vom April 1939 eine Rolle, der (von der Gestapo) „vertraulich erfasst" worden war. Der Absender hatte darin neben der allgemeinen Klage darüber, wie schwierig die Zeiten doch seien, eine Reihe kritischer politischer Bemerkungen gemacht, die sich vor allem gegen den vom Absender befürchteten Staatssozialismus der Nazis richtete. Aber er hat auch vermerkt, dass „der Kampf gegen die Juden in Deutschland ein wenig schönes Gesicht bekommt. Dieser Idealismus hat einen recht metallischen Beigeschmack, wird das Ausland urteilen."[786] Mehr als diesen Brief konnte die Gestapo zur Belastung des ehemaligen Verkehrsministers offensichtlich nicht beisteuern.

Die Mühlen mahlten langsam. Am 16.3.1940 teilte der inzwischen zum Minister beförderte Leiter der Reichskanzlei, Hans Heinrich Lammers, Eltz in einem Schreiben mit, dass Hitler „vorbehaltlich weiterer Maßnahmen" die Streichung aller Übergangs- und Ruhestandsbezüge, und auch der (von Eltz wegen ihres Symbolwertes so geliebten Freifahrkarte) angeordnet habe. „Der Führer sieht in die Ablehnung des Mutter-Ehrenkreuzes durch Ihre Gattin die Bestätigung einer feindlichen Gesinnung gegenüber dem nationalsozialistischen Staat, für die auch Sie die Verantwortung tragen."[787] Eltz blieb in seiner Antwort an Minister Lammers standhaft. Er begründete die Ablehnung

---

[783] Ebda.
[784] Protokoll vom 20.2.1940, BArch R 43-II/1146a, Bl. 25.
[785] Bericht Terboven an Bormann vom 25.1.1940, BArch 43 II/1146a, Bl. 15.
[786] Schreiben an Eltz vom 8.4.1939 als Anlage zu Bericht von Terboven an Bormann (Fn. 773) Verfasser ist Volkwin Graf von Grebenstein-Waldeck, mit Eltz über die Familie seiner Frau weitläufig verschwägert.
[787] BArch R 43-II/1146a.

des Ehrenkreuzes durch seine Frau mit der Verärgerung über verschiedene kirchenfeindliche Maßnahmen im Raum Linz, die er im Einzelnen nochmals aufführte. Bemerkenswert ist, dass in dem Schreiben der ihm zugetragene Vorwurf eines Propagandaredners der NSDAP breiten Raum einnahm, er, Eltz, sei ein „verkappter Zentrumsmann". Das habe ihn und seine Frau zutiefst gekränkt. Der Brief schließt mit einem Bekenntnis: „Wir wissen, dass wir keine Staatsfeinde sind, was immer auch kommen mag" und mit der Bitte an den Führer, „uns von diesem fürchterlichsten aller Vorwürfe zu befreien".[788] Die Auseinandersetzung mit Berlin hatte für den ehemaligen Minister wegen der relativ hohen Miete für das Haus in Linz, zusammenschrumpfender Kapitalerträge sowie der Unterhaltung seiner sechs minderjährigen Kinder spürbare wirtschaftliche Folgen.[789] Der Familienvater war auf Spenden aus dem weitgespannten kirchlichen, industriellen und adeligen Umfeld angewiesen.[790] Hier erwies sich die Stärke solidarischer Milieus. Seine Frau schrieb nach dem Krieg: „Schon am dritten Tag nach der Pensionsentziehung lagen die ersten 3.000 Mark aus gütigster Spenderhand auf dem Tisch des Hauses" und vermerkte erleichtert, dass sie nun ihren gewohnten Lebensstil aufrechterhalten konnten.[791]

Es kam aber noch zu einer schweren innerfamiliären Auseinandersetzung. Der Neffe des nun einkunftslosen Pensionärs, Kuno von Eltz-Rübenach, ein gläubiger Nationalsozialist,[792] lebte als Chef der Familie („Majoratsherr") auf Schloss Wahn. Er weigerte sich, sich an der Spendenaktion für seinen Onkel zu beteiligen. Schon im März 1938 war es zwischen beiden Verwandten zu einem Streit über weltanschauliche Fragen gekommen, der sich in einem erbitterten Briefwechsel niedergeschlagen hatte. Paul hatte seine Sorge über die Spaltung des Volkes wegen der kirchenfeindlichen Haltung der Regierung zum Ausdruck gebracht, während Kuno einer Einigung des Volkes zwar nicht gegen die Religion, aber wie er betonte, gegen die berufsmäßigen Vertreter dieser Religion, das Wort redete: „Kaiserliche" gegen „Päpstliche",

---

[788] Schreiben Eltz an Lammers vom 23.3.1940 R-43II/1146a, Bl. 29: Schließung der Klosterschule in Linz und Ahrweiler-Calvarienberg, Umwandlung der Volksschule Linz in eine Gemeinschaftsschule mit Entfernung der Kreuze aus den Klassenzimmern.

[789] „Gesamtschaden" während der Sperrung der Bezüge laut einer Bescheinigung der katholischen Gemeinde Linz nach dem Krieg rund 25000 RM, EA 7.

[790] Genannt werden Bischof Bornewasser, Angehörige der Familien v. Westerholt, von Plettenberg, v. Vietinghoff-gen. Scheel zu Schellenberg, Graf Schaffgotsch, Graf v. Franken-Sierstorpff, Familie von Loë, sowie „manche Linzer", siehe *Huck*, S. 63 f., offensichtlich nach Mitteilung von Marion v. Eltz.

[791] Schreiben Marion v. Eltz an Dr. Hoffmann vom 31.5.1949, EA 66.

[792] U. a. NSDAP-Reichstagsabgeordneter, SS-Brigadeführer, gefallen in Ungarn 1945. Kurzzeitig als Botschafter in Rom im Gespräch, siehe GTB vom 15.1.38, V/S. 100.

wie er es selbst einmal formuliert hat.⁷⁹³ Als es jetzt um die Unterstützung der Familie des plötzlich ohne Altersversorgung dastehenden Reichsministers a. D. ging, bekam das Ganze einen gefährlichen politischen Subtext. Kuno von Eltz stellte, im familiären Kontext ein Tabubruch, seine politische Überzeugung über die Familiensolidarität: „Bei allem Familiensinn musste die Voraussetzung klar sein, dass ich nicht in der Lage bin, Familienmitglieder irgendwie zu unterstützen, welche die höchsten Ehrenzeichen des Deutschen Reiches und damit des Nationalsozialismus ablehnen oder sich mit einer solchen Ablehnung einverstanden erklären." Das Familienoberhaupt bezeichnete die Ablehnung des Mutterkreuzes durch Marion v. Eltz als einen inszenierten politischen Skandal und keine Privatangelegenheit und fuhr fort: „Als Chef des Stammhauses Wahn habe ich das Recht und die Pflicht, dafür zu sorgen, dass der ehrenvolle nationalsozialistische Ruf unseres Hauses und Namens – und damit nicht zuletzt des deutschen Adels überhaupt – nicht durch solche Einzelgänge in Mitleidenschaft gezogen wird."⁷⁹⁴ In einem dritten Brief bezeichnet er das Ganze als eine im Einzelnen vielfach bedauerliche, im Ganzen aber sachlich notwendige und so oder so unabwendbare Auseinandersetzung unseres Zeitalters.⁷⁹⁵ Der Streit spaltete die Familie Eltz.

Die schwierige Zeit für den Minister a. D. dauerte knapp ein Jahr. Einflussreiche Freunde in Berlin setzten sich bei Minister Lammers für Eltz ein.⁷⁹⁶ Im Januar 1941 erbat Friedrich-Karl Graf von Kanitz, ein Oberst a. D., auf Anregung von Staatssekretär Otto Meissner einen Termin bei Lammers für einen Freund, der „wegen einer Ungeschicklichkeit" in eine katastrophale Lage geraten sei. Der Petent wies darauf hin, dass Eltz als Verkehrsminister ein nicht unerhebliches Verdienst an dem „mustergültigen Funktionieren der Reichsbahn im Krieg und somit an den großen kriegerischen Erfolgen" habe.⁷⁹⁷ Das erschien zweckdienlich, aber es stimmte in doppelter Hinsicht nicht. Die Reichsbahn funktionierte im Krieg nicht mustergültig und an den kriegerischen Erfolgen hatte Eltz keinen Anteil. Ein Ziel der Demarche des pensionierten Oberst bestand auch darin, Nachforschungen über die Vermögenssituation von Elz zu verhindern, weil sie eine erneute „Kränkung" des ehemaligen Ministers darstellen würden.⁷⁹⁸ Das verfing zwar nicht, aber Lammers gab immerhin auf Weisung von Hitler mit wohlwollendem Grundton eine entsprechende Prüfung in Auftrag. So gab er auch gleich die Infor-

---

⁷⁹³ Schreiben Kuno v. Eltz an Eltz vom 22.3.1938, EA 15.
⁷⁹⁴ Schreiben Kuno v. Eltz an Eltz vom 26.9.1940, EA 15.
⁷⁹⁵ Schreiben Kuno v. Eltz an Eltz vom 12.10.1940 EA 15.
⁷⁹⁶ Neben Graf v. Kanitz Reichsfinanzminister Schwerin v. Krosigk, *Huck*, S. 64; siehe auch *Krosigk*, Staatsbankrott, S. 236.
⁷⁹⁷ Schreiben von Kanitz an Lammers o. D. 1146a, Bl. 30.
⁷⁹⁸ Ebda., Bl. 31.

mation weiter, Eltz sei gezwungen, seine Kinder aus dem Haus zu geben und müsse von fremder Unterstützung leben.[799] Lammers schrieb an Eltz: „Mir ist berichtet worden, dass Sie nach Einstellung der Ruhegehaltszahlungen an Sie in bedrängte wirtschaftliche Verhältnisse geraten sind ... Der Führer hat unter der Voraussetzung, dass die Berichte über ihre wirtschaftliche Lage den Tatsachen entsprechen, keine Bedenken dagegen geäußert, dass die Versorgungsrechte ... wieder aufleben".[800] Mit diesen Nachforschungen wurde Julius Dorpmüller betraut, der einen im freundschaftlichen Ton gehaltenen Brief an Eltz mit hilfreichen Hinweisen und freundschaftlichen Grüßen (ohne Heil Hitler) schrieb.[801] Der Nachweis konnte schließlich erbracht werden, unter anderem durch einen Brief von Eltz an seinen „lieben Dorpmüller", dem er seine Vermögenslage auseinandersetzte, ein Schritt, der von ihm eigentlich als demütigend empfunden worden sein musste.[802] Reichsverkehrsminister Dorpmüller hat dann gegenüber der Reichskanzlei bestätigt, dass Eltz sich „tatsächlich in großer Not" befände, gab einige Zahlen an und stellte zusammenfassend darauf ab, dass sein Vorgänger wegen seiner geringen Einkünfte und der hohen Kinderzahl keine Einkommensteuer zahlte.[803] Die Pensionssperre wurde aufgehoben, nachdem Lammers die von Hitler gestellte Bedingung als erfüllt angesehen hatte.[804] Lammers hat seinem Kollegen Krosigk später erzählt, bei Hitler sei der Hinweis ausschlaggebend gewesen, die Eltzschen Kinder litten Not.[805] Was in Hitler vorgegangen ist, wissen wir nicht, vielleicht ja überhaupt nichts, aber die gemeinschaftliche Handhabung dieser Sache auf Ministerebene in Gestalt des Zusammenwirkens von Lammers, Dorpmüller, Meissner und Krosigk nährt die Vermutung, dass hier immer noch ein weltanschauliche Differenzen überspannender Corpsgeist wirken konnte. Die Spenden aus dem Familien- und Freundeskreis wurden, soweit die Spender Wert darauf legten, zurückgezahlt.

II. Ausklang

Ein Jahr vor seinem Tod traf den Pensionär und seine Familie ein schwerer Schicksalsschlag. Am 6. Mai 1942 erlag der einzige Sohn Kuno, Freiwilliger,

---

799 Lammers an Dorpmüller vom 22.12.1940 BArch R-II/1146a, Bl. 42.
800 Lammers an Eltz vom 9.2.1941, EA 26.
801 Lammers an Eltz vom 3.1.1941, EA 26.
802 Eltz an Dorpmüller vom 6.1.1941, EA 26.
803 Dorpmüller an Lammers vom 6.2.1941, BArch R 43-II/1146a, Bl. 46.
804 Entsprechend der Vorgabe Hitlers wurde bei der Berechnung die Ministertätigkeit von Eltz nicht berücksichtigt, sondern (nur) das Gehalt als Präsident der Reichsbahndirektion Karlsruhe zugrunde gelegt. Lammers an Eltz vom 9.2.1941 BArch R 43-II/ 1146a, Bl. 23. Berechnung der Ruhestandsbezüge ergab 1081 RM monatlich.
805 *Krosigk*, Staatsbankrott, S. 236.

II. Ausklang 227

Fahnenjunker-Gefreiter im Reiterregiment 6, zweimal von Kugeln getroffen, mehrmals als Schwerverwundeter verlegt und notoperiert, seinen zwei Tage vorher erlittenen Verletzungen in einer Krankenstelle bei Alexandrowskoje in der Nähe von Smolensk.[806] Die offensichtlich von den Eltern genehmigte Freiwilligenmeldung des erst Siebzehnjährigen war nach nicht mehr einwandfrei rekonstruierbarer Familienerinnerung möglicherweise auf politischen Druck hin erfolgt. Das wirft die beunruhigende Frage auf, ob Paul von Eltz am Ende doch einen hohen Preis für seine Gewissensentscheidung gezahlt hat.

Hat Eltz auf sein Leben zurückgeschaut? Welchen Sinn gab er seinem Leben und überschaute er die Kräfte, die sein Leben bestimmten? Was hat er gerechtfertigt, was bedauert? Im Ruhestand blickte der ehemalige Doppelminister nach außen mit gelassener, vielleicht ein wenig trotziger Befriedigung auf seine Ministertätigkeit zurück. Aber dabei drang auch eine Prise subtiler selbstkritischer Vorbehalte zu Tage. Seinem Weggefährten, dem früheren stellvertretenden Vorsitzenden des Reichsbahnverwaltungsrats Karl Stieler, schrieb er wenige Tage nach seinem Rücktritt: „Ich darf ohne Überheblichkeit zugeben, dass in den zurückliegenden 4½ Jahren auf dem Gebiet der Zusammenarbeit der Verkehrsmittel schöne Fortschritte gemacht worden sind und dass ich die Reichspost in einwandfreier technischer und finanzieller Verfassung zurücklasse."[807] Von der Bahn war nicht die Rede. Mehr Bilanz oder Seelenerforschung ist nicht überliefert. Seine Ehefrau hat nach dem Krieg berichtet, ihr Mann sei in den letzten Tagen seines Lebens zuversichtlich gewesen: „Ich fürchte mich nicht vor dem Tod, denn ich habe so gelebt, dass ich ruhig vor das Angesicht des Herrn treten kann". Sie selbst hat von dem Glück gesprochen, neben einem Heiligen zu leben.[808] Auch der älteste Schwiegersohn, der ihn noch selbst erlebt hat, ist Vorstellungen, der alte Pensionär habe im Rückblick mit seinem Gewissen zu kämpfen gehabt, entschieden entgegengetreten.[809] Sein Urteil darüber, was nach seinem Rücktritt innen- und rassenpolitisch, außen- und machtpolitisch von Hitler, der Partei und der Regierung in die Wege geleitet wurde, woran auch von Eltz geschätzte frühere Kollegen beteiligt waren, kennen wir nicht. Erhalten ist ein Briefwechsel mit Ernst Brandenburg, mit dem ihn ein zumindest an Freundschaft grenzendes Verhältnis verband. An Brandenburg, der ja, wie bereits berichtet, nach Verhören im Zusammenhang mit seiner Stellung zur Bekennenden Kirche, aus der Partei ausgestoßen worden war, hatte Eltz geschrie-

---

[806] Schreiben seines Kameraden Stabsgefreiter Wilhelm Falcke vom 15.5.1942, EA 20.
[807] Eltz an Stieler 5.2.1937, EA 53.
[808] Schreiben Marion v.Eltz an Hedwig Klausener vom 18.8.1952, EA 57.
[809] Schreiben Franz Josef von Kempis an Küppers vom 14.7.1996, EA 77.

ben, dass ihre Schicksale während der letzten Jahre „vielleicht" eine gewisse Ähnlichkeit aufwiesen und ihre Gedanken und Empfindungen, die sie bewegten, die gleichen seien. Und vielleicht ist es dem Freiherrn von Eltz-Rübenach dann auch so ergangen, wie es ihm Brandenburg als seine eigene Erfahrung anvertraute, nämlich, dass er im Scheitern ein neues Leben empfangen habe.[810] Ein Vierteljahr vor dem Tod seines früheren Vorgesetzten stellte Brandenburg in Erinnerung an den allzu frühen Tod des jungen Kuno von Eltz in Russland die „schwere Frage, ob der Kampf ein gerechter gewesen sei und richtete an seinen früheren Vorgesetzten den Appell, „sich keine Sorgen zu machen über die Entchristlichung unseres Volkes. Aus diesem Krieg könne nur ein Sieger hervorgehen: Der Herr Christus."[811]

Im August 1941, wenige Wochen nach dem deutschen Angriff auf die Sowjetunion, hielt Eltz eine Ansprache aus Anlass des Priesterjubiläums seines Pfarrers Karl Schütz, einem Mann, der in Linz schon in unliebsamen Kontakt mit der Gestapo geraten war. In der Rede verband er sein Bekenntnis zum Glauben mit kaum verschlüsselten politischen Anspielungen, die ein Umdenken in seiner inneren Haltung zum Dritten Reich andeuten.[812] Die Rede begann, wie gewohnt, mit einer unmissverständlichen Kritik an der nationalsozialistischen Kirchenpolitik.:

> „Dieser Kampf der Materie gegen den Geist, der selbstherrlichen, alles umfassen wollenden Vernunft gegen die göttliche Offenbarung ist nicht neu, nicht von heute. Er dauert nun schon länger als 4 Jahrhunderte, mag sich nun der Gegner als lauwarmer Liberalismus oder Individualismus präsentieren oder in das Gegenteil des radikalen Sozialismus, Kommunismus, Bolschewismus und verwandter Ideologien umschlagen. Wie immer die Gegner heißen mögen, wie erbittert sie sich untereinander bekämpfen mögen, die eine Zielsetzung –Aushöhlung und Sturz der geistlichen Weltanschauung – ist bei allen die unverändert gleiche. Es ändern sich nur die Formen und Methoden, nach denen gekämpft wird …
>
> Wir wissen, dass wir mitten in einer Auseinandersetzung von höchstem Ernst und größter Schärfe stehen, und dass wir uns der ganzen Gefahr, die dieser Kampf in sich birgt, voll bewusst werden. Dann – aber nur dann – wird an die Stelle eines passiven, fatalistischen Beiseitestehens oder eines ängstlichen Zuschauens der Mut zum Bekenntnis und der aufraffende Entschluss zum persönlichen, aktiven Einsatz treten und die Kräfte auslösen, mit denen allein dieser Kampf bestanden werden kann.
>
> Nun ist die Kirche allerdings keine irdische Streitmacht, ist nicht Hammer, der Schläge austeilt, sondern Amboss, der sie empfängt. Aber die Bekenntnisfreudigkeit und die Bereitschaft zu aktivem Einsatz der Gläubigen muss dieser Amboss so hart wagen, dass der Hammer sich auf ihm abnutzt, rissig wird und schließlich

---
[810] Schreiben Brandenburg an Eltz vom 3.5.1943, EA 16.
[811] Ebda.
[812] EA 8.

zersprungt. In dieser dunklen Schicksalsschmiede, in der die Hammerschläge weltanschaulicher Kämpfe Funken sprühen."

Mit dieser Metapher nahm er eine Formulierung des Bischofs von Münster, August Graf von Galen, aus dessen noch gut in Erinnerung der unbeirrten Gläubigen bewahrten Zweiten Brandpredigt zum Widerstehen (20. Juli 1941) auf. Eltz feuerte in Linz eine Breitseite gegen den Nationalsozialismus als Weltanschauung ab. Sie stellte, ein absolutes Tabu in der Hitlerzeit, die nationalsozialistische Gegenwart, nur so kann man es verstehen, in eine Reihe mit anderen totalitären Gesellschaftsentwürfen. Den Vergleich mit dem Bolschewismus hatte er nicht zum ersten Mal bemüht und er war schon bei den früheren Auseinandersetzungen mehr als ein Jahr vorher zur Sprache gekommen und „gemeldet" worden.[813]

Paul von Eltz selbst trat zwei Jahre später, am 25. August 1943 im Alter von 67 Jahren, geplagt von einem Nierenleiden, seine letzte Reise an. Er starb nicht als Geächteter. Zahlreiche Beileidsbekundungen trafen ein, aus der Linzer Bevölkerung, aus Adelskreisen und von Weggefährten der Eisenbahn. Sein Nachfolger und Corpsbruder Dorpmüller kondolierte ebenso wie sein langjähriger Staatssekretär Koenigs. Botschafter Franz von Papen schrieb aus Ankara der Witwe des „guten Paul", den er als Edelmann bezeichnete und der im Dienste seines Herrgotts und des Vaterlands gestanden habe.[814] Bei der Trauerfeier in der St. Martins-Pfarrkirche zu Linz am 28 August 1943 schlug der Pastor auch einen großen Bogen in die Politik und würdigte den Verblichenen: „Wenn er in seinem Leben vor einer wichtigen Entscheidung stand, und sein Gewissen den willen Gottes erkannte, dann erfüllte er diesen Willen Gottes ohne Rücksicht auf Gemahlin und Kinder, erst recht ohne Rücksicht auf sich selbst. Radikal war er dann."[815]

Paul Freiherr von Eltz-Rübenach hinterließ seine Frau und die fünf Töchter, Marion, Ludwine. Stephanie, Marie-Antoinette, und Hugoline, die mit Ausnahme der ältesten noch minderjährig waren. Er wurde in Linz beigesetzt. Nachdem seine Witwe 1958 nach Salzburg gezogen war, wurde die Familiengruft unweit des Schlosses Wahn seine letzte Grabstätte. So kehrte er an seinen Geburtsort zurück, in dem er in gesicherten und damals vielleicht für ewig gehaltenen Verhältnissen geboren und getauft worden war. Nach dem Krieg hat sich seine Frau mit einiger Energie für eine Korrektur der insbesondere in der Nachkriegspresse und im Gedächtnis der Kirche wegen der Affaire Klausener beschädigten Erinnerung an ihren Mann einge-

---

[813] Schreiben Reppert an die Gestapo Koblenz vom 23.1.1940, BArch 43-II/1146a, Bl. 20.
[814] Kondolenzschreiben Papen an Marion v. Eltz vom 6.9.1943, EA 64.
[815] Nekrolog vom 28.8.1943, EA 7.

setzt. Sie tat das auch gegenüber dem von ihr einmal als „berüchtigt"[816] bezeichneten Nürnberger Ankläger Robert Kempner. Der aus seinem Exil in den USA nach Nürnberg entsandte ehemalige deutsche Beamte hatte sich an die Witwe Eltz gewandt, weil er Klausener aus gemeinsamer Tätigkeit im preußischen Innenministerium Ende der 20iger Jahre gekannt hatte und ihm, weil beide Beamte politisch auf der demokratischen Seite gestanden hatten, sehr verbunden gewesen war. In ihrem, an Kempner gerichteten ausführlichen, hier verschiedentlich zitierten Rechtfertigungsbericht sprach sie das Thema Judenverfolgung nicht an.[817] Frau von Eltz hat sich bei den Rehabilitierungsbemühungen zugunsten ihres Mannes auch in den breiten Konsens der Nachkriegsgesellschaft bezüglich der „Siegerjustiz" der Alliierten einspannen lassen. Dabei musste Ernst Brandenburg, der Freund der Familie, die kämpferische Witwe schon einmal etwas bremsen und der CDU-Politiker Franz-Josef Wuermeling, kurzzeitig Bürgermeister von Linz, schrieb der Witwe einmal, dass man die Schuld, die das deutsche Volk auf sich geladen habe, nicht dadurch relativieren könne, indem man mit dem Finger auf andere Länder zeige.[818]

---

[816] Schreiben Marion v. Eltz an Hedwig Klausener vom 18.8.1952, EA 57.
[817] Vgl. Schreiben Marion v. Eltz an Kempner vom 8.7.1946, EA 57.
[818] Schreiben Wuermeling an Marion v. Eltz, o.D., EA 71.

N. Unter dem Strich

Vor dem Hintergrund einer unruhigen Epoche von der Gründerzeit, dem Weltkrieg, der Weimarer Republik, bis zum Dritten Reich und erneut einem noch schrecklicheren Weltkrieg, der seinem einzigen Sohn das Leben kosten sollte, war die Zeit des Paul von Eltz und sein eigenes Leben das, was der gleichaltrige Thomas Mann als „an äußerer Dramatik recht reichlich für ein Menschenleben" gehalten hat.[819] Geboren in eine Oberschicht, eingearbeitet in eine technische Funktionselite, führte er über den Zenit seines Lebens hinaus ein persönlich befriedigendes, unauffälliges Beamtenleben bis er überraschend in den politischen Strudel der im Scheitern begriffenen Weimarer Republik und des entstehenden Dritten Reiches geriet. Die Entwicklung hat ihn nach oben getrieben, zuerst auch überwältigt, ließ ihn dann aber mit wachsendem Appetit an der Macht schmecken, bis er auf den Tag genau nach vier gemeinsamen Jahren mit Hitler die Konsequenzen zog. Aufstieg und Fall? Ja, allerdings beides bei aller inneren Dramatik in „anständigen" Formen und in leisem Ton und so gut wie unter Ausschluss der Öffentlichkeit. Und ein Absturz war es auch nicht, sondern das demütige Ertragen der Folgewirkungen eines moralischen Befreiungsschlags nach Jahren der Verblendung und Verstrickung.

Sich auf Paul Freiherr von Eltz einzulassen, erfordert eine hohe Bereitwilligkeit, Widersprüche auszuhalten. Der empfindsame rheinische Baron blieb immer etwas unnahbar und ein wenig rätselhaft: Weder war der Ingenieur ein gewissenloser, moralisch abgestumpfter Technokrat, noch der Minister ein blauäugiger Mitläufer auf hohem Niveau, noch der Katholik ein heimlicher Widerständler, noch gar der Uradlige ein Staatssozialist.

Schon der junge Eltz hatte sein Leben der Eisenbahn gewidmet, wie eben sonst allenfalls seinem Herrgott und später der Familie. Dem Linzer Pastor, der im August 1943 die Totenrede gehalten hat, war es gelungen, auf alles einen Reim zu finden, indem er den Verblichenen als eine Person schilderte, die die Geheimnisse Gottes spürte, die „sich in dem Wunderwerk einer Lokomotive offenbarten".[820] Ob der Eisenbahningenieur ein tüchtiger Post- und Verkehrsminister gewesen ist und seine technokratische Leistung ihn der Erinnerung seiner Nachwelt empfiehlt, mag man angesichts der Versuchun-

---

[819] *Thomas Mann*, S. 7.
[820] EA 7.

gen, die die Schreckensjahre der deutschen Geschichte der Person aufbürdeten, für sekundär halten. Man wird die Frage gleichwohl positiver beantworten dürfen als es der Fußabdruck, den er in der Fachliteratur hinterlassen hat, nahelegt.[821] Die Londoner „Times" sah sich immerhin dazu veranlasst, den scheidenden Verkehrsminister nach seiner fünfjährigen Amtszeit, deren Dauer die aller seiner Vorgänger in der Weimarer Zeit übertraf, als „first class material" zu bezeichnen.[822] Angesichts der schwierigen politischen Rahmenbedingungen und angesichts seiner mit dem Willen Hitlers nicht korrespondierenden verkehrspolitischen Überzeugungen in Sachen Kraftfahrzeugverkehr musste seine Bilanz als Verkehrsministers zwiespältig ausfallen. Sein Streben nach der Kommandohoheit über die gesamte Verkehrspolitik war unter diesen Voraussetzungen nicht weniger als ein Griff nach den Sternen.

Am Ende wird aber nicht der kompetente Fachmann, das „Mitglied der Zunft der Maschinenleute" (Eltz), in der Erinnerung bleiben, sondern vor allem der Mann, der in einem ganzen Quartal des zwölfjährigen Reichs an herausgehobener Stelle einem Regime gedient hatte, das unendliches Leid über das eigene Land und später über die Menschheit gebracht hat. Die Fragen, die der französische Botschafter in Berlin, der scharfsinnige Beobachter André François-Poncet, der hier ein letztes Mal zitiert werden soll, an die rechtskonservative Oberschicht gerichtet hat, mögen, hätte er da noch gelebt, auch Eltz in den Ohren geklungen haben:

„Wie konnten sie, Anhänger der Tradition, Kapitalisten, von religiösen Überzeugungen erfüllt, wenn auch nicht demokratisch, durch die schwülstigen Reden Hitlers und seiner Genossen mit ihren Schmähungen gegen das Bürgertum, gegen die Barone, gegen die Reaktion, also sie selbst, durch seinen Anspruch auf Diktatur, Parteiherrschaft, durch die Verkündung der Vernichtung seiner Gegner, der radikalen Ausrottung der Juden, der Ausbreitung des Neuheidentums und der Feindschaft gegen das Christentum nicht erschreckt werden?"[823]

Der Verteidiger von Franz von Papen in Nürnberg, Rechtsanwalt Egon Kubuschok, hat den Fall Eltz für seine Verteidigungsstrategie genutzt und den verblichenen Verkehrsminister mit einer etwas vergifteten Argumentation auf eine Weise in Schutz genommen, die, wenn man seine Ausführungen heute nachliest, ebenso gut als Vorwurf verstanden werden kann:

„Diese Leute alle sollen nach der Anklage aber von Beginn ihrer Tätigkeit als Minister sich blindlings dem verbrecherischen Plan unterworfen haben. Ist damit in Übereinstimmung zu bringen, um den von der Anklage behandelten Fall Eltz von Rübenach zu erwähnen, dass ein Mann bei der Überreichung des goldenen Parteiabzeichens seine religiösen Bedenken gegen nazistische Ideen vorbringt,

---

[821] *Gall/Pohl* gelingt es z. B. in ihrem Sammelwerk „Die Eisenbahn in Deutschland" überhaupt ohne seinen Namen auszukommen.
[822] Times vom 2.2.1937; *Küppers*, S. 496, spricht von einer glänzenden Karriere.
[823] *François-Poncet*, S. 100.

wenn er andererseits bereits mit einer derartigen verbrecherischen Zielsetzung verbunden und für sie seit Jahren tätig ist? Ist nicht gerade aus seinem an Hitler gerichteten Brief klar ersichtlich, dass er an der Integrität der Arbeit des Kabinetts keinerlei Zweifel hatte?"[824] (Mit dem Brief war die Rücktrittserklärung gemeint).

Eltz hat sein Bild als unpolitischer Fachmann selbst kultiviert. Der Kabinettskollege Magnus von Braun hat sich an ihn als jemanden erinnert, der „zwar wieder und wieder erklärte, nichts von Politik zu verstehen, aber gleichwohl genug gesunden Menschenverstand hatte, um vernünftige Entscheidungen zu treffen".[825] Dieses Bild ist der Nachwelt im Gedächtnis haften geblieben. Das ist auch deshalb nicht verwunderlich, weil er in den Darstellungen zum Dritten Reich und zur Geschichte der Reichsbahn letztlich immer ein Mann im Schatten geblieben ist. Dem landläufigen Bild eines volksnahen, charismatischen Politikers hat er in der Tat nicht entsprochen. Nun haben allerdings weder Verkehr noch Post in jenen Jahren Vollblutpolitiker angezogen. Mit Ausnahme von General Wilhelm Groener sind die Namen der Vorgänger von Eltz den meisten Nachgeborenen Schall und Rauch geblieben.[826] Sein eigener machte da auf weite Strecken keine Ausnahme. Er war kein Meister der politischen Taktik und seine Durchsetzungsfähigkeit – immer unter den spezifischen Bedingungen der Hitlerdiktatur – war nicht sonderlich wettbewerbsfähig. Ein Politiker war er aber trotzdem. Wem es nicht genügen sollte, die Verkehrspolitik jener Jahre als etwas „Politisches" zu betrachten, was sie zweifellos war, dann ist auch auf den anderen Eltz hinzuweisen, der nicht nur als sog. Fachminister, sondern auch als politisch stimmberechtigter Sachwalter gesellschaftlicher Interessen in einem Regierungsorgan mit klaren Vorstellungen und aus freiem Willen politische Verantwortung übernommen hatte. Denn politische Substanz war da schon. Schon während der Weimarer Zeit stand er der republikfeindlichen Rechten nahe und mit der kompromisslosen Ablehnung der Zentrumspartei und der damit einhergehenden Schwächung der demokratischen Mitte zusammen mit seinen politischen Weggefährten aus dem rechtskatholischen Milieu hat er einen Beitrag zur politischen Destabilisierung der ersten deutschen Demokratie geleistet. Die Idee eines „neuen Staates" eröffnete ihm die Aussicht auf eine Rückkehr zu einer autoritären Gesellschaftsform, die möglicherweise seinen Blick auf die menschenrechtlichen Exzesse der sich schrittweise etablierenden Naziherrschaft getrübt hat. In der großen Schnittmenge gemeinsamer Ziele in der „Entente" zwischen Nationalkonservativen und Nationalsozialis-

---

[824] IMT 28.8.1946.
[825] Braun, S. 243.
[826] Vorgänger als Verkehrsminister nach 1918: Johannes Bell, Gustav Bauer, Wilhelm Groener, Rudolf Oeser, Rudolf Krohne, Wilhelm Koch, Theodor von Guérard (2x), Georg Schätzel, Adam Stegerwald, Gottfried Treviranus. Als Postminister: Karl Stingl (2x) Anton Höfle, Georg Schätzel.

ten war auch im Denken des Paul von Eltz eine originär nationalsozialistische Dimension vorhanden. Zwischen 1933 und 1936 hat er sich bei aller vielleicht vorhandenen inneren Distanz mit den von ihm verantwortlich geleiteten Ministerien bewusst und aktiv gestaltend daran beteiligt, die Ziele Hitlers zu verwirklichen und damit die aus dem Wertefundus seines Glaubens geformten Überzeugungen mehr als einmal geopfert. Er hat sich nicht angepasst, sondern er ist beigetreten. Das bisher gängige Narrativ in der Zeitgeschichte, in dem der rheinische Katholik ausschließlich als solcher und als Christlich-Konservativer fortlebt[827], war daher zu hinterfragen. Andererseits darf auch nicht verschwiegen werden, dass die Geschäftsbereiche Post und Verkehr nach dem Rückzug von Eltz aus der Politik in vielen Aspekten noch stärker nationalsozialistisch durchdrungen worden sind. Dass dafür der Wegfall eines schützenden oder retardierenden Einflusses des mit der Partei fremdelnden Ministers ursächlich war, ist ein nicht unplausibler Umkehrschluss.

Als die beiden Töchter Ludwine und Stephanie in Berlin im April 1936 Erstkommunion feierten, gab der Vater ihnen Folgendes mit auf den Weg:

„Es kommt nicht nur darauf an, dass man in die Kirche geht, sondern entscheidend ist, dass man auch außerhalb der Kirche in Worten und Werken ein christliches Leben führt ... Und nun vergesst über Euren Pflichten als Christen auch nicht die Pflichten, die ihr gegen Euer deutsches Vaterland habt."[828]

Hier taucht noch einmal die Idee der Vereinbarkeit zwischen religiösen Wertvorstellungen und den sich im Jahr 1936 aufdrängenden nationalen Pflichten auf. Dabei sollte es nach dem 30. Januar 1933 ziemlich schnell klar werden, dass man unmöglich ein guter Nazi und gleichzeitig ein guter Christ sein konnte. Der Satz des braunen Landrats in Neuwied, wonach man an sechs Tagen die Juden verfolge und am siebten Tag dann den Erzvater anbete, war eine zynische Provokation, aber sie traf auf brutale Art den wunden Punkt derjenigen überzeugten katholischen Christen, die gleichzeitig über-

---

[827] *Huck*, S. 44: Eltz habe Hitler nur zu Anfang Verständnis entgegengebracht; *Küppers*, S. 493, 507: Eltz sei kein Nationalsozialist gewesen, aber Hitler sein „Gesinnungspartner". Er spricht deutlich von dem „Politiker" Eltz. *Gottwaldt*, Reichsbahn, S. 77, hält ihn für einen Nationalkonservativen und umgeht das Problem, indem er immer wieder Eltzens „politische Farblosigkeit hervorhebt, vgl. auch *Gottwaldt/ Schulle*, S. 80, S. 87. Für Lotz war sein Verhältnis zu Hitler in den ersten Jahren „ausgesprochen gut", aber auch sein Rücktrittsschreiben sei ein Beleg für die loyale Haltung zu Hitler, S. 19 f.; vgl. auch *Linden*, S. 460 f. Ähnlich verblüffend ist die weitgehende Negierung seines robusten Antisemitismus. Küppers schreibt im Zusammenhang mit der Rassenpolitik nur von der Korrumpierung der Person Eltz, S. 508; Huck und Gottwaldt nehmen das Thema in Bezug auf die Person Eltz überhaupt nicht in den Blick. Anders Lotz, der den Fall Cassirer hervorhebt, aber offenbar nicht für systemisch hält, siehe Seite 142.

[828] EA 8.

zeugte Nazis waren. Der Widerspruch ließ sich nicht dadurch auflösen, dass man daran glaubte, so hat sich Eltz einmal ausgedrückt, dass „Gott Adolf Hitler die Führung dieses Volkes in die Hand gegeben hat". Von Bedeutung ist auch die Haltung der katholischen Amtskirche. Sie hat sich nicht durchweg als Kontrollinstanz für den Staat in dem Sinne gesehen, dass sie sich verpflichtet gefühlt hätte, gegen jedes Unrecht, das die Staatslenker begehen, öffentliche Verwahrung einzulegen, wie es der Kölner Kardinal Frings nach dem Krieg einmal klar formuliert hat.[829] Konnte man dann von einem Regierungsmitglied verlangen, die Gebote Gottes und die unverrückbaren sittlichen Normen allen Menschen, auch den Mächtigen in Staat und Gesellschaft ins Gewissen zu rufen, wie es der Verfassungsrechtler Ernst Wolfgang Böckenförde gefordert hat?[830] Eltz selbst konnte den Widerspruch vor allem deshalb eine Zeit lang so erfolgreich verdrängen, weil er die doppelte Hoffnung hegte, ihn durch behutsame Pädagogik bei Hitler abmildern und in der Trennung von Politik und Religion in einer Art autoritärem Ständestaat, vielleicht franquistischer Prägung, überwinden zu können. Eltz hat, ebenso wie mancher Kirchenfürst, an dem Traumbild einer Rückbesinnung des Reichskanzlers auf den christlichen Glauben noch eine Weile festgehalten. Sein anfängliches Vertrauen in diese metaphysische Variante des in den letzten Monaten von Weimar erwogenen Zähmungs-Einrahmungs-Erziehungskonzepts wurde schließlich enttäuscht. Die von Hitler öffentlich und im Zwiegespräch mit Eltz zelebrierten Verbeugungen vor dem „Herrgott" hatten getrogen.

Die politischen Irrtümer waren in den Karrieren der damaligen deutschen Eliten so endemisch, dass im Rückblick die Lebensläufe in der Hitlerzeit in der Masse weniger danach zu beurteilen sind, wer sich von Anfang an richtig entschieden hat, als vielmehr danach, wer später frühere Fehleinschätzungen erkannt und Konsequenzen daraus gezogen hat. Ob es die Einsicht in das Verbrecherische des Regimes oder „nur" die Einsicht in die Vergeblichkeit, den religiösen Dialog mit Hitler zu einem fruchtbaren Ergebnis zu bringen, das treibende Motiv für den Bruch von Eltz mit Hitler gewesen ist, ist nicht mehr zu beantworten. Aber auch hier gibt es nicht nur ein Entweder-Oder. Es ist aber zumindest plausibel, dass die gescheiterte Verständigung in der religiösen Frage seine Augen für einen insgesamt kritischeren Blick auf die Natur des Regimes geöffnet hat. In der abwertenden Propagandaformel der Nazis „Der Minister wurde immer frömmer", spiegelte sich nicht zuletzt eine wachsende emotionale Distanz zum politischen Geschäft, verbunden mit einer ihm eigenen Sturheit in Grundsatzfragen wider. Wann Paul von Eltz innere Gewissensentscheidungen konkret belastet haben, wissen wir nicht. Schon die Ermordung seines Mitarbeiters Erich Klausener im Jahr 1934 wäre

---

[829] Denkschrift Frings vom 2.8.1945, Bischofsakten, Bd. 6, S. 625–628.
[830] *Böckenförde*, S. 16.

eine gute Gelegenheit zur Besinnung gewesen, aber ins Licht der Geschichte getreten ist die Resistenz des rheinischen Freiherrn erst mit seiner offen erklärten Opposition gegen die HJ- und die Schulgesetze um die Jahreswende 1936/37, fast singuläre Vorgänge in der Abstimmungsmaschinerie der Hitlerkabinette. Als er schließlich am 30. Januar 1937, da war das freie Wort im Kabinett schon längst aus der Mode gekommen, Hitler in Gegenwart nicht nur der vertrauten Ministerkollegen, sondern auch der Spitzen der Wehrmacht die Stirn bot, war sein leises „Hier-Stehen-Und-Nicht-Anders-Können" (Hätte er sich je auf Luther berufen?) ein Akt der Selbstbehauptung und ein Angriff auf den Absolutheitsanspruch der braunen Weltanschauung. Der Theologe Wolfgang Künneth hat die Auffassung vertreten, in dem religiösen *Nein* hätten gläubige Christen die tiefste Wunde des Nationalsozialismus berührt und an der schlechthin entscheidenden Stelle den Gegenangriff des christlichen Geistes angesetzt.[831] Dass Eltz trotzdem von seiner Kirche nicht mit fürsorglichem Vertrauen bedacht wurde, muss er schmerzlich empfunden haben.

Dass der scheidende Minister seinen Protest ausschließlich kirchenpolitisch formuliert und ihn in diesem Sinne noch als alter Mann lokal und regional für die katholische Gemeinde fortgeführt hat, könnte als selektiv kritisiert werden und wird diejenigen wenig beeindrucken, die heute Religion und ihre Stellung in der Gesellschaft als Quelle ethischer Überzeugungen wenig Bedeutung beimessen. Der entscheidende Anstoß, sich dann mit einer Grundsatzkritik gegen Hitler zu wenden, kam in der Tat genau in dem Moment, in dem das Regime sich anschickte, mit dem Gesetz zur Hitlerjugend die Trennlinie zum Privaten für jeden deutlich erkennbar zu überschreiten. Das sollte aber nicht allein als ein Rückzug des Protestierenden in den privaten Raum missverstanden werden. Die Szene, die der Minister in der Reichskanzlei gemacht hatte, war ja mit seiner Aufkündigung der bedingungslosen Loyalität zu Hitler gleichzeitig auch ein zivilgesellschaftlicher Akt.

Das ist alles ein wenig abstrakt und hat keinem Opfer der Diktatur das Leben gerettet. Seine Mitwirkung an Hitlers Aufstieg und Machterhalt ist damit auch nicht aus der Welt geschafft und sein Rücktritt blieb unterhalb der Schwelle der alles entscheidenden Tat. Aber nutzlos, ein frivoles Kabinettsstück oder ein Splitter einer blutleeren geistigen Auseinandersetzung in Hinterzimmern war er auch nicht. Was wäre eigentlich passiert, wenn eine größere Zahl von Funktionsträgern sich ihm angeschlossen hätte? Er hat jedenfalls ein Zeichen gesetzt und ist über sich hinausgewachsen.

War der Verkehrsminister ein *früher* rechtskonservativer Dissident? Die Frage ist deshalb berechtigt, weil in der atemlosen Geschichte des Dritten

---

[831] *Künneth*, S. 219.

Reichs eine nachdenklich gewordene konservative Elite im Allgemeinen erst später zu dem nationalsozialistischen Regime auf Distanz ging und, um im Bild der auf Eltz gemünzten „Sprachregelung" vom 30.1.1937 zu bleiben, „frommer" wurde. Das darf hier erwähnt werden, wenn man gleichzeitig diejenigen nicht in Vergessenheit geraten lässt, die – auf der konservativen Seite stehend – den Unrechtscharakter des Regimes von Anfang an klar erkannt hatten, wie etwa Edgar Jung, Herbert v. Bose oder auch Ewald v. Kleist-Schmenzin, Heinrich Brüning und Thomas Mann, um nur einige zu nennen. Und es gilt umso mehr für diejenigen, die in dieser Geschichte überhaupt keinen Auftritt hatten: Personen, die unter den Bedingungen einer immer noch stark sozial segmentierten Gesellschaft den Lebensweg von Eltz ohne Not kaum zu kreuzen Anlass oder Gelegenheit gehabt hätten: Aus der Arbeiterschaft, bei den Sozialdemokraten, den Gewerkschaftlern und bei den Kommunisten. Aus der Perspektive der hier erzählten Geschichte müssen letztere allesamt in einer anderen Welt gelebt haben.

Nach Kriegsende ist das Schicksal des rheinischen Freiherrn wenig beachtet und nur spärlich positiv gewürdigt worden.[832] „Eltz-Rübenach schlägt immerhin später sein christliches Gewissen" lautete das verhaltene Lob des Widerständlers Hans Bernd Gisevius.[833] Die Anklagevertreter bei den Nürnberger Prozessen haben, wenn es darum ging, dem üblichen Argument vieler Angeklagter zu begegnen, man habe keine andere Wahl gehabt, die Person des Freiherrn von Eltz als Referenz benannt: „Von der ganzen damaligen Reichsregierung, die fast ausschließlich aus Männern bestand, die sich als Christen bezeichneten, stand nur einer, Baron Eltz von Rübenach, für seinen Glauben ein", so der amerikanische Ankläger Thomas Dodd am 29. August 1946 in seinem gegen die 24 Angeklagten der Hauptkriegsverbrecherprozesse gerichteten Pauschalplädoyer.[834] Ob der Bekennermut des Ministers und des Ruheständlers auch als ein Akt tätiger Buße intendiert worden ist, kann ebenso wenig beantwortet werden wie die Frage, ob, seine politisch starke Stunde politisch schwache Jahre aufgewogen hat. Man mag hier auf die himmlische Gerechtigkeit verweisen, der sich der Bürger von Linz, wenn man seiner Frau folgt, an seinem Lebensende vollen Herzens und mit großer Zuversicht anvertraut hat.

---

[832] Vgl. *Möckelmann:* „Konsequenter Schritt" S. 35; Selbst der Eisenbahnhistoriker Alfred Gottwaldt, der Eltz nicht viel abgewinnen kann, hat eingeräumt, dass dessen Schritt heute „vielleicht zu Unrecht ein wenig vergessen" sei, *Gottwaldt*, Reichsbahn, S. 115; Küppers spricht von den „(zu) späten Einsichten eines doch mutigen Mannes", S. 514.
[833] *Gisevius*, S. 293.
[834] IMT, 29.8.1946, Nachmittagssitzung.

Ein Loch, wenn nicht ein Krater in dieser Lebensbeschreibung ist die ausbleibende Antwort auf die Frage, ob der Bruch des langjährigen Ministers mit Berlin im Lichte der sich insbesondere nach Kriegsbeginn weiter verschärfenden innen- und außenpolitischen Lage auch zu einer Abkehr von den ihn in den letzten vier Jahren seiner Ministertätigkeit leitenden politischen Prinzipien jenseits der „Kirchenfrage" geführt hat. Hier hätte der Biograf gern mehr aus dem Vollen geschöpft. So müssen wir uns mit dem zufriedengeben, was sich aus den Worten, die er im Jahr 1941 an seinen Linzer Pfarrer Karl Schütz gerichtet hatte, herauslesen lässt. Das Gemeindemitglied Paul von Eltz hatte von Sturm, Blitz und Ungewitter gesprochen und dem Kirchenmann das „ruhigere Fahrwasser einer besseren Zukunft" gewünscht. Er hatte von Katastrophen gesprochen, deren Wiederholung sich nur dann vermeiden lasse, wenn „der christliche Geist demütigen Glaubens über den Geist selbstherrlicher Vernunft und hochmütigen Unglaubens gesiegt haben wird".[835]

---

[835] EA 8.

Literaturverzeichnis

Materialien/Archive

Archiv Haus Rankenberg (Herren von Kempis), Nachlass Paul Frhr. v. Eltz-Rübenach (EA Akte Nr.).

Briefe von Hugoline Freifrau von und zu Eltz-Rübenach an ihre Schwester Sophie Freifrau Geyr von Schweppenburg aus den Jahren 1888–1889–1890, Typoskript (Privatbesitz).

Briefwechsel Lothar Graf Hoensbroech mit Heinrich Küppers (Privatbesitz).

Bundesarchive Berlin und Koblenz (BArch).

Diözesanarchiv Berlin, Nachlass Walter Adolph, V/1-7-8-1, Bd. 1 (DAB).

Veröffentlichte Quellen

Akten der Reichskanzlei (AdR):
- Weimarer Republik, Hg. Karl Dietrich Erdmann,
- Kabinette Papen Bände I, II, Bearb.Karl-Heinz Minuth
- Kabinett Schleicher, Bearb. Anton Golecki
- online; URL: https://www.bundesarchiv.de/aktenreichskanzlei/1919-1933/0000/vpa/vpa2p/kap1_1/kap2_71/para3_1.html (besucht am 15.4.2022), jeweils Bd./Dok.
- Die Regierung Hitler, Hg.Hans Günter Hockerts und Konrad Repgen mit Friedrich Hartmannsgruber, München 1999–2002
    - Teil I und II, 1933–34 Bear. Karl-Heinz Minuth Boppard 1983.
    - Bd. II–VI, 1934/35 1939 Bearb. Friedrich Hartmannsgruber, München 1999–2012.
    jeweils Bd./Dok./Seite.

Aussage von Ernst Brandenburg im Rahmen der Voruntersuchung in Sachen Ermordung von Erich Klausener, URL: https://www.ifz-muenchen.de/archiv/zs/zs-0448.pdf, besucht am 21.5.2022 (Aussage Brandenburg).

Deutsche Verkehrs-Zeitung, Wochenschrift für das Post-, Telegraphen,-Fernsprech- und Funkwesen, Jg. 1932 bis 1937 (DVZ).

Fröhlich, Elke (Hg.): Die Tagebücher von Joseph Goebbels München 2004/2006, Teil 1 2/II; 2/III (GTB).

Gottwaldt, Alfred/*Schulle*, Diana: „Juden ist die Benutzung von Speisewagen untersagt"; Forschungsgutachten im Auftrag des Bundesministeriums für Verkehr, Bau und Stadtentwicklung, Teetz 2007 (Gottwaldt/Schulle).

Niederschriften Hauptverhandlung der Nürnberger Prozesse: URL http://www.zeno.org/nid/20002754371 besucht am 22.3.2022) (IMT).

Die Reichsbahn, Amtliches Nachrichtenblatt der Deutschen Reichsbahn-Gesellschaft.

Stasiewski, Bernhard: Akten Deutscher Bischöfe über die Lage der Kirche 1933–1945, Bd. 1, Mainz 1968 (Bischofsakten).

Volk, Ludwig (Hg): Akten Kardinal Michael von Faulhabers, Bd. II 1935–1945, Mainz 1978.

Literatur

Adams, Stefan: Die Auseinandersetzung des Bischofs Konrad von Preysing mit dem Nationalsozialismus, St. Ottilien 1996.

Adolph, Walter: Erich Klausener, Berlin 1955.

Adolph, Walter: Geheime Aufzeichnungen aus dem nationalsozialistischen Kirchenkampf, (Hg. Ulrich von Hehl), Mainz 1979.

Arendt, Hannah: Was heißt persönliche Verantwortung in einer Diktatur? (Hg. Marie Luise Knott), München 2018.

Bachem, Karl: Vorgeschichte, Geschichte und Politik der Deutschen Zentrumspartei, Bd. 8, Aalen 1980.

Besier, Gerhard: Die Kirchen und das Dritte Reich, Berlin 2001.

Blaschke, Olaf: Die Kirchen und der Nationalsozialismus, Stuttgart 2014.

Böckenförde, Ernst-Wolfgang: Das Ethos der modernen Demokratie und die Kirche, in: Hochland, 50. Jg. (1957/58).

Bracher, Karl Dietrich: Die deutsche Diktatur, Köln 1969.

Bracher, Karl Dietrich: Die Auflösung der Weimarer Republik, Villingen 1971.

Bracher, Karl Dietrich/*Sauer*, Wolfgang/*Schulz*, Gerhard: Die nationalsozialistische Machtergreifung, Köln 1962.

Braun, Magnus Frhr. von: Weg durch vier Zeitepochen, Limburg 1964.

Breuning, Klaus: Die Vision des Reichs, München 1969.

Brüning, Heinrich: Memoiren 1918–1934, Stuttgart 1970.

Chernow, Ron: Die Warburgs, Berlin 1994.

Clemens, Gabriele: Martin Spahn und der Rechtskatholizismus in der Weimarer Republik, Mainz 1983.

Conrad, Horst: Stand und Konfession.Der Verein der katholischen Edelleute, Teil II, in: Westfälische Zeitschrift 159, (2009), S. 91 ff.

Coppenrath, Albert: Der westfälische Dickkopf, Köln 1946.

Deuerlein, Ernst: Das Reichskonkordat, Düsseldorf 1956.

Deuerlein, Ernst: Der deutsche Katholizismus 1933, Osnabrück 1964.

Dipper, Christoph: Der Widerstand und die Juden, in: Schmädecke/Steinbach (Hg.), Der Widerstand gegen den Nationalsozialismus, München 1985.

Domarus, Max: Hitler, Reden und Proklamationen, Bd. 1, Würzburg 1962.

Eilers, Rolf: Die nationalsozialistische Schulpolitik, Köln 1963.

Eltz-Rübenach, Paul Frhr. von: Allgemeine Probleme der deutschen Verkehrsentwicklung, in: Probleme des deutschen Wirtschaftslebens (Festschrift für Hjalmar Schacht), Berlin 1937.

Eltz-Rübenach, Paul Frhr. von: Nationalsozialistische Verkehrspolitik, in: Deutsche Verkehrszeitung 1936, S. 1003.

Epstein, Fritz: Zwischen Compiègne und Versailles, VfZ 3 (1955) Heft 4.

Feldbauer, Gerhard: Der deutsche Herrenclub, in: Fricke, Dieter (Hg.), Lexikon zur Parteiengeschichte, Leipzig 1984.

Feldman, Gerald: Allianz and the German Insurance Business 1933–1945, Cambridge 2001.

Fest, Joachim; Hitler, Hamburg 2006.

Fontane, Theodor: Wanderungen durch die Mark Brandenburg, Bd. I, München 1991.

François-Poncet, André: Als Botschafter in Berlin, Mainz 1949.

Friedrichs, Peter (Hg): Aus dem Kampf um die Schule, Freiburg 1951.

Gailus, Manfred: Gläubige Zeiten, Freiburg 2021.

Gall, Lothar: Von den Anfängen bis zum Ersten Weltkrieg, in: Eisenbahn in Deutschland, München 1999.

Gall, Lothar/*Pohl*, Manfred: Unternehmen im Nationalsozialismus, München 1998.

Gisevius, Hans Bernd: Bis zum bitteren Ende, Zürich 1946.

Goebbels, Joseph: Vom Kaiserhof zur Reichskanzlei, München 1942.

Gottwaldt, Alfred: Julius Dorpmüller, die Reichsbahn und die Autobahn, Berlin 1995.

Gottwaldt, Alfred: Besprechung des Buches „The most valuable asset of the Reich" in: Historische Zeitschrift 274 (2002), S. 509.

Gottwaldt, Alfred: Reichsverkehrsminister Julius Dorpmüller – Ein Idol?, in: Werner Lorenz/Torsten Meyer (Hg.), Technik und Verantwortung im Nationalsozialismus, Münster 2004.

Gottwaldt, Alfred: Dorpmüllers Reichsbahn, Freiburg 2009 (Reichsbahn).

Gottwaldt, Alfred: Eisenbahner gegen Hitler, Wiesbaden 2009.

Gottwaldt, Alfred: Die Reichsbahn und die Juden, Wiesbaden 2011 (Juden).

Groener, Wilhelm: Erinnerungen (Hg. Hiller von Gaertringen, Friedrich Frhr.), Göttingen 1957.

Groß, Guido: Wallfahrt in das Dritte Reich, in: Der Heilige Rock zu Trier, Trier 1996.

Gruchmann, Lothar: Erlebnisbericht Werner Pünders über die Ermordung Klauseners am 30. Juni 1934 und ihre Folgen, in: VfZ, Jg. 19 (1971) Heft 4.

Gründer, Horst: Rechtskatholizismus im Kaiserreich und in der Weimarer Republik, in: Westfälische Zeitung 134 (1984), S. 107 ff.

Grüttner, Michael: Brandstifter und Biedermänner, Stuttgart 2015.

Haffner, Sebastian: Von Bismarck zu Hitler, München 1989.

Hehl, Ulrich von: Das Kirchenvolk im Dritten Reich, in: Gotto Klaus/Repgen Konrad (Hg.), Kirche, Katholiken und Nationalsozialismus, Mainz 1980.

Heinemann, John: Hitlers first foreign minister, Berkeley 1979.

Hildebrand, Klaus: Die Deutsche Reichsbahn in der nationalsozialistischen Diktatur, in: Lothar Gall/Ludwig Pohl (Hg.), Die Eisenbahn in Deutschland, München 1999.

Hockerts, Hans Günter: Die Goebbels-Tagebücher 1932–1941. Eine neue Hauptquelle zur Erforschung der nationalsozialistischen Kirchenpolitik, in: Politik und Konfession, Festschrift für Konrad Repgen, Berlin 1983.

Hübner, Christoph: Die Rechtskatholiken, die Zentrumspartei und die katholische Kirche in Deutschland bis zum Reichskonkordat von 1933, Berlin 2014.

Huck, Jürgen: Reichsminister Paul Freiherr von Eltz-Rübenach, in: Beiträge zur Geschichte von Amt und Stadt Porz, Heft 2, 1961.

Hürten, Heinz: Deutsche Katholiken 1918–1945, Paderborn 1992.

Jessen, Jens: Was vom Adel blieb, Springe 2018.

Johnson, Gaynor (Hg): Our man in Berlin, the Diary of Sir Eric Phipps 1933–1937, Basingstoke 2008.

Jones, Larry Eugene: Catholics on the right, in: Historisches Jahrbuch der Görresgesellschaft, Nr. 126 (2006), München 2006.

Jones, Larry Eugene; Franz von Papen, the German Center Party and the Failure of Catholic Conservatism in the Weimar Republic, in: Central European History (2005), S. 191 ff.

Keinemann, Friedrich: Soziale und politische Geschichte des westfälischen Adels 1815–1945, Hamm 1976.

Kempner, Robert M. W., Ankläger einer Epoche, Berlin 1986.

Kershaw, Ian: Hitler 1889–1936, München 2013.

Kershaw, Ian: Hitler 1936–1945, Stuttgart 2000.

Kessler, Harry Graf: Tagebücher 1918–1937, Frankfurt 1962.

Klausa, Ekkehard: Das wiedererwachte Gewissen, Berlin 2019.

Klausa, Ekkehard: Ein konservativer Fels in der braunen Brandung (Hg. Canitzgesellschaft), Berlin 2009.

Klemperer, Klemens von: Konservative Bewegungen: Zwischen Kaiserreich und Nationalsozialismus, München 1957.

Kluke, Paul: Hitler und das Volkswagenprojekt, VfZ 8 (1960), Heft 4, S. 341.

Knauft, Wolfgang; Konrad von Preysing, Anwalt des Rechts, Berlin 2003.

Koch, Peter: Konrad Adenauer, Hamburg 1985.

Köhler, Heinrich: Lebenserinnerungen des Politikers und Staatsmannes (Hg. Josef Becker), Stuttgart 1964.

Köhler, Henning; Adenauer, Eine politische Biographie, Berlin 1994.

Kolb, Eberhard: Die Reichsbahn vom Dawes-Plan bis zum Ende der Weimarer Republik, in: Die Eisenbahn in Deutschland (Hg. Lothar Gall/Ludwig Pohl), München 1999.

Kopper, Christopher: Handel und Verkehr im 20. Jahrhundert (Enzyklopädie deutscher Geschichte, Bd. 63), München 2002.

Kopper, Christopher: Modernität oder Scheinmodernität nationalsozialistischer Herrschaft, in: Von der Aufgabe der Freiheit, Festschrift für Mommsen (Hg. Christian Jansen), Berlin 1995.

Künneth, Wolfgang: Der große Abfall, Hamburg 1948.

Küppers, Heinrich, Ein rheinisches Schicksal zwischen Demokratie und Diktatur, in: Jahrbuch für westdeutsche Landesgeschichte (19), 1993.

Lenin, Wladimir Iljitsch: Werke, Bd. 25, Berlin 1974.

Linden, Walter: Eltz-Rübenach in: Neue Deutsche Biographie, Berlin 1959, S. 470f.

Lob, Brigitte: Albert Schmitt O.S.B., Abt in Grüssau und Wimpfen, Köln 2000.

Longerich, Peter: Hitler.Biographie, München 2015.

Lotz, Wolfgang:Die Deutsche Reichspost 1933–1945, Berlin 1999.

Löw, Konrad: Da geschieht das Unfassbare, in: Die neue Ordnung, Jg. 59 (2005).

Lüdicke, Lars: Constantin von Neurath, Paderborn 2014.

Malinowski, Stephan: Vom König zum Führer, Berlin 2003.

Malinowski, Stephan: Die Deutsche Adelsgenossenschaft und der Deutsche Herrenclub, in Adel und Bürgertum in Deutschland II (Hg. Heinz Reif), Berlin 2001.

Malinowski, Stephan: Die Hohenzollern und die Nazis, Berlin 2021.

Mann, Golo: Erinnerungen und Gedanken, Frankfurt 1986.

Mann, Thomas: Über mich selbst, Frankfurt 1994.

Martens, Stefan: Post und Propaganda. Das Dritte Reich und die Briefmarken der Deutschen Reichspost 1933–1945, in: Deutsche Postgeschichte (Hg. Wolfgang Lotz), Berlin 1989.

Meissner, Otto: Ebert Hindenburg Hitler, München 1954.

Mierzejewski, Alfred: The most valuable asset of the Reich, 2 Bd., Chapel Hill 1999 und 2000.

Möckelmann, Reiner: Franz von Papen, Hitlers ewiger Vasall, Darmstadt 2016.

Mommsen, Hans; Beamtentum im Dritten Reich, Stuttgart 1966.

Mommsen, Hans/*Grieger* Manfred: Das Volkswagenwerk und seine Arbeiter im Dritten Reich, Düsseldorf 1996.

Morsey, Rudolf: Die Deutsche Zentrumspartei, in: Das Ende der Parteien 1933 (Hg. Erich Matthias), Düsseldorf 1960.

Morsey, Rudolf: Franz von Papen, in: Zeitgeschichte in Lebensbildern, Mainz 1975.

Morsey, Rudolf: Der Untergang des politischen Katholizismus, Stuttgart 1977.

Morsey, Rudolf/*Schwarz*, Hans Peter: Adenauer, Briefe 1945–1947, Berlin 1983.

Mühleisen, Horst Dieter: Kurt Freiherr v. Lersner, (Diss. Köln), Marburg 1984.

Müller, Klaus-Jürgen: Nationalkonservative Eliten zwischen Kooperation und Widerstand, in: Der Widerstand gegen den Nationalsozialismus (Hg. Schmädeke/Steinbach), München 1994.

Münzel, Martin: Die jüdischen Mitglieder der deutschen Wirtschaftselite 1927–1955, Paderborn 2006.

Neliba, Günter: Wilhelm Frick, Paderborn 1992.

Norden, Günther van: Widersetzlichkeit von Kirchen und Christen, in: Lexikon des deutschen Widerstands, Frankfurt 2001.

Orth, Rainer: Der Amtssitz der Opposition?, Köln 2016.

Ott, Johann: Botschafter Sir Eric Phipps und die deutsch-englischen Beziehungen, Diss. Erlangen 1968.

Overy, Richard: Goering The Iron Man, London 1984.

Papen, Franz von: Der Wahrheit eine Gasse, München 1952.

Papen, Franz von: Vom Scheitern einer Demokratie, Mainz 1968.

Petzina, Dieter: Hauptprobleme der deutschen Wirtschaftspolitik 1932/1933, in VfZ 15 (1967), S. 18 ff.

Pfizer, Theodor: Im Schatten der Zeit 1904–1948, Stuttgart 1979.

Picker, Henry; Hitlers Tischgespräche (Hg. Percy Ernst Schramm), Stuttgart 1963.

Powell, Anthony: Die Welt des Wechsels, München 2017.

Pyta, Wolfram: Hindenburg: Herrschaft zwischen Hohenzollern und Hitler, München 2009.

Pyta, Wolfram: Franz von Papen – Grenzgänger zwischen Unternehmertum und Politik, in: Manfred Rasch (Hg.): Adel als Unternehmer im bürgerlichen Zeitalter, Münster 2006.

Powell, Anthony: Die Welt des Wechsels, München 2017.

Reif, Heinz: Adel, Aristokratie, Elite, Berlin 2016.

Reiß, Klaus-Peter: Die Stellung der Deutschnationalen Volkspartei zum Katholizismus und zur Konkordatsfrage (bis 1929), 1956.

Reitter, Ekkehard: Franz Gürtner, Politische Biographie eines deutschen Juristen, Berlin 1976.

Repgen, Konrad: Hitlers Machtergreifung und der deutsche Katholizismus, Saarbrücken 1967.

Ritter, Emil: Die katholisch-soziale Bewegung Deutschlands im 19. Jahrhundert und der Volksverein, Köln 1954.

Rohde, Horst (Hg): Das deutsche Feldeisenbahnwesen, Bd. 2, Hamburg 2010.

Ruser, Ursula-Maria: Die Reichsbahn als Reparationsobjekt, Freiburg 1981.

Samerski, Stefan: Deutschland und der Heilige Stuhl, Münster 2019.

Sauer, Bernhard: In Heydrichs Auftrag, Berlin 2017.

Schäfer, Claus W.: André Francois-Poncet als Botschafter in Berlin (1931–1938), München 2004.

Schoenbaum, David: Die braune Revolution, Köln 1968.

Schoeps, Manfred: Der deutsche Herenclub, Diss. Erlangen-Nürnberg, 1974.

Scholder, Klaus: Die Kirchen und das Dritte Reich, 2 Bände, Berlin 1988.

Schwarz, Hans-Peter: Adenauer, Der Aufstieg, Stuttgart 1986.

Schwerin, Gerd: Wilhelm Frhr. v. Gayl, der Innenminister im Kabinett Papen 1932, Diss. Erlangen-Nürnberg, 1972.

Schwerin von Krosigk, Lutz: Es geschah in Deutschland, Tübingen 1951.

Schwerin von Krosigk, Lutz: Staatsbankrott, Göttingen 1974.

Schwerin von Krosigk, Lutz: Memoiren, Stuttgart 1977.

Schwierskott, Hans-Joachim: Arthur Moeller van den Bruck und die Anfänge des Jungkonservatismus in der Weimarer Republik, Diss. Erlangen 1960.

Springer, Hildegard: Es sprach Hans Fritzsche, Stuttgart 1949.

Stieler, Karl: Aus meinem Leben, Köln 1950.

Treviranus, Gottfried Reinhold: Das Ende von Weimar, Düsseldorf 1968.

Trumpp, Thomas: Franz von Papen, der preußisch-deutsche Dualismus und die NSDAP in Preußen, Diss. Tübingen 1963.

Tschirschky, Fritz Günther: Erinnerungen eines Hochverräters, Stuttgart 1972.

Turner, Henry Ashby: Hitlers Weg zur Macht, München 1997.

Ullrich, Volker: Adolph Hitler. Die Jahre des Aufstiegs 1889–1939, Frankfurt 2013.

Vogelsang, Thilo: Kurt von Schleicher, Göttingen, 1965.

Vogelsang, Thilo: Reichswehr, Staat und NSDAP, Stuttgart 1962.

Volk, Ludwig (Hg.): Kirchliche Akten über die Konkordatsverhandlungen 1933, Mainz 1969.

Volk, Ludwig: Konrad Graf von Preysing, in: Zeitgeschichte in Lebensbildern II, Mainz 1975.

Volk, Ludwig: Michael Kardinal von Faulhaber, in: Zeitgeschichte in Lebensbildern II, Mainz 1975.

Weiss, Hermann/*Hoser*, Paul (Hg.): Die Deutschnationalen und die Zerstörung der Weimarer Republik, Berlin 1989.

Westdickenberg, Gerd: Diego von Bergen, Berlin 2021.

Weymar, Paul: Konrad Adenauer, München 1955.

Winkler, Heinrich August: Weimar 1918–1933, München 2018.

Winkler, Heinrich August: Geschichte des Westens, Die Zeit der Weltkriege 1914–1945, München 2011.

Wolf, Hubert: Papst & Teufel, München 2009.

Wolf, Hubert: Rezension von Christoph Hübner (s.o.) in: Historische Zeitschrift, Band 303 Heft 1.

Zweig, Stefan: Sternstunden der Menschheit, Frankfurt 1962.

Abbildungsnachweis

Abb. 1: Burg Eltz, Plakat der Reichsbahnzentrale für den Deutschen Reiseverkehr 1925; DB-Museum Nürnberg.

Abb. 2: Kabinett v. Papen Juni 1932, in der ersten Reihe: Gürtner, v. Eltz, v. Braun, v. Neurath, v. Papen, Warmbold; Fotograf Georg Pahl; Bundesarchiv.

Abb. 3: Kabinett Hitler 1933, Eltz links hinter Hitler; Fotograf Georg Pahl; Bundesarchiv.

Abb. 4: „Seinem Freunde v. Eltz", Julius Dorpmüller (2. v. l.) mit Marion und Paul v. Eltz (rechts) in Heidelberg 1926; Nachlass Eltz.

Abb. 5: Eltz beim einhundertsten Jubiläum der Eröffnung der ersten deutschen Eisenbahnstrecke von Nürnberg nach Fürth in historischem Kostüm auf dem Nachbau einer alten Adler-Lokomotive am 14. Juli 1935; rechts Ehefrau Marion (Privatbesitz).

Abb. 6: Julius Dorpmüller, Anlass wie Nr. 5; DB-Museum Nürnberg/Sammlung Gottwaldt.

Abb. 7: Der Minister Eltz und sein Staatssekretär Gustav Koenigs, ca. 1934; Nachlass Eltz.

Abb. 8: Schiffshebewerk Niederfinow bei der Eröffnungsfeier am 21.3.1934; Sammlung LWL-Industriemuseum, Dortmund.

Abb. 9: Der Reichsminister, eingerahmt von Adolf Hitler, ca. 1935; Nachlass Eltz.

Abb. 10: Empfangsräume im Reichsverkehrsministerium in der Voßstraße, ca. 1932; DB-Museum Nürnberg.

Abb. 11: Fronleichnamsprozession 31.5.1934 in Berlin. Hinter Papen: Erich Klausener, hinter Eltz: Vizeadmiral Albrecht von Freyberg, Generalleutnant Friedrich Dollmann. Nachlass Eltz.

Abb. 12: Neujahrsgrüße in der Reichskanzlei am 1.1.1936, Adolf Hitler mit den Kindern (v. l. n. r) Marion, Kuno, Ludwine, Marie Antoinette und Stephanie; Nachlass Eltz.

Abb. 13: Führers Geburtstag, 20.4.1936, Nachlass Eltz.

Abb. 14: Das Ehepaar v. Eltz mit dem Sohn Kuno und den Töchtern (v. l. n. r.) Hugoline, Stephanie, Marie-Antoinette, Marion und Ludwine; Nachlass Eltz.

Der Verfasser hat sich bemüht, alle Rechteinhaber ausfindig zu machen.

Personenregister

Adenauer, Konrad 66, 180
Adolph, Walter 167 f.
Avedon, Richard 147

Bachem, Karl 42
Baden, Prinz Max von 21
Bares, Nikolaus 165 ff.
Bauer, Gustav 233
Behrends, Hermann 156
Bell, Johannes 233
Berning, Wilhelm 186 f.
Bernstorff, Alfred Graf von 23
Bertram, Adolf 175, 178, 183, 188, 200
Blomberg, Werner von 119, 122, 206 f.
Boch-Galhau, Martha von 50
Boch-Galhau, René von 41
Böckenförde, Ernst Wolfgang 235
Bormann, Martin 111, 137, 222
Bornewasser, Rudolf 131, 181, 220
Bose, Herbert von 162, 170, 237
Bracher, Karl Dietrich 57, 78
Bracht, Franz 68, 74, 79
Brandenburg, Ernst 157, 159 f., 168 f., 216, 219, 227 f., 230
Braun, Magnus Frhr. von 29, 52 f., 55, 63, 68, 71, 73, 79, 206, 208, 233
Braun, Otto 60, 87
Brecht, Berthold 87
Breitscheid, Rudolf 58
Breuning, Klaus 173
Brockdorf-Rantzau, Ulrich von 23
Brüning, Heinrich 38, 43 f., 48–51, 58, 71 f., 84, 87, 95, 237

Claßen, (Pater) 188
Conger, Arthur Latham 22 ff.
Conrad, Horst 27

Coppenrath, Albert 157, 165, 167

Darré, Walther 87, 209
Dawes, Charles W. 34
Dehio, Georg 14
Detten, Hermann von 184
Dieckhoff, Hans Heinrich 199
Dietrich, Hermann 55
Dodd, Thomas 237
Dorpmüller, Julius 18, 54, 95, 96–100, 105 f., 108–111, 113 f., 118, 135 ff., 195, 212, 215 f., 218, 226, 229

Ebert, Friedrich 21, 58
Eltz-Kempenich, Gräfin Sophia von 13
Eltz-Rübenach, Frhr. Clemens von 15
Eltz-Rübenach, Frhr. Friedrich von 13
Eltz-Rübenach, Frhr. Hugo von
  (1872–1910, *Bruder*) 13, 16
Eltz-Rübenach, Hugoline Frfr. von
  (1849–1935, *Mutter*) 13, 15
Eltz-Rübenach, Klemens Frhr. von.
  (1862–1935, *Bruder*) 13, 15, 17
(Eltz-Rübenach, Frhr. Kuno von
  (1832–1889, *Vater*) 13, 15
Eltz-Rübenach, Kuno Frhr. von
  (1904–1945) 224 f.
Eltz-Rübenach, Kuno Frhr. von
  (1924–1942, *Sohn*) 188, 193, 203, 226 f., 228
Eltz-Rübenach, Kuno Frhr. von
  (1876–1961, *Bruder*) 16
Eltz-Rübenach, Marion Frfr. von
  (1893–1980, *Ehefrau*) 26, 37, 160, 167, 188, 204, 209 f., 216, 220–225, 227, 230,
Eltz-Rübenach, Max Frhr. von (1878–1940, *Bruder*) 16

Personenregister

Erzberger, Matthias 23

Falcke, Wilhelm 227
Faulhaber, Michael von 28, 39, 154, 175 ff., 192, 198 ff., 209, 213 f.
Feder, Gottfried 115
Fest, Joachim 163
Fontane, Theodor 126
François-Poncet, André 56, 57, 71, 232
Frick, Wilhelm 64, 79, 85, 148, 152, 157, 161 f., 166, 177
Frings, Josef 235
Fritsch, Werner Frhr. von 206
Funk, Walther 206
Fürstenberg-Herdringen, Gräfin 66

Galen, August Graf von 167 ff., 176 f.
Galen, Franz Graf von 17, 27, 40, 66, 149
Gayl, Wilhelm Frhr. von 29, 52, 55, 58, 60 f., 63 ff., 67, 70 f., 73
Gerlich, Fritz 164, 166
Geyr von Schweppenburg, Franziska 15
Gildisch, Kurt 156 f., 160, 162
Gisevius, Hans Bernd 161, 237
Goebbels, Josef 50, 75, 87, 115, 122 f., 126, 132, 150 f., 153, 174, 186, 198, 202, 206 ff., 210 ff., 214
Goebbels, Magda 153
Goerdeler, Carl 53, 55, 130
Goetzinger, Hugoline (1936–1996, *Tochter*) 26, 203, 262
Göring, Hermann 50, 65, 79, 82, 88, 92, 134 f., 148, 157, 160, 162 f. 169, 182, 206 ff., 210, 212
Gottwaldt, Alfred 92, 98, 122, 148
Grebenstein-Waldeck, Volkwin Graf von 223
Grezinski, Albert 169
Groener, Wilhelm 22 ff., 27, 233
Grosche Robert 181
Gründer, Horst 46
Guérard, Theodor von 233

Gurian, Waldemar 165 f.
Gürtner, Franz 53, 55 f., 63 f., 68, 79, 80 f., 85, 88, 161 f., 217
Gutbrod, Friedrich: 102

Haffner, Sebastian 84, 171
Hartung, Marie-Antoinette (1932–2000, *Tochter*) 193, 229
Heeremann-Zuydtwyck, Josefa Freiin von 15
Heinemann, John 198
Henderson, Sir Nevile 216
Herwegen, Ildefons 40, 180, 183 f.
Herrmann, Matthäus 101
Hertel, Vitus von 101
Heß, Rudolf 87, 103 f., 124, 137, 148
Heuss, Theodor 84
Heydrich, Reinhard 111, 156
Hildebrand, Klaus 120 f.
Himmler, Heinrich 111, 144, 152
Hindenburg, Paul von 48–51, 53, 56, 58 f., 64 f., 67 f., 70, 75, 77, 88
Hitler, Adolf 50, 58, 64, 67, 77–83, 85–89, 93 f., 107, 110–114, 117 f., 120, 123 ff., 136, 147 f., 150–156, 162 f., 166, 170 f., 173 f., 177–180, 186, 188 f., 191–198, 200 ff., 205–212, 214 f., 217, 222 f., 225 f., 234 f.
Hockerts, Hans Günther 214
Hoensbroech, Lothar Graf von 26
Hoensbroech, Stephanie Gräfin von (1928–2020, *Tochter*) 193, 221, 229, 234
Hoensbroech, Wilhelm Graf von 41
Höfle, Anton 233
Homberger, Ludwig 135
Honold, Franz 101
Hübner, Christoph 46, 178 f.
Hugenberg, Alfred 45, 75, 77 ff., 87, 89, 209
Hürten, Heinz 173, 187
Hutier, Oskar von 26, 153

Jung, Edgar 126 f., 170, 237

Kaas, Ludwig 58, 67, 84
Kaiser, Ernst 101
Kanitz, Friedrich Karl Graf von 225
Karl der VI.,Kaiser 15
Kempis, Franz Josef von 227
Kempis, Marion von (1923–2018, Tochter) 153, 193, 229
Kempner, Robert M. 163, 230
Keppler, Wilhelm 103, 143
Kerll, Hanns 168, 185 f.
Kershaw, Ian 77, 150, 163
Kessler, Harry Graf 59
Kisch, Egon Erwin 87
Klausener, Bruno 158 ff.
Klausener, Erich 134, 156–170, 183, 230, 235
Klausener, Erich (jun.) 157 f.
Klausener, Hedwig 157, 160 f.
Kleinmann, Wilhelm 101, 107, 122, 136 f.
Kleist-Schmenzin, Ewald von 237
Klöckner, Peter 100
Koch, Wilhelm 233
Koenigs, Gustav 104, 134, 157–161, 215, 217
Köhler, Heinrich 37
Krohne, Rudolf 233
Krosigk, siehe Schwerin von Krosigk
Kubuschok, Egon 232
Künneth, Wolfgang 178, 236

Lammers, Hans Heinrich 102, 107, 137, 166, 190, 206, 223, 225 f.
Lemmer, Ernst 84
Lenin, Wladimir Iljitsch 126
Lersner, Kurt Frhr. von 24, 29, 66
List, Friedrich 16 f.
Longerich, Peter 214
Lotz, Wolfgang 129, 145
Lubbe, Martinus van der 25
Ludendorff, Erich 22
Lüninck, Ferdinand Frhr. von 184, 187
Lüninck, Hermann Frhr. von 42, 66, 89, 180, 182, 184, 187

Luther, Martin 236

Malinowski, Stephan 29
Mann, Golo 48
Mann, Thomas 87, 237
Marx, Wilhelm 51
Maximilian I., Kaiser 181
Meier, Reinhold 84
Meissner, Otto 50, 61, 68, 206 f., 210, 225 f.
Mierzejewski, Alfred 96, 119, 122
Milch, Erhard 206
Miller-v. Eichholz, Irmgard 153
Möckelmann, Reiner 188
Morsey, Rudolf 44, 70
Mühsam, Erich 87
Münchmeyer, Hermann 100, 103
Müller, Hermann 51
Mussolini, Benito 82

Nadolny, Rudolf 55
Neipperg, Attila Graf von 31
Neurath, Konstantin Frhr. von 50, 52 f., 55, 63, 68 ff., 78, 80, 86, 88, 126, 162, 202, 206 f., 209, 211, 217
Niemöller, Martin 134
Nipperdey, Thomas 170

Oeser, Rudolf 233
Ohnesorge, Wilhelm 126–129, 132 f., 138, 132, 144 f., 151, 188, 195 f.
Orsenigo, Cesare 82, 174, 198 f.
Ossietzky, Carl von 87
Orth, Rainer 51
Ott, Eugen 69

Pacelli, Eugenio 178, 183
Papen, Franz von 29, 30, 40 f., 48, 50 f., 53–56, 58 ff., 63 f., 66–69, 71 ff., 75, 77–83, 85, 88 f., 100, 105, 114, 152, 162 f., 165, 170, 173 f., 177 ff., 181–184, 187, 217, 229, 232
Pejascevic von Veröcze, Graf Peter Paul 13

Pershing, John 22
Pietzsch, Albert 103
Phipps, Lady Frances 216
Phipps, Sir Eric 171, 216
Plein (Präsident OPD Frankfurt) 139
Plettenberg, Therese Gräfin von 32
Popitz, Johannes 68 ff., 150
Powell, Anthony 25
Preysing, Konrad Graf von 167, 175 f., 185, 199, 208, 213
Probst, Adalbert 164, 166, 171
Pünder, Werner 157 f.
Pyta, Wolfram 30, 77

Quaatz, Reinhold 100

Raeder, Erich 206
Reiner, Rudolf 101
Repgen, Konrad 89, 183
Reppert, Rudolf 221 f., 234
Ribbentrop, Joachim von 217
Röhm, Ernst 64, 87, 156 f., 162
Ruge, Eugen 159
Rust, Bernhard 188, 199

Saemisch, Friedrich 98, 125
Sautter, Karl 126 f.
Schacht, Hjalmar 86, 88, 140, 207, 209 f.
Schäffer, Hugo 53, 55, 73
Schätzel, Georg 55, 233
Schaumburg-Lippe, Leopold Prinz zu 156
Schirach, Baldur von 186
Schlegelberger, Franz 190
Schleicher, Kurt von 23, 50–56, 59, 64 f., 67 ff., 72–75, 157, 170
Schmitt, Albert 40
Schmitt, Josef 61 f.
Schmitt, Kurt 55, 87, 141
Schmitz (Ortsgruppenleiter) 44
Scholder, Klaus 160, 165, 168, 173, 176

Schramm, Percy Ernst 154
Schreiber, Christian 177
Schroeder, Kurt Frhr. von 29, 77, 103
Schütz, Karl 228, 231, 238
Schwerin von Krosigk, Lutz Graf 25, 52, 54 f., 59, 63 f., 68, 70, 77 f., 80, 86, 88, 152 ff., 195, 206, 208, 212, 217, 225 f.
Seldte, Franz 78 f.
Severing, Carl 60
Siemens, Carl Friedrich von 95, 100, 102 f., 109, 136
Silverberg, Paul 100 ff., 148
Simons, Walter 25
Solmssen, Georg 140 f., 148
Spahn, Martin 40, 42, 182
Speer, Albert 123
Spengler, Oswald 94
Spiro, Ernst 135
Stegerwald, Adam 233
Steinmann, Paul 166
Stieler, Karl 103, 109, 136, 211, 219, 227
Stingl, Karl 233
Strasser, Gregor 69, 75, 162
Streicher, Julius 111, 143, 148
Syrup, Friedrich 73

Terboven, Josef 150, 222 f.
Todt, Fritz 115, 121, 196
Treitschke, Heinrich von 62
Treviranus, Gottfried 45, 54 f., 95, 142, 233
Troeltsch, Ernst 24
Twickel, Rudolph Frhr. von 66

Ullrich, Volker 155

Volk, Ludwig 176, 201

Wambold-von Umstadt, Graf 153
Warburg, Max 140, 148
Warmbold, Hermann 53, 55, 68 f.
Weirauch, Wilhelm 101, 219

Wels, Otto 84
Westfalen zu Fürstenberg, Lidwine Gräfin von (1870–1951, *Schwester*) 13, 15, 20
Wildner, Ludwine (1926–1988, *Tochter*) 193, 221, 229, 234
Wilhelm, Kronprinz 28
Wilhelm II., Kaiser 41
Wilmowsky, Tilo von 100, 103
Wilson, Woodrow 22
Winkler, Heinrich August 61
Wolf, Hubert 47
Würmeling, Franz-Josef 230

Zetkin, Clara 65
Zweig, Stefan 48